Siegfried Prokop

Ulbrichts Favorit

Auskünfte von Alfred Neumann

Mit einem Vorwort von Hans Modrow sowie
Beiträgen von Friedrich Wolff und Edgar Most

edition ost

Bildnachweis

Die Fotos und Dokumente stammen aus dem Privatbesitz von Alfred Neumann sowie von Robert Allertz (2), S. 93. Nicht in allen Fällen konnten die Rechte-Inhaber ermittelt werden. Berechtigte Honoraransprüche bleiben gewahrt.
Peter Hacks, »Das Vaterland« © Eulenspiegel Verlag, Berlin

ISBN 978-3-360-01807-6

Umschlaggestaltung: www.buchgut.com
unter Verwendung eines Fotos von picture alliance/ZB/Schönfeld. Walter Ulbricht an der Deutschen Hochschule für Körperkultur und Sport (DHfK) in Leipzig, September 1963. Hinter ihm Alfred Neumann.

Druck und Bindung: CPI Moravia Books GmbH

Ein Verlagsverzeichnis schicken wir Ihnen gern:
Das Neue Berlin Verlagsgesellschaft mbH
Neue Grünstr. 18, 10179 Berlin
Tel. 01805/30 99 99
(0,14 Euro/min., Mobil abweichend)

Die Bücher der edition ost und des Verlages Das Neue Berlin erscheinen in der Eulenspiegel Verlagsgruppe.

www.edition-ost.de

Das Buch

Ein zeitgeschichtliches Zeugnis der besonderen Art. Seit 1993, als die Gespräche mit Neumann geführt wurden, sind unzählige Publikationen über die SED-Führung erschienen, ehemalige Politbüromitglieder publizierten ihre Erinnerungen. Vieles von dem, was Alfred Neumann damals mitteilte, ist inzwischen längst bekannt, seine Aussagen – oft allgemein und generalisierend – waren weder damals noch heute sensationell und spektakulär. Das eigentlich Spannende ist die Gesprächshaltung der beiden. Prokop stellt nicht als Historiker, nicht als Journalist, sondern als DDR-Bürger Fragen, die er bis 1989 einem Politbüromitglied nicht hatte stellen können. Es ist gleichsam ein nachholender Dialog zwischen »unten« und »oben«. Mit dem Gestus der Vorhaltung, beeinflusst von Gerüchten und Vermutungen, die seinerzeit umliefen. Alfred Neumann lässt sich auf diesen ein wenig sprunghaft geführten, kaum gesteuerten und keineswegs vom Zeitgeist freien Dialog ungeschützt ein. Dieser Umstand wie auch manch überraschende Aussage machen Prokops Protokoll zu einem sehr bemerkenswerten Dokument.

Der Herausgeber

Siegfried Prokop, Jahrgang 1940, Umsiedler aus den Sudeten. Nach dem Abitur in Neubrandenburg Studium der Geschichte an der Humboldt-Universität zu Berlin (HUB) und in Leningrad. Promotion und Hochschullehrer an der HUB bis 1996. Danach Projektleiter an der Forschungsstelle des Vereins für angewandte Konfliktforschung. Von 1994 bis 1996 Nachfolger von Wolfgang Harich als Vorsitzender der Alternativen Enquete-Kommission Deutsche Zeitgeschichte (danach Herausgabe der Beiträge des Wolfgang Harich-Gedenk-Kolloquiums am 21. März 1996 unter dem Titel »Ein Streiter für Deutschland« bei der edition ost).
Gastprofessuren in Paris (1987), Moskau (1988) und Montreal 1991.
Prof. Dr. Siegfried Prokop ist publizistisch vielseitig tätig. Unter anderem: »Der 17. Juni 1953 – Geschichtsmythen und historischer Prozess« (2003); »Zwischen Aufbruch und Abbruch: die DDR im Jahre 1956« (2006); »Der versäumte Paradigmenwechsel« (2008).

Das Buch

Ein zeitgeschichtliches Zeugnis der besonderen Art. Seit 1993, als die Gespräche mit Neumann geführt wurden, sind unzählige Publikationen über die SED-Führung erschienen, ehemalige Politbüromitglieder publizierten ihre Erinnerungen. Vieles von dem, was Alfred Neumann damals mitteilte, ist inzwischen längst bekannt, seine Aussagen – oft allgemein und generalisierend – waren weder damals noch heute sensationell und spektakulär. Das eigentlich Spannende ist die Gesprächshaltung der beiden. Prokop stellt nicht als Historiker, nicht als Journalist, sondern als DDR-Bürger Fragen, die er bis 1989 einem Politbüromitglied nicht hatte stellen können. Es ist gleichsam ein nachholender Dialog zwischen »unten« und »oben«. Mit dem Gestus der Vorhaltung, beeinflusst von Gerüchten und Vermutungen, die seinerzeit umliefen. Alfred Neumann lässt sich auf diesen ein wenig sprunghaft geführten, kaum gesteuerten und keineswegs vom Zeitgeist freien Dialog ungeschützt ein. Dieser Umstand wie auch manch überraschende Aussage machen Prokops Protokoll zu einem sehr bemerkenswerten Dokument.

Der Herausgeber

Siegfried Prokop, Jahrgang 1940, Umsiedler aus den Sudeten. Nach dem Abitur in Neubrandenburg Studium der Geschichte an der Humboldt-Universität zu Berlin (HUB) und in Leningrad. Promotion und Hochschullehrer an der HUB bis 1996. Danach Projektleiter an der Forschungsstelle des Vereins für angewandte Konfliktforschung. Von 1994 bis 1996 Nachfolger von Wolfgang Harich als Vorsitzender der Alternativen Enquete-Kommission Deutsche Zeitgeschichte (danach Herausgabe der Beiträge des Wolfgang Harich-Gedenk-Kolloquiums am 21. März 1996 unter dem Titel »Ein Streiter für Deutschland« bei der edition ost).
Gastprofessuren in Paris (1987), Moskau (1988) und Montreal 1991.
Prof. Dr. Siegfried Prokop ist publizistisch vielseitig tätig. Unter anderem: »Der 17. Juni 1953 – Geschichtsmythen und historischer Prozess« (2003); »Zwischen Aufbruch und Abbruch: die DDR im Jahre 1956« (2006); »Der versäumte Paradigmenwechsel« (2008).

PETER HACKS

4 48 32 02

5/11 97

Lieber Alfred, ich habe Dir dieses Gedicht gewidmet.

Wenn ich Dich einen "Sterbenden" nenne, so ist es nur, um Dein hohes Alter von meinem hohen Alter zu unterscheiden. Es soll kein Wort für einen kranken Zustand sein; Sterbende sind wir von unserer Geburt an alle. Mögest Du hundert Jahre einer bleiben.

In Freundschaft,

Dein

3.11.1997

Fr 14.11. 18^{00}

Brief von Peter Hacks an Alfred Neumann. Aus Neumanns handschriftlichen Ergänzungen geht hervor, dass sich der Empfänger des Schreibens und des beigefügten Gedichts mit dessen Autor am 17. November 1997, 18 Uhr, traf. Hacks hatte per Brief vom 5. Januar 1995 erstmals Kontakt zum »Verehrten Herrn Neumann« gesucht und gefunden. Am 14. Januar 1995 dankte er: »Lieber Alfred, es war schön, mit Dir zu reden.«

DAS VATERLAND

So wie das Einhorn vor den Geistern allen
Hervorsticht durch Empfindsamkeit und Wissen,
Wie der Demant vor minderen Kristallen,
Der Kaviar vor sonstigen Leckerbissen,
So wie der Panther vor den Waldnaturen
Und Greta Garbo vor den andern Huren,

So stach einmal mein liebes Vaterland
Unter den Reichen dieser Welt hervor.
Das Land, wo keiner darbte, keiner fror.
Das Land, wo jeder Dach und Arbeit fand.
Wie lob ich es? Wie enden, wie beginnen?
Ich sage, es war ganz und gar bei Sinnen.

Wer reifen wollte, war befugt zu hoffen.
Die Seelen nahmen Form an und die Leiber.
Dem Ärmsten stand die höchste Stelle offen.
Was Männer durften, durften auch die Weiber.
Und weder Aberglauben, weder Schulden
Fand sich sein stolzes Herz bereit zu dulden.

Und keine Krankheit, wenn sie heilbar war,
Blieb von der Kunst der Ärzte ungeheilt.
Und kein Verdruss, sofern er teilbar war,
Ward redlich nicht von Fürst und Volk geteilt.
Kein Eigentümer konnte uns befehlen,
Zu seinem Vorteil selbst uns zu bestehlen.

Wie aufgeklärt hier alles. Wie durchheitert.
Wie voller Frische, voller Ahnungen.
Ins Morgen ward die Gegenwart erweitert
Des Vaterlands durch seine Planungen.
Es ist ein Hochgenuss, von ihm zu sprechen.
Es war ein Staat und scheute das Verbrechen.

Wer kann die Pyramiden überstrahlen?
Den Kreml, Sanssouci, Versailles, den Tower?
Von allen Schlössern, Burgen, Kathedralen
Der Erdenwunder schönstes war die Mauer.
Mit ihren schmucken Türmen, festen Toren.
Ich glaub, ich hab mein Herz an sie verloren.

Das war das Land, in dem ich nicht geboren,
Das Land, in dem ich nicht erzogen bin.
Das ich mir frei zum Vaterland erkoren,
Dass bis zum Grab ich atmete darin.
Das mit dem Grab hat sich nun auch zerschlagen.
Doch war das Glück mit meinen Mannestagen.

In dieser Hundewelt geht vieles ohne
Ideen, aber nichts ohne Spione.
Schuld, dass ich alles deutlich offenbare,
Schuld trug der KGB. Wohl zwanzig Jahre
Hat insgeheim mit Langley oder Harvard
Er über unsern Untergang palavert.

Die Sowjetmacht, sie schenkte uns das Leben.
Sie hat uns auch den Todesstoss gegeben.
Nur täuscht euch nicht. Russland und wir, wir beiden,
Sind niemals, auch nicht durch Verrat, zu scheiden.
So viel für jetzt. So viel zum künftig schwierigen
Verhältnis zwischen Preussen und Sibirien.

Fremd ist die Sonne, die mir heute leuchtet.
Und bloss im sich versenkenden Gemüte
Seh ich die Landschaft, die hier vormals blühte.
Nicht immer bleibt mein Auge unbefeuchtet.
Man weint um Hellas. Sonst geschieht es selten,
Dass einer Staatseinrichtung Tränen gelten.

Und derer lasst mich denken, die es schufen,
Das Vaterland, ihm Hirn und Willen liehen,
Es kräftigend zu menschlichsten Behufen.
Kaum einer ist mehr. Lasst mich nicht verziehen,
Als Greis dem Sterbenden mich mitzuteilen.
Für Alfred Neumann schrieb ich diese Zeilen.

Inhalt

Zeitgeschichtliches Zeugnis und noch vieles mehr

Von Hans Modrow

Am Ende seiner Tage lebte Alfred (»Ali«) Neumann unweit von mir. Unsere Wohnungen trennten nur wenige Hundert Meter. Seit 1986 verwitwet hatte er nach seinem Auszug aus Wandlitz eine kleine Wohnung im Weidenweg 56 unweit des Bersarinplatzes bezogen. Ich wohnte seit kurzem mit meiner Frau Annemarie im Frankfurter Tor. Wir trafen uns zufällig auf der Straße, wenn er Besorgungen machte oder sich die Beine vertrat, oder vorsätzlich zu Hause, wenn es etwas zu bereden gab. Unsere Bekanntschaft, die am Ende Freundschaft war, währte bald ein halbes Jahrhundert.

Ich lernte ihn kennen, als ich nach dem Studium an der Komsomolhochschule in Moskau in Berlin als FDJ-Funktionär zu arbeiten begann. Das war im Sommer 1953, nach jenem 17. Juni, an dessen Beurteilung sich noch heute die Geister scheiden. Neumann, der Urberliner, stand erst seit Kurzem an der Spitze der Berliner Parteiorganisation. Er hatte die Nachfolge von Hans Jendretzky[1] angetreten. Mich machte man zum 1. Sekretär der FDJ-Bezirksleitung.

Sein Name sagte mir damals nichts, er war für mich ein weißes Blatt. In der BL kannte ich lediglich Hermann Axen[2] und Edith Baumann[3], die – vermutlich auf Veranlassung von Walter Ulbricht – vom ZK-Sekretariat in das Sekretariat der hauptstädtischen SED gewechselt waren. Sie sollten wohl an Neumanns Seite mithelfen, die wahrlich schwierige Situation zu meistern. Seit Thälmanns Tagen standen Hauptstadtfragen stets auf der Tagesordnung der zentralen Parteiführung, weshalb der erste Mann in Berlin auch der Parteiführung angehörte. Alfred Neumann aber war zu jenem Zeitpunkt noch nicht einmal Mitglied des Zentralkomitees der SED. Darum also die »Verstärkung« aus der Zentrale. Abweichend von der üblichen Praxis, wonach der 2. Sekretär einer Bezirksleitung für die Jugendarbeit verantwortlich war, hatte Neumann mit dieser Aufgabe Edith Baumann betraut. Die war zwar im Sekretariat für den Handel zuständig, doch der 1. Sekretär hatte gemeint, sie solle sich auch um ihre früheren Freunde in der FDJ kümmern. Das empfand ich in diesem Falle nicht als sonderlich hilfreich. Edith pflegte stets die weiße Flagge zu hissen, wenn im Sekretariat Kritik am Berliner Jugendverband und insbesondere an dessen 1. Sekretär geübt wurde. Ich stand oft allein im Regen.

Wenn ich mich darüber bei meinem Chef beklagte, dem Vorsitzenden der FDJ, reagierte dieser seltsam gleichgültig. Er schien jedem Konflikt aus dem Wege zu gehen. Anders als etwa 1952 noch, als ich in Mecklenburg arbeitete und erleben konnte, wie Erich Honecker[4] Karl Mewis[5] in die Parade fuhr. Der Kandidat des Politbüros EH bot dem 1. Sekretär der SED-Landesleitung KM deutlich die Stirn. Hier in Berlin jedoch schwieg er: Er sprach kein Wort mit »Ali« Neumann. Aus Respekt? Wohl kaum. Den einzigen, den Honecker in der Berliner Führung respektierte, war Friedrich Ebert[6], der Oberbürgermeister und Sohn des einstigen Reichspräsidenten. Neumann war bis vor kurzem »nur« dessen Stellvertreter.

Damals sah ich noch nicht, dass es zwischen Honecker und Neumann ganz offenkundig Differenzen gab. Erst später begriff ich, dass diese Gegensätze sowohl persönlicher wie auch politischer Natur waren, welche sich noch verstärken sollten. Worin die persönliche Abneigung wurzelte, vermochte ich nie zu ergründen – es soll ja vorkommen, dass sich Menschen schon bei ihrer ersten Begegnung nicht riechen können. Politiker machen da gewiss keine Ausnahme. Die politisch motivierten Aversionen hingegen waren leicht zu erkennen – auch im nachfolgenden Gespräch zwischen Neumann und Prokop werden sie sichtbar. Aber auch hinsichtlich des Charakters waren die Unterschiede zwischen Honecker und Neumann gravierend. Der ehrliche, geradlinige »Ali« Neumann leugnete weder seine proletarische Herkunft noch verließ ihn, wie auch das Gespräch mit Prokop zeigt, jemals sein Klasseninstinkt. Er besaß das Gespür seiner Klasse für Gerechtigkeit, Anstand, Ehrlichkeit, Bescheidenheit und Solidarität, für die ehernen Prinzipien der

Bewegung und die Fragen der Macht. Im Grundsätzlichen war er gewiss das, was man einen Dogmatiker nennt. Wenn man einen Kommunisten heute so bezeichnet, meint man das gemeinhin abfällig. Einem Katholiken, der sich an die Dogmen seiner Kirche hält, welche damit schon zweitausend Jahre lebt, rechnet man solcherart Prinzipienfestigkeit hoch an. Einem Kommunisten macht man es zum Vorwurf. Neumann war im positiven Sinne ein Dogmatiker.

Honecker hingegen war es nicht. Er brach häufig mit diesen Prinzipien. Er entschied zunehmend eitel und nach Gutdünken, er war selbstherrlich und einsam und ließ schon bald nur eine Meinung zu, nämlich seine, und bezeichnete den höchst selten angemeldeten, vorsichtigen Widerspruch bereits als Ansatz zur Fraktionsmacherei; etwas Schlimmeres gab es in einer marxistisch-leninistischen Partei nicht. Er unterschied sich also in vielerlei Hinsicht von seinem Vorgänger. Verständlich darum die Reaktion Neumanns auf eine generalisierende Aussage Prokops über die SED und deren Führung. Ob er die SED unter Ulbricht oder die unter Honecker meine, zürnte er und verlangte mehr Genauigkeit im Urteil.

Ihre Haltung zur Macht und der Umgang mit dieser trennten Neumann und Honecker sichtlich voneinander. Von János Kádár[7] ist der Satz überliefert, dass die Kommunisten zwei Prüfungen zu bestehen hätten: die Prüfung im Klassenkampf und die Prüfung durch die Macht. Der Spanienkämpfer Neumann und der Zuchthäusler Honecker haben die erste Prüfung bestanden. Die zweite allenfalls Neumann. Doch aufs Ganze betrachtet haben wir als Partei und als Klasse diese zweite Prüfung nicht bestanden. Anderenfalls gäbe es noch sozialistische Staaten in Europa.

Aber Alfred Neumann mühte sich ehrlich, um auch die zweite Prüfung zu bestehen, und sah, dass andere eben dies nicht taten. Deshalb konnte er mit Honecker und manch anderem nie so richtig warm werden.

Das erste persönliche Gespräch mit Alfred Neumann sollte ich im Frühjahr 1954 haben. Dem war eine Bezirksdelegiertenkonferenz vorausgegangen. Ich hatte inzwischen begriffen, dass ich nicht mit Bitten und Betteln größere Aufmerksamkeit und Unterstützung für die Berliner FDJ bekommen würde. Ich

Alfred Neumann, Stellvertreter des OB von Berlin, 1951

suchte den Angriff und übte, natürlich in Selbstkritik verpackt, auf dieser Konferenz Kritik an der Arbeit des Sekretariats der SED-Bezirksleitung, insbesondere an der für uns zuständigen Edith Baumann. Ich wurde in das Büro der BL gewählt, aber mit einer stattlichen Anzahl von Gegenstimmen. Auch daran zu erinnern, scheint mir heute nötig, denn es heißt ja, in dieser Partei sei alles uniform, gleichgeschaltet und einstimmig entschieden worden.

Mein Auftritt im März 1954 hatte – neben der Wahl ins Führungsgremium – zwei unmittelbare Konsequenzen. Hermann Axen, der 2. Sekretär, wurde nun doch für die Jugendarbeit verantwortlich gemacht und Alfred Neumann suchte das Gespräch mit mir. Langsam entwickelte sich wechselseitiges Vertrauen zwischen uns, wobei wir nie auf gleicher Augenhöhe konferierten – was nicht allein seinen knapp zwei Metern geschuldet war. »Augenhöhe« bestand allenfalls zwischen Neumann und OB Fritz Ebert, dessen 1. Stellvertreter Neumann 1951 geworden war. Es war auffällig, wie grundanständig der einstige Sozialdemokrat und der gestandene Kommunist miteinander umgingen. Da war viel von wechselseitigem Respekt und von hoher Achtung zu spüren, die beide voreinander hatten, auch wenn sie nicht unbedingt Freunde waren. Aber es stimmte erkennbar die Chemie zwischen ihnen.

Ich begriff schon bald die innere Situation der Berliner Parteiführung, lernte die Ambitionen und Intentionen der einzelnen Genossen kennen. Hermann Axen und Edith Baumann betrachteten ihre Tätigkeit in der Berliner Leitung als befristeten Parteiauftrag, insofern konkurrierten sie nicht mit Neumann um dessen Funktion. Anders Bruno Baum[8], Auschwitz-Überlebender wie Hermann Axen. Als Sekretär der Bezirksleitung zeigte er merklichen Ehrgeiz, Neumann zu beerben. Er ließ selten eine Gelegenheit ungenutzt, bei der sich eine gewisse Überlegenheit über den amtierenden Chef demonstrieren ließ. Oder Erich Hönisch, der vor Hermann Axen die Funktion des 2. Sekretärs der Bezirksleitung ausgeübt hatte: Er hatte erkennbar Interesse an einem Amt an der Spitze der Bezirksleitung.

Aber »Ali« Neumann war ein Fels, den man nicht einfach beiseite schieben konnte. Der gelernte Tischler hatte sich bereits mit zehn Jahren dem Arbeitersportverein »Fichte« angeschlossen, mit neunzehn wurde er Mitglied der »Kampfgemeinschaft für Rote Sporteinheit« (KG), mit zwanzig Mitglied der KPD. In den 30er Jahren gehörte er als Zehnkämpfer dem deutschen Olympiakader an. Doch für Hitlerdeutschland mochte er nicht um olympischen Lorbeer kämpfen, weshalb er 1934 über Schweden und Finnland in die Sowjetunion flüchtete. Er arbeitete in den Moskauer Autowerken einige Zeit als Sportlehrer. Als er wie viele andere deutsche Emigranten aus der Sowjetunion ausgewiesen wurde, ging er nach Spanien zu den Internationalen Brigaden. Das war, um der Wahrheit die Ehre zu geben, die Flucht nach vorn, auch wenn es seiner antifaschistischen Überzeugung entsprach, mit der Waffe gegen die Francofaschisten kämpfen zu wollen und zu müssen. Neumann war nämlich wiederholt in der Sowjetunion verhaftet worden, und es bestand die Absicht, ihn nunmehr nach Sibirien zu verbannen. Darum schlug er sich nach Spanien durch. (Über jene schwere Zeit hat er mit dem Sekretariat der FDJ-Bezirksleitung nach dem XX. Parteitag der KPdSU gesprochen. Er habe, sagte der überzeugte Marxist, nicht alles gewusst, aber den Glauben an unsere Sache nie verloren.) Es folgten 1939 die Internierung in Frankreich und 1941 die Auslieferung an die Gestapo.

Wegen »Hochverrats« wurde er vom faschistischen Volksgerichtshof zu acht Jahren Zuchthaus verurteilt. Der Kerker stand in Brandenburg-Görden, wo neben vielen anderen Kommunisten auch Erich Honecker einsaß. Die Zelle teilte sich Neumann mit dem Spanienkämpfer Hans Fruck[9]. »Hanne« Fruck sicherte »Ali« Neumann in Brandenburg in gewisser Weise das Überleben – er habe mit seinen 1,65 Metern nicht solchen Hunger gehabt wie sein Zellengenosse, gab er später einmal, als wir zusammen im Büro der Bezirksleitung saßen, zum Besten.

Im Februar 1945 wurde Alfred Neumann in das SS-Strafbataillon Dirlewanger[10] gepresst, aus dem er beim ersten Einsatz nahe Horno in der Niederlausitz floh. Nichtsdestotrotz kam er für mehrere Jahre in sowjetische Kriegsgefangenschaft. Erst 1947 kehrte er nach Berlin zurück.

Viele Stationen seines bewegten Lebens waren mit Tabu belegt, sowohl mit einem persönlich verordneten wie mit einem offiziellen. Die Verfolgung in der Sowjetunion in den 30er Jahren wurde so wenig öffentlich besprochen wie die Tatsache seiner Kriegsgefangenschaft. Dieses Thema war mir sehr vertraut: Ich trug als 17-Jähriger vier Wochen Uniform und kam dafür vier Jahre ins Kriegsgefangenenlager. Darüber redeten wir später in der Partei nie, doch heute, sechs Jahrzehnte später, mokieren sich manche und führen das dumme Wort vom »Hitlerjungen Hans« höhnend im Munde. Damals wie heute, so scheint mir, besitzen wir keine klare, souveräne Haltung zu jenen schmerzlichen Vorgängen.

Ich habe zeitlebens von Alfred Neumann viel gelernt, wozu ich mich unverändert bekenne. Er war kein Theoretiker, und die Wiedergabe und Auslegung von Lehrsätzen des Marxismus-Leninismus waren seine Sache nicht. Doch er hatte Eigenschaften und lebte uns eine Haltung vor, die beispielhaft waren. Da waren jene Bodenhaftung, die er nie verlor, und sein Berliner Humor, den ich als dröger Pommeraner zunächst nicht verstand, vor allem nicht, wenn er sich gegen mich kehrte. Da war diese Offenheit, die bis zur Selbstentwaffnung reichte, und jene auffällige Zurückhaltung beim Lob. Anerkennung verteilte er allenfalls in homöopathischen Dosen. Und er war konsequent in der Durchsetzung von Prinzipien und Forderungen, ohne dabei unlauter oder gar hinterhältig zu agieren wie manch anderer, dem jedes Mittel recht war, um bei der Obrigkeit zu glänzen. »Ali« war auch kein großer Redner, seine rhetorischen Mittel waren begrenzt. Er sprach frei von der Leber und wie ihm der Schnabel gewachsen war. Seine sprachlichen Bilder waren oft falsch oder schräg, aber verständlich und darum populär. So rief er einmal vom Pult: »Genossen, wir müssen die Pferde im Galopp beschlagen!«, womit er sagen wollte, dass es keine Pause gäbe, um etwas zu verändern, sondern dass dies in der laufender Aktion geschehen müsse.

An erster Stelle stand bei ihm immer die Analyse, aus der dann Schlüsse für das praktische Handeln gezogen wurden. Dabei stelle ich nicht in Abrede, dass er mitunter sich selbst überforderte. Bisweilen kämpfte er wie Don Quijote gegen Windmühlenflügel, was auch da und dort im Gespräch mit Siegfried Prokop durchscheint. Aber diese Windmühlen waren nicht ausgedacht, sondern real, und wenn er gegen sie anritt, war das sowohl objektiv richtig, weil notwendig, als auch objektiv zum Scheitern verurteilt. Die Strukturen und Widerstände waren nun mal so, wie sie waren.

Aber Alfred Neumann mochte nie Entscheidungen am »grünen Tisch« treffen. Ihm war die Gefahr bewusst, dass in der Abgeschiedenheit angestellte Überlegungen, die auf Lehrbuchwissen statt auf Lebensweisheit gründeten, in die Irre gehen konnten. Im Gespräch findet sich ein schönes Beispiel. Die Architekten hatten sich für die ersten Bauten der Stalinallee sogenannte Laubengänge ausgedacht. Die erfüllten jedoch nur ihren Sinn, wenn dort zumindest stundenweise wärmende Sonnenstrahlen einfielen. Nun, die ersten fertiggestellten Laubengänge unweit der Weberwiese blieben ziemlich dunkel. Was Wunder: Sie wiesen nach Norden. Schamhaft pflanzte man schnell wachsende Pappeln davor, damit man das inzwischen »Tränen des Sozialismus« genannte architektonische Missgeschick nicht mehr sah. Damit wurde es in den Wohnungen dahinter endgültig dunkel.

Die Ironie der Geschichte wollte es, dass Neumann sein letztes Lebensjahrzehnt in einem vergleichbaren Haus zubrachte. Man hätte es in Gänze drehen müssen, sagt er im Interview, um nicht schon nachmittags um drei das Licht im Wohnzimmer mit dem Balkon anmachen und heizen zu müssen, während aufs Schlafzimmer die Sonne knallte und die Temperatur in Sommernächten extrem hoch blieb.

1961 initiierte Walter Ulbricht den Volkswirtschaftsrat, was zu seinem Reformkonzept des Sozialismus gehörte. Die Verantwortung sollte zunehmend dorthin gegeben werden, wo sie hingehörte, und die Partei sich auf ihre eigentliche Aufgabe, die politische Organisation und Führung der Gesellschaft, konzentrieren. Ulbricht setzte Neumann, der sein Vertrauen genoss, an die Spitze dieses Gremiums. Dieser gab dafür seine Funktion als Sekretär des Zentralkomitees auf. Honecker hingegen sollte perspektivisch die Schlüsselstellung in der Partei übernehmen, er galt als Ulbrichts »Kronprinz« in der SED. Der erste Mann in der Partei und im Staate stellte also die Weichen, es sollte zweigleisig – mit Neumann und mit Honecker – in die sozialistische Zukunft gehen.

Auf dem VI. Parteitag 1963 wurde das Reformkonzept beschlossen, das Neue Ökonomische System der Leitung und Planung zum Parteiprogramm erklärt. Wie alles in der DDR bedurfte auch diese strategische Neuorientierung der Zustimmung Moskaus. Ulbricht hatte Chruschtschows[11] Segen. Doch als dieser 1964 gestürzt wurde und Breshnew[12] an seine Stelle trat, hatte sich das Thema erledigt. Der Volkswirtschaftsrat wurde aufgelöst, die 11. ZK-Tagung 1965 – die entgegen heutigen Darstellungen kein Kulturplenum, sondern ein Wirtschaftsplenum war, das sich ursprünglich mit der zweiten Etappe des Neuen Ökonomischen Systems der Leitung und Planung beschäftigen sollte – begann mit der Korrektur der Ulbricht'schen Korrektur am sowjetischen Modell. Moskau wollte keine »Alleingänge« der DDR und spielte damit jenen Personen in der SED-Führung in die Hände, die eigene Interessen verfolgten und Ulbricht dabei als Hindernis sahen.

Neumann wurde zunächst zum Minister für Materialwirtschaft und 1968 zum 1. Stellvertreter von Willi Stoph[13], dem Vorsitzenden des Ministerrates, gemacht. Dessen Präsidium gehörte Neumann bereits seit sechs Jahren an. Das war als Versuch Ulbrichts zu werten, seinen Vertrauten Neumann gegen Honecker dort in Stellung zu bringen. Dieser hatte, was Ulbricht keineswegs verborgen geblieben war, seit dem Machtwechsel in Moskau mit dem Aufbau einer Kräftegruppierung begonnen, die auf seine Ablösung hinarbeitete. Bekanntlich eskalierte die Sache im Sommer 1970 nach den beiden Treffen von Ministerpräsident Stoph und Bundeskanzler Brandt in Erfurt und Kassel. Walter Ulbricht hatte einen Tag nach seinem 77. Geburtstag am 30. Juni eine außerordentliche Politbürositzung einberufen, auf der er ohne Rücksprache mit Moskau Honecker als 2. Sekretär absetzte. Breshnew intervenierte über den sowjetischen Botschafter Abrassimow[14], der Ulbricht ultimativ aufforderte: »Sie holen das Politbüro zusammen und richten alles wieder so her, wie es war.« Am 7. Juli 1970 revidierte Ulbricht seine Entscheidung.

In jener Zeit hatte wohl Ulbricht für sich auch jene Entscheidung getroffen, die Neumann im Gespräch andeutet: Er statt Honecker sollte an die Spitze der Partei treten. Daraus wurde bekanntlich nichts, mit Moskaus Hilfe wurde Honecker Erster Sekretär des ZK der SED. Nicht zum ersten Mal wurde damit vor der Geschichte dokumentiert, dass es bei kommunistischen Parteien an der Macht keinen normalen, gesitteten, zivilisierten Wachwechsel gab. Entweder starb der erste Mann im Amt, oder er wurde gestürzt und in die Wüste gejagt.

Wenn heute die Geschichte der SED behandelt wird, beschränkt sich die Darstellung von Konflikten und Machtkämpfen in deren Führung meist auf die 50er und 60er Jahre. Und dabei dominiert die Perspektive, dass der »Diktator« Ulbricht alle »Oppositionellen« entmachtet, verfolgt und vertrieben habe: das reicht von Ackermann[15] über Herrnstadt[16] und Schirdewan[17] bis hin zu Zaisser[18]. Über all diese Auseinandersetzungen wird die Schablone »Der Böse gegen die Guten« gelegt, weil Ulbricht schon zu DDR-Zeiten – und zwar unter Honecker – mit dem Verdikt des schrecklichen Despoten belegt worden war.

Neumanns Aussagen brechen dieses grobschlächtige Raster auf. Er macht, wenngleich auch nur ansatzweise, sichtbar, wie kompliziert und vielschichtig das Beziehungs- und Machtgefüge im inneren Zirkel der Partei zu allen Zeiten war. Wer mit wem und weshalb miteinander kungelte und redete bzw. schwieg, wer eigene Interessen verfolgte und wer sich instrumentalisieren ließ oder auch nicht. Das wirft ein erhellendes Licht auf die Innereien an der Spitze unserer Partei und spricht nicht unbedingt für ihre Souveränität und Stärke. Nein, nicht alle Funktionäre handelten stets gemäß lauterer kommunistischer Gesinnung. Heinz Keßler[19], 1996 bei der Vorstellung seiner Erinnerungen befragt, wie er das Verhältnis seines Freundes Honecker zu Gorbatschow beurteile, erklärte, dass sich beide nicht so verhalten hätten, wie es Kommunisten eigentlich gezieme.

In dieser Hinsicht war Neumann ein Solitär. Vielleicht lag es daran, dass er nicht durch die Schulen gegangen war, die die meisten anderen durchlaufen hatten. Er war, wenn man so will, ein Seiteneinsteiger. Als er in der Berliner SED-Landesleitung Sekretär für Propaganda wurde, war dies seine erste höhere Parteifunktion. Da war er bereits 40.

Auch Walter Ulbricht wurde von Neumann keineswegs unkritisch gesehen, gleichwohl verhielt er sich ihm gegenüber in jeder Phase loyal, weil er dessen politische Strategie als richtig akzeptierte und darum mittrug. Gleich Ulbricht war er der Überzeugung, dass der Sozialismus eine eigenständige und längere Periode in der Geschichte darstellen würde. Während der XXII. Parteitag der KPdSU im Oktober 1961 vollmundig verkündete, mit dem Aufbau des Kommunismus in der UdSSR zu beginnen, entwickelte Ulbricht einen Monat später auf dem 14. Plenum des ZK der SED nüchtern und realistisch sein Konzept für den »umfassenden Aufbau des Sozialismus«.

Natürlich braucht die Politik Visionen. Ich teile nicht die Auffassung von Altkanzler Helmut Schmidt, der einmal gesagt hat, wer Visionen hätte gehöre nicht in die Politik, sondern müsse zum Psychiater. Man muss gesellschaftliche Perspektiven aufzeigen, um Menschen zu mobilisieren. Die Propaganda darf durchaus der Realität vorauseilen. Doch wenn die Propaganda bereits als Realität genommen wird und man sich der Wirklichkeit verschließt, ist man mit politischer Blindheit geschlagen. Das war bei Honecker zunehmend der Fall, er wurde Opfer der eigenen Propaganda, wobei nicht wenige Fiktionen von Mittag geliefert wurden. Neumann spricht das im Gespräch an. Nicht grundlos richtete sich seine Kritik insbesondere gegen den Wirtschaftssekretär und dessen diktatorische Führungsmethoden, die bis zur Hinterhältigkeit reichten. Er schildert ihn, wie wir, die ihn kannten, auch erlebt haben. Alfred Neumann gebraucht in diesem Kontext das Wort »Verrat«, auch wenn er mehr andeutet als er beweisen kann. Was tatsächlich gespielt wurde, bleibt noch immer verdeckt und darum Spekulation.

Dass sich Neumann im Nachgang an beiden rächen wollte, muss bezweifelt werden: Hätte er sonst die Zustimmung zur Veröffentlichung des Interviews verweigert, als der Prozess gegen Honecker lief? Nein, auch Honecker konnte mit Neumanns Solidarität rechnen. Erich Honecker war, bei aller Kritik, letztlich sein, unser Genosse. Ja, Honecker hatte in den beiden letzten Jahrzehnten die SED in die Sackgasse geführt, er hatte eine innerparteiliche, schöpferische Debatte verhindert. Aber die anderen im Politbüro und im ZK haben sie ebenfalls nicht gefordert, stattdessen wurden Kritik in der Partei als Nörgelei und Meckerei denunziert. Lähmung in Partei und Gesellschaft war die Folge. Hauptsächlich an Honeckers Adresse jedoch ist der Vorwurf zu richten, mit der Aufgabe von Prinzipien kleinbürgerlichen, kleinkarierten Denk- und Verhaltensweisen Tür und Tor geöffnet zu haben. Mancher spricht inzwischen von Revisionismus, der in die Katastrophe geführt habe. Hoffnung bleibt trotzdem. Der Beweis, dass Peter Hacks[20] nicht irrte, wird täglich erbracht. Der Dichter hatte am 5. Mai 1978 in einer Diskussion der Akademie der Künste erklärt, er denke, wenn in einem wirklich sozialistischen Land eine Konterrevolution stattfände, wäre es nie wieder ein vollkommenes und reines, unangefochtenes kapitalistisches Land.

Wir erleben heute, dass er mit seiner Prognose Recht hatte.

Zu den offenen Fragen in diesem Kontext gehört auch jene, weshalb nach 1990 gegenüber Honeckers Souffleur Günter Mittag[21] so auffällig Zurückhaltung geübt wurde, was auch Neumann anmerkte. Selbst der sogenannte Schalck-Untersuchungsausschuss des Deutschen Bundestages beschränkte sich auf einen Hausbesuch und stellte einige Höflichkeitsfragen, um dem »Ehrenmann« Mittag nicht zu nahe zu treten. Ich selbst wurde sechs Stunden vernommen und erfuhr solcherlei Nachsicht und Milde nicht.

Neumann stellte – nachdem Willi Stoph nach Absprache mit Egon Krenz am 17. Oktober 1989 Honecker zum Rücktritt aufgefordert hatte – im Politbüro den Antrag, auch Günter Mittag und Joachim Herrmann[22] als dessen engste Vertraute von ihren Funktionen abzuberufen. Auch wenn Neumanns

Urteil über Honecker, Mittag und Herrmann in diesem Gespräch mit Prokop sehr subjektiv ist: In der Tendenz ist ihm beizupflichten. Das trifft auch auf seine Einschätzung zu, dass der Grund für den Untergang der DDR in der Mittag'schen Wirtschaftspolitik gelegen habe, deren Ausgangspunkt der VIII. Parteitag gewesen ist. 1971 wäre der verhängnisvolle Weg wachsender Verschuldung eingeschlagen worden, was ihm, Neumann, bereits 1973 aufgegangen sei. Bei aller Vereinfachung im Urteil, zu der »Ali« Neumann zweifellos neigte, benannte er damit den Kern. Die DDR ist nicht an zu viel Sozialismus zugrunde gegangen, sondern an zu wenig Sozialismus. Es fand ein Ausverkauf an Waren und Werten statt, und die wachsende Abhängigkeit vom Westen aufgrund mangelnder Effizienz der Wirtschaft und der akquirierten Kredite beschleunigte den Zerfallsprozess.

Neumann berichtet über eine bezeichnende Beratung, die sich auch bei Ex-Staatssekretär Harry Möbis findet (»Von der Hoffnung gefesselt. Zwischen Stoph und Mittag – unter Modrow«, 1999). Am 10. April 1989 wurde in einer Runde bei Ministerpräsident Stoph das Konzept für den Fünfjahrplan 1990-1995 beraten. Gerhard Schürer[23] hatte den Entwurf nach Abstimmung mit den dafür Zuständigen aus dem ZK-Apparat vorgelegt. Alle Tagungsteilnehmer ergriffen das Wort, nicht einer jedoch unterstützte den Regierungschef, der als einziger kleine kritische Anmerkungen gemacht hatte. Da nahm Neumann das Wort und schlug sich – keineswegs aus Sympathie für Stoph – für diesen in die Schanze. »Hier wird ein Konzept vorgelegt, das die kapitalistische Ausbeutung der DDR zum Äußersten treibt. Das bedeutet Liquidierung des Sozialismus«, schleuderte er wütend in die Runde. »Es werden keine Lösungen vorgelegt. Was fehlt, soll aus dem NSW geholt werden. Wer gibt uns das Recht, die Verschuldung zu erhöhen? Politische Konsequenzen *(die sich aus der wachsenden Verschuldung ergeben – H. M.)* werden nicht sichtbar gemacht. Ihr endet 1995 mit steigenden Schulden. Es gab einmal einen Vorsitzenden der Staatlichen Plankommission, Bruno Leuschner. Der sagte der Parteiführung, was nicht geht. Ihr aber legt die Hände an die Hosennaht und steht stramm. Das Konzept muss man im Zentralkomitee behandeln und nicht im Politbüro.« Wie wurde mit dieser berechtigten und fundamentalen Kritik umgegangen?

Als fünf Wochen später, am 16. Mai, in kleiner Runde das Papier bei Honecker besprochen wurde, saßen Mittag, Stoph, Krenz, Kleiber, Jarowinsky, Tisch, Hager und Schürer am Tisch. Es fehlte einer, der dort laut Funktion mit hingehörte: Alfred Neumann.

Im Juni 1989 kam das ZK zu einer Tagung zusammen. Von den von Neumann aufgeworfenen Fragen erfuhr es nichts. Es fand keine Diskussion des Entwurfes statt. Das höchste Gremium der SED zwischen den Parteitagen blieb uninformiert.

Die folgenden vier Monate nannte man die Zeit der Sprachlosigkeit. Nach meiner Ansicht war die Führung nicht sprachlos, sondern man hatte sich offenkundig darauf verständigt, nicht zu reagieren. Es fehlten ein Konzept und die Entschlossenheit zum politischen Handeln. Das oben behandelte Papier wurde nie wieder angefasst. Regierungschef Stoph und alle anderen gingen in Urlaub. Und jenen, die »rübermachten«, weinte man keine Träne nach. Das war der Gipfel des Zynismus. Das Politbüro war unter Honecker ein geschlossener Zirkel geworden, der die Macht verkörperte, dem ZK war die Rolle des Zuhörers und Abnickers zugewiesen. Dies war auch noch am 18. Oktober 1989 so, als Honecker zurücktrat und Krenz gewählt wurde. Es gab nur wenige Wortmeldungen und mein Versuch, zu einer Debatte zu kommen, wurde vom Politbüro abgewürgt.

Alfred Neumann trat aus eigenem Entschluss am 8. November von seinen Funktionen zurück. Anfang 1990 wurde er aus der Partei ausgeschlossen. Das traf ihn härter als zwei Jahre später die Mitteilung, dass gegen ihn wegen »Totschlags und Körperverletzung« ermittelt werde, weil er dem Nationalen Verteidigungsrat der DDR angehört hatte. 1999 wurde das Verfahren ohne Ansetzung einer Hauptverhandlung von der 23. Strafkammer des Berliner Landgerichts eingestellt.

Wir haben uns in jener Zeit häufiger gesehen als in den Jahren zuvor. »Ali« bereitete sich intensiv auf den Prozess vor, es gab auch eine Vernehmung durch die Staatsanwaltschaft. Er habe, wie er mir berichtete, die Herren zunächst gefragt, woher sie kämen und in wessen Auftrag sie handelten. Sie stammten, wie nicht anders zu erwarten, aus Westdeutschland und erklärten, im Auftrag der Bundesrepublik Deutschland zu handeln.

Darauf erklärte Neumann, für mich auch keineswegs unerwartet, die an seine Adresse gerichteten Vorwürfe bezögen sich auf die Zeit der DDR. Da diese als Völkerrechtssubjekt nicht mehr existiere, sehe er auch keine rechtliche Grundlage für einen solchen Prozess. Deshalb werde er nichts sagen. Er halte es so wie schon vor der Nazijustiz: Er wolle sich nur zu dem äußern, was als bewiesen gilt. Aus.

Ein zweites Thema, das ihn immer wieder beschäftigte, war die PDS, die aus der SED hervorgegangen war. Mir schien, dass er inzwischen seinen Ausschluss verwunden hatte. Man könnte schließlich auch ohne Parteibuch Kommunist sein, meinte er. Er erkundigte sich neugierig nach dem Parteivorsitzenden Gregor Gysi, dessen Vater Klaus[24] er kannte und sehr schätzte. Er unterstellte, dass der Sohn so sei wie der Vater. Und so urteilte er denn auch. Er bewunderte dessen Rhetorik. Doch bald beklagte er das Fehlen strategisch-analytischer Inhalte.

Als es um die Veröffentlichung der Gespräche ging, die er zwischen Januar und Mai 1993 mit Siegfried Prokop geführt hatte, bestärkte ich ihn in seiner solidarischen Haltung mit jenen, gegen die prozessiert wurde. Er wollte niemanden belasten. Die Kraft zum gemeinsamen Redigieren seiner mündlichen Rede aber mochte er nicht mehr aufbringen. Radikalen Entscheidungen nie abgeneigt, lehnte er darum eine Veröffentlichung ab. Prokop aber wollte an die Öffentlichkeit.

Friedrich Wolff[25], Neumanns Anwalt, berichtet darüber in seinem Text am Ende dieses Buches. Dort wird auch deutlich, dass sein Mandant durchaus erwog, dagegen zu klagen, es aber aus verschiedenen Gründen dann doch unterließ.

Inzwischen sind Jahre ins Land gegangen, die meisten Beteiligten tot, das Interview in lesbare Form gebracht und mit Fotos aus dem Familienalbum illustriert. Der Anlass, Neumanns Ansichten gedruckt in die Öffentlichkeit zu bringen, geht über den ursprünglichen Grund – den 100. Geburtstag Alfred Neumanns am 15. Dezember 2009 – natürlich hinaus. Wir haben es hier mit einem Dokument der Zeitgeschichte zu tun, das der Nachwelt darüber Zeugnis ablegt, welche Persönlichkeiten an der Spitze der DDR handelten. Es sagt auch einiges aus über das Denken und über die Auseinandersetzungen im Politbüro, über den Umgang miteinander. Zum anderen vermittelt es ein

Bild von Alfred Neumann, das den meisten wohl unbekannt ist, unbekannt sein muss. Die »Ulbricht-Leute«, wie ich gut weiß, passten nicht in Honeckers Konzept. Und Neumann stand ganz oben auf dieser Liste. Also blieb er im Hintergrund.

Wenn ich im Friedrichshain am Denkmal der Spanienkämpfer vorbeikomme, verharre ich oft. Es erinnert mich an den aufrechten Interbrigadisten und Antifaschisten Alfred Neumann, einen tapferen, ehrlichen Kommunisten, der sich und seiner Überzeugung in allen Zeiten treu blieb und von dem wir doch so wenig wissen.

Er wurde nie zum Opportunisten. Die einzige, der er sich unterwarf und für die er durchs Feuer gegangen wäre, war »die Sache«. Selbstlose Idealisten wie er haben dafür gesorgt, dass auf deutschem Boden eine Zeitlang Sozialismus herrschte und wir somit das Glück hatten, einen Blick in die Zukunft der Menschheit zu werfen. Seither hat der Kapitalismus keine Chance mehr, sich als alternativlos darzustellen.

Bücher wie dieses, so meine ich, sorgen dafür, dass seiner Propaganda zunehmend weniger Glauben geschenkt wird.

Anmerkungen

1 Hans Jendretzky (1897-1992) gehörte seit 1920 der KPD an und saß für sie 1928 bis 1932 im Preußischen Landtag. Die Nazis sperrten ihn vier Jahre ein, 1944 wurde er erneut inhaftiert. 1946 Mitbegründer des FDGB, deren Vorsitzender er bis 1948 war. Danach führte er fünf Jahre die Berliner Parteiorganisation, seit 1950 war er Kandidat des Politbüros. Nach dem 17. Juni 1953 verlor Hans Jendretzky seine Funktionen, weil er der vermeintlichen Zaisser-Herrnstadt-Gruppe angehörte. Nach dem XX. KPdSU-Pateitag 1956 wurde er rehabilitiert, 1957 erneut ZK-Mitglied. Von 1957 bis 1960 war er Stellvertretender Innenminister. Von 1965 bis 1989 leitete Jendretzky die FDGB-Fraktion in der Volkskammer.

2 Hermann Axen (1916-1992) stammte aus einer jüdischen Familie in Leipzig, 1932 KJVD. 1935 wurde er wegen »Vorbereitung zum Hochverrat« zu drei Jahren Zuchthaus verurteilt. 1938 flüchtete er nach Paris, 1940 wurde er interniert und 1942 an die Gestapo ausgeliefert. Bis 1945 war er zunächst im KZ Auschwitz, dann in Buchenwald inhaftiert und dort in den illegalen Lagerleitungen aktiv. 1946 gehörte er zu den Mitbegründern der FDJ. Seit 1949 ZK-Mitglied und seit 1954 Volkskammerabgeordneter. Von 1953 bis 1956 war er 2. Sekretär der SED-Bezirksleitung Berlin, von 1958 bis 1966 Chefredakteur des *Neuen Deutschland.*

Axen wurde 1963 Kandidat, 1970 Mitglied des Politbüros. Er galt seit Ende der 60er Jahre als Architekt der DDR-Außenpolitik; Egon Bahr würdigte ihn bei seinem Ableben als »deutschen Patrioten«.

3 Edith Baumann (1909-1973), Stenotypistin, Jungsozialistin seit Mitte der 20er Jahre, seit März 1933 Mitglied des Vorstandes der SAPD, im Herbst 1933 wurde sie verhaftet und war bis 1936 inhaftiert. Sie war Gründungsmitglied der FDJ und bis 1949 Stellvertretende FDJ-Vorsitzende, danach bis 1953 Mitglied des Sekretariats des ZK der SED, anschließend zwei Jahre Sekretär der SED-Bezirksleitung Berlin. Von 1958 bis 1963 gehörte Edith Baumann dem Politbüro an. Von 1947 bis 1953 lebte sie mit Erich Honecker zusammen. Aus der dreijährigen Ehe ging die Tochter Erika hervor.

4 Erich Honecker (1912-1994), Dachdecker, Mitglied der KPD seit 1930, Besuch der Internationalen Lenin-Schule in Moskau (1930/31), danach Bezirksleiter des KJVD Saargebiet. Im antifaschistischen Widerstand arbeitete er eng mit dem KPD-Funktionär Herbert Wehner in Berlin zusammen. Im Dezember 1935 wurde er von der Gestapo verhaftet, war zunächst zwei Jahre in Berlin-Moabit inhaftiert, 1937 zu zehn Zuchthaus verurteilt. Der mitangeklagte Bruno Baum erhielt 13 Jahre. Mitbegründer der FDJ 1946, deren Vorsitzender er bis 1955 war. Mitglied des Politbüros seit 1950, seit 1971 Erster, ab 1976 Generalsekretär des ZK der SED, Vorsitzender des Staatsrates und des Nationalen Verteidigungsrates. Verheiratet (seit 1953) mit Margot Feist, die gemeinsame Tochter Sonja wurde 1952 geboren.

5 Karl Mewis (1907-1987), Schlosser, KPD 1924, Besuch der Internationalen Lenin-Schule in Moskau (1932-1934), 1935 Kandidat, 1939 Mitglied des ZK, von 1937 bis 1939 in der Nachfolge von Franz Dahlem in der Leitung der Internationalen Brigaden in Spanien tätig. Von 1938 bis 1940 Leiter der KPD-Abschnittsleitung Mitte in Prag, dann Stockholm (mit Herbert Wehner und Richard Stahlmann), 1943 in Schweden interniert. 1950 Kandidat, 1952 Mitglied des ZK (bis 1981). Von 1958 bis 1963 gehörte Mewis dem Politbüro an. Zwischen 1949 und 1961 Parteichef in Mecklenburg bzw. im Bezirk Rostock, Initiator des Rostocker Überseehafens und der »Ostseewoche«. Zu Beginn der 60er Jahre Mitglied des Staatsrates und des Präsidiums des Ministerrates sowie Vorsitzender der Staatlichen Plankommission. 1963 ging er aller Funktionen verlustig und wurde (bis 1968) als Botschafter nach Polen geschickt. Danach wissenschaftlicher Mitarbeiter am IML.

6 Friedrich Ebert (1894-1979), Buchdrucker, Sohn des gleichnamigen ersten Reichspräsidenten der Weimarer Republik. 1913 Eintritt in die SPD, von 1928 bis 1933 Reichstagsabgeordneter, Haft in mehreren KZ, 1939 eingezogen, arbeitete von 1940 bis Kriegsende unter Polizeiaufsicht im Reichsverlagsamt. 1945 Landesvorsitzender der Brandenburger SPD, nach 1946 Landesvorsitzender der SED, ab 1949 Mitglied des Politbüros.

Von 1948 bis 1967 Oberbürgermeister von Berlin, ab 1971 Vorsitzender der SED-Fraktion in der Volkskammer. Ebert fungierte als Stellvertretender Staatsratsvorsitzender bis 1973 als »amtierendes Staatsoberhaupt«, eine Funktion, die die Verfassung zwar nicht vorsah, aber Honecker dazu nutzte, den »wegen Krankheit« abwesenden Ulbricht zu ersetzen.

7 János Kádár (1912-1989), Mitglied der ungarischen Partei seit 1929. Nach dem Ende des Zweiten Weltkrieges wurde Kádár Sekretär des Zentralkomitees, kurz darauf Mitglied des Politbüros. 1949/50 Innenminister, 1951 wegen Unterstützung Titos angeklagt, 1953 unter der Regierung von Imre Nagy jedoch freigelassen und rehabilitiert. 1956 rief er die Sowjetunion zu Hilfe, um die Konterrevolution zu stoppen. Von 1956 bis 1988 war er Erster bzw. Generalsekretär der Ungarischen Sozialistischen Arbeiterpartei (UVAP). Von 1956 bis 1958 und von 1961 bis 1965 bekleidete Kádár zudem das Amt des ungarischen Ministerpräsidenten. Am 2. Mai 2007 wurde Kádárs Grab auf dem Budapester Kerepesi temetö geschändet. Unbekannte Täter öffneten den Metallsarg und entwendeten seine sterblichen Überreste. Auch die Urne mit der Asche von Kádárs Ehefrau verschwand.

8 Bruno Baum (1910-1971), Elektriker, kam in einer jüdischen Familie in Berlin zur Welt. KPD 1927, 1929 Gauführer der Roten Jungfront Berlin-Brandenburg, war wiederholt inhaftiert, Besuch der Internationalen Lenin-Schule in Moskau (1934/35), Zusammenarbeit im antifaschistischen Widerstand in Berlin mit Erich Honecker und Kurt Hager. 1935 verhaftet, 1937 zu dreizehn Jahren wegen »Vorbereitung zum Hochverrat« verurteilt. Bis 1943 in Brandenburg, danach in Auschwitz und Mauthausen inhaftiert. 1949-51 Stadtrat für Wirtschaft im Magistrat von Berlin, danach (bis 1959) Sekretär der Bezirksleitung der SED, ZK-Mitglied seit 1957, ab 1960 Sekretär der Bezirksleitung Potsdam der SED.

9 Hans Fruck (1911-1990), Werkzeugdreher, 1930 KPD, nach 1933 im Bund deutsch-jüdischer Jugend aktiver Widerstand, Emigration und Spanienkämpfer, 1943 zu fünf Jahren Zuchthaus verurteilt, bis Kriegsende in Brandenburg-Görden. 1945 Berliner Polizei, von 1948 bis 1950 Stellvertretender Leiter der Kriminaldirektion von Groß-Berlin. Ab 1950 Mitarbeiter des MfS, von 1952 bis 1956 Leiter der Bezirksverwaltung Berlin, ab 1957 Stellvertreter von Markus Wolf in der HV A und Stellvertretender Minister für Staatssicherheit. Von 1974 bis 1977 Leiter der Arbeitsgruppe Grenze, dann Ruhestand. Fruck sicherte für die Aufklärung die Leipziger Messe, für die Abwehr besorgte das Manfred Hummitzsch, der von 1967 bis 1989 die BV Leipzig des MfS leitete.

10 SS-Strafbataillon Dirlewanger, benannt nach dem SS-Oberführer Oskar Paul Dirlewanger (1895-1945), der bereits in der faschistischen Legion Condor in Spanien Kriegsverbrechen beging. Seit 1940 befehligte er verschiedene nach ihm benannte SS-Einheiten, die dem Reichsführer SS unterstellt waren. Insbesondere in den okkupierten Territorien im Osten

verübten die Einheiten Massenmorde, 1944 war das »SS-Sonderbataillon Dirlewanger« an der Niederschlagung des Warschauer Aufstandes maßgeblich beteiligt. Seit November 1944 wurden politische Gefangene, so auch Alfred Neumann, zum Dienst verpflichtet.

11 Nikita Sergejewitsch Chruschtschow (1894-1971), Maschinenschlosser, KPdSU 1918, 1925 Gebietsparteisekretär in der Ukraine, 1933 Moskauer Gebietsparteisekretär, ZK-Mitglied von 1934 bis 1966, von 1939 bis 1964 Politbüromitglied. Während des Krieges Generalleutnant und höchster Politoffizier bei Marschall Budjonny und Timoschenko sowie Erster Sekretär des ZK der KPdSU in der Ukraine. Von 1949 bis 1953 ZK-Sekretär. Nach Stalins Tod 1953 Erster Sekretär des ZK der KPdSU, 1958 auch Ministerpräsident. 1964 verlor er alle Funktionen, er wurde durch den »Kronprinzen« Breshnew gestürzt.

12 Leonid Iljitsch Breshnew (1906-1982), Metallarbeiter, 1931 KPdSU, 1939 Parteisekretär des Gebietskomitees von Dnepropetrowsk (Ukraine), Politkommissar während des Großen Vaterländischen Krieges, Demobilisierung 1946 als Generalmajor. Von 1950 bis 1952 Erster Sekretär des ZK der KPdSU Moldawiens, seit 1952 ZK-Mitglied und Sekretär des ZK, von 1954 bis 1956 Erster Sekretär in Kasachstan, Mitglied des Politbüros von 1957 bis zum Tod. Nach Absetzung Chruschtschows am 14. Oktober 1964 Erster Sekretär, ab 1966 Generalsekretär. Ende 1974 stellten die Ärzte bei Breshnew eine beginnende Hirngefäßverkalkung fest. In seinen letzten Lebensjahren erlitt er mehrere Schlaganfälle und Herzinfarkte, die seine intellektuelle Leistungs- und Aufnahmefähigkeit stark herabsetzten. Er wurde als Generalsekretär aber immer wiedergewählt. Jene Jahre gelten als die Zeit der Stagnation, die durch seine Nachfolger Andropow (1982/83) und Tschernenko (1983/85) nicht beendet wurde.

13 Willi Stoph (1914-1999), KPD 1931, Maurer, Tätigkeit für den sowjetischen Nachrichtendienst, antifaschistischer Widerstand in Berlin, im April 1945 als Stabsgefreiter in sowjetische Kriegsgefangenschaft und im Sommer 1945 dort geflohen. 1948 Leiter der Abt. Wirtschaftspolitik im SED-Parteivorstand. Mitglied des ZK und der Volkskammer seit 1950. Von 1952 bis 1955 Innenminister, danach bis 1960 Verteidigungsminister, seit 1953 Mitglied des Politbüros. In der Nachfolge von Grotewohl Vorsitzender des Ministerrates von 1964 bis 1973, danach für drei Jahre Vorsitzender des Staatsrates, von 1976 bis November 1989 Vorsitzender des Ministerrates. Seine Aufforderung »Erich, es geht nicht mehr. Du musst gehen« leiteten am 18. Oktober 1989 den Rückzug Honeckers ein. 1991 Anklage wegen Totschlags, Entlassung aus der U-Haft 1992, Einstellung des Verfahrens wegen Verhandlungsunfähigkeit 1993.

14 Pjotr Andrejewitsch Abrassimow (1912-2009), Funktionär der KPdSU seit 1941, seit 1956 im Diplomatischen Dienst, Botschafter in Polen, in der DDR (1962-1971, 1975-1983). Aufgrund seines zunehmend selbst-

herrlichen und bevormundenden Auftretens (»der Regierende Botschafter«) wurde von Erich Honecker in Moskau seine Ablösung durchgesetzt. Von 1983 bis 1985 war Abrassimow Vorsitzender des Staatskomitees für Auslandstourismus und bis 1986 Botschafter in Japan.

15 Anton Ackermann (1905-1973), Strumpfwirker, KPD 1926, Besuch der Internationalen Lenin-Schule in Moskau (1929-31), illegale Arbeit in Deutschland nach 1935, Leiter der Politschule der Internationalen Brigaden in Spanien, Mitbegründer des Nationalkomitees »Freies Deutschland«. Von 1935 bis 1953 bildete er mit Pieck und Ulbricht die Troika in der Parteiführung. Autor des Aufrufs der KPD vom 11. Juni 1945. In dem im Frühjahr 1946 erschienenen Aufsatz »Gibt es einen besonderen deutschen Weg zum Sozialismus?«, den er im Auftrag der Parteiführung verfasst hatte, vertrat er die These, dass der Sozialismus in Deutschland demokratisch aufgebaut werden könne. Dafür wurde er nach einem Wink aus Moskau gemaßregelt. Von 1949 bis 1953 war er Staatssekretär im Außenministerium, in dieser Funktion baute Ackermann den Auslandsnachrichtendienst der DDR auf. Sein von ihm bestimmter Nachfolger der HV A wurde Markus Wolf. 1953 wurde er aller Ämter enthoben, 1954 aus dem ZK ausgeschlossen, 1956 rehabilitiert. Von 1954 bis 1958 leitete er die Hauptverwaltung Film beim Ministerium für Kultur. Schwer krebskrank setzte er 1973 seinem Leben ein Ende.

16 Rudolf Herrnstadt (1903-1966), Journalist aus jüdischem Hause, Mitglied der KPD 1929, seit den 30er Jahren Mitarbeiter des sowjetischen Militärnachrichtendienstes GRU (*Glawnoje Raswedywatelnoje Uprawlenije*) zusammen mit Gerhard Kegel und Ilse Stöbe. 1939 Emigration in die Sowjetunion, nach Auffliegen der Roten Kapelle enttarnt. Von 1947 bis 1949 Chefredakteur der *Berliner Zeitung*, von 1949 bis 1953 des *Neuen Deutschland*. Von 1950 bis 1953 Mitglied des ZK und Kandidat des Politbüros. 1954 Verlust aller Funktionen und Ausschluss aus der SED. Bis zu seinem Lebensende war er als wissenschaftlicher Mitarbeiter im Zentralarchiv Merseburg tätig.

17 Karl Schirdewan (1907-1998), 1925 KPD, Ende der 20er Jahre Bezirksvorsitzender des KJVD in Schlesien, 1931 Leitung des Verlages *Junge Garde*. 1934 wegen »Vorbereitung zum Hochverrat« zu drei Jahren Zuchthaus verurteilt. Danach (bis 1945) KZ Sachsenhausen und Flossenbürg. Tätigkeit im ZK der KPD, dann der SED, seit 1949 Leiter der Westkommission beim Parteivorstand. 1952 1. Sekretär in Sachsen, dann der Bezirksleitung Leipzig, ab 1953 Mitglied des Politbüros und bis 1958 ZK-Sekretär für Kaderfragen sowie Mitglied der Sicherheitskommission. Galt als zweiter Mann in der Partei hinter Ulbricht, den er 1958 zu stürzen hoffte. Er wurde von allen Funktionen abberufen und als Leiter der Staatlichen Archivverwaltung Potsdam strafversetzt. Karl Schirdewan wurde 1990 von der PDS rehabilitiert.

18 Wilhelm Zaisser (1893-1958), Berufsoffizier, 1919 KPD, militärischer

Leiter der Roten Ruhrarmee, 1924 Lehrgang an der Militärpolitischen Schule der Komintern (KI) in Moskau. Seit 1926 war Zaisser als Mitarbeiter des ZK der KPD für die militärpolitische Schulung verantwortlich. 1927 wurde er Mitarbeiter der KI in Moskau und von 1927 bis 1930 Militärberater der Kuomintang in der Mandschurei. Kommandeur der XIII. Internationalen Brigade in Spanien (»General Gomez«), Tätigkeit in der Sowjetunion unter deutschen Kriegsgefangenen, 1947 Rückkehr nach Deutschland. 1948/49 Innenminister in Sachsen, von 1950 bis 1953 Minister für Staatssicherheit. Im Juli 1953 wurde Zaisser wegen »parteifeindlicher fraktioneller Tätigkeit« aus dem Politbüro und dem ZK ausgeschlossen und als Minister abgesetzt. Im Januar 1954 folgte der Parteiausschluss. Bis zu seinem Tod war er als Übersetzer tätig. Die PDS rehabilitierte Wilhelm Zaisser am 25. April 1993.

19 Heinz Keßler (*1920), Maschinenschlosser, 1941 übergelaufen zur Roten Armee, Mitbegründer des Nationalkomitees »Freies Deutschland« (1943) und der FDJ (1946). Nachdem Keßler in der Zeit von 1956 bis 1967 als Chef der Luftstreitkräfte/Luftverteidigung und Stellvertreter des Verteidigungsministers fungierte und anschließend jahrelang die Politische Hauptverwaltung der NVA leitete, übernahm er am 3. Dezember 1985 das Amt des verstorbenen Verteidigungsministers Heinz Hoffmann. 1986 Mitglied des Politbüros. 1990 wurde Armeegeneral a. D. Heinz Keßler aus der PDS ausgeschlossen.

20 Peter Hacks (1928-2003), kommunistischer Dramatiker, Lyriker, Erzähler und Essayist. Er begründete in den 60er Jahren die »sozialistische Klassik« und gilt als einer der bedeutendsten Dramatiker der DDR, der meistgespielte war er mit Sicherheit.

21 Günter Mittag (1926-1994), Reichsbahnerlehrer, 1945 KPD, 1947 Mitglied der SED-Kreisleitung Greifswald, 1958 Sekretär der Wirtschaftskommission beim Politbüro. 1962 ZK-Sekretär, 1966 Politbüromitglied, 1976 ZK-Sekretär für Wirtschaft. Mittags Führungsstil gegenüber Direktoren und Generaldirektoren der DDR-Wirtschaft und zum Teil auch gegenüber seinen Mitarbeitern im ZK war berüchtigt. Er ließ keine Kritik zu und war im persönlichen Auftreten grob und beleidigend. Objektiven Fakten gegenüber verschloss er sich und pochte auf die Einhaltung von Parteibeschlüssen, wie unrealistisch sie auch waren. Mittag war maßgeblich für die desaströse Wirtschaftspolitik verantwortlich. Er wurde mit Joachim Herrmann am 10. November 1989 aus dem ZK ausgeschlossen. Im Dezember 1989 kam Mittag in Untersuchungshaft, wurde aber bald aus gesundheitlichen Gründen (schwere Diabetes, beide Beine amputiert) entlassen und ging in Rente. 1991 folgte erneut eine Anklage wegen Verwendung von Staatsgeldern für private Eigenheime. Mittag wurde jedoch aus gesundheitlichen Gründen für nicht verhandlungsfähig erklärt. Das Hauptverfahren wurde nicht eröffnet. Interessant ist, dass gegen Mittag im Gegensatz zu allen anderen Politbüromitgliedern kein Verfahren

wegen der »Mauertoten« eingeleitet wurde, obwohl er eines der längstgedienten Mitglieder des Nationalen Verteidigungsrates war.

22 Joachim Herrmann (1928-1992), Journalist, 1948 SED, von 1949 bis 1960 in der Chefredaktion der *Jungen Welt*, von 1962 bis 1965 Chefredakteur der *Berliner Zeitung*, danach bis 1971 Staatsekretär für Westdeutsche Fragen und anschließend (bis 1978) Chefredakteur des *Neuen Deutschland*. 1973 Kandidat, 1978 Mitglied des Politbüros und dort für die Medien und die Blockparteien zuständig. Als ZK-Sekretär war er maßgeblich für die Informationspolitik in der DDR verantwortlich. Am 10. November 1989 mit Günter Mittag aus dem ZK ausgeschlossen.

23 Gerhard Schürer (1921), Maschinenschlosser, 1948 SED. Seit 1965 Leiter der Staatlichen Plankommission und Mitglied des Präsidiums des Ministerrates. Seit 1963 ZK-Mitglied, ab 1973 Kandidat des Politbüros. Als Schürer im Ziel der Einheit von Wirtschafts- und Sozialpolitik eine Überforderung der DDR-Wirtschaft erkannte sowie die drohende Devisenzahlungsunfähigkeit im SED-Politbüro ansprach, wurde er von Erich Honecker als »Saboteur« bezeichnet. Gemeinsam mit Gerhard Beil, Ernst Höfner, Arno Donda und Alexander Schalck-Golodkowski verfasste er die Politbürovorlage »Analyse der ökonomischen Lage der DDR mit Schlussfolgerungen« für die Politbürositzung vom 30. Oktober 1989, die vom Generalsekretär des ZK der SED, Egon Krenz, in Auftrag gegeben worden war. Rücktritt mit der Regierung Stoph. Im Januar 1990 aus der PDS ausgeschlossen. Ein Verfahren wegen »verbrecherischen Vertrauensmissbrauchs« wurde von der Staatsanwaltschaft der DDR eingestellt.

24 Klaus Gysi (1912-1999), aus einer jüdischen Arzt-Familie stammend. 1931 KPD, Studium Volkswirtschaft, Emigration in Frankreich, illegale Arbeit in Deutschland. Von 1945 bis 1948 Chefredakteur der Zeitschrift *Aufbau*. von 1945 bis 1977 Mitglied des Präsidialrates, Bundessekretär und schließlich Mitglied des Präsidiums des Kulturbundes und von 1949 bis 1954 Abgeordneter der Volkskammer. Von 1952 bis 1957 arbeitete Gysi beim Verlag Volk und Wissen, danach bis 1966 als Nachfolger von Walter Janka Leiter des Aufbau-Verlages. Seit 1963 Mitglied der Westkommission des Politbüros des ZK. Von 1966 bis 1973 war er Minister für Kultur, Mitglied des Ministerrates der DDR und der Kulturkommission des Politbüros des ZK der SED. Von 1967 bis März 1990 war er wieder Abgeordneter der Volkskammer. Von 1973 bis 1978 lebte Gysi als Botschafter in Italien, im Vatikan und auf Malta. Von November 1979 bis zum Ruhestand 1988 war Gysi Staatssekretär für Kirchenfragen.

25 Friedrich Wolff (*1920), Sohn eines jüdischen Arztes aus Berlin, Jurist. 1950 SED, Mitbegründer des Berliner Anwaltskollegiums, dessen Vorsitzender von 1954 bis 1970 und von 1984 bis 1988 sowie 1990 bis zu dessen Auflösung. Verteidiger von Erich Honecker, Alfred Neumann, Hans Modrow, Siegfried Lorenz und anderen führenden DDR-Funktionären in den 90er Jahren.

»Schulden sind keine Hasen, die laufen nicht weg«

Ich bin bei Alfred Neumann erstmals am 21. Januar 1993. Der Witwer hat im Berliner Weidenweg eine kleine Wohnung bezogen, nachdem er Wandlitz verlassen hat. Er zeigt mir seine Möbel, die aus den 50er, 60er Jahren stammen. Am liebsten würde ich Fotos davon machen. So also lebte ein Politbüromitglied …
Acht Tage zuvor, am 13. Januar 1993, war Honecker aus dem Haftkrankenhaus entlassen worden und nach Chile ausgereist, nachdem am Vortag das Berliner Verfassungsgericht die Fortsetzung des Prozesses und seine Haft als Verletzung der Menschenwürde gewertet hatte, worauf das Verfahren gegen ihn eingestellt worden war.

Wie siehst du die überraschende Freilassung von Honecker?
Was heißt überraschend … Die Überstellung von Russland in die Bundesrepublik ist meiner Meinung nach ein abgekartetes Spiel gewesen.

Zwischen wem abgekartet?
Zwischen den Leuten der Bundesrepublik und Honecker.

Ach! Mit Honecker, nicht mit Jelzin?
Mit Honecker. Honecker ist erpressbar gewesen. Und die haben das genau gewusst. Das haben sie auch 1973 gewusst, als der Wehner zu ihm gekommen ist.[1] Die haben das gewusst. Es sind ja auch andere zu ihm gekommen. Die kannten doch seine Aussagen, die er vor der Gestapo gemacht hat.[2] Für mich besteht gar kein Zweifel, dass diese Dinge bekannt gewesen sind. Sonst wäre auch der Wehner nicht zu Besuch gekommen. Der kam nicht, als Ulbricht noch aktiv war. Auch Hermann Matern und Wilhelm Pieck hatten eine ähnlich kritische Meinung zu Wehner[3] wie Ulbricht …

Aber war das nicht flexibel von Honecker, dass er den Fraktionschef der SPD im Bundestag eingeladen hat?

Hat mit Flexibilität nichts zu tun. Für mich gibt es in solchen Fragen eine bestimmte Grenze, und diese Grenze hatte Herbert Wehner damals überschritten. Er war aus der Partei ausgeschlossen worden, und später hat er sich profiliert als schärfster Gegner der Entwicklung in der DDR.

Du sagst, Honecker habe mit Wehner allein gesprochen, und ihr seid darüber nicht richtig informiert worden?

Das war sowieso seine Art. Er ging im Garten mit ihm stundenlang spazieren, Mikrofone waren nicht dabei, und was sie besprachen, erfuhren wir nicht. Honecker hat im Politbüro nur über einige Punkte geredet damals …

Es soll feste Verbindungen zwischen beiden gegeben haben?

Das bestätigte auch Brandt. Wehner und Honecker haben sich mehrfach getroffen. Honecker berichtete darüber nicht dem PB.

Als sie Bahr nach der »Wende« wegen seiner Kontakte zur SED in die Zange nahmen, verteidigte er sich damit, dass Wehner ihm angeblich erklärt habe, man könne mit Honecker reden, weil der kein Blut an den Händen habe. Das muss man sich mal vorstellen! Hatten etwa wir anderen welches an den Fingern, hatten wir uns die Hände »schmutzig« gemacht? Und wenn das eine Anspielung auf die Moskauer Zeit gewesen sein sollte: Da saß Wehner ganz schön im Glashaus. Während Ulbricht, Pieck und andere sich für deutsche Kommunisten einsetzten, hat Wehner beim NKWD gesungen. Das bestätigen die Akten … Ich habe den Wehner nie kennen gelernt. Vielleicht ist das in meinem Urteil ein Schwachpunkt. Ich kenne ihn nur aus Auftritten in der Öffentlichkeit. Das genügte aber, um zu erkennen, dass Wehner eine starke Persönlichkeit war. Der steckte Honecker gleich dreimal in die Tasche. Ein raffinierter Bursche, mit allen Wassern gewaschen.

Diese beiden hatten sich gesucht und gefunden und umarmten sich. Da fragte ich mich: Was treibt denn Honecker mit dem? Er wusste es. Wir wussten es nicht.

Hast du Vermutungen, worüber sie sprachen?

Hör mal, das ist eine ganz einfache Sache. Ich hatte meine Einstellung zu Honecker, ich wusste ungefähr, was er getrieben hat. Ich weiß, wie er sich in der zweiten Hälfte der 60er Jahre gegenüber Walter Ulbricht verhalten hatte.

Honecker war undurchsichtig in entscheidenden Fragen, da hatte ich keine Zweifel. Er war darum auch gegen mich.

Woran hast du das gespürt?

Ich wurde an die Seite gestellt. Das war der Kernpunkt seiner Machination in der Umbesetzung der Regierungspositionen in der DDR. Er hatte dafür gesorgt, dass zuerst Stoph Vorsitzender des Ministerrates wurde, und ich war Erster Stellvertreter geworden, 1967/68, ich kann das nicht genau sagen.[4] Und als sich der Honecker nach vorn gespielt hatte, veranlasste er 1971, dass ein neuer Erster Stellvertreter kam, und das war Sindermann. Der hatte von staatlicher Leitung absolut keine Ahnung und von Ökonomie auch nicht.

Aber er war ein guter Redner, nicht wahr?

Er konnte gut reden, ja, ja. Das war seine Hauptstärke. Aber von den konkreten Dingen der Ökonomie und von der staatlichen Leitung hatte er keine Ahnung. Und den machte Honecker zum zweiten Ersten Stellvertreter, ohne Kommentar.

Bevor Ulbricht abgesetzt wurde, hatte dieser noch mal gesagt: »Aber ich verlange, dass der Neumann Erster Stellvertreter wird.« Und Honecker musste dies bei Meidung einer Auseinandersetzung zusagen.

Dann kam dieser Wechsel 1973, nach Ulbrichts Tod. Stoph wurde Vorsitzender des Staatsrates, Sindermann Vorsitzender des Ministerrates. Und in diese Situation wurde Mittag reingeschoben. Er musste reingeschoben werden, weil sonst Neumann praktisch die Leitung im Ministerrat gehabt hätte unter dem schwachen Sindermann. Deswegen kam der Mittag rein. Er wurde mir als Erster Stellvertreter vor die Nase gesetzt. Meine Funktionen wurden mir bis auf drei unbedeutende abgenommen: das Staatssekretariat für Geologie, die Oberste Bergbehörde und die Wismut, mehr ließen sie mir nicht.[4a]

Das Politbüro gratuliert zum 75. Geburtstag. Von links nach rechts: Neumann, Dohlus, Axen, Honecker, Stoph, Tisch, Krolikowski, Müller, Häber, Herrmann, Felfe, Mielke, Sindermann, Lange (verdeckt), Naumann, Hoffmann, 15. Dezember 1984

Warum hat Honecker dich an die Seite gestellt?

Ich hatte sein Missfallen erregt. Ich war der erste, der das Problem der wachsenden Verschuldung der DDR ansprach.

In persönlichen Gesprächen?

Ich habe im Politbüro diese Frage angesprochen.

Direkt im Politbüro?

Natürlich im Politbüro. Dort wurde mir von einem entgegnet – ich will den Namen nicht nennen, er lebt noch –, der links von mir saß: »Ali, ich weiß gar nicht, warum du dich aufregst? Schulden sind keine Hasen, die laufen nicht weg.«

Ich guckte ihn ganz entgeistert an. Wir hatten zu jener Zeit etwa 15 Milliarden DM Schulden. Trotzdem sagte der das so leichtfertig dahin.

Wann war das?

1973. Das erste Gespräch war 1973. Dann war 1974 wieder eine Runde, da waren es inzwischen 16 Milliarden geworden. Aus der Diskussion wurden keine Schlussfolgerungen gezogen. Ich sagte ihnen: »Man muss was machen.«

Gegen die Überschuldung war noch einer: Grüneberg.[5] Ich unterstützte ihn in forstwirtschaftlichen Fragen. Ich bin Tischler und habe Ahnung von Holz, im Wald kenne ich mich einigermaßen aus. Grüneberg hat im Politbüro die Holzbewirtschaftung erklärt, die ein grundsätzliches Problem darstellte. Ehe zum Beispiel die Kiefer nutzbar ist, muss sie mindestens hundert Jahre alt werden. Man braucht also in der Waldplanung eine langfristige Konzeption, man muss abgestufte Bestände besitzen, damit man immer eine hohe Einschlagquote hat und kontinuierlich das andere nachwachsen kann. Als die Verschuldung angestiegen war, verlangte ich also eine Korrektur. Ich sagte im Politbüro: »Ich habe den Eindruck, ihr habt keine Vorstellung, was 15 Milliarden sind?« Und ich erklärte es ihnen. Wenn man den gegenwärtigen Waldbestand der DDR – rund ein Viertel unserer Fläche war mit Wald bedeckt – abholzen würde, und zwar jeden Baum, und alles Holz auf dem NSW-Markt verkaufte, dann bekämen wir dafür keine 15 Milliarden Mark. Habt ihr jetzt eine Vorstellung von der Höhe unserer Verbindlichkeiten im Ausland?

Die haben darauf nicht reagiert.

Dann wurde Anfang der 80er Jahre auf mein Drängen beschlossen, den sogenannten Sockel zu halbieren. Ich weiß nicht, inwieweit du ökonomisch bewandert bist: Bei Kreditaufnah-

Neumann im Holzveredlungswerk Karlshorst, 5. Juni 1978

men geht es um kurzfristige, mittelfristige und langfristige Kredite. Wenn du eine gesunde Schuldenentwicklung haben willst, dann musst du eine richtige Relation zwischen diesen drei Schuldengruppen haben. Das hängt mit den unterschiedlichen Zinssätzen und Laufzeiten der Kredite zusammen. Bist du zu sehr auf kurzfristige Kredite orientiert, dann hast du hohe Zinssätze. Du hast zwar als Volkswirtschaft eine größere Beweglichkeit, aber du kriegst immer höhere Zinssätze.

Wir hatten ein Wachstum des Nationaleinkommens zwischen drei und fünf Prozent. Die Zinssätze lagen weit darüber. Man konnte also ausrechnen, dass bei dem relativ niedrigen Wachstum des Nationaleinkommens der DDR irgendwann die hohen Westzinsen nicht mehr bezahlt werden konnten.

Bei dieser Lage musste man Wege suchen, wie man die Kredite mit höherer Effektivität einsetzte, damit die Kreditkosten bezahlt werden konnten – und noch etwas übrig blieb. Anderenfalls musste immer mehr aus dem Nationaleinkommen für die Zinstilgung abgezweigt werden, was dann anderswo fehlte. Wir kamen aus diesem Kreislauf nicht raus. Der Versuch, Anfang der 80er Jahre die Grundkonstruktion der Verschuldung zu beheben, gelang nicht. Schürer[6] hat überhaupt nichts gemacht während dieser Zeit. Der hat nie zu Grundfragen im Politbüro gesprochen. Die haben mich schön alles allein machen lassen. Und dann ging die Verschuldung weiter.

Man hat nicht halbiert?

Die Schulden wurden nicht halbiert, weil der Ernst der Lage nicht begriffen wurde.

Es wurde immer gesagt: »Im Westen grüßt man nur einen, der Schulden hat: Wir werden für zahlungsfähig gehalten«.

Das ist ja eben der Quatsch.

Aber so war es.

Das ist die Variante »Schulden sind keine Hasen, die laufen nicht weg«.

Wir waren von Honeckers Freispruch ausgegangen. Mir hat gestern ein Bekannter gesagt, er hätte einen ehemaligen General der NVA getroffen. Der habe sich eine Flasche Sekt gekauft und gesagt: »Heute abend trinke ich einen. Das ist ein großer Erfolg, dass Erich frei ist.«

Das ist es auch. Ich halte es für richtig, Solidarität zu zeigen. Meine parteiliche Kritik an Honecker wegen seiner falschen Wirtschaftspolitik und manches andere ist das eine, das andere ist das Verfahren gegen ihn. Unser Dissens gehört vor kein bürgerliches Gericht.

In Chile wird er heute wie ein Staatsmann empfangen.

Ich habe nichts dagegen. Er war ein Staatsmann. Er hat im Laufe von zwanzig Jahren viele Staatsoberhäupter getroffen, hat in vielen Ländern auf seine Weise für die DDR und für den Frieden gewirkt. Er hat es an einigen Stellen nicht einmal schlecht gemacht, an anderen Stellen weniger gut. Aber das ist nicht das Problem. Er war der oberste Repräsentant der DDR. In bürgerlichen Staaten werden ehemalige Präsidenten für ihre hoheitliche Tätigkeit nicht verfolgt, sofern sie nicht gegen geltendes Recht verstießen. Erich Honecker hat nicht gegen DDR-Gesetze verstoßen, und die Gesetze der Bundesrepublik, nach denen heute geurteilt wird, galten für ihn nicht.

Treffen Erich Honeckers mit dem Regierenden Bürgermeister von Berlin, Richard von Weizsäcker, dem nachmaligen BRD-Staatsoberhaupt, in Schloss Niederschönhausen, 15. September 1983

Dieser Prozess war kein Glanzlicht der Justiz. Westdeutsche Richter, die sich obendrein blamierten, etwa der Bräutigam[7], *haben versucht, Recht zu sprechen.*

Das Verfahren gegen ihn und gegen andere widersprach allen rechtsstaatlichen Prinzipien, um auch mal den Begriff der Rechtsstaatlichkeit zu verwenden. Westdeutsche Richter haben überhaupt kein Recht, über Entscheidungen der souveränen DDR zu urteilen. Sie sind keine der DDR übergeordnete Instanz. Der Prozess war und ist völkerrechtswidrig.

Anmerkungen

1 Ende Mai 1973 war der SPD-Fraktionsvorsitzende im Deutschen Bundestag, Herbert Wehner, gemeinsam mit Wolfgang Mischnick, dem Fraktionschef der FDP, zu Honecker nach Berlin gefahren. Im Dezember 1972 war der Grundlagenvertrag unterzeichnet worden. Der Bundestag hatte ihn jedoch noch nicht ratifiziert, und in Karlsruhe war eine Klage beim Bundesverfassungsgericht anhängig, mit der der Vertrag gestoppt werden sollte. Daraufhin verhängte Berlin eine Ausreisesperre, die Gespräche mit Bonn gerieten ins Stocken. Um diese Situation zu entkrampfen, suchte Wehner das Gespräch mit dem ersten Mann der DDR. Die Begegnung führte zur Lösung der »Kofferfälle« (das waren DDR-Bürger, die im Vertrauen auf die bereits erteilten Ausreisevisa Arbeitsplätze und Wohnungen gekündigt hatten und nun auf gepackten Koffern saßen). So kam es zum deutsch-deutschen Dialog unter Umgehung der Sowjetunion, was Brandt und Bahr bis dahin stets ausgeschlossen hatten. Honecker war, nimmt man Neumanns Hinweis auf Wehners Vergangenheit und die daraus resultierende Ablehnung bei Ulbricht, Pieck, Matern ernst, offenkundig weniger befangen. Ob Honecker damals »erpressbar« gewesen ist, wie Neumann meint, steht dahin.

2 Zu den – möglichen – Legenden gehört, dass Honecker in den Vernehmungen durch die Gestapo zwischen 1935 und 1937, in deren Anschluss er zu zehn Jahren Zuchthaus verurteilt worden war, Mitstreiter belastet haben soll. So unter anderem eine tschechische Genossin, was aber nicht belegt ist. Auch die in dem berühmten »roten Koffer« von Mielke aufbewahrten Unterlagen bewiesen nicht diese Verratsthese. Überliefert ist von mehreren Zeugen, dass Honecker, nachdem er sich auf der Politbürositzung am 17. Oktober 1989 zunächst geweigert hatte zurückzutreten, von Mielke angeschrieen worden war: »Erich, wenn du nicht zurücktrittst, dann sage ich hier Dinge, die ich eigentlich mit ins Grab nehmen wollte.« Nun, Erich Mielke hat sie mit ins Grab genommen.

3 Herbert Wehner (1906-1990) war 1927 der KPD beigetreten und hauptamtlicher Sekretär der Roten Hilfe Deutschlands geworden. Er gehörte

dem Sächsischen Landtag an, folgte aber 1931 dem Ruf Ulbrichts nach Berlin, wo er Technischer Sekretär des Politbüros wurde. Als ZK-Mitglied emigrierte er 1935 in die Sowjetunion (Parteiname: Albert Funk). Er soll beim NKWD etliche deutsche Kommunisten denunziert haben, wurde 1942 in Stockholm selbst verhaftet und wegen Spionage verurteilt. Vielfach wird davon ausgegangen, dass Wehner die schwedische Strafverfolgung genutzt habe, sich dem Parteiauftrag, den Widerstand in Deutschland zu organisieren, zu entziehen. Daraufhin wurde er durch das Politbüro der KPD unter Leitung Wilhelm Piecks aus der KPD ausgeschlossen. Während seiner Internierung brach Wehner nach eigenem Bekunden »mit dem Kommunismus«. 1946 trat er in Hamburg der SPD bei.

4 Willi Stoph (1914-1999), Schöneberger wie Neumann, war als Nachfolger Otto Grotewohls von 1964 bis 1973 Vorsitzender des Ministerrates und Stellvertretender Vorsitzender des Staatsrates. Nach Ulbrichts Tod 1973 wurde er Vorsitzender des Staatsrates, bis Honecker 1976 diese Funktion übernahm und Stoph wieder Ministerpräsident wurde.

4a Neumann war tatsächlich verantwortlich für die SDAG Wismut, die Oberste Bergbaubehörde, das Ministerium für Geologie, die Staatliche Verwaltung der Staatsreserve, für das Ministerium für Post- und Fernmeldewesen und für das Ministerium für Verkehrswesen. Diese Funktionen wurden neuerlich vom Politbüro am 11. Dezember 1979 und im Ministerrat am 14. Februar 1980 sowie am 11. März 1982 bestätigt. Für die Staatsreverse war Neumann seit dem 15. Mai 1975 verantwortlich, was noch einmal am 19. Oktober 1987 vom Politbüro bestätigt worden war. In den Nationalen Verteidigungsrat wurde er am 16. März 1960 durch Präsident Wilhelm Pieck berufen, vom Staatsratsvorsitzenden Ulbricht am 11. Dezember 1963 und am 16. Juli 1967 sowie von dessen Nachfolger Honecker am 29. Oktober 1976 und 25. Juni 1981 bestätigt.

5 Gerhard Grüneberg (1921-1981) gehörte seit 1959 dem Politbüro an und war als Nachfolger Erich Mückenbergers von 1960 bis zu seinem Tode Sekretär für Landwirtschaft. In dieser Position war er maßgeblich an der Durchsetzung der Industrialisierung der Landwirtschaft, getrennt nach Pflanzen- und Tierproduktion, beteiligt.

6 Gerhard Schürer, Jahrgang 1921, war seit 1965 Leiter der Staatlichen Plankommission und seit 1973 Kandidat des Politbüros. Als Schürer im Politbüro im Mai 1988 eine Überforderung der DDR-Wirtschaft konstatierte und die drohende Zahlungsunfähigkeit im Politbüro ansprach, wurde er von Erich Honecker als »Saboteur« bezeichnet.

7 Der Vorsitzende Richter im Honecker-Prozess Hansgeorg Bräutigam war nach dem 12. Verhandlungstag wegen Befangenheit abgelöst worden: Er hatte Honeckers Anwälten auf Wunsch eines ebenfalls dann für befangen erklärten Ergänzungsschöffen einen Berliner Stadtführer mit der Bitte überreicht, Honecker möge sein Autogramm hineinschreiben.

»Du kommst als Klugscheißer daher!«

Alfred Neumann ist zunächst nicht bereit, mit mir über Persönliches zu reden. Er macht jedes weitere Gespräch von der Diskussion meines ND*-Artikels »Partei neuen Typs – der Weg in die Sackgasse?«*[1] *abhängig. Er ist darüber sehr erregt und hat wegen des Textes offenbar kein rechtes Vertrauen zu mir.*

Was hast du an dem Artikel auszusetzen?

Was heißt auszusetzen? Mir geht es darum, *wie* du den Artikel geschrieben hast? Es geht um die Haltung.

Wir müssen doch davon ausgehen, dass wir gescheitert sind. Und zwar nicht durch Zufall, sondern dass es strukturelle, tiefer liegende Gründe gab. Oder nicht?

Natürlich hat es einen Zusammenbruch gegeben.

Man kann es nicht nur darauf zurückführen, dass Michail Gorbatschow die Sache verraten hat. Es gibt eine eigenständige Verantwortung auch in der DDR. Ich mache das nicht fest an Personen: Diese hat das falsch und jener hat dieses falsch gemacht. Das war es doch wohl nicht allein. Das hängt mit Systemfragen und -strukturen zusammen, die bedingten, dass ihr z. B. zur Zeit der »Sprachlosigkeit« nicht wusstet, was an der Basis gedacht wird.

Das sind zwei verschiedene Dinge. Du wirfst alles durcheinander. Politik wird von Menschen gemacht. Derjenige, der an der Spitze steht, hat mehr Verantwortung. Aber sie ist von System zu System verschieden. Kaiser Wilhelm II. hatte eine andere Verantwortung als Erich Honecker, gut. Aber im Prinzip haben beide einen Staat *kommandiert.* Ich kann an das Problem so rangehen wie du oder eben auch anders. Du hast als Aufhänger »die Partei neuen Typs, der Weg in die Sackgasse« mit Fragezeichen gewählt. Aber wo ist deine Antwort?

Unten im Artikel: Es ist eine Sackgasse!

Ist es eine Sackgasse? Wenn du das so sagst, darf ich fragen: Wo liegt denn die Idee des neuen Weges nach 1945, den wir suchten?

Auszug aus dem *ND*-Artikel:

[…] Das Jahr 1948 markierte einen tiefen Einschnitt in der Nachkriegsgeschichte. In West und Ost setzte sich im politischen Denken eine Lager-Mentalität durch, die der an sich wünschenswerten Kooperation in der Zeit des Krieges und in den Jahren unmittelbar danach kaum noch eine Chance ließ. Die Ursachen sind nicht lediglich auf einer Seite zu suchen. Es waren die gegensätzlichen Grundinteressen zwischen dem osteuropäischen Sozialismus und dem westlichen Kapitalismus, die den Konflikt letztlich unvermeidbar werden ließen.

Jede Schuldzuweisung lediglich an die eine der beiden Seiten verklärt das Zustandekommen des kalten Krieges. Natürlich haben beide Seiten in den unterschiedlichen Phasen des kalten Krieges nicht völlig synchron agiert. Das trifft vor allem auch auf den Beginn des Kalten Krieges zu. Mit Marshall-Plan und Truman-Doktrin hatte die US-Regierung seit 1947 Kurs auf eine antisozialistische Befestigung und offensive Ausrichtung der kapitalistischen Welt genommen. Bi- und Trizonenvereinigung und separate Währungsreform in Westdeutschland waren in diesem Zusammenhang folgerichtige Schritte auf dem Wege der Spaltung Deutschlands, die vom Westen gewollt war und aktiv betrieben wurde.

Die UdSSR forcierte in Osteuropa die Ausbildung eines sozialistischen Weltsystems, das unter ihrer Hegemonie stand. Sie duldete nicht länger, dass andere Länder nationale Wege zum Sozialismus beschritten. Nationalkommunistische Denkansätze und Konzepte, wie die von Georgi Dimitroff in Bulgarien, Wladislaw Gomulka in Polen und Anton Ackermann in der sowjetischen Zone Deutschlands, waren angesichts der Übermacht der UdSSR unter J. W. Stalin chancenlos.

In der außerordentlich scharfen Auseinandersetzung mit der Kommunistischen Partei Jugoslawiens ließ die KPdSU keinen Zweifel daran, dass jetzt im Einflussbereich der UdSSR nur noch das sowjetische Modell befolgt werden dürfe. Jedem Land, das sich – wie Jugoslawien – erfolgreich dagegen wehrte, drohte die Exkommunizierung. Tito wurde schließlich zum Feind erklärt. Es scheint sinnvoll, daran zu erinnern, wie es zur Theorie der Partei neuen Typs kam.

Die Entwicklungen im Jahre 1948 hatten auch weitgehende Konsequenzen für die sowjetische Zone in Deutschland. In Berlin-Karlshorst regierte die Sowjetische Militäradministration zunächst mit Befehlen, ehe ab 1948 die Deutsche Wirtschaftskommission eigene Verordnungen erlassen durfte, die zuvor von der SMAD genehmigt worden waren. Nachdem klar war, dass der Westen mit dem Kurs auf die separate Staatsbildung die Ostdeutschen auf unabsehbare Zeit ihrem Schicksal preisgab, wurde auch hier der Kurs auf das sowjetische Modell gestellt, wobei unübersehbar ist, dass die Fristen anders als bei den osteuropäischen Ländern bemessen waren und auch die Methoden modifiziert wurden.

Das sowjetische Modell in der sowjetischen Zone anzuwenden, das bedeutete die SED zu einer Partei neuen Typus zu entwickeln und innerhalb des politischen Systems die führende Rolle der SED durchzusetzen. Für das Einschwenken auf das sowjetische Modell existierten auch innere Ursachen. Viele ehemalige Funktionäre der KPD waren innerhalb der Komintern im Geiste der stalinistischen Variante des autoritären Sozialismus erzogen worden; diejenigen, die demgegenüber Vorbehalte zu erkennen gegeben hatten, überlebten sowjetische Lager nicht.

Weder im Osten noch im Westen wurde bezweifelt, dass die Sowjetunion historisch-politisch außerordentlich erfolgreich war. Viele, die 1948 willig auf den sowjetischen Kurs einschwenkten, taten dies, weil sie die UdSSR für ein vorbildliches und taugliches Modell hielten. Stalin war ein weltweit geachteter Staatsmann, dessen Verbrechen noch nicht öffentlich bekannt waren. Die SED verfügte über ein langfristiges Konzept für eine antifaschistisch-demokratische Umwälzung in ganz Deutschland mit der Bildung einer demokratischen Republik. Dieses verlor jedoch mit der raschen Separatstaatsbildung im Westen die reale Bezugsbasis. So entstand ein konzeptionelles Vakuum, was die Akzeptanz gegenüber dem »bewährten« sowjetischen Weg vergrößerte.

Anton Ackermann distanzierte sich unter dem Druck der veränderten Verhältnisse selbst von seiner These eines besonderen deutschen Weges zum Sozialismus. Der Parteivorstand der SED entschied sich auf der 11. bis 13. Tagung (1948) für das sowjetische Modell und forcierte die Entwicklung zur »Partei neuen Typs«. Eine alternative Möglichkeit gab es nicht. Sie wäre überdies gegen die sowjetische Übermacht nicht durchsetzbar gewesen. […]

Ich könnte noch mitgehen, die Partei neuen Typs zu akzeptieren für die Zeit der Übergangsperiode, bis der Sozialismus seine eigene Basis hat. Das war bei uns Anfang der 60er Jahre der Fall. Dann hätte die ökonomische Reform mit einer politischen Reform verbunden werden müssen. Es hätte zu einer wirklichen sozialistischen Demokratie kommen müssen, nicht nur zu demokratischen Formen auf Nebengeleisen. Es hätte z. B. möglich sein müssen, Abgeordnete auch abzuwählen, bei Wahlen mehr Kandidaten aufzustellen als gewählt werden konnten. Das Prinzip war von Nikita Chruschtschow kurz vor seinem Sturz entwickelt worden.

Mit »hätte« kommt man nicht weiter. Hätte der Hund nicht geschissen, hätte er den Hasen gekriegt … Man muss von der existierenden Lage ausgehen. In deinem Artikel nimmst du nicht zu den Klassenkräften Stellung. Klassen gibt es für dich nicht.

Ich kann auf einer Zeitungsseite nicht alles abhandeln.

Du bringst den Begriff der Klasse an keiner Stelle, also willst du den nicht drinhaben.

Ich habe genug zu sozialgeschichtlichen Themen veröffentlicht. Ich klammere das normalerweise nicht aus.

Es gibt verschiedene Methoden der Analyse. Die eine Methode ist zu fragen: Worüber schreibt er, worüber schreibt er *nicht*? Und wenn er etwas weglässt, frage ich: *obwohl* er es weiß, oder *weil* er es nicht weiß?

Du hast Recht, man könnte darüber schreiben. Man könnte noch sagen, es war eine Diktatur über *die Arbeiter.*

Ach du Scheiße!

Von einem bestimmten Zeitpunkt an war das so. Frag doch mal die Arbeiter. Warum haben so viele Arbeiter in der DDR im März 1990 CDU gewählt?

Das ist doch überhaupt kein Argument. Du kannst doch nicht anfangen, die Sache außerhalb der Sachverhalte zu betrachten, die Marx und Engels im »Kommunistischen Manifest« beschrieben haben. Sie haben da erklärt, dass sich der Begriff der Klasse nicht von selbst ergibt. Die Klasse braucht eine Führung, und das muss die proletarische Partei sein. Aber in der Klasse entsteht das Klassenbewusstsein nicht von allein. Du brauchst doch nur ins »Kommunistische Manifest« reinzusehen.

Das stimmt.

Also kannst du jetzt nicht davon abstrahieren, dass wir Ende der 80er/Anfang der 90er Jahre eine Verwirrung im Klassenverständnis hatten. Da streite ich gar nicht. Aber das hängt doch nicht damit zusammen …

Die Arbeiter hatten doch überhaupt keinen Einfluss auf die Führung der SED.

Ach hör doch auf. Wie kannst du das so absolut sagen? Du kannst allenfalls sagen: Der Einfluss hat nicht ausgereicht. Wenn du sagst, sie hatte überhaupt keinen Einfluss, dann bringst du mich in eine schwierige Lage: Ich bin aus der Arbeiterklasse hervorgegangen. Wie passt denn das?

Welchen Kontakt hattest du zu Arbeitern 1989? Ich kenne dein Leben nicht ganz; wir werden darüber noch ausführlich sprechen. Hattest du 1989 Kontakt zu Arbeitern?

Ich war regelmäßig, mindestens einmal im Monat, in irgendeinem Betrieb und habe mich mit Arbeitern unterhalten. Ende September 1989, nachdem ich aus dem Urlaub zurückgekommen war, bin ich in drei Betrieben gewesen: im Reichsbahnausbesserungswerk in Schönwalde, in Berlin im TRO und im KWO.

Neumann im Kabelwerk Oberspree (KWO), in der Mitte Berlins Parteichef Günter Schabowski, 23. Oktober 1989

Was haben dir die Arbeiter gesagt?

Ich habe über alle Fragen mit ihnen gesprochen. Einige erzählten mächtigen Quatsch.

Haben dir die Arbeiter wirklich »Quatsch« erzählt?

Natürlich. Wenn mir einer sagt: »Der Krenz soll eine reiche Freundin haben, eine Französin«, dann ist das Quatsch. Soll ich das als Ausdruck politischer Reife werten? Oder wenn sie nur Negatives aufzählen, ohne über ihre eigenen Leistungen zu sprechen? …

Übrigens: Denkst du noch an eine sozialistische Alternative?

Warum nicht? Der reale Sozialismus aber ist gescheitert. Ein Sozialismus nach »Modell«, nach Aufriss vom Schreibtisch her, ist unvorstellbar. Aber dass Mehrheiten sich für das sozialistische Ideal oder für sozialistische Politik entscheiden, ist vorstellbar.

Dann musst du auch sagen: mit oder ohne Klasse, dem dritten oder dem vierten Stand?

Ich denke schon mit, aber nicht ausschließlich so, wie das vor fünfzig Jahren gesehen wurde; denn die Arbeiter in Europa haben inzwischen mehr zu verlieren als ihre Ketten. Und ihre soziale Struktur gestaltet sich wesentlich differenzierter als vor einigen Jahrzehnten. Eine »führende Rolle« wollen die Arbeiter offensichtlich nicht haben.

Nur weil der Marx gesagt hat, dass sie nichts weiter zu verlieren haben als ihre Ketten?

Sie haben keine Ketten, wohl aber ihr Häuschen, ihr Auto und ihren Kühlschrank. Sie wollen ihren Besitzstand erhalten und vergrößern. Sie sind konservativ geworden.

Das ist doch relativ. Warum gehst du nicht von der Machtfrage aus? Warum nur vom Subjekt?

Du findest bei Teilen der Intelligenz mehr Drang zur Veränderung als bei Arbeitern.

Nun musst du noch sagen, dass Marx und Engels nicht aus der Arbeiterklasse kamen. Und Lassalle und Bebel auch nicht ganz. Ich verstehe nicht, was du willst.

Es steht in meinem Artikel, dass Lehren abgeleitet werden sollen.

Sind das Leeren mit zwei »e« oder Lehren mit »h«. Das musst du noch sagen.

Du bist ein Mann, der in Kreuzberg aufwuchs und in Schöneberg geboren wurde.

Ich spreche so, wie mir der Schnabel gewachsen ist, ja.

Das sollst du auch, mich interessiert deine unverfälschte Meinung. Du hast mit der Kritik recht, ich hätte zur Frage der Sozialstruktur meine Meinung sagen müssen.

Also gehen wir der Reihe nach. Die Überschrift: Ist die von dir? Vom Grundsatz her will ich da nicht kritisieren. »Die historische Wahrheit zwischen den deutschen Stühlen«, das kann man auch sagen.

Die Überschrift hat die Redaktion gemacht.

Ich fange nicht mal so sehr am Anfang des Artikels mit der Kritik an. Mich stört dein Stalinismus-Begriff.

Wo steht was vom Stalinismus?

Ich kannte den Begriff damals nicht. In den 30er Jahren in der Sowjetunion hat er keine Rolle gespielt.

Aber bei Trotzki.

Trotzki war ein Bandit. Wenn du ihn verteidigen willst, dann kannst du das machen – ich nicht. Es ist nicht nur seine Politik des Exports der Revolution, nicht nur das. Trotzkis Leute haben 1937 in Spanien von den Dächern auf die Mai-Demonstration geschossen. Lass den Trotzki raus! Keine Personen. Du nagelst einiges zusammen, da frage ich mich: warum?

Aber der Reihe nach.

Du beziehst dich auf die Entwicklung in Jugoslawien. Ich lass mir noch gefallen, dass du darüber einen Absatz schreibst. Dann müsste aber auch gesagt werden, dass auch ihr spezifischer Weg nicht zum Sozialismus geführt hat.

Richtig!

Warum hast du das nicht geschrieben?

Die Frage ist die, ob der jugoslawische Weg von 1948 mit jenem identisch ist, der gescheitert ist. Tito hat 1952/53 konzeptionelle Veränderungen vorgenommen.

Ich kenne das einigermaßen. Ich war dort zu Parteitagen, ich kannte Jugoslawen auch von Besuchen in der DDR.

Du hast Recht, der jugoslawische Weg ist ebenfalls gescheitert, obwohl er ein anderer als der unsere war.

Der Unterschied war nicht nur das genossenschaftliche System dort und dem, was du hier diskriminierend »dirigistische Planwirtschaft« nennst. Die Kernfrage war, dass die Jugoslawen eine konvertierbare Währung einführten. Damit haben sie sich dem kapitalistischen Markt ausgeliefert. Die Börsen erlangten Einfluss auf ihren Außenhandel.

Aber zunächst blieb ihnen doch nichts anderes übrig, nachdem Stalin mit Tito gebrochen hatte, Moskau die Jugoslawen aus der kommunistischen Bewegung ausschloss und als »Tito-Faschisten« bekämpfte. Sie konnten nicht an der Arbeitsteilung der osteuropäischen Wirtschaftsvereinigung RGW teilnehmen.

Aber sie sind später einbezogen worden.

Ab wann? 1957?

Wahrscheinlich. Zu der Zeit gab es Fragen der Begriffsbestimmung »sozialistisches Lager« und später »sozialistische Gemeinschaft«. Die Diskussion signalisierte qualitative Veränderungen. Du bringst das als ein Beispiel.

Dass der jugoslawische Weg auch scheiterte, hätte ich schreiben können.

An keiner Stelle erwähnst du die sozialdemokratischen Parteien, nicht in Schweden, nicht in Norwegen, nicht in Westdeutschland: Die sozialdemokratischen Parteien haben sich keinen Millimeter zum Sozialismus bewegt.

In Schweden gab es einen Sozialstaat, der als Sozialismus hingestellt wurde und der vor zwei Jahren eingebrochen ist.

Nicht erst vor zwei Jahren. Man hat es vorher bloß noch nicht so gemerkt. Machen wir das Thema einfach. Hat eine der

Parteien der Sozialistischen Internationale eine mehr oder weniger stabile Lösung gefunden, gar eine sozialistische? Du sagst es nicht. Du klammerst die Sozialdemokraten aus und stellst sie in den Windschatten. Du suggerierst den Lesern deines Artikels, die Sozialdemokraten hätten einen besseren Weg als wir genommen. Du sagst das nicht, aber du lässt das den Leser denken, dass man auf diesem Weg zum Sozialismus gelangen könnte.

Aber wenn man in der sowjetischen Zone die Sozialdemokraten nach dem Vereinigungsparteitag vor allem ab 1948 nicht so ausgegrenzt hätte, dann wären über die Sozialdemokraten mehr demokratische Prinzipien in die SED gekommen. Die Sozialdemokraten, die nicht in die SED gingen, hätte man nicht als SPD verbieten dürfen. Auch die Mitglieder der KPD nicht, die sich nicht der SED anschließen wollten.

Hör auf! Fang nicht an mit der Ausgrenzung. Nicht wir haben ausgegrenzt. Das musst du mir nicht erzählen. Dazu kenne ich die Verhältnisse zu sehr aus der Nähe: Ich war selbst Kreisvorsitzender der SED. Ich hatte einen paritätischen Mit-Vorsitzenden, der aus der SPD kam. Ich kannte die von Treptow, von Tempelhof und Neukölln. Was heißt »ausgegrenzt«?

Max Fechner[2] *zum Beispiel.*

Hör mal, Fechner hat Dämlichkeiten gemacht.

Da musste er doch nicht gleich eingesperrt werden.

Wer Dummheiten macht, der muss die Konsequenzen auf sich nehmen.

Welche »Dummheiten« von Fechner hast du in Erinnerung?

Der Artikel, den er geschrieben hat. Dass überzogen wurde, will ich nicht abstreiten. Das hat man untersucht, das wurde dann korrigiert. Ob das Überziehen immer unsere Absicht gewesen ist, das lass ich dahingestellt.

Ich bleib mal hier bei diesem Punkt. Du unterstellst für Ende der 40er bis Anfang der 50er Jahre die Einführung des sowjetischen Modells. Da muss ich dir sagen: das sowjetische Modell, das du im Munde führst, machst du zum Popanz.

Das werden andere auch sagen. Aber anders herum.

Das interessiert mich gar nicht, was die sagen.

Die werden mir sagen: Der meint, es gibt ein viel besseres Modell, und das hat nun gesiegt. Das werden die mir sagen, obwohl ich vorgegebene Modelle grundsätzlich ablehne.

Das interessiert mich auch nicht. Ich lese deinen Artikel, ich diskutiere mit *dir*. Ich bin nicht der Meinung, dass man deinen Artikel von vorne bis hinten verurteilen muss. Aber die hineingebauten Blüten, die da drin sind …

Das »sowjetisches Modell« ist für dich eine »Blüte«?

Ja, natürlich!

Wie fandest du denn Ackermanns These vom besonderen deutschen Weg zum Sozialismus?

Wir bleiben mal bei dem »Modell«. Darüber gab es nie Diskussionen in der Partei. Du kannst alle Reden von Ulbricht nachlesen. Die Formulierung »sowjetisches Modell« wirst du dort nicht finden.

1948, es muss auf der 10. oder 13. Tagung des Parteivorstandes gewesen sein, da polemisierte Ulbricht gegen nationalistische Sozialismus-Auffassungen. Damit war Ackermann gemeint.

Natürlich, damit hatte er ja Recht, weil der Ackermann mit seiner These vom spezifischen deutschen Weg die Entwicklung der Klassenkräfte in Westdeutschland außer Acht gelassen hatte. Das geht nun mal nicht. Sieh mal, wir haben in der Erklärung der Kommunistischen Partei Deutschland vom 11. Juni 1945 eindeutig gesagt, dass wir nicht den sowjetischen Weg gehen. Das steht im Aufruf ganz eindeutig drin.

Ja, das stimmt.

Dass wir den parlamentarisch-demokratischen Weg gehen.

Dann gab es in der theoretischen Zeitschrift Einheit *1946 den Artikel von Ackermann, und später bekräftigte auch Pieck in einer Rede die Vorstellungen über einen deutschen Weg zum Sozialismus. Schließlich brachte Erich W. Gniffke 1947 eine Bro-*

schüre heraus mit dem Titel »Der SED-Funktionär«, in der die Idee vom deutschen Weg zum Sozialismus noch einmal relativ ausführlich entwickelt wurde. Dieser Weg wurde mit den Attributen »demokratisch« und »friedlich« versehen. Die Tochter Anton Ackermanns erzählte mir, dass Honecker im Jahre 1973 ihren Vater angerufen und sich dafür entschuldigt habe, was ihm unter Ulbricht angetan wurde.[3] *Ackermann verlangte seine öffentliche Rehabilitierung. Die lehnte Honecker ab.*

Der Honecker trickste. Er sammelte Leute, die er an sich binden konnte.

Dann hat er ihm einen Artikel im ND *zugesagt. Tatsächlich erschien kurz vor dem Tode Ackermanns ein Artikel über Rohstoffprobleme in der DDR im Zentralorgan.*[4]

Siehste! Ackermann war schwerkrank. Ich gönnte Ackermann die Rehabilitierung. Er war ein kluger, der Partei ergebener Mann. Vielleicht hätte man unter anderen Bedingungen seinen Fauxpas ausbügeln können.

Worauf spielst du an?

Auf das Behandeln der deutschen Frage in einer Zeit, in der es unpassend war. Das betraf später auch Paul Wandel[5]. Er gab ein Buch »Deutschland – unsere Heimat« für die Jugendweihe heraus. Er wusste, welche Linie wir beschlossen hatten. Wir wollten nach dem NATO-Beitritt der Bundesrepublik Mitte der 50er Jahre die Frage der deutschen Einheit so wie bisher nicht mehr stellen. Die militärpolitischen Veränderungen in Westdeutschland mussten berücksichtigt werden.

Gniffke[6] *unterstützte damals Ackermann.*

Gniffke war theoretisch nicht stark. Das, was anklagend gegen Gniffke vorgebracht wurde, wurde korrigiert. Es war nicht so erheblich, was man ihm vorwarf. So hörte ich es später. Ich kann auch nicht sagen, wie in dieser Zeit die Sowjets reagierten. Gniffke veröffentlichte Artikel, ohne diese gemäß der in der Partei herrschenden Ordnung mit dem verantwortlichen Sekretär abzustimmen. Grotewohl hat Gniffke im Politbüro nie verteidigt. Und Otto Grotewohl war keineswegs zu ängstlich, um eine abweichende Meinung im Politbüro vorzutragen.

Die nationale Frage durfte nie der aktuellen politischen Taktik unterworfen werden.

Also, nun pass einmal auf. Die Frage des Herrschaftsverhältnisses oder der Regierungsform ist immer ein Problem der Klasse, die sich an der Macht befindet. Du kannst das Herrschaftsverhältnis oder die Regierungsform nicht von den Klassenverhältnissen trennen. Es war nun einmal eine Tatsache, dass in Westdeutschland mit Hilfe der Westmächte die kapitalistische Ordnung restauriert wurde. Ich sage das absichtlich so, weil die Priorität bei den Deutschen lag. Ob das nun Kurt Schumacher oder Konrad Adenauer war und wie sie alle hießen. Sie hätten auch einen anderen Weg gehen können als jenen, den sie schließlich gingen.

Schumacher hat uns konsequent abgelehnt. Das ist bekannt. Otto Grotewohl hat mit ihm gesprochen. Schumacher hat es abgelehnt, einen gemeinsamen nationalen Weg zu beschreiten. Er hat nicht einmal gesagt: Nun gut, wir können die Frage noch modifizieren, aber wir suchen nach einer Brücke. Im Osten existierte bereits eine SPD-Führung, Schumacher aber installierte im Westen eine andere, nämlich *seine* Parteiführung. Das war die Spaltung der Partei. Das hat er damit klargemacht. Er hat das mit den Kräften, die aus England zurückkamen, etwa Erich Ollenhauer, durchgezogen.

Letztlich konzentrierte sich alles auf die Frage, ob die SPD fähig und willens war, Konsequenzen aus dem Krieg und der Nazi-Diktatur zu ziehen.

Auf politisch-ökonomischem Gebiet hat sich die SPD anders verhalten als hinsichtlich der nationalen Frage. Sie hat sich lange sehr massiv gegen Adenauers rigorosen Kurs der Westanbindung aufgelehnt. Ich erinnere an das Wort Schumachers, dass Adenauer der »Kanzler der Alliierten« sei.

Aber zugleich haben die Sozialdemokraten taktiert. Schon vor der Gründung der Bundesrepublik stand deren Führung immer bei der CDU und dem Regierungs-Klüngel. Ich erinnere daran, dass Adenauer 1949 nur mit einer Stimme – seiner eigenen – zum Bundeskanzler gewählt wurde. Das hat die SPD-Führung nie thematisiert. Sie akzeptierte die Führung durch die CDU. Sie kämpfte nicht ernsthaft um die Führung, sie lief als Junior einfach mit. Das verlangte zwangsläufig, dass sich die SPD von der Entwicklung im Osten distanzierte. Ich erinnere an den Besuch Grotewohls und der Ministerpräsidenten der ostdeutschen Länder im Juni 1947 in München, um dort an der Tagung der Ministerpräsidenten teilzunehmen. Grotewohl sagte dort: »Wir kommen hierher, um über die deutsche Einheit zu sprechen. Diese Frage möchten wir als ersten Punkt behandeln.«

Das wurde abgelehnt. Die bürgerlichen Vertreter wurden in ihrer Ablehnung von Schumacher unterstützt. In München wurde eindeutig Kurs auf die Spaltung genommen.[7]

An einigen Stellen deines Artikels baust du so ein zartes Geflecht von diesem Spaltungsvorgang ein. Wirklich nur andeutungsweise, du bist bei der ganzen Sache sehr, sehr kulant. Du sagst nicht, dass die Initiative für die Spaltung von der Wirtschaft und von Adenauer ausging. Schon 1945 schwebte Adenauer die Spaltung vor.

Ja, er hat den Franzosen Angebote unterbreitet.

Der Adenauer verfolgte von Anfang an den Kurs des Separatismus. Da gab es kaum einen Unterschied zu seinen früheren Projekten, bloß dass es jetzt eine Klassenfrage geworden war, die nicht nur zwischen zwei kapitalistischen Staaten den Separatismus zum Tragen brachte, sondern Teil des westöstlichen Weltkonflikts war. So muss man das sehen.

Adenauer ging es zunächst um einen an Frankreich angelehnten deutschen Rheinstaat, später ging es ihm um mehr als nur einen solchen kleinen Separatstaat. Die Franzosen gründeten ja auch die Universität Mainz, um ihnen freundlich gesinnte Deutsche für diesen Staat auszubilden. Dieses Konzept änderte sich schon 1947/48.

Jetzt die Frage der Partei neuen Typs. Ich werde dir sagen, du machst einen kleinen Schlenker zu Lenin, richtig, aber die Diskussion um die Partei neuen Typs ist mir schon aus der ersten Hälfte der 20er Jahre bekannt. Das war eine Schlussfolgerung eines Kongresses der Kommunistischen Internationale (KI), der die Bedingungen für die Aufnahme der Parteien aus den kapitalistischen Ländern fixierte. Viele Parteien drängten in die KI. Deshalb bestand Lenin auf bestimmten Bedingungen für die Aufnahme. Daraus entwickelte sich die Frage, wie eine Partei um die Macht kämpfen sollte.

Das ist der schwächste Punkt in deinem ganzen Artikel. Du kritisierst und grenzt dich ab durch deine Bemerkungen. Aber du sagst nichts darüber, was man eigentlich sagen muss. Das ist verkehrt. Deutlich wird das dort, wo du über die Planung sprichst, wo es heißt …

… »dirigistisch« …

Ja »dirigistische Planung«. Was soll dieser Quatsch?

Das Politbüro redete ständig der Staatlichen Plankommission rein.

Hör doch auf. Ich bitte dich um eines: Wenn du von »Reinreden« sprichst, dann schau im »Kommunistischen Manifest« nach, was dort zur Diktatur des Proletariats geschrieben steht. Dann brauchst du nur die Reihenfolge durchgehen, bis man zur absoluten Demokratie kommt. Diese aber kann erst dann herrschen, wenn die Klassengegensätze überwunden sind und sich auch im Weltmaß alles verändert hat. Erst dann geht es, dass jeder Mensch nach seiner Fasson leben kann. In unserer Zeit aber lautete die Frage: Wem nützt die Plankommission? Als Steuerungsinstrument musste sie auch geführt werden.

Es geht um etwas anderes. Gerhard Schürer versuchte mit Honecker über die akuten ökonomischen Probleme zu sprechen. Mittag missachtete ständig die Kompetenzen der Plankommission.

Ich wiederhole: Niemals ist Schürer im Politbüro aufgetreten und hat gesagt: »Der Kurs ist verkehrt, den kann ich so nicht mittragen.« Niemals hat er das gesagt. Dass er mit Mittag oder Honecker diskutiert habe, davon weiß ich nichts. Tut mir leid. Ich kann nur davon ausgehen, was ich weiß, was ich mit ihm persönlich diskutiert habe. Ich betrachte Schürer nicht als schlechten Menschen, auch wenn er sich jetzt dazu hergibt, bei Rainer Eppelmann vor der Enquete-Kommission zu reden. Das muss er jetzt allein verantworten. Aber ich sage dir, Schürer ist nicht im Politbüro aufgetreten. Wenn ich über unsere Verschuldung im Politbüro etwas sagte, dann haben sie mich alle allein gelassen. Also, du kannst den Schürer nicht als Kronzeugen nehmen.

Heinrich Rau, Stellvertretender Ministerpräsident, übergibt an Berlins Stellvertretenden OB Alfred Neumann die Direktiven des Fünfjahrplans für die Hauptstadt, 10. November 1951

Saß Schürer dabei, als du die Schuldenproblematik aufwarfst?

Ja natürlich, ich hab doch x-mal die Frage der Schulden angesprochen. Natürlich wusste Schürer aus Quer- und Längsrechnungen, wo die kritischen Punkte waren. Aber ich habe nicht einmal erlebt, dass der Schürer etwa wie Bruno Leuschner im Politbüro aufgetreten wäre. Vielleicht hat er mit Honecker diskutiert und den auf bestimmte Konsequenzen hingewiesen, kann ja sein. Aber ich traue ihm das nicht zu.

Er soll im Mai 1988 einen Brief an Honecker geschrieben haben, der inzwischen veröffentlicht wurde.

Das weiß ich nicht. Mir hat er davon nichts gesagt. Ob sein Brief an Honecker 1988 noch Sinn hatte? Die Probleme fingen doch nicht erst 1988 an! Wenn man Änderungen hätte herbeiführen wollen, dann hätte das auf dem IX. Parteitag im Jahre 1976 geschehen müssen. Damals gab es noch reale ökonomische Möglichkeiten. Aber keiner war damals dazu bereit.

Hast du den Pferdefuß der »Politik der Hauptaufgabe«, der Einheit von Wirtschafts- und Sozialpolitik, gleich erkannt? Dass es sehr schnell eine Sozialpolitik auf Kosten einer vernünftigen Ökonomie wurde?

Das war ein faules Ei, das Honecker zusammen mit Kurt Hager ausgekungelt hatte. Das war auf einmal da. Wenn man sie fragte: Was bedeutet das, was soll das heißen, wie sind die Relationen? Dann wurde gesagt: Einheit von Wirtschafts- und Sozialpolitik bedeutet, dass die Wirtschaft sich nach den Bedürfnissen der Sozialpolitik entwickeln muss. Das war die einzige Definition, die aber Kokolores war. Entschuldige, das hatte mit Ökonomie nichts zu tun. Wirtschaftspolitik und Sozialpolitik kann man nicht unmittelbar miteinander verknüpfen. So ist keine staatliche Planwirtschaft machbar.

Hast du das einmal angesprochen?

Oftmals ist das angesprochen worden. Es ist diskutiert worden. Aber das war wenig sinnvoll, nachdem die Formulierungen schon auf Parteitagen abgesegnet worden waren. Keiner war dann zur Korrektur bereit. Vor allem Honecker hätte dazu bereit sein müssen. Honecker war Kritik, auf welchem Gebiet auch immer, nicht zugänglich. Das war doch ein himmelweiter Unterschied zu Ulbricht. Mit dem konnte man diskutieren, den konnte man kritisieren. Und er ließ sich eines Besseren belehren, wenn er es einsah, oder er wehrte sich dagegen. Mit Honecker ging das nicht. Aussichtslos! Ich hab's doch versucht.

Dann hat er dich kaltgestellt, aber er hat dich nicht abgesägt!

Zum Absägen war er nicht fähig. Dann hätte er öffentlich sagen müssen, warum er Neumann absägt.

Hast du aber damit gerechnet?

Was heißt »gerechnet«? Er hat subtil kaltgestellt. Ein Beispiel. Im April 1989 wurde endlich der Entwurf des Fünfjahrplans 1991-1995 fertig. Der sollte schon im Herbst 1988 fertig sein. Das hat die Plankommission nicht geschafft. Es gab eine kleine Kommission im Ministerrat, die diesen Entwurf beraten sollte. Dann hätte es die nächste Beratung bei Honecker gegeben, also in dem Kreis, der auf der obersten Ebene damit befasst war, der diesen Plan mit ihm besprechen würde. Dann erst wäre das Papier in die offiziellen Mühlen des Ministerrates und des Politbüros gegangen.

Anfang April erhielt ich diesen Entwurf von der Plankommission, setzte mich hin und machte einige Nachtschichten, um die Direktive bis zur Beratung durchzuackern. Was ich las, empörte mich. Ich muss das so sagen.

Es fand schließlich die Beratung bei Willi Stoph statt. Kleiber war dabei, Schürer und ich, der Finanzminister und noch ein paar Leute, acht bis zehn, mehr nicht. Schürer machte die Einführung, dann wurde diskutiert. Kleiber hatte wenige kritische Bemerkungen. Stoph machte ernstere Anmerkungen. Ich drohte Schürer: »Gerhard, wenn du dieses Projekt dem ZK vorlegst, dann stehe ich auf und sage: So geht das überhaupt nicht! Ihr wollt die DDR vollständig kaputt machen.«

Ich kritisierte grob, ja.

Warum?

Weil das ein verkehrter Entwurf war.

Was war daran verkehrt?

Die ganze innere Bilanzierung war zerstört worden.

Es ging nicht auf?

Ich habe also hart kritisiert. Nun kannte ich Mittag und dessen eigenen Nachrichtendienst. Ich wusste nur nicht, wer aus diesem Kreise sein Informant sein würde. Mittag rief nicht etwa bei Stoph oder bei mir an und erkundigte sich: Wie ist die Beratung gewesen? So etwas machte der nie. Er schickte seinen Verbindungsmann zu einem, von dem er wusste, dass er dabei gewesen ist und mitgeschrieben hatte. Von diesen Notizen fertigte er eine Kopie, die schon am anderen Morgen auf dem Tisch von Honecker lag. So machte der das immer.

Wenige Tage nach dieser Beratung sollten wir bei Honecker sein. Diese Beratung wurde aber von Honecker mit Mittag »vorbesprochen«. Das Resultat: Neumann wurde wegen seiner scharfen Kritik von der Teilnehmerliste gestrichen. Honecker strich mich eigenhändig. Ich erfuhr das. Es störte mich nicht. Ich war bereits allerhand gewöhnt.

Die Beratung bei Honecker mit einem Dutzend Teilnehmern, darunter wichtige Abteilungsleiter aus dem ZK, lief so: Schürer machte seine Einleitung ähnlich wie bei der Stoph-Runde, ging aber nicht auf meine Kritik ein. Mittag griff dann den abwesenden Neumann an. Krenz warf ein, dass man keinen kritisieren solle, der nicht mit am Tisch säße.

Schürer sprach von einer Verschuldung von 43 Milliarden Valutamark, die im Lauf von fünf Jahren auf 64 Milliarden VDM anwachsen würde. Dazu hatte ich gesagt, dass das ein Verbrechen sei. Trotzdem ging Schürer mit dieser Position zu Honecker.

Nunmehr polemisierte jedoch Mittag mit Schürer. Warum? Ich muss vorausschicken, dass Honecker ein Prinzip für die Beurteilung aller Volkswirtschaftspläne hatte: Er ging stets davon aus, dass das Nationaleinkommen um vier Prozent wachsen würde.

Das merkte man auch an seinen Reden.

Das war seine fixe Idee, die er ständig im Kopf hatte, darum drehte sich alles. Wenn die Prozente nicht dastanden, musste alles zurechtgebogen werden, dass am Ende vier Prozent herauskamen. Mit vier Prozent sah sich Erich auf der sicheren Seite.

Besuch im VEB Berlin-Chemie, Bereich Infusionslösungen, 1. Februar 1988

Das hat Mittag immer zurechtgebogen?

Nicht bloß Mittag. Mittag konnte nicht alles allein zurechtbiegen. Das ist doch lächerlich. Ich kenne die Mechanik im Einzelnen nicht ... Also der Schürer hatte in seinem Vortrag erklärt, dass trotz Zusatzverschuldung nur 3,5 Prozent Wachstum herauskommen würden. Das monierte nun der Mittag: »Der ganze Fehler ist bei euch in der Plankommission nur dadurch entstanden, weil ihr das Wachstum zu niedrig angesetzt habt. Hättet ihr statt 3,5 Prozent auf 5 oder 5,5 Prozent erhöht, dann würden wir auch unsere gesellschaftlichen Ziele erreichen.« Ein ernstzunehmender Mensch darf so nicht reden. Aber Mittag redete so. Dann haben sie alle diskutiert, und Schürer erhielt den Auftrag, das Planprojekt unter Berücksichtigung der Diskussion zu überarbeiten. Das haben sie nicht geschafft. Sie haben mehrmals alles durchgerechnet in der Plankommission. Schürer erreichte nicht einmal die drei Prozent. Und dann ist das ganze Papier gestorben.

Das war im Frühjahr 1989?

Das war im April 1989.

Kam das noch mal auf euren Tisch?

Es konnte ja nicht kommen, weil Schürer nichts mehr zusammenbekam. Im Dezember 1988 hatte Honecker auf der ZK-Tagung über die Enwicklung bis 1995 gesprochen, was die Rede zur Vorbereitung des XII. Parteitages 1990 sein sollte. Für diese Rede gibt es nur ein Wort: Bankrotterklärung.

Wieso?

Weil sie eine Bankrotterklärung war. Lies nach, dann weißt du, was ich meine.

Aus: »Mit dem Blick auf den XII. Parteitag die Aufgaben der Gegenwart lösen.« Bericht des Politbüros an das Zentralkomitee der SED. Berichterstatter: Erich Honecker. Berlin 1988.

Gequake wildgewordener Spießer

Unsere Partei und unser Volk unterstützen den Kurs der KPdSU, wie er in den Beschlüssen des XXVII. Parteitages verankert ist. Gleichzeitig unterstützen die KPdSU und das Sowjetvolk den Kurs der SED, wie er vom XI.

Parteitag zur Stärkung des sozialistischen deutschen Staates und zum Wohle seines Volkes beschlossen wurde. Diese Feststellungen sind eine Antwort an alle, die sich der Illusion hingeben, zwischen die KPdSU und die SED einen Keil treiben zu können. Der Prozess der Umgestaltung in der Sowjetunion, das mögen alle wissen, ist von großer Bedeutung für die Stärkung des Weltsozialismus und die Sicherung des Friedens.
Bei der Beurteilung dieser Frage darf sich niemand ablenken lassen durch das Gequake wildgewordener Spießer, die die Geschichte der KPdSU und der Sowjetunion im bürgerlichen Sinne umschreiben möchten [...]

»›Freundchen‹ der Sowjetunion«
Ausgerechnet in dieser Situation, in der es darauf ankommt, unser Schiff entschlossen auf dem Kurs des XI. Parteitages und des Parteiprogramms zu halten, empfehlen uns einflussreiche Leute aus der westlichen Welt [...], denen unsere Politik »zu russisch« war, die immer betonten, dass wir Deutsche seien und unsere Besonderheiten beachten müssten, von diesem Kurs abzuweichen und stattdessen in die Anarchie zu marschieren. Diesen neuen »Freundchen« der Sowjetunion, so schrieb ein Bürger der DDR an unser Zentralkomitee, passt heute absolut nicht, wenn wir die allgemeingültigen Gesetzmäßigkeiten des Sozialismus mit unserem Handeln verbinden, wie es unsere Partei immer getan hat. Sie hat nie zugelassen, dass bei uns Personenkult und Massenrepressalien auftreten konnten. Der Brief endet mit der Aufforderung: Setzt diese gute Politik fort! [...]

Höherer Lebensstandard als in der Bundesrepublik!
Gegründet auf die ständig gestiegene Leistungskraft unserer Volkswirtschaft, hat das Volk der Deutschen Demokratischen Republik einen Lebensstandard erreicht wie noch nie in seiner Geschichte. Im Grunde genommen ist er höher als der Lebensstandard der, wie Bundeskanzler Kohl jüngst erklärte, »nicht nur stärksten Industrie-, sondern auch Militärmacht in Westeuropa«, in der jedoch nach Darstellung von Gewerkschaftsvertretern die Reichen immer reicher und die Armen immer ärmer werden.
Ja, Genossinnen und Genossen, manchmal vergisst man das:
- Wir haben keine Massenarbeitslosigkeit, sondern Vollbeschäftigung,
- wir haben keine neue Armut,
- wir benötigen keine Suppenküchen,
- wir haben das Ernährungsprogramm gelöst,
- wir haben keinen Bildungsnotstand, sondern das einheitliche sozialistische Bildungssystem, die zehnklassige allgemeinbildende polytechnische Oberschule für alle Kinder des Volkes,
- wir haben ein ausgebautes, den Interessen der Bürger entsprechendes Gesundheitswesen ohne Rotstiftoperation,
- wir verwirklichen seit 17 Jahren ein umfassendes Wohnungsbauprogramm,

- wir haben rechtzeitig, und zwar seit 17 Jahren, unsere Volkswirtschaft umgestaltet auf Intensivierung, auf moderne Grundfonds. [...]

Wieso Bankrotterklärung?

Hör mal, ich werde dir nicht die Arbeit abnehmen. Du bist Historiker, du kannst allein analysieren. Ich musste auch allein analysieren.

Wieviel Mitarbeiter hattest du als Erster Stellvertreter des Vorsitzenden des Ministerrates der DDR?

Neben der Sekretärin hatte ich einen Bürochef, einen Mitarbeiter für geologische Fragen und einen für allgemeine Fragen. Mehr nicht. Für Post und Eisenbahn hatte ich keine speziellen Mitarbeiter.

Hattest du nicht auch als Politbüromitglied Mitarbeiter.

Nein. Nicht einen.

Aber Personenschutz hattest du wohl?

Der wurde vom MfS gestellt. Ein Fahrer und ein Begleiter ... Zurück zu deinem Text. Wenn du die Frage der Planung oder der Plankommission aufwirfst – und du hast dich über einen ganzen historischen Abschnitt geäußert –, dann muss ich dir sagen, dass man es nicht so machen kann. Wenn man darüber schreibt, muss man berücksichtigen, dass es ein Bündnis der Arbeiterklasse mit den Bauern und der Intelligenz gab. Wir haben mit der Partei nie so agiert, wie du das beschreibst. Honecker hat das so gemacht. Du projizierst das aber auf Ulbricht. Bei Ulbricht wurde immer formuliert: Die *Genossen im Ministerrat* möchten das und das prüfen. Bei Honecker hieß es: *Der Ministerrat* hat das und das zu machen.

Ich habe Erich die Frage gestellt: »Warum tust du das? Das ist doch nicht richtig.«

Er darauf: »Ich mache das eben so.«

Damit gibst du zu, dass bei euch ...

Was heißt denn »bei euch«? Wann? In der Ulbricht- oder in der Honecker-Zeit?

Im Landmaschinenkombinat »Fortschritt« in Neustadt, 23. April 1965

… dass es zwischen dir und Honecker unterschiedliche Auffassungen zur führenden Rolle der SED gab.

Habe ich nie bestritten, dass es die gab. Deshalb hab ich ihm ja auch die Frage gestellt: Warum tust du das?

Das war ja eine richtige Frage, ob er den Ministerrat als Partei- oder als Staatsorgan betrachtete. Aber du hast dich offenbar mit der Auffassung, dass man den Ministerrat nicht wie eine ZK-Abteilung behandeln dürfe, nicht durchgesetzt.

Das ist eine zweite Frage, die jetzt nicht interessiert. Du fragst mich heute, am 21. Januar 1993, und wählst die falschen Bezüge. Was du in die Funktionen der Planungskommission und der Wirtschaftskommission hineininterpretierst, ist falsch. Tut mir leid!

Welchen Anteil hat Günter Mittag an der fatalen Entwicklung?

Du wolltest doch nicht alles auf Personen, sondern auf Strukturen zurückführen. Warum willst du dem Mittag dies aufdrücken? Natürlich hat der Mittag eine Riesenschuld. Ich bin der letzte, der ihm beispringt. Ich weiß, dass der ein Bandit gewesen ist. Aber er ist erst später dazu geworden.

Mag sein. Aber das mit der »dirigistischen Planwirtschaft«, was du mir unablässig vorwirfst, steht ja erst hinten im Beitrag.

Man kann das Zusammenwirken der antifaschistisch-demokratischen Parteien nicht so darstellen, wie du das gemacht hast. Nein, das geht nicht.

Warum nicht?

Der Aufbau in der sowjetischen Besatzungszone und die Entwicklung der DDR war nicht das Werk nur einer einzigen Partei. Es haben sich unterschiedliche politische Kräfte zusammenfinden müssen, um das gemeinsam zu bewerkstelligen.

Das war unmittelbar nach 1945 so.

Das war die Grundfrage der Herausbildung des antifaschistisch-demokratischen Blockes. Es ging um die Bündnispolitik der Arbeiterklasse mit den Bauern, der Intelligenz und den Mittelschichten.

Was änderte sich dann von 1948 bis 1952?

Es änderte sich daran die Arithmetik. Das Problem nur auf eine Einparteienherrschaft zu reduzieren, ist nicht richtig. Mit dieser Formulierung baust du Rainer Eppelmann eine Brücke. Das ist ganz klar, ganz eindeutig.

Wir können ja nicht abstreiten, dass sich ab 1948 im »Block« der Parteien etwas änderte.

Du redest von einem Parteiregime und schiebst die Bedeutung des Blockes beiseite. Du ignorierst die Rolle der Massenorganisationen.

Ich verteidige den Block in seiner ursprünglichen Bedeutung. Ich sage zu den Massenorganisationen, dass ab 1948 das Prinzip des Transmissionsriemen, das Lenin für den Kriegskommunismus konzipiert hatte, durchgesetzt werden sollte…

Hör mal, der Begriff der Transmissionsriemen ist in der zweiten Hälfte der 20er Jahre aufgekommen und nicht erst in der DDR. Das war keine spezifische Formulierung der deutschen Kommunisten …

... von Lenin zu Zeiten des Kriegskommunismus.

Den Begriff haben die Kommunisten fast aller Länder benutzt. Das war ein Axiom der Bündnispolitik. Die Arbeiterpartei kann nicht allein agieren. Ich verstehe überhaupt nicht, warum du zu dieser Verengung neigst.

Die Verengung hat in der Politik der SED Anfang der 50er Jahre stattgefunden. Sieh dir das einmal genau an.

Du pass doch mal auf! Du bringst die Verengung in Verbindung mit dem Übergang zur Partei neuen Typs. Da sage ich dir: Wie du das darstellst, ist das glattweg falsch, falsch!

Falsch? Das musst du beweisen.

Ganz einfach. Die Partei entstand aus etwa gleichstarken Mengen von Sozialdemokraten und Kommunisten, und nach dem Vereinigungsparteitag kamen noch Parteilose hinzu.

Die Partei in der sowjetischen Zone hatte etwa 1,2 Millionen Mitglieder. Dazu kamen die bürgerlichen Parteien LDPD und CDU mit hunderttausenden Mitgliedern. Und dann haben wir 1948 noch die NDPD und die DBD gegründet. Wir hatten fünf Parteien.

Du sagst nichts zu den Relationen, wie viele Mitglieder diese anderen Parteien hatten und dass sie nicht nur Wurmfortsatz der SED waren. So, wie du das darstellst, geht das nicht. Jetzt zur Partei neuen Typs. Die Partei war nicht gefestigt. Das war ein riesiger Wissensunterschied zwischen alten Sozialdemokraten und Parteilosen, die nach dem Krieg in die Sozialistische Einheitspartei hineingingen. Und über die Kommunisten will ich gar nicht reden. Also stellte sich die Frage, nachdem die finanzpolitische Spaltung Deutschlands durch diese haushohe Barriere mit der Westmark gezogen war, wie wir dieses Problem meistern. Das betraf auch die leitenden Funktionen in Staat und Wirtschaft. Alle möglichen Leute strömten in die SED hinein. Natürlich musste sich die SED von denen trennen, die da nicht reingehörten. Wir konnten doch nicht Karrieristen in der Partei belassen. Wir mussten uns reinigen. Das löste die SED mit der Überprüfung Anfang der 50er Jahre. Dem kannst du nichts entgegensetzen. Da kannst du bloß darüber meckern, dass so viele ausgeschlossen wurden.

Zur gleichen Zeit entwickelte sich die innerparteiliche Demokratie. Entgegen deiner Auffassung fand keine Rückentwicklung statt. Du verschweigst einfach, dass …

Aber es gab bei der Reinigung viele Überspitzungen. Auf der 7. Tagung des ZK im Oktober 1951 nannte Hermann Matern etliche Beispiele.

Ja, natürlich gab es Überspitzungen. Wo gehobelt wird, da fallen eben Späne, das muss dann später korrigiert werden. Matern hat darüber gesprochen.

Musste man zur Disziplinierung aber gleich Leute einsperren? Es sind viele ehemalige Sozialdemokraten eingesperrt worden.

Eingesperrt worden sind nur die, die als Feinde aufgetreten sind. Das ist meine Überzeugung. Du generalisierst.

Ich hab im Archiv Materialien gesehen. Da sind Bauern eingesperrt worden, die im Suff einen Witz über den »Spitzbart« gemacht haben. Dafür erhielten sie eineinhalb Jahre Gefängnis.

Ich habe das im Archiv nicht gesehen. Ich gehe von dem aus, wie ich die Partei erlebt habe. Ich bestreite, dass jemand, weil er betrunken Witze erzählte, dafür eingesperrt wurde. Da muss auch noch etwas anderes vorgelegen haben. So dämlich und willkürlich sind wir nicht gewesen, entschuldige.

Witze über den »Spitzbart«, mehr nicht …

Die hat Walter selbst erzählt. Das ist doch lächerlich. Das behauptet der Westen. Weil die Nazis fürs Erzählen von Witzen Todesurteile verhängten, muss es bei uns natürlich auch so ähnlich zugegangen sein.

Habt ihr euch im Politbüro wirklich Witze über Ulbricht erzählt?

Ja, natürlich. Aber deshalb wurde auch draußen niemand eingesperrt.

Doch, in Mecklenburg ist das geschehen. Mag ja sein, dass ihr davon nichts wusstet.

Das kann nicht der Maßstab sein. In einem Staat mit siebzehn Millionen Menschen kann es Unrecht geben, ich kenne

Der Vorsitzende einer LPG (T) hatte sich beim Kauf seines PKW "Trabant" über die zahlreichen Neben- und Aufpreise geärgert.
Als im Sommer das "Sachsenringwerk" für eines seiner Ferienobjekte bei dieser LPG (T) eine Kuh kaufen wollte, reichte die LPG folgende Rechnung ein:

- 1 Kuh - Grundpreis	4.000,-- Mark
- zweifarbig - schwarz/weiß	300,-- "
- Rindslederbezug, komplett	200,-- "
- 4 schwarzgetönte Fußabschlüsse in Klauenform	200,-- "
- 1 Behälter für Produktspeicherung	100,-- "
- 4 bewegliche Zapfhähne a. 25,-- M	100,-- "
- 2 leichtgeschwungene Hörner a. 35,-- M	70,-- "
- 2 bewegliche, gefütterte Hörschalen a. 50,-- M	100,-- "
- 1 Einklangfanfare mit "Muhton"	125,-- "
- 1 Fliegenwedel (halbautomatisch)	60,-- "
- 1 Düngevorrichtung für Flüssigkeit (vollautomatisch)	120,-- "
- 1 Spinatwurfvorrichtung	125,-- "
Totalkuh in gewünschter Ausführung	5.500,-- Mark

Dieser Witz mit sehr realem Hintergrund fand sich in Neumanns Nachlass (BArch-SAPMO NY 4570 / Karton 1). Unten: Alfred Neumann privat, 60er Jahre

SED
HAUSMITTEILUNG

AN		DIKTATZEICHEN	DATUM	ERLEDIGUNGSVERMERK
Gen.Neumann	Büro des Politbüros	Sch/rs	23.2.62	

A u s z u g aus einem Schreiben der Genn.Prof.Dr.Wittbrodt, Regierungskrankenhaus:

Bei der Auswertung unserer Kaderakten über den Gesundheitszustand der Genossen des Politbüros im Jahre 1961 hat sich wiederum - wie im Vorjahr - gezeigt, daß einzelne Genossen sowohl die Hinweise des Genossen Ulbricht an die Bezirks- und Kreisleitungen bezüglich der gesundheitlichen Betreuung und der Lebensweise, wie auch die individuell gegebenen ärztlichen Ratschläge nicht genügend beachtet haben.

Diese Feststellung ist besonders ernst zu werten, da die zunehmende Belastung durch die Arbeit bei höherem Lebensalter der Genossen eine Reihe ernster, die Gesundheits- und Arbeitsfähigkeit beeiträchtigender Krankheiten aufgezeigt hat. Neben dem vorzeitigen Tod des Genossen R a u muß auch der schlechte Gesundheitszustand des Genossen G r o t e w o h l auf diese Fakten zurückgeführt werden. In beiden Fällen handelt es sich um Folgezustände von Herz- und Gefäßleiden, die bekanntlich in unserer Zeit statistisch den größten Anteil an der Krankheits- und Todesrate haben.

Deshalb raten wir, noch konsequenter als bisher darauf zu achten, daß die Genossen regelmäßiger zur ärztlichen Untersuchung kommen und alle für ihre Gesundung und Gesunderhaltung notwendigen Maßnahmen durchführen. Dazu gehört ein 7-8-stündiger Nachtschlaf, mindestens 1/2-stündiger Abendspaziergang und ein dem Alter und dem Trainingszustand angemessener Sport, ferner ein freies Wochenende und die Durchführung des ungeteilten Urlaubs.

Das bedeutet für Dich:

Zweimaliges Ausspannen im Jahr, davon evtl. einmal Kur.

Mit sozialistischem Gruß!

/Otto Schön/
Büro des Politbüros

(140) ND Ag 220/60 5 VIII. 60 19719

Kein Witz und ernst gemeint: Hausmitteilung des Büros des Politbüros an Alfred Neumann bezüglich einer gesunden Lebensweise, 1962 keine Ordnung, die fehlerlos funktioniert. Du bist vielleicht ein komischer Mensch. Außerdem führten wir einen harten, sogar blutigen Klassenkampf, es war Kalter Krieg. Du hältst es nicht für notwendig, darüber zu reden. Du fängst an, philosophische Eckpunkte zu setzen, moralische Attribute hinzuzufügen und mit deinen Beckmessereien loszulegen. Du gehst nicht von den Erfordernissen des Klassenkampfes aus. Du sagst nichts zum Kalten Krieg. Du gehst mit keinem Wort auf die Entwicklung im Westen ein, die für uns Konsequenzen hatte. 1950 trat Gustav Heinemann[8] als Innenminister zurück, weil der Adenauer ohne Information an das Kabinett die Wiederbewaffnung ankündigte. Dazu sagst du nichts. Du fängst stattdessen an, über Stuhlganggeschichten zu diskutieren. So kann man doch keine Geschichte schreiben. So geht das nicht.

Wenn ich eine Gesamtdarstellung schreibe, dann muss ich das mit Heinemann erwähnen, ja.

Du musst das nicht schreiben, du musst es aber im Kopf haben. Wenn du formulierst, muss das mitschwingen. Du hast unnötige Formulierungen reingenommen, die das Bild verzerren. Du verzerrst das Bild dadurch, dass du a) vom Stalinismus sprichst und b) von willkürlichen Maßnahmen der SED-Führung. Du lässt außer Acht, dass wir Bezirkssekretäre abgesetzt und rausgeworfen haben, die sich Überspitzungen zuschulden kommen ließen. Wir hatten im Parteistatut stehen, dass jeder ohne Ansehen der Person kritisiert werden kann, egal, welche Funktion er ausübte. Niemand durfte deshalb Nachteile haben. Später wurde das abgeschwächt.

Wen haben die Parteitage denn »oben« kritisiert? Mit fällt nur Fritz Selbmann[9] ein. Das geschah auf dem III. und auf dem V. Parteitag, 1950 und 1958.

Selbmann musste wegen verschiedener extravaganter Geschichten kritisiert werden. Er stolzierte bei bestimmten Anlässen mit einem weißen Anzug umher. Das löste bei den einfachen Parteimitgliedern einen Skandal aus, weil damals niemand einen hellen Anzug besaß. Und jeder fragte: Wo hat der Selbmann den her? Doch Selbmann ließ sich mit einem weißen Anzug und mit rotem Mantel mit einem General fotografieren.

Kurzer Dialog zwischen Walter Ulbricht und Alfred Neumann bei einer Volkskammersitzung, 1958

Wann war denn das genau?

Nimm es bitte zur Kenntnis, dass ich das weiß. Selbmann kannte ich gut. Bevor er in die Kommunistische Partei kam, war er bei den Anarchisten. Er praktizierte zeitlebens anarchistische Methoden. Ich will dir eine Geschichte erzählen, nicht weil ich den Selbmann anschwärzen will. Ich schätzte ihn in vielerlei Hinsicht, auch wegen seines am 17. Juni 1953 bewiesenen Mutes und wegen vieler anderer Leistungen. Wenn der Selbmann nicht zur Ordnung gerufen wurde, dann ging das mit ihm nicht. Also, er war bei mir im Volkswirtschaftsrat. Aus Karl-Marx-Stadt gab es Protest von irgendeiner Jagdgemeinschaft, weil Selbmann in der Schonzeit einen Hasen geschossen hatte. Ich ließ die Sache untersuchen. Was kam heraus?

Selbmann war sehr kurzsichtig und trug eine Brille mit sehr starken Gläsern. Er ging früher gern zur Jagd, doch als das Augenlicht immer mehr nachließ, hatte sich das erledigt. Er war gelegentlich in Karl-Marx-Stadt und in der Wismut unterwegs. Einmal hatte er in feuchtfröhlicher Runde beweisen wollen, dass er trotz seines Augenleidens noch Kimme und Korn unterscheiden könne. Er geht also raus mit der Jagdbüchse und seiner Eitelkeit, legt an und peng! Er trifft tatsächlich einen Hasen. Ein Jäger sah das und notierte: »Außerhalb der Jagdzeit geschossen.« Und schon landete diese Beschwerde in Berlin. Der Selbmann war einfach zu überheblich. Der hat oft nicht bis zu Ende gedacht und die Folgen bedacht. Ich habe ihn zusammengestaucht. Damit war der Fall erledigt. Er war Stellvertretender Ministerpräsident und hat in der Wirtschaftskommission des Politbüros ganz vorne gesessen – da darf man solche Dummheiten nicht machen.

Was hast du mit ihm angestellt?

Ich hab ihm auf die Hühneraugen getreten und gesagt: Mach' nicht so viele Dussligkeiten.

Du sagst, er war bei dir im Volkswirtschaftsrat[9a]*. Wofür war er zuständig?*

Versorgung.

Dann wurde er Schriftsteller?

Später, als es mit seinen Augen noch schlechter geworden war.

Du hast Recht – Pieck sagte im Schlusswort zum III. Parteitag 1950, der Parteitag wäre nicht gut gewesen, weil die Führung nicht kritisiert worden sei. Später wurde das nicht mehr gesagt.

Zwischen den Mitgliedern und dem ZK gab es natürlich einen Unterschied. Das Niveau im ZK war damals hoch. Die meisten ZK-Mitglieder waren bewährte Genossen der Arbeiterbewegung, ob Kommunisten oder Sozialdemokraten wie Käthe Kern, Otto Lehmann oder Otto Buchwitz. Sie haben all die Jahre ehrlich und engagiert gearbeitet. Otto Buchwitz war ein glühender Vertreter der Einheit, ein überzeugter Sozialdemokrat, ein blendender Redner.

Man kann die damalige SED nicht so darstellen, wie du es getan hast. Das Ringen des ZK und anderer führender Genossen um die Lösung von Problemen verschwindet dabei. Bei dieser Darstellung kommen die Leser, die die Zusammenhänge nicht kennen, zwangsläufig zum Schluss: Die müssen ja bekloppt gewesen sein. Warum haben die das nicht anders gemacht? Das ärgert mich an deinem Artikel. Du kommst als Klugscheißer daher.

Ich möchte historisch-kritisch an die Vergangenheit herangehen. Schönfärberei habe ich schon früher nicht gemocht.

Du bist ein Klugscheißer. Wenn du Historiker wärst, dann hätte deine historische Reminiszenz exakter sein müssen. Aber du hast dich der gegenwärtig geltenden Argumentation gebeugt, nicht in allen Passagen, aber in einigen. Das sage ich dir, weil ich dir darin nicht folge. Ich streite. Ich gehe da keinen Millimeter mit dir mit.

Aber einige Schlussfolgerungen musst du doch auch ziehen.

Natürlich ziehe auch ich meine Schlüsse.

Es muss doch Gründe und Macken gegeben haben, dass es mit dem realen Sozialismus so schief gegangen ist.

Hör mal, das Urteil kann nicht bei den Macken beginnen. Wenn ich zum Beispiel den Kampf der Interbrigadisten in Spanien danach beurteilte, dass wir am Schluss verloren haben, dann wäre das eine sehr traurige Darstellung. Und vom Internationalismus der Antifaschisten, vom Heroismus des Widerstandes, vom Mut und der Tapferkeit bliebe nichts. Oder: Wenn man den Kampf der Arbeiterklasse vor 1914 nur aus dem Blickwinkel des Verrats der SPD bei der Bewilligung der Kriegskredite werten würde, dann wäre das auch falsch. Das war nicht die ganze SPD, die dort versagte …

So kann man die Geschichte nicht darstellen. An vielen Punkten machst du Konzessionen an den Zeitgeist. Ich frage auch nicht, welchen Spielraum du für den Artikel hattest. Gut, du musst das verantworten, nicht ich. Darunter steht dein Name.

Ich diskutiere offen, wie ich das immer mache. Du musst darum auch die Frage zulassen: Welche Aussage hält langfristig stand? Ich sage dir: Eine Fülle deiner Formulierungen ist nicht richtig, sie werden der Prüfung durch die Geschichte nicht standhalten. Ich nehme mal nur diese hier: »Die Kontrollkommissionen dienten der Erhöhung der Kampfkraft und der Einheit und Reinheit der Partei.« Entschuldige, die damalige Formulierung lautete »Einheit und Geschlossenheit«. Die »Reinheit« der Partei war nachgeordnet. »Einheit und Reinheit« haben wir nie zusammengebracht.

Da müsste man mal im Statut nachsehen.

Das solltest du machen. Vor dem Schreiben. Ich sage dir das, wie ich das erlebt habe.

Das sollst du auch.

Ich ziehe auch Lehren daraus. 1965 hast du einen Artikel[10] veröffentlicht, der war richtig. In diesem von 1992 schreibst du aber zum Beispiel: »Die SED beanspruchte auf ihrem Weg zu einer Partei neuen Typs gegenüber den anderen Parteien einen Führungsanspruch.«

Das stimmt.

Du schreibst schon wieder, wie du das aus der Honecker-Zeit in Erinnerung hast.

Für 1948 stimmt das, sieh dir das an!

So ist das nicht wahr. Du musst mir das nicht unter die Weste zu klemmen versuchen.

Ulbricht hat sich im Februar 1948 die Führer der CDU und der LDP eingeladen und diese mit dem Führungsanspruch der SED vor den Kopf gestoßen.

Der Führungsanspruch bezog sich immer auf die Arbeiterklasse. Du kannst nicht den Trick machen, den Honecker mit der Verfassung gemacht hat. Die Verfassung von 1968 formuliert im ersten Absatz: »Die Deutsche Demokratische Republik ist ein sozialistischer Staat *deutscher Nation. Sie ist die politische Organisation der Werktätigen in Stadt und Land*, die gemeinsam unter Führung der Arbeiterklasse und ihrer marxistisch-leninistischen Partei den Sozialismus verwirklicht.«

Was hat Honecker 1974 herausgenommen?

In der zweiten Zeile hieß es »die Deutsche Demokratische Republik ist ein sozialistischer Staat«. Die folgende Bestimmung »deutscher Nation. Sie ist die politische Organisation der Werktätigen in Stadt und Land« hat er gestrichen. Dann geht das weiter: »die gemeinsam unter Führung der Arbeiterklasse« – und da hat er die Führung der Partei anders reingehoben als 1968.

Hat denn in der DDR »die Arbeiterklasse« geführt?

Die Arbeiterklasse führte, indem sie sich als proletarische Partei konstituierte. Du brauchst bloß bei Karl Marx und Friedrich Engels im »Kommunistischen Manifest« nachzulesen. Lies das aufmerksam nach, ich habe das mindestens fünfzigmal getan.

Mit Marx und Engels bin ich ja auch nicht uneins. Ich bin damit uneins, wie das in der DDR vor allem in der Honecker-Zeit lief. Wenn Honecker die Arbeiter im Kalischacht Merkers besuchte, wurde eine große Show aufgezogen. Da wurden Potjemkinsche Dörfer hingesetzt. Die Kreisleitung steckte Parteischüler in Arbeiterkleidung. Parteischüler haben als verkleidete Arbeiter mit Honecker gesprochen. Sie waren präpariert. Das war doch nicht die führende Rolle der Arbeiterklasse!

Hör mal, mich interessiert Honecker nicht.

Bei dir war das anders?

Ich verwahre mich dagegen, für Honecker in Haftung genommen zu werden. Ich weiß nicht, wie das dort mit ihm war. Ich nehme ihn in diesen Fragen auch nicht in Schutz. Ich weiß, dass es solche Überspitzungen gegeben hat. Vielleicht hat er es gewusst, genau kann ich das nicht sagen. Zuzutrauen ist ihm eine Menge.

Ich gebe zu, dass das bei Ulbricht anders war.

Das ist nicht mein Tisch. Meine Kritik setzt nicht an dieser Stelle an. Ich gehe von Problemen und Erfordernissen des Klassenkampfes aus, du nicht. Die Frage lautet doch: Wie konnte unter den Bedingungen der offenen Grenze die Arbeiter-und-Bauern-Macht existieren? Wie konnten unter diesen Bedingungen Trümmer beseitigt, das Leben organisiert und verbessert werden? Wir waren in allen Fragen von der Sowjetunion abhängig, von Rohstoffen, von Lebensmitteln, und das zu einer Zeit, wo es dort selbst nicht genügend zu essen gab. Aber das stellst du nicht dar. Du betreibst mit moralischen Aspekten Beckmesserei. Moralische Attribute sind keine politischen Maßstäbe. Dadurch, dass du die Moral nach vorne schiebst, bist du nicht einmal ideologisch. Ob du das bewusst gemacht hast, weiß ich nicht, aber so kommt es heraus. »Schrittweise wurde bis 1952 das Parteimonopol der SED durchgesetzt«, schreibst du. »Der Führungsanspruch wurde über die Deutsche Wirtschaftskommission[11] verwirklicht, die als Führungsinstrument der SED den Landtagen übergeordnet war.«

Das ist von A bis Z Quatsch. Die Wirtschaftskommission war nicht den Landtagen »übergeordnet«. Sie organisierte und verteilte die Ressourcen der sowjetischen Zone. Die mussten zwischen den Ländern und der Deutschen Wirtschaftskommission ausgehandelt werden. Das war doch ganz normal in der Nachkriegszeit, in der es Lebensmittel nur auf Karten gab. Da musste jedes Gramm, ob Butter oder Eisen, erfasst und zugeteilt werden. Es ging nicht anders. Das muss man in Rechnung stellen.

Es sollten Landtagswahlen stattfinden. Warum sind sie ausgesetzt worden?

Was war fällig?

Landtagswahlen.

Es gab welche 1946 und 1950. Welche sollen »ausgesetzt« worden sein?

Am 5. Oktober 1950 gab es die Einheits-Listenwahlen. Ich habe noch in Erinnerung, wie meine Eltern und viele andere darüber enttäuscht waren. Die fühlten sich einfach an der Nase herumgeführt. Auch später. Ich selbst habe Erfahrungen als Wahlschlepper an der Basis gesammelt, du hast sie oben gemacht.

Ich war sehr oft mit der Organisierung von Wahlen befasst. Was Wahlschlepper sind, weiß ich auch, das musst du mir nicht erzählen. Du denkst, wir waren oben in Walhalla, und ihr wart unten. Schlag dir das aus dem Kopf. Ich wusste besser als jeder andere, wie diese Wechselbeziehungen waren.

Warum habt ihr das nie geändert? Wenigstens ein Drittel mehr Kandidaten hätten aufgestellt werden müssen, damit die Bürger bei der Wahl wirklich etwas zu entscheiden gehabt hätten.

Weil damals, 1950, die Frage nicht stand. Wir mussten die Spaltungstendenzen von CDU und LDPD abwehren. Die wollten doch vom Westen aus alles zum Platzen bringen. Also musste der Zusammenschluss im Prozess des Kampfes erfolgen. Deshalb haben wir sie eingebunden in die Nationale Front. Ich verstehe überhaupt nicht, wie du diskutierst. In jener kritischen Situation ging es gegen den Hauptfeind, den Imperialismus. Es war klar, wo er hinstoßen wollte. Es sollte verhindert werden, dass sich die Arbeiter-und-Bauern-Macht festigte und entwickelte. Und wir haben unter den Bedingungen der offenen Grenze den Sozialismus aufzubauen begonnen – immer mit Blick auf die deutsche Einheit … Du bist Historiker und schreibst so einen Dreck. Das sind Konzessionen an die Wessis, das sage ich dir ganz offen.

Sag es so. Und mir wird man sagen, ich hätte dir Konzessionen gemacht.

Wenn die Wessis mir was zu sagen haben, bin ich bereit, mit ihnen zu diskutieren.

Hast du den Artikel von Wolfgang Harich am Sonnabend im ND[12] *gelesen?*

Habe ich.

Was sagst du dazu?

Ein bisschen wie Kraut und Rüben.

Er ist der Meinung, dass eine sozialistische Partei eine Partei neuen Typs sein müsste und zwar wie Lenin sie verstand: als eine Partei mit verschiedenen Plattformen und Fraktionen. Die Verengungen in der SED seien später gekommen, behauptet auch Harich.

Ich müsste mal mit Harich[13] reden, um von ihm eine Vorstellung zu bekommen. In den Naturwissenschaften gelten die Gesetze der Natur, bei den Gesellschaftswissenschaften gibt es so etwas nicht. Da gibt es nur ein Kriterium: Welche Klassenposition beziehst du? Du kannst ohne Position kein Urteil fällen. Ich habe unlängst mit Professoren gesprochen, ihre Namen nenne ich nicht. Die haben mir erklärt, sie seien jetzt »geläutert« und würden nur noch die »reine Wissenschaft« betreiben. Das kann jeder halten, wie er will. Ich aber sage, dass das nicht geht. Sie unterliegen einem Irrtum. Jeder hat eine Position, einen Klassenstandpunkt, ob ihm das bewusst ist oder nicht. Entweder habe ich einen bürgerlichen oder einen marxistischen. Und aus dieser Perspektive betreibe ich auch Wissenschaft.

Einmal hast du das Wort Gesellschaftswissenschaft benutzt. Aber nur das Wort. Es gibt grundsätzliche Unterschiede zwischen dem dialektischen und historischen Materialismus einerseits und den Quasi-Gesellschaftswissenschaften der Bürgerlichen andererseits. Ein himmelweiter Unterschied. Das machst du nicht klar. Auf welcher Seite stehst du eigentlich? Stehst auf dem Boden des DIAMAT (*dialektischen und historischen Materialismus – S. P.*) oder auf dem Boden des Mondes? Du bringst Termini, die das umschiffen.

Wenn du mir jetzt sagst: Ich musste in der Sklavensprache schreiben, damit ich veröffentlicht werde, ich musste Konzessionen machen – dann müssen wir nicht darüber diskutieren. Wenn du mir aber sagst, das sei dein Standpunkt, dann werde ich mit dir streiten. Ist das dein Katechismus?

Sprich dazu, mich interessiert deine Lebenserfahrung. Manchmal, so scheint mir, reden wir aneinander vorbei.

Das schließe ich nicht aus. Du sagst in deinem Artikel, dass aus der Übersetzung des russischen Terminus »partija i pravitelstvo« rasch der Begriff »Partei und Regierung« in der politischen Sprache der DDR geworden sei. Tut mir leid, das war nicht unser Terminus. Wir haben von der Partei- und Staatsführung gesprochen. Zur Staatsführung gehörten alle Parteien, nicht nur der Präsident bzw. der Staatsratsvorsitzende und der Ministerpräsident. Die Vorsitzenden aller Parteien gehörten dem kollektiven Staatsoberhaupt an.

Oder nehmen wir Otto Grotewohl. Er war nicht schlechthin Regierungschef, sondern er war der Vorsitzende des Ministerrates der DDR. Er selbst legte Wert darauf. Er sah sich nicht als eine Art Kanzler oder Regierungschef, wie man das im Westen tut. Unter der Ägide Grotewohls war dieses Gremium wirklich ein Rat, wo beraten wurde, und er war der Sprecher dieses kollektiven Gremiums. Verstehst du? Natürlich nahm der Vorsitzende sein Weisungsrecht wahr, aber er ließ sich dabei auch beraten. Er entschied nicht selbstherrlich, sondern artikulierte die Meinung des Rates.

War das auch noch so in den 70er und 80er Jahren? Da wurde doch von Partei und Regierung gesprochen.

Nicht Partei und Regierung. Die »führende Rolle der Partei«, Staatsrat inklusive, reduzierte sich auf eine Person. Honecker war Chef über alles. Ich sagte bereits vorhin: Honecker erteilte Weisung: Der Ministerrat hat das und das auszuführen! Er stellte sich über den Ministerrat. Ich akzeptierte das nicht.

Aber das hat ihn doch nicht gestört.

Nein, weil er der Meinung war, er sei der oberste Führer. Und der führte auch den Ministerrat. Er hat, meine ich, überhaupt nicht begriffen, dass sich Ulbricht, Pieck und Grotewohl von ihm unterschieden, und worin der Unterschied bestand. Was sie anders machten, hat er nicht wahrgenommen.

Die UNO erklärt 1978 zum Jahr der Anti-Apartheid. Aus diesem Anlass empfängt Neumann Pioniere, die ihm 80 Zeichnungen zum Thema Solidarität übergeben, eine Auswahl von über 1.600 Arbeiten, von denen anschließend einige der UNO zum Geschenk gemacht werden, 4. Dezember 1978

Es gibt einen Politbürobeschluss vom Juli 1960, der für mich als zeitweilige Regelung noch begreiflich wäre, weil er im Vorkrisenstadium des 13. August 1961 gefasst wurde. Darin heißt es, dass der Staatsapparat die Beschlüsse der Partei zu verwirklichen habe. Danach fand eine Aufblähung des ZK-Apparates statt, etwa eine Verdreifachung des Personals. Man zog von der Wilhelm-Pieck-Straße 1, jetzt Torstraße, an den Werderschen Markt. Unbegreiflich ist, dass dieser Trend zur Vergrößerung später nicht gestoppt wurde, was aber bei einer Demokratisierung der Gesellschaft unbedingt erforderlich gewesen wäre.

Also pass mal auf. Wenn eine marxistisch-leninistische Partei führt, dann muss sie das auch im Staatsapparat tun. Auf welche Weise das geschieht, ist eine andere Frage. Also, ob ich die »Führung« durchsetze, indem ich nur kommandiere, wie das der Honecker gemacht hat, oder ob ich die Mitglieder in den Einrichtungen so anleite und qualifiziere, dass sie in der Lage sind, ihre Aufgaben selbständig im Interesse aller zu erfüllen.

Entschuldige, wir hatten auch im Staatsapparat das Prinzip der Einzelleitung und -verantwortung. Es gab keine kollektive Verantwortung. Das war nie festgelegt worden. Lies nach im Gesetz über den Ministerrat von 1972. Da ist die persönliche Verantwortung fixiert. Wenn ich, Neumann, Verantwortung habe, dann muss ich als Genosse darauf achten, ob die nachgeordneten Leiter auch die Beschlüsse der Partei umsetzen – selbst wenn sie nicht der SED angehören. Der Minister für Post- und Fernemeldewesen war Mitglied der CDU[14]. Wir haben den Finanzminister gehabt, den Hans Loch[15]. Willi Rumpf[16] war Staatssekretär.

Minister anderer Parteien habt ihr ins Politbüro bestellt. Dort mussten sie mitunter vier bis fünf Stunden vor der Tür warten.

Das ist vorgekommen, aber das hatte nichts mit der Parteimitgliedschaft zu tun. Wenn im alten Politbüro bei Pieck, Grotewohl und Ulbricht diskutiert wurde, nahm man auf die Uhrzeit wenig Rücksicht. Wenn ein Problem auftauchte und erörtert wurde, konnte es passieren, dass geladene Gäste warten mussten. Man hat sie manchmal in ihre Dienststelle zurückgeschickt mit der Bemerkung, dass man sie umgehend benachrichtigen würde, wenn ihr Punkt behandelt werde.

Ich rede vom Ende der 80er Jahre.

Bring mir nicht immer wieder solches Zeug von dem Honecker.

Ist ja gut, reg dich nicht auf.

Das war ein Herrscher, ein Despot. Ich sag das so hart, weil ich das so empfunden habe. Der hatte nicht begriffen, was eine Partei neuen Typs ist. Der hatte nicht gewusst, wie man Menschen überzeugen kann. Unser Fehler bestand darin, dass die Parteiführung sich ihm kritiklos unterworfen hat, dass also Honecker Führer wurde. Das hatte Breshnew eingefädelt.

War das wirklich so? Breshnew kreierte Honecker?

Natürlich hat Breshnew den Honecker kreiert.

Aber Honecker war doch als Ulbrichts Nachfolger[17] *vorgesehen.*

Als er es wurde, war er es schon längst nicht mehr.

Wer war denn da vorgesehen?

Was dort gelaufen ist, weiß ich nur mittelbar. Ich war bei der entscheidenden Sitzung nicht dabei. Ich hatte einmal mit Honecker ein Gespräch. In dem hat er mir gesagt, ich sei vorgesehen gewesen als Erster Sekretär, worauf ich erklärte: »Erich, niemals hat jemand mit mir darüber gesprochen.« Was stimmte. Ich war zur Kur, als darüber im Politbüro gesprochen wurde.

Der Vorschlag kann ja nur von Ulbricht gekommen sein?

Weiß ich nicht, weiß ich nicht. Seine Funktion hätte ich auch nicht übernehmen wollen, ich hätte es nicht gemacht. Wäre eine Nummer zu groß gewesen für mich. Ulbricht hat nie mit mir darüber gesprochen. Er hätte mit keinem darüber gesprochen oder gar zum Betreffenden gesagt: Hör mal, ich möchte dich zum Ersten Sekretär machen. Das passte nicht zu ihm. Ulbricht hatte aber ein Gespür für Menschen, wusste, wie man sie einsetzte. »Guckt euch den mal an«, pflegte er zu sagen. »Können wir ihn nehmen? Geht es vielleicht?« Aber nie hätte er jemanden ins Gesicht gesagt: »Ich nehme dich jetzt ins Politbüro.« So aber machte es Honecker. Der sagte auch einem Stellvertretenden Vorsitzenden des Ministerrates: »Du wirst jetzt den Stoph ablösen.« Ich kenne ihn nicht anders. Mit mir hätte er so etwas nie machen können. Das spürte er, darum hat er es auch nicht versucht.

Es ist überliefert, dass Honecker ein Personalgespräch so geführt habe wie das nachfolgende: Der Zentralrat der FDJ verteidigte im Politbüro die Vorlage für die X. Weltfestspiele der Jugend und Studenten im Sommer 1973 in Berlin. Unter den FDJ-Funktionären befand sich auch der Stellvertreter Günter Jahns, der 2. Sekretär Dieter Itzerott[18]*. Angeblich soll Honecker beim Abschied gefragt haben, ob der Genosse Itzerott anwesend sei. »Ja, hier, Genosse Honecker«, soll der sich gemeldet haben. »Weißt du was: Du gehst nach Halle als 2. Sekretär der Partei.« War das üblich so?*

Der hat alle möglichen Geschichten gemacht.

Der Itzerott ging wirklich nach Halle.

Honecker hat sich bald die Kaderabteilung unterstellt. Früher unterstand die Kaderabteilung dem Sekretariat bzw. dem Politbüro, der Leiter der Kaderabteilung war dem Politbüro bzw. dem Sekretariat verantwortlich. Aber Honecker unterstellte sich die Abteilung persönlich. Was willst du da machen, wenn die anderen das dulden? Mir kommt es schon wieder hoch, wenn ich nur daran denke.

Daran siehst du, dass das mit dem demokratischen Zentralismus doch nicht funktionierte.

Ich sehe gar nichts. Du musst über das Prinzip, nicht über die Personen reden. Jawohl, Honecker hatte eine Schlüsselstellung. Du bringst immer diese alte Brühe und sagst, was auch in der PDS weit verbreitet ist, dass nämlich das System manche Personen zu jenen Funktionären habe werden lassen, die sie dann am Ende waren. Das bestreite ich.

Mag ja sein, dass das auch die PDS sagt. Du führst alles auf die Personen zurück. Genetische Fehler gab es nach deiner Überzeugung nicht in der Parteistruktur, sondern es lag an den Personen.

In jeder Ordnung gibt es Fehler, natürlich. Es gibt keine perfekte Ordnung. Du siehst doch, was in dieser Republik vor sich geht.

Das sehe ich alles sehr kritisch. Aber das ist nicht unser Thema. Schau dir meinen Artikel an.

Lediglich im Vorspann. Im Text taucht das Problem nicht auf. Du gehst immer wieder Nebenwege. Entweder trittst du mit dem linken Bein in den Dreck und ziehst es wieder heraus, um sogleich mit dem rechten im Morast zu versinken. Ich sag dir das so, wie ich es sehe.

Ich finde es wunderbar, dass du so wütend geworden bist.

Ich bin gar nicht wütend. Das ist ein Irrtum.

Warst du auch im Politbüro so aufbrausend?

Ja, natürlich, ich hab meine Meinung gesagt. Oft jedenfalls.

Aber draußen hat das keiner mitbekommen. Man sah dich immer schweigend auf Tribünen, dein Kopf guckte immer hervor, und selten hast du öffentlich geredet.

Ich hatte unter Honecker dazu keine Gelegenheit.

Jeder fragte sich: Was macht der Neumann überhaupt?

Der war nur Dekoration.

Ja, dieser Eindruck drängte sich auf.

Ja, natürlich. Das hab ich doch gewusst, wozu man mich brauchte: als Dekoration.

War dir das wirklich bewusst?

Mir war das klar.

Ich hatte auch dieses Bild von dir, ich bin dabei, es zu korrigieren.

Ich freue mich, dass ich nicht so bin, wie du vorher dachtest.

Wann hast du begriffen, wohin die Reise mit Honecker geht?

Spätestens 1973/74.

So früh?

Ich hatte schon 1971, beim VIII. Parteitag, bestimmte Fragen gehabt, aber ich zweifelte an mir selbst. Ich konnte mich ja

Im Magdeburger Armaturenwerk »Karl Marx« mit dem Einrichter Leo Drosowski, 13. Juli 1972

irren. Schließlich stand hinter Honecker und seinem Kurs die Sowjetunion mit Breshnew. Mensch, sagte ich mir, du musst dich hinsetzen und das alles genau analysieren. Ich habe Honeckers Rede mindestens zehnmal gelesen. Bestimmte Punkte noch öfter. Und ich fragte mich: Wie ist das gemeint, was hat das für Folgen? Ich habe noch im Ohr, als er einmal nassforsch erklärte: »Na ja, planmäßig-proportionale Entwicklung schön und gut, aber da dürfen keine Sonderwünsche hinzukommen.« Was wollte er damit sagen? Dass Ulbrichts Strategie, die Leistungsfähigkeit der DDR-Volkswirtschaft Stück um Stück zu steigern, indem man investiert und haushälterisch mit den Erlösen umgeht, sich erledigt hatte? Er machte daraus: »Wir konsumieren lieber unsere Investitionen.« Das sagte er nicht so, aber er praktizierte es. Anfangs war das noch nicht zu erkennen, weil keine Zahlen vorlagen. Dann aber sah es jeder, der die Zahlen zu deuten verstand.

Aber mal was anderes: In deinem Artikel verwendest du den Begriff »Blockflöten« und schreibst, der sei vom Volksmund geprägt worden.

Den Begriff gab es doch wirklich.

Hör auf, du willst mir doch nicht weismachen, dass ihn der Volksmund geprägt habe.

Doch.

Hör doch auf!

Wer hat den Begriff denn deiner Meinung nach geprägt?

Der ist in den letzten Jahren der DDR vom Westen hereingetragen worden. Wir haben früher »Blockbrüder« gesagt, nicht »Blockflöten«. Der Westen hat die »Blockflöten« erfunden, nicht der Volksmund. Das ist die hämische Sprache des Westens. Du willst jetzt einem alten Profi die »Blockflöten« verkaufen.

Vielleicht hast du das Volk damals nur nicht gehört, als es von den »Blockflöten« sprach?

Ich höre an den richtigen Stellen.

Ich wohnte vor drei Jahrzehnten als Student hier im Friedrichshain und hatte Kontakt zu den dort lebenden Menschen.

Aber wohl kaum zu »Blockflöten«.

Die Menschen, ich glaube mich zu erinnern, äußerten sich leicht abfällig über die Mitglieder der Blockparteien.

»Blockbrüder« hat es gegeben.

Mich hat in der »Aktuellen Kamera« aufgeregt, wenn die übrigen Blockparteien ihre Zustimmung zur Politik der SED bekundeten, als seien sie eine Parteigruppe der SED. Warum habt ihr das nie geändert?

Das ist doch eine grundverkehrte Fragestellung.

Ihr hattet doch Einfluss auf die »Aktuelle Kamera«.

Bitte nicht »ihr«. Ich hatte keinen Einfluss in Adlershof. Aber das war ja wohl weniger ein Problem der *AK*.

Hast du jemals dort angerufen? Die hätten einen Schreck bekommen. Immerhin, du warst Mitglied des Politbüros!

Ich habe mit Joachim Herrmann oft gesprochen. Er war kein schlechter Mensch. In den 60er Jahren hat er das Staatssekretariat für westdeutsche Fragen[19] geleitet und anständige Arbeit geleistet. Er war ein kluger und feinfühliger Mann und unfähig, die Borsten hochzustellen, wenn er zu seinem »Fürschten«, dem Honecker, gerufen wurde. Er unterwarf sich ihm geradezu. Sein Nachfolger auf dem Stuhl des *ND*-Chefredakteurs stand ihm darin in nichts nach. Das ging so: Schabowski entwarf die Titelseite des *Neuen Deutschland* und legte sie Herrmann vor. Schließlich gingen beide zu Honecker und ließen sich den Titel absegnen. Ohne seinen Segen erschien nichts.

Nur bei der Titelseite oder betraf das auch Innenseiten?

Auch bei anderen Geschichten. Erinnere dich an die Leipziger Messe … Ist dir übrigens aufgefallen, dass ich an diesen Messerundgängen nicht teilnahm?

Ab wann?

Bei der ersten Messe unter Honecker war ich noch mit dabei. Dann nicht mehr. Der Rundgang war nur noch seine Protokollstrecke. Mit Dutzenden Fotos.

Es wurden von Mal zu Mal mehr.

Ja, bis über vierzig ging es. Es war peinlich und lächerlich zugleich. Ich rief Joachim Herrmann an und fragte: Hast du die Bilder gezählt? Er reagierte einsilbig. »Na ja, na und?« Ich hakte nach: Warum bringst du so viele Bilder von Erich? Willst du ihn desavouieren? Herrmann druckste herum: »Ich musste das so veröffentlichen.« Weshalb? Ich ließ nicht locker. »Damit sich keiner der Aussteller, mit denen er gesprochen hat, zurückgesetzt fühlt. Es geht um die Gleichwertigkeit und die Gleichberechtigung.«

Das klingt logisch.

Ja. Und die Anweisung hatte Honecker selbst gegeben.[20] Die Folge war natürlich, dass die Fotos aufgrund ihrer Menge immer kleiner wurden. Nur der Abschluss des Rundganges, der stets im sowjetischen Pavillon endete, wurde noch einmal mit einem größeren Bild gewürdigt

Bei irgendeinem dieser Kontakte war auch der Import von Jeans vereinbart worden, die gehörten mit zu einem größeren Paket. Man hatte sie mitgenommen, weil der Bedarf unter den DDR-Jugendlichen groß war, wir aber zu jener Zeit nicht in der Lage waren, die gefragten schweren Denim-Jeansstoffe zu produzieren, außerdem fehlten uns die Indigo-Farbstoffe.

Davon wusste ich nichts, als ich eines Tages einen Anruf des Parteisekretärs der Werkzeugmaschinenfabrik Marzahn (BWF) erhielt. »Ali, ich bin jetzt auch zuständig für den Verkauf von Jeans«, erklärte er mir entrüstet. Er habe dazu »von oben« Anweisung erhalten.

Daraufhin rief ich Horst Dohlus und fragte ihn, ob er diese Weisung gegeben habe? Er verneinte. Ich erkundigte mich bei Joachim Herrmann. Da der stotterte, war mir klar, dass die Order nur von Honecker gegeben worden sein konnte. Der Grund dafür: Die Menge der eingeführten Jeans reichte nicht aus, um den Bedarf zu decken. Also verteilte man die überschaubare Menge auf diese Weise. Das war mindestens so unklug wie die verworfene Idee, die Jugendmodeläden damit zu bestücken. Es hätte dort Tumulte und sonstwas gegeben, meinte man. Ich habe also Krach gemacht. »Seid ihr wahnsinnig? Wollt ihr die ganze Partei kaputtmachen?« Herrmann informierte darüber, wie gewohnt, den Honecker. Doch der rief nicht etwa bei mir an, um nachzufragen: Was meckerst du denn da? Dazu fehlte ihm immer der Mut.

Das gab es bei uns an der Humboldt-Universität auch. Harry Smettan von der SED-Kreisleitung kam und erklärte uns den Jeans-Verkauf auf Parteiebene. – Hielt dich Honecker für unmodern, weil du dich wegen der Jeans aufgeregt hast?

Er wurde nervös. Bestimmt waren auch noch von anderen Beschwerden gekommen. Er korrigierte sich und wies an, die Jeans nun doch im Handel frei zu verkaufen.

Entschuldige bitte: Wenn ein politischer Funktionär solche Weisungen gibt, dann muss ich sagen: Der hat nicht alle Tassen im Schrank, oder er ist ein Feind. Entweder weiß er nicht, was die Aufgabe seiner Partei ist, oder er weiß es und hat die Absicht, sie lächerlich und damit kaputt zu machen.

Ist darüber nicht im Politbüro gesprochen worden? Hat Honecker solche Aktionen eigenmächtig veranlasst?

Solche Dinge hat er ganz allein gemacht. Ob Jeans, Autos oder Illustrierte. Den sowjetischen Reader *Sputnik*[21] hat er auch aus dem Verkehr gezogen. Nachdem er das Verbot angewiesen hatte, kam er morgens zornentbrannt ins Politbüro und hielt eine Philippika gegen den *Sputnik*. Keiner konnte dazu etwas sagen. Auch ich habe das Magazin nicht gelesen.

Es heißt, Margot Honecker habe ihn aufgehetzt.

Das glaube ich nicht. Margot war nicht der vermeintlich böse Geist, wie immer behauptet. Sie hat ihn eher gebremst. Sie war eine intelligente Frau, mit der man diskutieren konnte. Die hatte was im Kopf.

Margot Honecker hatte keine Angst um ihre Geschichtslehrer? Hatte sie nicht vom »ideologischen Zweifrontenkrieg« gesprochen?

Nein, das geht alles auf Erichs Konto. Er hat Heinz Geggel, dem Leiter der Agitationsabteilung des ZK, die Weisung gegeben. Und der wies sofort das Postministerium an. Unerhört! Mir unterstand die Post, mir!

Der Postminister Rudolph Schulze, ein anständiger Mann, erfuhr aus der Zeitung, dass er angewiesen haben solle, den *Sputnik* aus dem Vertrieb zu nehmen. Er rief bei mir an, als ich aus der Politbürositzung kam, und fragte, was los sei.

Ach, du Scheiße, dachte ich, jetzt musst du auch noch einen Kniefall vor einem CDU-Mann machen. Ich sagte: »Kollege Schulze …«, und schenkte ihm reinen Wein ein. Dass Honecker entschieden habe und dabei alle protokollarisch-demokratischen Regeln, die für meine Partei und für den staatlichen Bereich galten, außer Acht gelassen habe. Sein Vorgehen war in jeder Hinsicht nicht statthaft.

Honecker hätte sein Ansinnen mit dir, dem für die Post im Politbüro Verantwortlichen, besprechen müssen. Er unterließ es, weil er, vermute ich, bei dir auf Granit gebissen hätte.
Natürlich hatte Honeckers eigenmächtiges Vorgehen nichts mit der »führenden Rolle« der SED zu tun. Aber warum hat er das gemacht? Wegen der Stalinismus-Debatte im Sputnik*?*

Information vor Ort durch Prüfungsingenieur Klaus Kretschmann über den Stand der Streckenelektrifizierung zwischen Eberswalde und Angermünde, 23. November 1987

Ich habe Wjatescheslaw Kotschemassow, den sowjetischen Botschafter, gefragt, ob er wisse, was in dem anstößigen Artikel stünde. Als er ihn gelesen habe, hätte er sofort dem ZK der SED angeboten, darauf im *Sputnik* zu antworten. »Wir sicherten zu, dass dieser Text veröffentlicht werden würde«, so Kotschemassow zu mir. Dies habe Honecker jedoch abgelehnt.

Nun ja, mit Verlaub, das ist zu verstehen: Der Sputnik *als internationale Diskussionsplattform über Stalinismus? Der Bundeskanzler würde auf einen Text im Readers Digest auch nicht mit einem eigenen Beitrag antworten. – Aber mal etwas anders. Du hast gesagt, du habest ein falsches Disziplinverständnis gehabt. Obgleich du wusstest, dass vieles schief läuft, hast du mitgemacht.*

Die Frage der Einheit und Geschlossenheit einschließlich Lenins Auffassung vom Berufsrevolutionär und vom »Parteisoldaten« haben mein politisches Leben bestimmt. Daran ist nichts Schädliches. Ohne ein Höchstmaß an Organisiertheit und Geschlossenheit kann man nicht erfolgreich Politik machen und dem Druck des Gegners widerstehen. Alles andere ist doch Quatsch. Wenn du die Frage des Pluralismus konsequent verfolgst, endest du im Anarchismus.

Du hast Recht. Aber ich muss dir sagen, Marx hatte andere Vorstellungen.

Was heißt andere?

Marx meinte, dass der Sozialismus in den entwickelten Ländern gleichzeitig das Licht der Welt erblicken würde.

Die Weltgeschichte hat sich wie die Wettervorhersagen mitunter nicht an Marx gehalten. Marx hat angenommen, dass in den fortgeschrittensten Ländern, in England, USA, Frankreich und in Deutschland die Revolution ausbrechen würde. Sie ist aber nicht ausgebrochen, weil in diesem Fall der Lenin recht gehabt hat: die Kette reißt an ihrem schwächsten Glied. Das war 1917 Russland. Es gab eine Partei …

Hier muss ich dich an dein Wort am Beginn unseres Gesprächs erinnern: Arbeiterklasse. Sie machte damals nur zwei Prozent von der Bevölkerung in Russland aus.

Das spielt doch überhaupt keine Rolle dabei.

Carlos Zarruck, Minister für Verkehr Nicaraguas, zum Gespräch bei Alfred Neumann, 26. Mai 1982

Hatte aber Einfluss auf die schnelle Entartung der Revolution.

Entartung? Sowjetrussland hatte sich nicht nur der inneren, sondern auch der äußeren Reaktion zu erwehren: der Interventionstruppen von dreizehn Staaten. Vergiss das nicht. Fang mir also jetzt nicht mit dieser Korinthenkackerei an.

Du findest auch den Begriff des Stalinismus in diesem Zusammenhang nicht Ordnung.

Natürlich nicht!

Du solltest dennoch fragen, warum es dazu kam?

Die Frage des Stalinismus ist ein anderes Thema. Ich wiederhole, die Sowjetunion war allein, von kapitalistischen Mächten umgeben und begann trotzdem mit dem Aufbau des Sozialismus. Es geht doch nicht um die zwei Prozent Arbeiter. Die Frage lautet vielmehr: Wie verstand es der Sowjetstaat, die Arbeiterklasse zu erziehen und dabei die Grundlagen des Sozialismus zu schaffen? Das geschah in einem phantastischen Tempo und unter riesigen Anstrengungen. Wie soll ich deinen Hinweis auf die zahlenmäßig geringe Arbeiterklasse verstehen? Dass Lenin sich hätte sagen sollen: Mit zwei Prozent machen wir besser keine Revolution, damit kann man nicht siegen?

Die Leute wollten 1917 Frieden und Brot und verjagten den Zaren, um Frieden und Brot zu bekommen. Hätte Lenin sagen sollen: Bleibt zuhause, die Revolution kommt zu früh?

Ich möchte dich auf die Diskussion in den Beiträgen zur Geschichte der Arbeiterbewegung *(BzG) hinweisen.*

Ich kenn den Quatsch, den die schreiben. Das sind Spinner.

Die Frage muss man zulassen: Hat Lenin den Marxismus weiterentwickelt oder ihn verfälscht?

Hör doch auf. Du fängst schon wieder an, zwei Angriffe gleichzeitig zu starten. Der entscheidende Punkt ist doch …

Überleg doch mal: zwei Prozent Arbeiter …

Du redest undialektisch. Du weichst von der Dialektik ab und machst das zu einem theoretischen Grundsatz für einen Angriff auf Lenins Partei, weil die gesagt hat: Wir werden jetzt den Sozialismus aufbauen. Du hast nicht begriffen, dass die Entwicklung in der Welt ungleichmäßig erfolgt, die Bedingungen von Land zu Land verschieden sind. Die Arbeiterklasse und deren Stärke sind nicht die einzigen Faktoren. Wie war das mit der Arbeiterklasse in China? Hätten sie sich in China deshalb an Tschiang Kai-schek ausliefern sollen? Nein, sie entzogen sich im Langen Marsch in den 30er Jahren der Umklammerung und festigten die Partei.

Aber nicht immer funktioniert das. Nimm die Mongolei. Dort glaubten sie – und wir mit –, dass man vom Feudalismus zum Sozialismus gelangen könnte. Bauen wir Betriebe, entsteht auch eine Arbeiterklasse, hieß es. Und wir haben ihnen Betriebe gebaut, zum Beispiel das Fleischkombinat in Ulan Bator. Das war falsch.

Warum war das falsch?

Otto Grotewohl war Ende der 50er Jahre dort. Man sagte ihm, man habe so viel Vieh und brauche darum ein Fleischkombinat. Er erklärte: Wir setzen euch ein modernes Werk in die Hauptstadt. Das geschah. Dann fuhr ich zum Parteitag nach Ulan Bator, sah mir das Kombinat an und fiel aus allen Wolken. Es war nicht ausgelastet. Warum? Bei den Berechnungen ging man davon aus, dass die Mongolische Volksrepublik fast sechzehnmal so groß wie die DDR war. Bedachte aber nicht, dass dort aber nur ein Sechstel unserer Bevölkerung lebte. Und dass die Wege fürs Vieh in die Hauptstadt verdammt lang waren. Und wie brachte man das Vieh zu diesem Kombinat? Die wurden hunderte Kilometer nach Ulan Bator getrieben, dabei gingen viele Tiere zu Grunde, und die, die das Fleischkombinat erreichten, sahen auch nicht sehr gut aus.

Hatten die Mongolen das Kombinat bestellt?

Natürlich hatten sie das bestellt. Aber sie hatten nicht alles bedacht. Und wir eben auch nicht. Wir wollten ihnen etwas Gutes tun, haben gesagt, dass sie Fleisch in die UdSSR und andere sozialistische Länder ausführen könnten. Der Otto Grotewohl hat davon nichts verstanden.

Ähnlich war das in Sansibar. Heinrich Rau befand, dass für die vielen Kühe eine moderne Molkerei gebaut werden müsse.

Dumaagijn Sodnom, Ministerpräsident der Mongolischen Volksrepublik, bei Alfred Neumann, 20. Juni 1980

Aber keiner fragte, wie die Milch im Lande verteilt werden würde? Es gab keine Straßen, keine Infrastruktur.

Aber auch im eigenen Lande machten wir Fehler. Wir haben in der Stalinallee die Laubenganghäuser gebaut.

Ein gewaltiger Sprung: von der Molkerei in Sansibar in den 60er Jahren zu den Laubenganghäusern in Berlin 1949/50 …

Ich wollte was zu unseren Kinderkrankheiten sagen.

Jene Laubenganghäuser kamen, wie manch anderes damals, in Verruf wegen »Formalismus«.

Wir haben diese nicht durchdachten Bauten »Tränen des Sozialismus« genannt und setzten schnell wachsende Pappeln davor. Die Laubengänge sollten versteckt werden, sie hatten keinen Sinn: nach Norden. Ich war damals Stellvertretender Oberbürgermeister von Berlin, habe mir das angesehen und gesagt: Ich bin Tischler, kein Architekt. Aber dass ein Laubengang im Schatten unnütz ist, weiß auch ich.

Warum hat die SED in diese Dinge reingeredet? Es ging schließlich um den Bauhausstil.

Bauhausstil war das nicht. Man wollte was Modernes hinsetzen. Aber das weiß man doch, dass Laubengänge auf die

Sonnenseite gehören. Bei meiner Wohnung ist es das gleiche. Der Balkon ist auf der Schattenseite, er müsste auf der anderen Seite sein. Als ich hier einzog, sagte ich, die Bauleute hätten das Haus herumdrehen sollen. Dann wäre es in meinem Schlafzimmer auch kühler. Im Sommer ist es ein Backofen. Und im Wohnzimmer ist es dunkel und kühl. Wenn der Himmel bedeckt ist, muß ich bereits gegen drei das Licht einschalten.

Wann ist das Haus gebaut worden?
Anfang der 80er Jahre haben es die Magdeburger gebaut.

Können wir weiter über unser eigentliches Thema sprechen? Oder bist du schon müde?
Ich muss nachher noch mal los, weil die von der Allianz-Versicherung was von mir wollen.

Also machen wir weiter.
Was du im Artikel über die Parteihochschule schreibst …

Stimmt das nicht?
Eine Hochschule ist eine Hochschule, auch diese. Die dort gelehrte Theorie entsprach dem damaligen Wissensstand.

Die Direktorin Hanna Wolf[22] *war unerträglich.*
Warst du mal da?

Bei zwei oder drei Kolloquien war ich dabei. Im Dezember 1989 durfte ich im Großen Hörsaal erstmals einen Vortrag halten, vorher nur zuhören.
Das, was dort gelehrt wurde, entsprach dem allgemeinen wissenschaftlichen Niveau in der DDR. Es orientierte sich an dem Wissen in der Sowjetunion. Ich wende mich gegen deine Darstellung. Ich will keineswegs Hanna Wolf in Schutz nehmen, sie ist in gewisser Hinsicht festgefahren, das habe ich auch gespürt. Hanna war aber auch eine kluge, streitbare Frau und keineswegs engherzig. Ich habe mich mit ihr gestritten, als sie nicht mehr Direktorin der Parteihochschule war. Wir trafen uns häufig. Ich sprach mit ihr über das, was in Staat und Wirtschaft vor sich ging. Sie wusste durchaus, was los ist.

Weidenweg 56, Neumanns letzte Adresse unweit des Bersarinplatzes in Berlin. Oben: Trotz Sonnenschein liegen die Balkons im Schatten – dafür ist die sonnige Hofseite mit dem Hauseingang balkonlos

Hatte sie nach ihrer Entlastung eine Funktion als Beraterin für Parteigeschichte im Großen Haus?

Honecker hat Hanna Wolf zu sich gezogen, er hat sie für seine Zwecke gebraucht. Sie wurde praktisch seine Mitarbeiterin, musste französische, russische und polnische Zeitungen lesen. Die Hanna beherrschte viele Sprachen.

Neumann in seiner Funktion als 1. Sekretär der Bezirksleitung Berlin begrüßt in Schönefeld eine albanische Delegation, die die Arbeit der SED studieren will. Links Hanna Wolf

Stimmt es, dass sie die Schwester Hermann Axens ist?

Stimmt nicht.

Hanna hat sehr kritische Beiträge auf ZK-Tagungen gehalten. So kritische, dass Honecker sie zur Ordnung rief. Bei ihr hatte er den Mut, bei mir nicht. Meine Kritik hat er runtergeschluckt, aber er war danach sehr lange wütend. Er fing mit mir keine politische Diskussion mehr an. Eine Ausnahme war, als er mir vorwarf, dass ich nach Ulbricht die Partei führen sollte. Darüber sprachen wir aber bereits.

Er hielt mir vor, von Ulbrichts Absicht gewusst zu haben. Das traf nicht zu. Ich habe davon erst unlängst erfahren. Von einer Seite, von der ich das nicht erwartet hatte. Da wurde mir klar, dass der Walter wirklich solche Pläne gehabt hatte. Der Honecker bekam davon Wind und dachte, ich wisse Bescheid.

Hanna Wolf schätze ich also falsch ein, meinst du.

Hanna hat einen mächtigen Zorn auf Gorbatschow, den wird sie nie überwinden. Gorbatschow hat viele Fehler gemacht, sein Ansatz hatte aber einen rationellen Kern, der richtig war. Der größte Fehler bestand darin, die philosophischen und administrativen Aspekte zu sehr nach vorne zu schieben, statt erst einmal den wichtigsten Aspekt des Aufbaus des Sozialismus zu erörtern: die Ökonomie.

Anmerkungen

1 Der Beitrag »Partei neuen Typs – der Weg in die Sackgasse?« im *Neuen Deutschland* am 21. Januar 1993, S. 8.

2 Max Fechner (1892-1973), Mitglied der SPD seit 1910, gehörte vor 1933 dem Preußischen Landtag an, gehörte der antifaschistischen Widerstandsgruppe um Franz Künstler an und war 1933/34 sowie 1944/45 im KZ Sachsenhausen inhaftiert. Fechner gehörte nach Gründung der SED dem Parteivorstand bzw. dem ZK an und war von 1949 bis 1959 Minister für Justiz der DDR. Weil er sich in einem Interview des *Neuen Deutschlands* am 30. Juni 1953 gegen eine Strafverfolgung der streikenden Arbeiter vom 17. Juni ausgesprochen hatte, wurde er seines Amtes enthoben, aus der SED ausgeschlossen, verhaftet und zu acht Jahren Zuchthaus verurteilt. Am 24. Juni 1956 wurde er aus der Haft entlassen und zwei Tage später amnestiert. Im Juni 1958 wurde seine Parteimitgliedschaft wiederhergestellt.

3 Das stimmt so nicht. Vgl. dazu »Anton Ackermann. Der Deutsche Weg zum Sozialismus. Selbstzeugnisse und Dokumente eines Patrioten«, herausgegeben von Frank Schumann, Berlin 2005. Im Kapitel »Der Journalist A. A. bei Erich Honecker« (S. 73ff.) wird über diese Begegnung am 15. März 1972, wenige Monate vor Ackermanns Freitod, berichtet. Ackermann hatte um dieses Gespräch gebeten, über das er anschließend ein mehrseitiges Gedächtnisprotokoll anfertigte, das sich im Besitz der Witwe befindet. »Wir wissen, dass du nicht der Erfinder des deutschen Weges zum Sozialismus warst. Aber die alten Geschichten können wir nicht wieder aufwühlen«, erklärte dort Honecker. »Und das ist nicht nur meine persönliche Meinung.« Eine Entschuldigung sieht anders aus. Ackermanns Resümee seines Gespräches mit dem neuen Ersten Mann ist deprimierend. Es gebe wenig Anlass zu optimistischer Stimmung, notierte er. Und gegenüber Vertrauten erklärte er, wenn DIE so weitermachten, käme der Kapitalismus schneller, als wir alle ahnten.

4 Hier täuschen sich sowohl Prokop als auch Neumann. Ackermann hatte Honecker auf dessen Vorschlag, wieder zu publizieren, als Thema genannt »Die Auffassung vom Sozialismus nach Marx, Engels, Lenin und

die damit bisher gemachten Erfahrungen«. Das hatte Honecker abgelehnt und stattdessen verlangt, er solle zur ökonomischen Politik der Partei nach dem VIII. Parteitag schreiben. Der Beitrag erschien am 16. Dezember 1972, nach neun Monaten, auf der Seite 3 des *ND* unter der Überschrift: »Hauptaufgabe und Wachstumstempo«. Der Beitrag ist gründlich von Joachim Hermann, dem Chefredakteur, redigiert und frisiert worden. Der Text ist eine Versammlung von Worthülsen und Honecker-Zitaten, nur selten schimmert Ackermanns Handschrift durch. Es sollte der letzte Beitrag sein, der mit Ackermanns Namen gezeichnet wurde.

5 Paul Wandel (1905-1995), wie Herbert Mies und Heinz Hoffmann aus Mannheim stammend, war von 1949 bis 1958 Volksbildungsminister der DDR. 1957 erhielt er eine Strenge Rüge wegen ungenügender Konsequenz bei der Durchsetzung der Parteilinie und wurde als Botschafter nach Peking geschickt. Nach seiner Rückkehr wurde er Stellvertreter des Außenministers. In den 70er und 80er Jahren war er Präsident bzw. Vizepräsident der Liga für Völkerfreundschaft.

6 Erich W. Gniffke (1895-1964), wie Max Reimann in Elbing gebürtig, gehörte 1945 zu den Mitbegründern der SPD in der sowjetischen Besatzungszone und nach der Vereinigung dem SED-Zentralsekretariat an. Im März 1948 wurde er zum Vorsitzenden des Deutschen Volksrates ernannt (aus dem am 7. Oktober 1949 die Provisorische Volkskammer der DDR hervorging). Am 28. Oktober 1948 ging Gniffke jedoch in den Westen und schloss sich wieder der SPD an. Wehner veranlasste die postume Veröffentlichung der Memoiren Gniffkes (»Jahre mit Ulbricht«) im Jahre 1966. Sie gelten als wichtiges zeitgeschichtliches Dokument der Nachkriegszeit.

7 Das letzte gemeinsame Treffen aller deutschen Ministerpräsidenten am 6./7. Juni 1947 scheiterte, nachdem sich zu Beginn des Jahres die britische und die US-Zone zur Bi-Zone zusammengeschlossen und im Frühjahr in Moskau die Außenministerkonferenz der Besatzungsmächte ohne Ergebnisse in Bezug auf eine gemeinsame Deutschlandpolitik zu Ende gegangen war. Ein neuer Anlauf der Außenminister in London (25. November bis 15. Dezember 1947) scheiterte ebenfalls. Im Frühjahr tagte in London eine Sechsmächtekonferenz (die drei westlichen Besatzungsmächte und die Benelux-Staaten). Dort wurde beschlossen, in den Westzonen die Verfassungsgebung einzuleiten. Am 20. Juni 1948 folgte die separate Währungsreform, am 1. Juli übergaben die westlichen Militärgouverneure den elf Ministerpräsidenten der westdeutschen Länder die sogenanten Frankfurter Dokumente, in denen die Einberufung einer verfassungsgebenden Nationalversammlung gefordert wurde.

8 Der Jurist Gustav Heinemann (1899-1976) war 1949 als Protestant in das erste Kabinett Adenauer geholt worden, weil selbst die CDU-Fraktion der Meinung war, dass es dort zu viele Katholiken gebe. Er trat im Oktober 1950 von seinem Amt als Bundesinnenminister zurück, weil

Adenauer Geheimverhandlungen über einen deutschen Wehrbeitrag in einer Europäischen Armee geführt und dem amerikanischen Hochkommissar in einem Sicherheitsmemorandum die »Bereitschaft zur Remilitarisierung« angeboten hatte, ohne das Kabinett und die Öffentlichkeit darüber informiert zu haben. In seinem Rücktrittsbrief begründete er in Übereinstimmung mit damaligen Erklärungen der noch gesamtdeutschen EKD-Synode, weshalb er die Wiederbewaffnung ablehnte: Deutschland sei unmöglich militärisch zu schützen, da es im Kriegsfall unweigerlich zum Schlachtfeld zwischen West und Ost werde und dabei nur mit Zerstörung, nicht Sieg zu rechnen habe. Dies jedoch würde ein westdeutscher Militärbeitrag nur legitimieren. Die Aufstellung deutscher Truppen würde die eigenen sozialen Gestaltungsmöglichkeiten stark begrenzen. In der Großen Koalition (1966-1969) wurde er für die SPD Justizminister, 1969 Bundespräsident.

9 Fritz Selbmann (1899-1975), Bergmann, Mitglied der KPD seit 1922, gehörte vor 1933 dem Preußischen Landtag und dem Reichstag an. Während der Nazizeit saß er in Zuchthäusern und Konzentrationslagern. Nach dem Krieg war er Stellvertretender Vorsitzender der Deutschen Wirtschaftskommission, in der DDR von 1949 bis 1955 Industrieminister und von 1956 bis 1958 stellvertretender Vorsitzender des Ministerrates. Er stellte sich am 16. Juni 1953 vor dem Haus der Ministerien mutig den wütenden Arbeitern. 1958 wurde er als ZK-Mitglied wegen »abweichender Haltung« abgewählt und aus allen Funktionen abberufen, 1959 rehabilitiert. Er war danach publizistisch tätig und von 1969 bis zu seinem Tode Vizepräsident des Schriftstellerverbandes der DDR.

9a Der Volkswirtschaftsrat der DDR existierte von 1961 bis 1965. Der von Alfred Neumann geführte VWR war ein selbständiges zentrales Staatsorgan zur Leitung der zentralen und örtlichen Industrie sowie für die »Regelung der Grundfragen des Handwerks und der Dienstleistungsbetriebe«. Als zentrales Organ des Ministerrates der DDR für die Planung und Leitung der Industrie erarbeitete der VWR auf der Grundlage der Beschlüsse des Ministerrats, des Perspektivplanes, der Orientierungskennziffern und der Richtlinien der Staatlichen Plankommission den Jahresplan für die Industrie aus. Am 22. Dezember 1965 beschloss der Ministerrat, den VWR aufzulösen und für die zentrale Leitung der Industriebereiche Industrieministerien zu bilden.

10 Artikel über den Forschungsbeirat für Fragen der Wiedervereinigung in: *Wissenschaftliche Zeitschrift der Humboldt-Universität* XIV (1965), 2.

11 Die Deutsche Wirtschaftskommission (DWK) wurde mit Befehl 138 der Sowjetischen Militäradministration (SMAD) am 4. Juni 1947 begründet. Sie war bis zur Bildung der DDR die zentrale ostdeutsche Verwaltungsinstanz. Ihr waren die von der SMAD bereits 1945 gegründeten Zentralverwaltungen für die verschiedenen Wirtschaftssektoren, für Finanzen, Soziales und andere Bereiche unterstellt. Hinzu kamen später Zentralver-

waltungen für Inneres, Umsiedler, Interzonen- und Außenhandel. Nicht in die Kommission eingegliedert wurden zunächst Volksbildung, Justiz und Inneres. Die Kommission koordinierte die Tätigkeit der Zentralverwaltungen. Hinzu kamen die Kontakte zur SMAD und die Sicherstellung der Reparationslieferungen. 1948 – aus den Zentralverwaltungen waren inzwischen Hauptverwaltungen geworden – gab es in der DWK 17 Hauptverwaltungen, die 101 Personen in die DWK entsandt hatten. Hinzu kamen 48 Vertreter aus der Bevölkerung. Die Parteien hatten 15 und die Massenorganisationen 10 Vertreter in die DWK geschickt.

12 »Diese grenzenlose Öffnung nach rechts macht mich wütend«, in: *Neues Deutschland* vom 16./17. Januar 1993

13 Wolfgang Harich (1923-1995) gehörte zu den bedeutendsten und widersprüchlichsten Intellektuellen der DDR. Im Februar 1946 war er in Berlin der KPD beigetreten, hielt ab 1948 Vorlesungen an der HUB über marxistische Philosophie, promovierte, wurde zum Professor berufen und gab ab 1953 mit Ernst Bloch die Deutsche Zeitschrift für Philosophie heraus. Ab 1954 wurde er unter Walter Janka stellvertretender Cheflektor des Aufbau-Verlages und im März 1957 in einem Schauprozess wegen »Bildung einer konspirativen staatsfeindlichen Gruppe« zu zehn Jahren Zuchthaus verurteilt. Er hatte die Entmachtung Ulbrichts und die deutsche Wiedervereinigung als neutraler, entmilitarisierter Staat gefordert. 1964 wurde er amnestiert, er arbeitete als freier Mitarbeiter des Akademie-Verlages. 1987 bat er um Wiederaufnahme in die SED, was abgelehnt wurde. 1990 vom Obersten Gericht der DDR rehabilitiert, schloss er sich 1994 der PDS an. 1994 wurde er Mitbegründer und Vorsitzender einer Alternativen Enquete-Kommission Deutsche Zeitgeschichte.

14 Die Minister für Post- und Fernmeldewesen der DDR waren Friedrich Burmeister (1949-1963), Rudolph Schulze (1963-1989), Klaus Wolf (in der Modrow-Regierung) und Emil Schnell (in der de-Maizière-Regierung). Burmeister (1888-1968) und Schulze (1918-1996) gehörten der CDU an, Schulze war zudem von 1971 bis 1989 stellvertretender Vorsitzender des Ministerrates.

15 Hans Loch (1898-1960) war 1945 Mitbegründer der LDP und von 1950 bis 1955 Finanzminister und Stellvertreter des Vorsitzenden des Ministerrates der DDR. Seit 1952 war er auch Parteichef.

16 Hier irrt Neumann: Willi Rumpf (1903-1982) war von 1955 bis 1966 Finanzminister, Staatssekretär war er in den Jahren zuvor seit 1949.

17 Honecker galt lange Zeit als Ulbrichts Nachfolger, zumal er offiziell in der Parteihierarchie die Nr. 2 war. Allerdings führte sein Widerstand gegen das von Ulbricht 1963 auf dem VI. SED-Parteitag durchgesetzte Reformkonzept (»Neues Ökonomisches System der Leitung und Planung«) und die erkennbare Kritik an den Kontakten zur BRD (Stoph und Brandt trafen sich im Frühjahr 1970 in Erfurt und Kassel) dazu, dass Ulbricht auf einer außerordentlichen Politbürositzung Honecker

von seiner Funktion als 2. Sekretär abberufen ließ. Daraufhin forderte Breshnew in einem Telegramm »Sie holen das Politbüro zusammen und richten alles wieder so her, wie es war.« Am 7. Juli 1970 nahm Ulbricht seine Entscheidung zurück. Daraufhin handelte die sogenannte Moskau-Fraktion: Auf der Sitzung des Politbüros am 8. September 1970 kritisierte Stoph den abwesenden Ulbricht vernichtend wegen dessen Wirtschaftspolitik. Auf der nächsten ZK-Tagung im Dezember wiederholten Stoph und Verner diese Kritik, Ulbrichts Schlusswort wurde nicht mehr veröffentlicht. Ulbricht wehrte sich in seiner Neujahrsansprache, indem er u. a. der Bonner Regierung Verständigungsbereitschaft signalisierte. Daraufhin forderten die Ulbricht-Gegner in einem von Werner Lamberz, dem Leiter der Abteilung Agitation des ZK der SED, entworfenen Schreiben von Breshnew die Ablösung Ulbrichts. Auf Honeckers Drängen unterschrieben 13 der 20 Mitglieder und Kandidaten des Politbüros Ulbrichts »Todesurteil«, das am 21. Januar 1971 bei Breshnew einging. Am 11. April 1971, am Rande des XXIV. Parteitages der KPdSU, konferierte der sowjetische Parteiführer sowohl mit Ulbricht als auch mit Honecker. Einige Tage später brachte Lamberz die Nachricht aus Moskau mit: »Es ist beschlossen.« Honecker eilte sofort mit seinen Personenschützern in Ulbrichts Ferienhaus am Döllnsee, wo er Tore und Ausgänge besetzen und die Telefonverbindungen kappen ließ. Nach einem eineinhalbstündigen Gespräch unterschrieb Ulbricht eine Erklärung. Am 27. April 1971 verkündete Walter Ulbricht im Politbüro in einem mit Moskau abgestimmten Text seinen Rücktritt als Erster Sekretär des ZK der SED, formal verblieb er Staatsratsvorsitzender, allerdings amtierte sein Stellvertreter Friedrich Ebert bis zu Ulbrichts Tod 1973, danach wurde Stoph Staatsratsvorsitzender. Honecker wurde am 3. Mai 1971 vom Zentralkomitee zum Ersten Sekretär gewählt und übernahm 1976 auch noch die Funktion des Staatsratsvorsitzenden von Stoph.

18 Dieter Itzerott, Jahrgang 1931, wurde auf dem VIII. Parlament der FDJ in Karl-Marx-Stadt zum 2. Sekretär des Zentralrats gewählt (bis 1971). 1961 hatte er in Havanna für die FDJ den ersten Freundschaftsvertrag mit dem kubanischen Kommunistischen Jugendverband UJC vereinbart. Zehn Jahre später reiste er, inzwischen 2. Sekretär der SED-Bezirksleitung Halle, mit Fidel Castro durch den Chemiebezirk. Nach dem Studium an der Moskauer Parteihochschule 1974 wurde Itzerott 1975 1. Sekretär der SED-Kreisleitung in Torgau (bis 1989), wo er noch heute lebt. In einem Schreiben an Siegfried Prokop widerspricht er der Darstellung des Vorgangs. »Ich habe keine Veranlassung, Honeckers Kaderpolitik zu verteidigen, im Gegenteil«, so Itzerott am 22. April 1997. »Honecker hat nicht so nebenbei und willkürlich eine Entscheidung über den Einsatz eines 2. Sekretärs einer Bezirksleitung getroffen. Dieser Beschluss wurde entsprechend der gültigen Praxis vorbereitet. Am 28. April 1971 hatte das Sekretariat des ZK im Zusammenhang mit der

Bestätigung der »Vorschläge für die leitenden Organe der FDJ zum IX. Parlament« beschlossen: ›Genosse Dieter Itzerott scheidet planmäßig nach einer langjährigen hauptberuflichen Tätigkeit aus dem sozialistischen Jugendverband aus. In Abstimmung mit dem Genossen Horst Sindermann, Mitglied des Politbüros und 1. Sekretär der Bezirksleitung Halle, wird er in einer leitenden Funktion in der Bezirksleitung der Parrtei in Halle eingesetzt.‹ (Beschluss ZK 03 563 36/71) Und am 12. Mai 1971 [...] lag dem PB die Vorlage über die ›Bestätigung der 2. Sekretäre der SED-Bezirksleitungen Berlin, Frankfurt/Oder und Halle‹ vor. Auf dieser Grundlage wurde mein Einsatz in Halle beschlossen. (Protokoll-Beschluss ZK 03-1/646-41/71). Erich Honecker hatte lediglich meine Anwesenheit genutzt, um die vorliegende Vorlage, die eigentlich erst später unter Kadervorlagen behandelt werden sollte, vorzuziehen. Der Beschluss war also nicht ›Kraft seines Amtes‹ von Honecker willkürlich herbeigeführt worden. Insofern ist dieser Vorgang für eine kritische Bewertung der Rolle Honeckers kaum geeignet. Das eigentlich Interessante an der Kaderpolitik Honeckers zu jener Zeit ist etwas ganz anderes. Erich Honecker begann im Vorfeld des VIII. Parteitages durch den gezielten Einsatz von FDJ-Kadern seine Stellung in der Partei zu festigen.«

19 Joachim Herrmann (1928-1992) war von 1952 bis 1960 Chefredakteur des FDJ-Organs *Junge Welt*, von 1962 bis 1965 leitete er die *Berliner Zeitung* nach einem zweijährigen Intermezzo als Abteilungsleiter im ZK der SED. Danach wurde er Staatssekretär für Westdeutsche Fragen, eine Funktion, die es bis dahin (und nach ihm) nicht gab. Der Stratege Ulbricht wusste, dass es bald zu normalen Gesprächen zwischen Bonn und Berlin kommen würde. Allerdings hatte man kein Pendant zum Minister für Gesamtdeutsche Fragen im Bonner Kabinett. So erfand man diese Regierungsfunktion. Honecker holte Herrmann 1973 ins Politbüro, dem er bis zum Oktober 1989 angehörte. Gemeinsam mit Mittag wurde Herrmann im Herbst 1989 aus dem ZK ausgeschlossen.

20 Laut Aussage von Gerhard Beil, Außenhandelsminister der DDR bis 1989, wurden die Rundgänge zunehmend nach außenwirtschaftlichen Gesichtspunkten der DDR organisiert, wobei die Zahl der Anfragen, sich in der Ausstellungskoje mit dem ersten Mann der DDR treffen zu wollen, weitaus größer war als objektiv zu realisieren möglich gewesen wäre. Man beschränkte sich darum nur auf tatsächlich wichtige, also ökonomisch nötige Protokolltermine. Die Veröffentlichung all dieser Fotos im Zentralorgan war darum weniger auf die Initiative Honeckers und seiner damit unterstellten Eitelkeit zurückzuführen, sondern folgte diplomatischen und außenwirtschaftlichen Interessen der DDR.

21 Der sowjetische Reader *Sputnik*, bis dato an den Zeitungskiosken wenig beachtet, erfuhr Ende 1988 durch sein Verbot besondere Aufwertung. Das monatlich in deutscher Sprache verbreitete Magazin im A5-Format enthielt Beiträge aus der sowjetischen Presse, die unter dem Diktat von

Glasnost und Perestroika stand. So fanden sich im *Sputnik* folglich auch Texte zu historischen Themen, die nicht der bis dahin gängigen Lesart entsprachen. Oder wie das *Neue Deutschland* in seinem Kommentar erklärte, *Sputnik* verzerre nicht nur die Geschichte der Sowjetunion und der KPdSU, sondern auch der KPD. Das Blatt verunglimpfe deutsche Kommunisten, indem es behaupte, sie hätten es nicht gewagt, sich mit den Sozialdemokraten im Kampf gegen die Nazis zu vereinigen, und nach dem deutsch-sowjetischen Nichtangriffspakt 1939 Stalin gehorcht, als er befohlen habe, jede antifaschistische Propaganda einzustellen. Am schärfsten verwahrte sich das *Neue Deutschland* gegen die These, Stalin habe Hitler den Weg geebnet. Eine derartige Gleichstellung Hitlers mit Stalin stünde im Widerspruch zur DDR-Verfassung und vor allem zur deutsch-sowjetischen Freundschaft. Die Praxis der »Annahmeverweigerung« war im Austausch von Presseerzeugnissen zwischen der DDR und der Sowjetunion keineswegs ungewöhnlich. So schickte z. B. in den frühen 80er Jahren die zuständige Dienststelle in Moskau die gesamte Auflage des FDJ-Jugendmagazins *neues leben* zurück, weil darin einige Gedichte mit Fotos von unbekleideten jungen Menschen am Ostseestrand illustriert worden waren. Die Abbildungen fielen dem Zensor zum Opfer, er hatte die Bilder als westlich-dekadent und pornografisch klassifiziert.

22 Hanna Wolf (1908-1999) emigrierte 1932 in die Sowjetunion, war von 1935 bis 1937 Lehrerin an der Internationalen Lenin-Schule der Komintern und von 1943 bis 1948 Leiterin der Antifa-Schule in Krasnogorsk. Nach ihrer Rückkehr nach Berlin wurde sie im September 1950 vom Politbüro als Direktorin der Parteihochschule »Karl Marx« eingesetzt, was sie bis 1983 blieb. Mit 75 Jahren wurde sie abgelöst. Im *Neuen Deutschland* publizierte sie am 6./7. Mai 1989 ihren letzten Artikel (»Zur Geschichte der Komintern«). Darin hieß es: »Ja, und noch eine Frage an uns alle: Wird Geschichte von Historikern gemacht? Historiker schreiben sie – mehr oder weniger schlecht! Nein, nicht wir – die Historiker – machen Geschichte, die Geschichte wird von den Klassen, den Volksmassen gemacht! Und es ist die Pflicht der Historiker, nicht nur die sogenannten ›weißen Flecken‹ zu suchen und zu beschreiben und so die Geschichte der revolutionären Arbeiterbewegung in eine Geschichte der Fehler zu verwandeln. Täten wir es, würden wir die ganze Wahrheit verletzen […] Recht hatte der bedeutende französische Sozialist J. Jaures, als er im Zusammenhang mit der Großen Französischen Bürgerlichen Revolution sagte: ›Wir übernehmen aus der Vergangenheit das Feuer und nicht die Asche.‹«

»Du musst sagen, welche Demokratie du willst«

Alfred Neumann besteht darauf, dass wir uns ein zweites Mal treffen, um meinen ND*-Artikel zu diskutieren. Er hatte sich, wie ich sah, sehr intensiv mit diesem beschäftigt. Sätze und Passagen darin waren mit unterschiedlichen Farben unterstrichen. Mir wurde bewusst, dass Neumann offenkundig mit der Lektüre soviel oder gar noch mehr Zeit zugebracht hatte, als ich für das Schreiben des Beitrages aufwandte.*

Der Artikel hat dich erschüttert?

Nein, nicht erschüttert. Neumann ist nicht zu erschüttern, das ist ein glatter Irrtum. Ich habe mich aber gefragt: Wenn der so etwas schreibt, muss er damit eine Absicht verfolgen? Was soll der Artikel beim Leser bewirken? Gegen wen richten sich die Darlegungen? Warum fehlen bei dir die politischen Schwerpunkte? Du bist Historiker, hast du gesagt. Dann musst du also alles, was du darlegst, auch an bestimmten historischen Ereignissen entwickeln. Du hast aber geschrieben wie meine Mutter Kuchen nach Rezept gebacken hat: Man nehme etwas Mehl, Zucker und Salz …

Ich versuchte im Artikel zu erklären, warum unser Sozialismus gescheitert ist. Er ist nicht nur in der DDR, sondern europaweit gescheitert. Da tut es dir natürlich weh, wenn ich schreibe, »die Spitze ist abgefault«. Aber sie war es ja auch.

Das stört mich gar nicht.

Überall ist sie abgefault. Ab einem bestimmten Zeitpunkt ist für mich auch Gorbatschows Politik ein Fäulnisprodukt. Stimmst du zu?

Nein. Du vereinfachst mächtig. Tut mir leid.

Ich meine, dass das mit der Konstruktion der Partei neuen Typs zusammenhängt, mit dem demokratischen Zentralismus, der nicht demokratisch, sondern nur zentralistisch war. Die Spitze wurde nicht kontrolliert. Es gab keinen Austausch und Wechsel.

Nein, nein, nun pass mal …

Doch, doch. Das ist dir unangenehm. Aber so kann Sozialismus nicht funktionieren.

Du machst hier eine Debatte und behauptest, das sei mir unangenehm. Im Gegenteil! Das schreckt mich überhaupt nicht.

Es wäre gut gewesen, wenn ihr kontrolliert worden wärt. Dann hätte es nicht so laufen können, wie es gelaufen ist. Du selbst hast Honeckers Regime der persönlichen Macht kritisch gesehen.

Fang doch endlich mit den richtigen Problemen an und bringe nicht nur deine vorgefasste Meinung.

Stell dir mal vor, ich hätte mit dir damals so geredet, wie ich es heute tue?

Das hättest du mal machen sollen. Das habe ich keinem verboten … Gehen wir mal weiter deinen Text durch. Ich nehme nur mal die Zwischenüberschriften. Da steht »sowjetisches Modell«. Im Text steht das ja auch.

Es gab auch ein anderes Modell, worauf du beim letzten Gespräch bereits hingewiesen hast.

Rede bitte zum Thema. Rede nicht global.

Es gab 1946/47 den besonderen deutschen Weg zum Sozialismus. Ackermann, Pieck und Gniffke haben diesen Kurs begründet. Im Aufruf der KPD vom 11. Juni 1945 hieß es, dass es nicht um die Errichtung eines Sowjetregimes in Deutschland geht.

Und, was hat das mit einem »sowjetischen Modell« zu tun?

Im Programm zur nationalen und sozialen Befreiung der KPD von Anfang der 30er Jahre hieß es, dass ein Sowjetdeutschland geschaffen werden soll. Davon wurde nach 1945 erkennbar abgegangen.

Das war doch eine ganz andere Periode. In der Zwischenzeit war doch einiges passiert: Faschismus und Krieg, der VII. Weltkongress der Komintern[1], die Brüsseler und Berner Parteikonferenzen[2] … Neue Beschlüsse wurden gefasst, andere Strategien begründet.

Ja, eben. Das war ja gut. Der »besondere deutsche Weg zum Sozialismus« war ein anderer Ansatz. Er ging von der Kritik am Sowjetmodell aus.

Nein.

Wenn du dir mal Ackermann ansiehst, da sind kritische Bemerkungen nicht zu übersehen. Auch in Leonhards Buch »Die Revolution entlässt ihre Kinder«[3] findest du Hinweise auf diesen Zusammenhang. Es haben zwischen Leonhard und Ackermann vor dem Abfassen des Artikels zahlreiche Debatten stattgefunden.[4]

Du springst wie ein Eichhörnchen von Ast zu Ast und suchst dir immer die Äste aus, die du brauchst. Wenn man einen konkreten Punkt von 1948/49 oder 1950 nimmt, dann musst du das in den historischen Kontext stellen und die damalige Entwicklung Deutschlands berücksichtigen … Du schreibst, dass wir uns damals an das sowjetische Modell angelehnt hätten. Wann? Für welche Zeitspanne gilt diese Überschrift?

Von 1948 bis 1953 …

Bis 1953, gut.

Der 17. Juni war auch ein Protest gegen das Überstülpen des sowjetischen Modells.

Komm mir nicht mit dem 17. Juni, da lässt du Haare. Ganz bestimmt. Ich war dabei. – In diesen fünf Jahren hätten wir also laut deiner Aussage Kurs auf das sowjetische Modell genommen. Da muss ich dich enttäuschen: Auf der Parteiebene haben wir keine entsprechenden Beschlüsse gefasst. Ich habe mir noch mal die Materialien vorgenommen für die Spanne von 1947 bis 1949. Warum stellst du die damaligen Entscheidungen nicht in einen Zusammenhang mit dem Marshallplan[5]? Warum setzt du das sowjetische Modell gleichsam in einen luftleeren Raum?

Alfred Neumann Anfang 1947, Skizzen eines Unbekannten

Ich habe auf den Beginn des Kalten Krieges verwiesen.

Der kalte Krieg ist in deiner Darstellung ein einziges Frühlingsgesäusel. Eigentlich machst du einen eleganten Bogen um den Kalten Krieg. Du nennst ihn wie eine Hausnummer, aber beziehst keine Stellung, nennst nicht die Verursacher des Kalten Krieges. Du belastest Ost und West gleichermaßen.

Na und?

Und nennst auch noch den Osten zuerst. Ich habe genau gelesen!

Das ist richtig. Das habe ich absichtlich gemacht.

Ach, absichtlich?

Aber nachher habe ich geschrieben, dass die zeitlichen Abläufe unterschiedlich waren und dass der Westen begonnen hat.

Der gehörnte Siegfried hatte nur eine schwache Stelle, aber du hast davon viele.

Glaubst du etwa nicht, dass die Politik Stalins auch Ursache für den Kalten Krieg war?

Das ist keine Frage des Glaubens, sondern des Wissens. Ich weiß definitiv, dass die Urheber des Kalten Krieges im Westen saßen. Das war nicht nur Churchill mit seiner Rede in Fulton[6] gewesen. Das waren amerikanische Politiker ebenso, auch US-Außenminister Byrnes[7] hat dazu geredet. Die USA und England waren die Initiatoren des Kalten Krieges gegen die UdSSR.

Du schreibst, die Sowjetunion hätte an diesem Kalten Krieg Interesse gehabt. Ich sage dir: Das ist eine Lüge. Die Sowjetunion hatte die größten Verluste im Kriege. Ganze Landstriche waren verwüstet, zigtausende Städte und Ortschaften lagen in Schutt und Asche. Die Politik der verbrannten Erde sagt dir doch was, oder? Das Interesse der Sowjetunion war Frieden, das Land musste sich erholen, es brauchte eine Atempause. Die Politik des Westens zielte darauf, uns diese Atempause nicht zu geben. Das war das Entscheidende.

Auch das gehört zum Beginn des Kalten Krieges.

Beiläufig erwähnst du die Währungsreform[8]. Du bist kein Ökonom, um zu ermessen, welche Konsequenzen das hatte für Deutschland. Das war definitiv die Spaltung. Ich war in jener Zeit Kreissekretär in Westberlin. Weißt du, was damals die Zeitungen geschrieben haben, was sie im Rundfunk verbreiteten? Die Westmark ist das Dynamit, mit dem die Wirtschaft der Ostzone in die Luft gejagt wird.

Die Einführung der Westmark war eine ökonomische Aggression. Und sie wurde mit Vorsatz verübt. Das hat man vorher genau diskutiert. Bewusst wurde die Barriere nicht nur quer durch Deutschland, sondern auch durch Berlin gezogen.

Weißt du auch, wo diese Strategie ausgearbeitet wurde? Ich will es dir sagen: im britischen Außenministerium im Frühjahr 1946.

1946 schon? Das wusste ich nicht. Mir war nur bekannt, dass sie 1947 in einer Kaserne bei Hannover getagt und alles durchgespielt haben. Damit stärkte man den westdeutschen Kapitalismus. Gleichzeitig wurde die Entnazifizierung eingestellt.

Nichts anderes steht in meinem Artikel. Der Westen hat die Spaltung aktiv betrieben, das steht da.

Ja. Deshalb habe ich auch gesagt, dass dein Anfang und das Ende des Artikels Punkte enthalten, die ich akzeptiere. Aber dazwischen gibt es vieles, was ich nicht akzeptiere.

Du solltest die Stalin'sche Politik nicht zu rosa sehen.

Ich sehe sie überhaupt nicht rosa.

Stalin hat Hegemonialpolitik betrieben. Churchill nannte als Begründung für den Kalten Krieg den von Stalin errichteten »Eisernen Vorhang« (Iron Curtain).

Hör doch auf.

Stalin betrieb eine Politik der vollendeten Tatsachen. Schau dir an, wie er mit den Deutschen umging, wie er die Fragen der Grenzen behandelt hat. Das hat doch die Westmächte verprellt.

Ach hör doch auf.

Jetzt kommt das alles wieder hoch.

Du wirst dich doch nicht zum Verteidiger der verprellten Westmächte aufschwingen? Die sollen sich selbst verteidigen.

Als Historiker muss ich doch berücksichtigen, was der Stalin für eine Politik betrieb. Der war doch gewiss kein Engel.

Ich verteidige den überhaupt nicht. Ich sehe aber die unterschiedlichen Interessen der USA und der Sowjetunion und deren Methoden, wie sie diese durchzusetzen versuchten.

Hattest du nie eine kritische Position zu Stalin?

Natürlich. Die Konsequenzen seiner Politik habe ich am eigenen Leibe zu spüren bekommen, da musst du mir nichts erklären. Komm mir also nicht mit diesen Geschichten von Stalin und dem Stalinismus. Ich behaupte, dass dieser Begriff von den Westmächten in die Debatte gebracht worden ist.

Der Begriff geht auf Trotzki zurück.

Willst du mir jetzt weismachen, dass Trotzki[9] nach seiner Flucht ein Vertreter der Sowjetmacht gewesen sei? Der Begriff des Stalinismus wurde nach dem Zweiten Weltkrieg entwickelt und gegen uns ins Feld geführt.

Als Komponente des Antikommunismus?

Er war und ist ein Kampfbegriff des Antikommunismus!

Jetzt haben wir also zwei Begriffe des Stalinismus; den von Trotzki und den der Westmächte. Aber es gibt noch einen dritten, einen, den wir selbst haben müssen, der sich auf unsere Kritik an Stalin stützt. Oder nicht?

Du schreibst ja selber. Du gehst auf Tatsachen ein und verdrehst sie. Bei der Überprüfung von Gerichtsurteilen 1953 seien einige Tausend revidiert worden.

1956 noch einmal in vergleichbarer Größenordnung. Was ist daran falsch?

Jetzt stelle ich mir die Frage. Das ist also ein Ausdruck von Stalinismus bei uns? Ich weiß nicht, was *du* unter Stalinismus verstehst. Du kommst mir vor wie die PDS. Du schreibst nicht, *was* Stalinismus ist. Michael Schumann von der PDS macht daraus einen schwarzen Mann.

1990 gab es eine internationale Stalinismus-Konferenz, deren Protokoll inzwischen vorliegt, wo auch der Begriff definiert wurde.

Mich interessiert der Sammelbegriff Stalinismus nicht.

Warum nicht?

Weil wir diesen Begriff nicht kreiert haben. Der Gegner hat den Begriff aus bestimmten Absichten kreiert. Jetzt könntest du natürlich sagen: Der Neumann ist ein Verteidiger des Stalinismus. Nein, das ist er nicht.

Dann sag doch mal, was deine Kritik an Stalin ist.

Ich habe das Buch von Isaac Deutscher gelesen. Warum wird der Begriff des Stalinismus so hochgespielt? Schau dir die Artikel in der *Berliner Zeitung* und in der *Zeit* an. Der Begriff des Stalinismus wird hochgewuchtet. Der Stalinismus ist eine Art Prügel, der gegen uns eingesetzt wird. Warum wird so ein Prügel gebraucht? Weil unter Stalins Führung von der Sowjetunion der deutsche Faschismus zerschlagen wurde. Jetzt drehen die das Ding um, und unsere Arschlöcher wissen nicht, wie sie darauf reagieren sollen.

Wie würdest du denn reagieren, wenn du wieder Einfluss hättest?

Den Begriff des Gegners würde ich nicht akzeptieren wollen. Ich brauche das Wort überhaupt nicht und gebrauche es auch nicht. Trotzdem kann ich jede Etappe unseres Kampfes kritisch behandeln. Das kann ich ohne Schwierigkeiten.

Und wie kommst du mit dem Thema Stalin und Sowjetunion hin? Mit den Verbrechen von Stalin?

Hör mal, ich habe den Gefühlsausbruch von Gysi über den Stalinismus im Fernsehen gesehen. Das haben die natürlich mit Freude gezeigt. Wie Gysi sich aufregte über die Millionen, die in der Sowjetunion ihr Leben verloren …

Der Kampf, der dort zur Zeit der kapitalistischen Umkreisung ablief – im Widerstand gegen die Aggression des Weltimperialismus, darf nicht unterschätzt werden. Es gab ja auch Versuche der Westmächte, Hitler zuerst gegen die Sowjetunion zu lenken.

Wenn »Stalinismus« gesagt wird, dann muss gefragt werden: Wer hat beim Kampf gegen die faschistischen Armeen das Oberkommando gehabt? Stalin. Was war daran verkehrt? Ich

Auf dem VIII. Parteitag der Sozialistischen Einheitspartei Westberlins (SED), Mai 1987

wende mich dagegen, dass unter der Überschrift Stalinismus alles Progressive der Sowjetunion abserviert wird.

Und jetzt komme ich zu dem Begriff »Partei neuen Typs«. Das ist genauso ein Quatsch.

Wieso?

Der Begriff war schon vor 1933 bekannt. Den haben wir schon übernommen. Ich bin dagegen, wenn man die »Partei neuen Typs« auf den Stalinismus zurückführt und darin die Ursache des Niedergangs sieht. Bei Dir fehlt der Ausblick, der nach der Kritik etwas über die weitere Entwicklung sagt. Du nennst keine Ansätze für eine Partei, die eine Alternative zum Kapitalismus begründen könnte.

Ich bin kein Philosoph oder Zukunftsforscher.

Ach, na guck mal an, Du Schlauberger. Dann könnte ich sagen, ich bin kein gelernter Historiker und ich könnte mit Dir nicht diskutieren.

Du bist Politiker, eindeutig. Du bist ein Politiker von Rang...

So?

Aber ein Politiker, der gescheitert ist.

Das ist mir im Leben schon ein paar Mal vorgekommen. Auch meine Vorfahren sind gescheitert. Mein alter Herr hat mit 55 Jahren mit der Flinte gekämpft. Er hat das Schloss mit geräumt und hat am Marstall gekämpft als Tischlergeselle. Nachher musste er die Flinte wieder abgeben, weil wir geschlagen wurden. Ich bin gescheitert. Die Geschichte der modernen Arbeiterbewegung ist voll von Siegen und Niederlagen, Siegen relativer Art und Niederlagen relativer Art. Vielleicht hat Karl Liebknecht recht: »Von Niederlage zu Niederlage zum endgültigen Sieg.« Mich hat noch keine Niederlage erschüttert. Ich hab die Niederlage 1933 erlebt. Das weiß ich noch wie heute. Ich hab am Tegeler See eine Frauenversammlung durchgeführt. Ich wollte den Frauen die neue Taktik erklären. Da hätten die mich bald in den See geworfen. Ich hab auch die Niederlage in Spanien miterlebt. In Le Vernet habe ich die Verhandlungen zwischen Deutschland und Frankreich über eine Kompromisslösung erlebt. Ich hatte nie die Vorstellung, dass es einen graden Weg zum Kommunismus gibt.

Es ist schon erstaunlich, wie du die Niederlagen so wegsteckst.

Du unterschätzt den Neumann, hör mal!

Nun will ich dir auch mal antworten. Wenn ich philosophisch arbeiten würde, ließe ich unter gewissen Umständen die Partei neuen Typs für die Zeit der Revolution – ohne nun auf Details näher einzugehen – gelten. Aber mit der sozialökonomischen Umwälzung 1936 in der Sowjetunion oder in der DDR Anfang der 60er Jahre hatte sie keine historische Berechtigung mehr. Da hätte kommen müssen, aber das habe ich erst jetzt so richtig erkannt, was Robert Havemann gefordert hat, nämlich die zweite Komponente der sozialistischen Revolution: die Demokratie. Demokratie nicht nur bezogen auf die Gewerkschaften mit den Produktionsberatungen, wie ihr das gemacht habt, sondern auch bezogen auf die Partei selbst. In der Vertikale der SED gab es ja keine Demokratie.

Wenn du Havemann nennst, dann muss ich dir Folgendes sagen. Ich bin mit Havemann im Zuchthaus Brandenburg zusammengetroffen. Robert hat mitgeholfen, die Befreiung vorzubereiten. Er half mit, dass wir die Feuerlöscher mit Kampfstoffen füllen konnten. Wenn die SS gekommen wäre, hätten wir sie mit Kampfstoffen beharkt. Das will ich nur am Rande sagen.

Ich hatte als Bezirkssekretär in Berlin mit Robert Havemann immer Kontakt. Bei mir hat es solche Dämlichkeiten nicht gegeben wie bei Paul Verner und Konrad Naumann. Die haben wie Idioten gegen Havemann herumgewirbelt. Wenn du mir aber den Havemann an Stelle seiner Fähigkeiten als Chemiker und Biologe anpreist, dann kann ich dir nicht folgen.

Er hat sich dann eine andere Frau genommen, Katja hieß sie wohl, die hat dann die Verbindungen über die Grenzen nach Westen hin organisiert. Damit das ganz klar ist. Ich betone aber, die Idiotien und die Dummheiten wurden in dieser Zeit von Paul Verner, Konrad Naumann und Kurt Hager gemacht. Warum? Sie nahmen sich nicht die Zeit, in Ruhe mit Robert Havemann zu reden. Zu mir kam Robert Havemann, wann er

Prof. Havemann im anregenden Gespräch mit DDR-Militärs

wollte, als ich Berliner Bezirkssekretär war. Ich hab mit ihm gesprochen. Ich traf zu bestimmten Anlassen mit ihm in Brandenburg zusammen. Das hab ich gemacht bis er anfing verrückt zu spielen. Da habe ich ihn gefragt: »Robert, wo willst du hin?«

Dann sprach ich mit seiner Ex-Frau, mit der er lange verheiratet war. Sie sagte mir: »Ich hab mir die größte Mühe gegeben. Ich kann ihn auch nicht mehr beeinflussen. Er ist nur noch Missionar.«

Ich kannte Robert ganz genau. Ich erkannte ihn an. Ich habe ihm gesagt: »Robert, du bist nicht Philosoph. Du solltest dein Hauptaugenmerk auf dein eigentliches Fach legen. Du hast doch am Kaiser Wilhelm Institut geforscht. Mit Forschungen in deinem eigentlichen Fachgebiet könntest du uns mehr nutzen. Das andere solltest du besser lassen.«

Es half nichts. Er machte auf Missionar.

Weil er sah, dass eure Politik in die Sackgasse lief.

Sag nicht »ihr«! Dann musst du mir sagen, wen du meinst?

Das Politbüro. Ich weiß, dass Paul Verner unmöglich mit Havemann umgegangen ist. Ich war damals im überfüllten Audimax, als Paul Verner brüllte: »Robert, weißt du, was du bist? Du bist ein riesengroßes Arschloch!« So wurde Havemann runtergemacht.

So etwas sagte der Berliner Bezirkssekretär ungestraft an der Universität. Aber das Entscheidende ist doch, dass Havemann etwas völlig Richtiges gesagt und gefordert hat, nun endlich den entscheidenden Schritt in Richtung Demokratie zu gehen oder eben zu scheitern. Ihr habt euch an falscher Stelle verschlossen.

Ich weiß nicht, ob wir uns verschlossen haben. Ich habe mich nicht mehr informiert, weil meine Möglichkeiten des Gesprächs mit Robert erschöpft waren. Er zog nach Grünheide. Er holte dorthin das Westfernsehen. Das alles wusste ich, aber es war nicht mehr meine Sache. Bei mir gibt es immer eine Grenze.

Warum hat er das wohl gemacht? Konnte er noch im Neuen Deutschland *schreiben? Nein. Er wurde bei uns offiziell nicht mehr gehört.*

Was heißt »hören«? Dann könnte ich sagen: Die PDS hört nicht auf Neumann. Mache ich deshalb solche Dämlichkeiten, gehe zur *Bild* und beklage mich an falscher Stelle über die PDS? Bitte, so nicht mit mir. Die Frage der Partei neuen Typs …

Anfang der 60er Jahre stand auf der Tagesordnung des Weltsozialismus, die Parteidemokratie ernstzunehmen. Aber, was passierte? Demokratie fand nicht statt. Sie wurde nicht ernstgenommen. Es gab dann diesen Breshnew an der Spitze der KPdSU und als halbe Leiche, von allen Seiten durch den Apparat gestützt, hat er noch in den letzten fünf Jahren bis Anfang der 80er Jahre das Land in die tiefste Krise regiert. Das war doch unmöglich!

Nein, nein. Du redest und setzt Zäsuren. Ich weiß nicht nach welchen Kriterien? Anfang der 60er Jahre, warum zu dieser Zeit? Damals hatten wir ein annäherndes Kräftegleichgewicht. Vorher waren die USA uns mit Atombomben und auch ansonsten militärisch überlegen. Dann kam das Kräftegleichgewicht. Es entwickelten sich in anderen Erdteilen revolutionäre Bewegungen. Nicht nur in Kuba, und keiner wird sagen, dass Fidel Castro am Anfang ein Kommunist gewesen ist. Das wird keiner sagen. Er stand an der Spitze der Befreiung Kubas. Später trat er dem Marxismus näher. Also war er nicht die Hand Moskaus. Das, was in der Welt vor sich ging, davon schreibst du in deinem Artikel nichts. Natürlich hattest du wenig Platz. In deinem Artikel passt einiges nicht zusammen.

In den Parteien der sozialistischen Länder hätte auch eine theoretische Weiterentwicklung erfolgen müssen. Man hätte sich deutlicher auf die Entwicklungsprinzipien des Sozialismus verständigen müssen und sich nicht nur stur auf die Gesetzmäßigkeiten der Übergangsperiode berufen dürfen, wie sie in der Tradition des Dogmatismus 1957 in Moskau formuliert wurden. Das bedeutete aber, theoretisch zurückzubleiben auf einem veralteten Stand oder wie die Politologen jetzt sagen, auf einem vormodernen Konzept und einer entsprechenden Praxis.

Wie lange war Adenauer Kanzler? Wann trat er zurück?

1963.

Solange war der kalte Krieger noch am Ruder? Ich erinnere mich, dass wir nach 1961 einige Angebote für die Zusammenarbeit gemacht haben. Sie wurden vom Westen abgeschmettert. Nun kannst du annehmen, wir seien von der Heilsarmee oder von der Bahnhofsmission. Wenn man uns auf die rechte Backe schlägt, dann halten wir auch die linke noch hin. Ich bin nicht von der Sorte. Ich behaupte, auch zu Zeiten Erhards, als Adenauer schon weg war, waren die Bedingungen noch nicht vorhanden. Politisch gesehen zeichnete sich in Westdeutschland einiges ab, als der Brandt in Polen den Kniefall machte, also Anfang der 70er Jahre … Du lässt auch außer Acht, dass die Bundesrepublik die erste große Wirtschaftskrise erst 1966/67 hatte. Unmittelbar nach dem Mauerbau befand sich die Bundesrepublik noch auf einem aufsteigenden Ast. Noch hieß es in Übereinstimmung mit Adenauer: »Keine Wiedervereinigung, Befreiung ist die Parole.« So, das war die Linie. Die USA waren nicht zur Abrüstung bereit. Von unserer Seite gab es genügend Vorschläge. Alles wurde abgeschmettert. Deshalb bin ich dagegen, dass du nachträglich die Politik verändern willst. Du musst doch von der objektiven Lage ausgehen.

Es geht um die theoretischen Schlussfolgerungen. Es gab seit Anfang der 60er Jahre kein tragfähiges Konzept für eine Weiterentwicklung des Sozialismus (fort von dem Weg in Richtung Sackgasse). Lediglich die alten, überlebten Konzepte, angereichert durch neue Schlagworte, wurden fortgesetzt.

Du wirfst alles durcheinander. Es gab keine Konzepte …

Im Ansatz waren neue Konzepte beim Prager Frühling sichtbar.

Sieh doch auch die neue sowjetische Verfassung in den 70er Jahren, aber ich komme jetzt zum Kern der Sache. Du diskriminierst auch unsere Entwicklung während der 50er Jahre.

Wieso?

Du stellst nicht die Frage ... Du redest vom sowjetischen Modell, das wir einfach übernommen haben. Wir haben die Schaffung der Grundlagen des Sozialismus beschlossen.

1952.

Wir hatten beschlossen, von der antifaschistischen Demokratie zur revolutionär-demokratischen Entwicklung überzugehen. Das haben wir mit der Schaffung der Grundlagen des Sozialismus verbunden. Wir versuchten das bei offenen Grenzen zum Westen, das hatte kein anderer vor uns versucht. Es gibt ein Axiom im Sozialismus: Man darf die Grenzen zum Kapitalismus nicht aufmachen, dann ist man verloren! Wir hatten die Grenzen bis 1961 offen. Über die Folgen brauchen wir nicht zu reden. Unter diesen Umständen konnte der Aufbau des Sozialismus zunächst nur in Form der Diktatur des Proletariats erfolgen. Wegen der kapitalistischen Konfrontation, wegen der Klassenauseinandersetzung war es nicht möglich, zu einer Demokratie zu kommen.

In der Sowjetunion gab es Anfang der 60er Jahre die Diskussion, den Staat zum »Staat des Volkes« weiterzuentwickeln, das heißt die Gesellschaft zu demokratisieren.

Diese Diskussion gab es bei uns auch. 1963 in Vorbereitung auf den VI. Parteitag der SED.

Das kam später.

Ich wiederhole: Eine Partei, die die Macht hat und in einem Staat den Sozialismus errichten will als Alternative zum Imperialismus, muss dazu nicht nur den Willen und die Entschlossenheit besitzen, diesen Anspruch durchzusetzen, sondern auch eine bestimmte Struktur haben. Wenn ich dir das Parteistatut von 1954 zeigte, dann könnte ich deine Behauptungen, dass man damals nicht reden konnte, widerlegen.

Hast du nachgesehen?

Ja. Ich schlage willkürlich auf: »Das Parteimitglied hat das Recht, in seiner Parteiorganisation, in der Parteiversammlung, in der Parteipresse an der Erörterung aller Fragen der Politik der Partei und ihrer praktischen Arbeit teilzunehmen und seine Vorschläge zu unterbreiten [...], in der Parteiversammlung und in der Presse Kritik an der Tätigkeit der Mitglieder und Funktionäre der Partei unabhängig von ihrer Position zu üben.«

Das war damals Praxis?

Zu der Zeit war das Praxis, jawohl.

Uneingeschränkt? Man konnte Ulbricht öffentlich kritisieren?

Das musste bloß fundiert sein. Wenn er deinen Artikel gelesen hätte, hätte er dir natürlich den Skalp abgezogen – mit vollem Recht. Und ich hätte ihm dabei geholfen.

Das glaube ich.

Man darf nicht bloß Behauptungen aufstellen und die Beweise schuldig bleiben, wie du es tust. Ich nehme eine andere

Gemäß der Vorgabe: Jeder Mann an jedem Ort – einmal in der Woche Sport! nehmen Ulbricht, Honecker, Verner und andere Politbüromitglieder am »Treffpunkt Olympia« am 3. Juni 1959 im Berliner Friedrich-Ludwig-Jahn-Sportpark teil. Sieger beim Kugelstoßen wird Neumann mit 12,20 Meter

Stelle des Statuts von 1954: »Die Selbstkritik und Kritik sind von unten zu entwickeln, furchtlos Mängel in der Arbeit aufzudecken und sich für ihre Beseitigung einzusetzen, gegen Schönfärberei und die Neigung, sich an Erfolgen der Arbeit zu berauschen, gegen jeden Versuch, die Kritik zu unterdrücken und sie durch Beschönigung und Lobhudelei zu ersetzen, anzukämpfen, Mängel in der Arbeit ohne Ansehen der Person den leitenden Parteiorganen bis zum Zentralkomitee zu melden. Kein Parteimitglied darf Missstände verbergen und Handlungen, die die Interessen der Partei und des Staates schädigen, mit Stillschweigen übergehen.«

Bitte! Das haben wir beschlossen.

Steht drin, ja. Aber es war nicht Praxis.

Die Partei fasste Beschlüsse und kämpfte um ihre Durchsetzung. Und du als Historiker stellst das in Abrede.

Schau dir doch die Protokolle der Parteitage der SED an. Das war Lobhudelei. Auch gegenüber Ulbricht.

Wir hatten keine anderen Prinzipien als sie damals im Statut standen. Frage alle die, die unter Neumann in Berlin gelebt haben, ob die das anders sehen. Du wirst niemanden finden.

Zwischen dem wirklichen Parteileben und dem Statut gab es einen großen Unterschied. Wären die Passagen verwirklicht worden, die du vorgelesen hast, dann wäre das sehr gut gewesen. Dafür war ich doch auch.

Du bist ein komischer Vogel. Ich muss das mal einfach sagen: Eine Frau kriegt ein Kind. Es kann vielleicht lachen und lallen, aber noch nicht sprechen. Es ist aber ein Mensch. Unser Recht verteidigt so einen jungen Menschen auch, wenn er noch kein Bewusstsein hat. Er entwickelt sich. Er braucht 18 Jahre, bis er laut Gesetz volljährig ist. Du stellst nicht die Frage, wie viel Zeit eine Partei braucht, um unter Bedingungen des Klassenkampfes und der offenen Grenze »volljährig« wird und vollständig nach ihrem Statut handelt. Danach fragst du nicht, stattdessen bohrst du: Naja, wenn doch mal einer Kritik gewagt hätte, den hätten sie auseinandergenommen.

Ihr habt doch Kritik nicht wirklich gewollt.

Du kannst das Gegenteil nicht beweisen. Warum argumentierst du wie unsere Gegner?

Ich kenne das Protokoll des V. Parteitags sehr gut, die einzige Kritik von Rang ist die schon erwähnte von Selbmann.

Für mich haben seit Thälmann immer die Beschlüsse gegolten. Wenn einige das nicht so sahen oder sich daran hielten, kann es daran gelegen haben, dass sie sie nicht begriffen haben, es kann auch sein, dass sie eine feindliche Auffassung hatten, es kann sein, dass sie andere Absichten verfolgten … Das muss konkret untersucht werden, dann kann ich meine Meinung dazu sagen. Aber aus deinen Aussagen leite ich ab, dass du bei mir in Neukölln nicht Parteisekretär hättest werden können.

Trotzdem hast du eine Mitverantwortung, dass die von dir zitierten Prinzipien des Statuts nicht verwirklicht worden sind.

Warum machst du mich dafür verantwortlich?

Du warst in der Parteiführung.

Ich steh zu den Dingen, aber du machst mich zum Verantwortlichen.

Mitverantwortung.

Ach, jetzt schwächst du schon ab. Warum machst du mich nicht verantwortlich?

Selbstverständlich wurde in den 50er und 60er Jahren mehr kritisiert als später.

Deine Kritik ist vom Standpunkt einer für bestimmte Ziele kämpfenden Partei inakzeptabel.

Wenn die Sache kaputt gegangen ist, muss man doch zu einer radikalen Kritik finden.

Du hast nicht gelesen, wie Karl Marx die Pariser Kommune nach ihrer Niederlage kritisierte. Das musst du lesen. Da siehst du, wie man so etwas machen muss. Dann wirst du begreifen, warum PDS und du …

Ich bin nicht in der PDS.

Umso schlimmer. Du schreibst Artikel, die sich nicht mit Marx von 1871 messen lassen können.

Wahrlich nicht.

Marx ging immer von den Ereignissen aus.

Marx hatte eine andere Parteitheorie. Für ihn gab es die Partei neuen Typs nicht.

Marx kannte den Imperialismus nicht und konnte deshalb solche Schlussfolgerungen nicht ziehen, die zur Partei neuen Typs führten, die nach deiner Ansicht in die Sackgasse führte. Ich betrachte das als mildernden Umstand, dass du außerhalb der PDS stehst und an die Sackgasse im Text ein Fragezeichen gesetzt hast. Ich stehe auch außerhalb der PDS, würde aber so etwas nicht schreiben. Ich würde mir stattdessen den Kopf zerbrechen und fragen: Haben wir die Prinzipien der Partei neuen Typs richtig angewendet?

Was haben wir erreicht? Wir haben eine Menge erreicht. Alle Erfolge von der Gründung der SED bis zum Mauerbau waren nur möglich – ich rede von sozialen und sozialistischen Errungenschaften – waren nur möglich, weil die Partei ihre führende Rolle in den Schwerpunkten wahrgenommen hat. Dass sie nicht alles erledigen konnte, ist ebenso klar wie die Tatsache, dass einige Funktionäre auch Fehler machten. Es waren doch alles Menschen. Das übersiehst du. Du nimmst als Aufhänger, dass einige Funktionäre dieses oder jenes nicht begriffen hätten.

Du hast die Quintessenz von Lenins »Bürgerkrieg gegen die eigene Regierung« einfach nicht begriffen. Dann hättest du als Außenstehender der PDS auch Vorschläge machen können. Das ist deine Schwäche. Du fragst nicht, warum es nicht gelingt, eine offensive Strategie zu entwickeln. Die SPD freut sich in der *Zeit* darüber, dass Bisky ein Mann sei, der keine Strategie verfolge. Gysi gebrauchte den Begriff wenigstens noch.

Bisky ist ein linker Sozialdemokrat.

Sie hacken darauf herum und benutzen den Begriff des Stalinismus. Wenn ich alles zusammennehme, dann muss ich

Besuch der Ausstellung »Gigant Chemie – Chemiegiganten« in Berlin, 22. August 1964

annehmen, dass viele keine Vorstellungen davon haben, was es heißt, sich erfolgreich gegen den Imperialismus zu behaupten. Du auch nicht. Wenn du nur eine Ahnung davon hättest, dann würdest du vorsichtiger formulieren. Ich verstehe dich. Hielte ich dich für einen Feind, würde ich dich anders behandeln.

Das nehme ich auch an.

Ich habe da keine Scheu. Du hast ein Glück, dass du nicht an meiner Seite in Spanien mitgekämpft hast. Dir wäre es schlecht gegangen. Warum? Wir haben unter kompliziertesten Bedingungen angegriffen. Immer waren wir in der Minderheit. Schlauberger barmten jedesmal: Wir kommen nicht durch. Wir kamen trotzdem durch. Wenn in meiner Einheit einer gesagt hätte: Hier kommen wir nicht durch, den hätte ich weggeschickt. Das wäre noch die mildeste Form gewesen.

Die Arbeiterklasse kämpft immer aus der Minderheit um die Macht. Die herrschende Klasse besitzt alle Machtmittel – wir haben nur Bewusstsein, Ideologie und Organisation. Du machst mit destruktiver Kritik die Organisation kaputt. Wenn sie konstruktiv wäre, würde ich nicht mit dir streiten, sondern sagen: Der hat ja recht. Der öffnet den Blick für Dinge, die ich nicht erkannt habe. Aber du machst eine destruktive Kritik.

Versteh mich nicht falsch: Ich diskutiere mit Dir nicht, um bei dir Minderwertigkeitskomplexe zu entwickeln. Ich diskutiere, weil ich mir sage: Das ist ein anständiger Mensch, der will das Beste.

Wir hatten eine Sowjetische Militäradministration, mit der alles besprochen werden musste. Ich war von 1953 bis 1957 in Berlin 1. Sekretär …

Bis 1954 hieß das Kontrollkommission bzw. Hoher Kommissar.

Ja, ich weiß … Ich hatte da einen sowjetischen Partner …

Hast du dem widersprochen?

Wenn nötig, ja. Aber in der Regel gab es dafür gar keinen Grund. Mein sowjetischer Partner Dengin[10] hatte an der Wand eine Grafik, die die Entwicklung des Wechselkurses zeigte. Und da passierte es, dass Finanzminister Willi Rumpf[9] in der Volkskammer eine ungeschickte Bemerkung machte, die vom Gegner als Anzeichen für eine Währungsreform in der DDR ausgedeutet wurde. Der Wechselkurs ging sofort auf 1:15 hoch. Dengin zeigte auf seine Grafik und auf die steil ansteigende Linie. »Wot pik imeni Rumpfa.« (»Das ist die Bergspitze mit dem Namen Rumpf.«). Ich fragte ihn, warum es überhaupt diese Währungskurve gäbe.

Er guckte, weil er mich verstanden hatte: Die sowjetische Besatzungsmacht hatte nicht verhindert, dass in Westberlin unsere Mark gehandelt wurde.

Konnten sie denn das überhaupt?

Das weiß ich nicht, sie haben nichts kundgetan. Aber letztlich wurde der Wechselkurs von den Freunden sanktioniert. Sie klammerten sich ausschließlich an die Sektorengrenzen. So war das Ding.

Du hast ihm also auch widersprochen?

Ich sagte meine Meinung.

Nachdem Alfred Neumann mich aufgefordert hatte, das Tonbandgerät auszuschalten, erzählt er mit sichtlicher Heiterkeit von einer Inspektion der Grenze, die er als 1. Sekretär mit sowjetischen Offizieren vornahm. Die Militärs störten sich daran, dass in einem Grenzabschnitt Gartenhäuser standen. Neumann sah keine Möglichkeit und wohl auch keinen Grund, dies zu ändern. Ein General war jedoch nur schwer von seinem Plan abzubringen, diese mit Panzern einfach niederzuwalzen.
Neumann nahm diese Haltung als Ausdruck eines Mentalitätsunterschiedes zwischen »uns und ihnen«. Und: »Wären die Russen nicht so gewesen, dann hätten sie den Krieg nicht gewonnen.«
Dann durfte ich den Recorder wieder anschalten.

Einmal bat ich Dengin, er möge mich über eine Konferenz der westlichen Außenminister informieren, ob er da Informationen habe. »Ja«, sagte er, die lägen bei ihm im Panzerschrank. »Ich darf sie dir aber nicht geben.«

Ich regte mich auf. »Ich will sie nicht geschenkt haben, sondern nur lesen.« Er gab sie mir schließlich.

Dengin erzählte mir eine Anekdote, die etwas Gleichnishaftes besaß. Während des Krieges wurde er mit dem Auftrag ins Oberkommando geschickt, Charakteristiken von bestimmten Militärs anzufertigen, die für andere Aufgaben vorgesehen waren. Bei Iwan Iwanowitsch, einem fronterfahrenen, mutigen Soldaten schreiben sie alles Positive auf, was mitzuteilen ist. Dann wirft einer jedoch ein: »Der säuft aber mächtig. In die Charakteristik muss das auch rein. Wenn wir das wissen, dürfen wir es nicht verschweigen.« Ein anderer hält dagegen: »Jedesmal, wenn er gesoffen hatte, ärgerte er sich selbst darüber.« Also schrieben sie: »On pit s bolzim otrazenijem.« (»Er säuft mit großer Abneigung.«)

Ich lachte auch darüber, als Dengin mir das erzählte. Aber was sagt dieser Satz? Da ist ein mutiger Krieger, der sein Handwerk versteht, vieles durchgemacht hat, einige Male verwundet war. Und weil er die Schwere des Krieges nicht verkraftet, trinkt er – gegen seinen Willen. Er tut es, weil ihn die Umstände dazu zwingen, nicht weil er es aus freien Stücken möchte. In gewisser Weise handelt auch eine Partei so.

Wenn du heute eine Partei gründen könntest, deren Profil du weitestgehend bestimmen könntest. Wie wäre das? So wie das der SED?

Nein. Im Übrigen wäre das Unsinn: Es existiert eine Partei, die PDS.

Gut, du lässt dich nicht auf das Gedankenspiel ein. Reden wir also über die Realität.

Du kannst in der PDS das Prinzip des demokratischen Zentralismus – im besten Sinne des Wortes, ich betone das extra – nicht durchsetzen. Sie haben heute andere Prinzipien. Aber wenn sie über die fünf Prozent kommen wollen, dann muss diese Partei trotz Meinungsverschiedenheiten zu einer Partei werden, sie muss in drei oder fünf Fragen eine Grundlinie beziehen. Wenn das nicht gelingt, dann ist das keine Partei. Du brauchst eine Reihe Grundpositionen, die von allen uneingeschränkt geteilt werden.

Angenommen, du wärst Bisky und könntest die Richtung der Politik der PDS stark beeinflussen: Würdest du Positionen, wie etwa »führende Rolle«, wieder aufnehmen?

Was heißt »führende Rolle«? Das sagst ausgerechnet du, obwohl du in deinem Text nicht einmal das Wort »Klasse« benutzt. Auch »Klassenbewusstsein« kommt nicht vor. Stattdessen bringst du die »politische Klasse«. Du kopierst den Westen mit diesem idiotischen Ausdruck.

Was würdest du denn sagen?

Was heißt denn »politische Klasse«?

Das ist lediglich ein anderer Begriff für herrschende Klasse. Er ist schon fast 100 Jahre alt. Nimm es als Ironie.

Das ist nicht Ironie. Du hast geschrieben: »Die politische Klasse im Westen warf Ballast ab …« Das ist eine sachliche Feststellung und nicht Marx. Der hat den Begriff nicht erfunden.

Jürgen Kuczynski[11] *hat in seinem jüngsten Buch geschrieben, dass es die Arbeiterklasse nicht mehr gibt. Kennst du das Buch?*

Nein. Der Jürgen, der Alte? Der hat schon viel Gutes, aber auch viel Mist geschrieben.

Was für »Mist« hat er denn so geschrieben?

Er hat, wenn es gewünscht wurde, Verteidigungsartikel für Honecker geschrieben. Mich hat das nicht gestört, weil ich ihn anders betrachte: Er hat gute und er hat schwache Seiten. Ich habe noch nie mit ihm gesprochen. Nach der »Wende« sah ich ihn und schlug ihm vor, dass man sich mal zum Gespräch treffen könne. Er sagte nur kurz: »Na, ruf mich mal an.« Ich fragte ihn nach seiner Nummer. »Die steht im Telefonbuch«, antwortete er. Da hab ich nur »Dankeschön« gesagt und bin gegangen. Dabei achte ich ihn, und ich glaube, dass er auch keine direkte Abneigung gegen mich hat. Aber das war's dann.

Seine Schwester, die Ruth Werner[12], schätze ich sehr. Sie ist eine sehr kluge, sehr mutige Frau. Was Jürgen alles für Bücher schreibt, weiß ich nicht. Wie viele hat er schon geschrieben?

Doppelt so viele wie Lenin.

Warum nicht? Er hat doch auch die »Gespräche mit dem Enkel«[13] geschrieben, das war nicht schlecht. Ich habe mich darüber gefreut und beim Lesen gelacht.

Als Politbüromitglied?

Jetzt kommst du schon wieder damit.

Aber Honecker hat doch das Manuskript fünf Jahre lang nicht veröffentlichen lassen.

Davon weiß ich nichts. Ich kann mir das nicht vorstellen.

Kuczynski hat immer behauptet, dass sein Buch vom ganzen Politbüro verhindert werde.

Im Politbüro ist darüber nie gesprochen worden.

Dann war es also wieder einmal Honecker allein?

Wenn überhaupt: Honecker mit Hager zusammen. Aber noch mal: Das glaube ich nicht. Außerdem stört mich dieser

Popanz Politbüro. Nicht das Politbüro hat entschieden, sondern die Sekretäre und das Sekretariat des ZK haben entschieden, genauer: der Generalsekretär. Das, was das Politbüro früher einmal war, das politische Führungsorgan der Partei, hat Honecker liquidiert. Der hat es zur bloßen Absegnungsstelle gemacht und alles, was Machtfunktionen betraf, aus dem Politbüro herausgenommen.

Die Volkskammer war auch entmachtet. Sie konnte nur zustimmen zu Beschlüssen, die ihr schon getroffen hattet.

Nein, das war anders. Wann war das mit den Abtreibungen[14]?

1972.

Damals war klar, dass Volkskammer-Abgeordnete dieses Gesetz aus ethischen und religiösen Gründen ablehnen würden. Einige im Politbüro wollten daraus eine Prinzipienfrage machen. Ich war dafür, dass diese Gegenstimmen auch sichtbar würden, weil es eine Mehrheit dafür geben würde.

Bei Ulbricht hat es oft Diskussionen in der Volkskammer gegeben, da ging es lebendig zu. Das ist uns später nie richtig gelungen, die Vorbereitung von Gesetzen in den Ausschüssen und woanders schuf ein Korsett. Es gab keine Parlamentsdebatte, weil schon vorher alles Für und Wider ausgetauscht worden war. Es gab alle ordentlichen Gremien, die Ausschüsse und das Präsidium. Man kann nicht behaupten, dass diese Gremien nicht gearbeitet hätten. Die Ausschüsse haben rege diskutiert. Dort ging es manchmal hart zu. In der Volkskammer herrschte dann erschöpftes Schweigen. In der Öffentlichkeit entstand der Eindruck, die Abgeordneten würden nur abnicken.

Im Grunde lief die Sache so: Die Volkskammer führte die Partei-Beschlüsse durch. Nicht das Volk und die Parlamentarier entschieden, was gemacht wurde.

Jetzt fängst du schon wieder an.

Die Volkssouveränität wurde ausgehebelt.

Da hast du schon wieder einen Floh im Kopf.

Auch die DDR-Juristen sehen das heute so. Hermann Klenner[15] *sprach darüber unlängst auf dem Ostdeutschen Juristentag.*

Wenn du jetzt anfängst, mir diese demokratischen Vorstellungen noch einmal zu servieren und vom »ganzen Volk« zu reden, dann muss ich das »Kommunistische Manifest« herausholen und dir die Passagen vorlesen, wo es darum geht, dass jeder nach seiner Fasson glücklich werden soll. Das steht dort am Ende: wenn in der Welt der Sozialismus vorherrscht.

Am Anfang aber steht die Diktatur des Proletariats.

In einem späteren Vorwort zählte Engels auch die Ärzte und Pfaffen zum Proletariat, weil sie Gehalt empfingen. Also Engels hatte den Begriff des »Handarbeiters« schon längst korrigiert.

Bei deinen demokratischen Illusionen, die du mir unter die Weste klemmen willst, gibt es keine Garantien, dass die Gesellschaft in die Richtung des Sozialismus laufen wird. Es war ein Riesenerfolg für die PDS, meine Gratulation, dass sie dieses Programm zustande gebracht hat. Das war eine Riesenarbeit. Das ist ein Silberstreifen am Horizont, weil sie nicht beim »Kampf gegen den Stalinismus« und »Partei neuen Typs« stehen geblieben ist. Das ist doch nicht aktuell. Aktuell ist doch was anderes.

Was?

Ich hab deinen Artikel gelesen. Da kann ich dir genug dazu sagen. Er ist irreführend, weil du die Komplexität des Klassen-

Festveranstaltung zum 55. Jahrestag der Großen Sozialistischen Oktoberrevolution in der Staatsoper, 6. November 1972

kampfes nicht darstellst. Deshalb gehst du auf die miese Formulierung der »politischen Klasse« ein.

Aber die »politische Klasse« gibt es doch.

Was soll denn das sein?

Das Kapital, die Führungen der etablierten Parteien, die anderen Eliten …

Etwa auch die PDS?

Die PDS würde ich dazu nicht zählen. Sie ist in der Opposition.

Die Gesellschaft wird von der Großbourgeoisie beherrscht, sie ist in Klassen gespalten. An einer Universität am Westhang des Harzes wurde eine Untersuchung über die soziale Gliederung der westdeutschen Bevölkerung durchgeführt, und was kam raus? Nur eine Minderheit hat fast alles und entscheidet in Staat und Gesellschaft. Auch Herrnstadt hat, nachdem er abgesägt war, ein Buch über Klassen und Schichten herausgebracht, das sehr lesenswert ist. Herrnstadt war klug. Er kam damit nicht klar, mit wem er zusammen arbeiten musste.

Karl Schirdewan wurde auch unterdrückt.

Komm mir nicht mit Schirdewan. Ich war mit ihm beim XX. Parteitag der KPdSU in Moskau. Ich weiß, was er erzählt hat, welche Ideen er hatte und warum er abgesägt wurde. Mit vollem Recht, sage ich heute noch. Mit vollem Recht!

Er war gegen Ulbricht.

Gegen Ulbricht? Er hat in einer Zeit, wo die Reaktion die DDR 1956/57 angriff, wo es in Ungarn und Polen brannte, wo in Dänemark und in der Schweiz die sowjetischen Botschaften brannten, alles bei uns infrage stellen und diesen Unsinn übertragen wollen. Ich sagte da: Nein, Sense, bei mir nicht …

Warst du ein Ulbricht-Mann?

Ich war kein Ulbricht-Mann. Ich habe meine Meinung gesagt. Als Schirdewan noch im zentralen Apparat saß, wollte er mir in Berlin Vorschriften machen. Das habe ich mir verbeten. »Ich entscheide hier, lieber Karl. Sag das im Politbüro.

Neumann bringst du nicht dazu, das zu machen, was du willst.«

Es war auf einer Berliner Parteiaktivtagung. Ich sprach, es kam ein Zwischenruf, den vermutlich Schirdewan bestellt hatte. Ich wurde gefragt, was ich von Gomulkas Leitlinien halte.[16] Ich antwortete ohne Umschweife: »Wenn ich sie gelesen habe, dann sage ich meine Meinung. Jetzt kann ich dazu nichts sagen.« Der Fall war erledigt. Ruhe im Saal.

Jetzt komme ich erneut zu deinem Artikel. Du behauptest, dass die SED-Führung den Blockparteien Ecken und Kanten genommen hätten. Entschuldige, das ist doch ausgemachter Quatsch. Solche Politik hat die SED nicht gemacht. Die einzelnen Blockparteien hatten einen beträchtlichen Einfluss und hunderttausende Mitglieder.

Stimmt.

Ob in der Landwirtschaft oder im Mittelstand, sie machten ihre eigene Politik.

Sie durften ab dem V. Parteitag der SED im Jahre 1958 Vorschläge für die SED-Beschlüsse einbringen. Das war schon wichtig. Die SED neigte aber zur Verletzung der Bündnispolitik. Die Blockparteien wirkten auf eine Korrektur hin. Von ihnen kam manches Konstruktive in die Politik der SED.

Warum sagst du: »Die SED neigte zur Verletzung der Bündnispolitik«? Darf ich dir eine Frage stellen, über die du ja nicht geschrieben hast? Neigt nicht auch die Bonner Regierung dazu, die Interessen der werktätigen Menschen, insbesondere der Ossis, zu verletzen?

Einverstanden.

Warum hast du das nicht geschrieben?

Ich hab über die DDR geschrieben.

Zu der damaligen Zeit hat die Bundesregierung das auch schon gemacht, was du verschweigst. Wenn du alles durch die gefärbte Brille siehst, ist das komisch.

Ich hab doch nicht über die (alte) Bundesrepublik geschrieben.

Monatsfahrkarte der BVG von 1948, der Tarif pro Monat betrug12,50 RM. Neumann hatte umseitig Marken von Januar bis Mai »geklebt«

Du hängst an der eigenen Angel. Du hast geschrieben, dass die DDR-Entwicklung nicht zu trennen sei vom Kalten Krieg. Das ist doch richtig. Die Bundesrepublik hat die Pariser Verträge unterschrieben und ging in die NATO. Was sollte die bedrohte DDR machen? Ich war im Krieg und weiß, wenn einer seine Flinte zieht, dann kann man nicht diskutieren.

Du bist also der Meinung, dass CDU, DBD, LDPD und NDPD der SED-Politik nicht bisweilen Ecken und Kanten genommen haben.

Du machst das verkehrt. Du willst das so hinstellen, als hätten die Blockparteien nur für die SED zu arbeiten gehabt. Du kommst nicht klar mit der Tatsache, dass es eine führende Klasse gegeben hat. Diese führende Klasse war die Arbeiterklasse. Sie war verbündet mit den Bauern, nicht nur den LPG-Bauern, und der Intelligenz. Aber die Intelligenz hatten wir Anfang der 50er Jahre noch nicht. Die musste erst aus der Arbeiterklasse und den Bauern neu gebildet werden. Die alte Intelligenz war zum entscheidenden Teil nach dem Westen abgerückt. So war doch die Lage.

War aber auch noch da.

Ein Teil war da. Einmal fuhr ich 1957/58 nach Halle. Die Frauen beschwerten sich: »Genosse Neumann, wir können nicht mehr zum Frauenarzt gehen.« Wieso das, erkundigte ich mich. »Weil es keine mehr gibt.« Es war so. Die Ärzte waren mit hohen Prämien nach Westdeutschland gelockt worden. Vor allem aus jener Region, in der wir die Chemieindustrie hatten, von der wir viel erwarteten.

Dafür fandest du Beweise?

Ja, ich habe Beweise.

Zur Wahrheit gehört, dass Ärzte auch freiwillig gingen, weil in der DDR das Leben beschwerlicher war als im Westen, weil sie die DDR auch politisch überforderte.

Uns blieb nichts anderes übrig, als zu den Tschechen zu gehen und Ärzte »auszuborgen«. So war die Lage.

Du warst in der Tschechoslowakei. Wer hat die Ärzte aus Bulgarien geholt? Von da kamen doch die meisten Ärzte.

Die Bulgaren wurden erst später geholt. Ich habe das mit Hilfe von Bernard Koenen[17] gemacht. Er war Botschafter in Prag. In Halle lief die Arbeit nicht gut. Der 1. Sekretär, den wir damals hatten, kam von einer Antifa-Schule, aber er konnte den Bezirk nicht leiten. Ich will seinen Namen[18] nicht nennen.

Im Bezirk Halle hatte sich seit 1957 einiges angestaut.

Natürlich, es war sehr kompliziert dort.

Welche Funktion hattest du 1958?

Sekretär des ZK.

Da hast du die damals anlaufenden Kampagnen mitbeschlossen: die Brigadebewegung, den »Bitterfelder Weg«, die Arbeiterfestspiele, die Betriebsakademien.

Der Westen konzentrierte sich auf die großen chemischen Werke. Ich sagte dem Walter Ulbricht, dass das in Halle so nicht mehr weitergehen könne. Ulbricht fragte: »Was sollen wir machen? Hast du einen anderen Vorschlag?« Nein, sagte ich. »Dann gibt es nur eines, wir nehmen den Bernard Koenen.«

Das war ein guter Vorschlag.

Ich wandte bei Ulbricht ein, dass Koenen Botschafter in Prag und schon 72 Jahre alt sei. Ulbricht sagte: »Du fährst jetzt runter und holst den Bernard Koenen her.« Ich fuhr zum Bernard und sagte ihm: »Du packst den Koffer. Wir fahren beide sofort nach Berlin.«

Bernard wurde also Bezirkssekretär der SED in Halle. Das lief alles ohne Schwierigkeiten. Bernard brauchte nur irgendwo aufzutauchen und schon konnten die meisten Fragen sofort gelöst werden. Den kannten die Leute schon aus den 20er, 30er Jahren. Auch sein Bruder Wilhelm war bekannt …

Darüber hat Erik Neutsch »Spur der Steine« geschrieben. Hast du das Buch einmal gelesen?

Ich hab es einmal angefangen. Irgendwie verließ mich die Lust … Mit Bernard ging alles ausgezeichnet, bis das Alter seinen Tribut forderte. Nach ihm kam Horst Sindermann, weil er Halle gut kannte. Der Walter hat das so gewollt. Sindermann war stellvertretender Agitpropleiter im Zentralkomitee, zuvor leitete er die Bezirkszeitung *Freiheit* in Halle. So kehrte er also zurück. Sindermann war ein Agitator, aber keiner, der konkrete Probleme lösen konnte. Mit den Menschen konnte er einigermaßen umgehen. Honecker gab ihm den Mittag zur Seite. Aber nicht, um seine Schwächen auszugleichem, sondern um zu verhindern, dass der Neumann als zuständiger Erster Stellvertreter nicht den Ministerrat in die Hand bekäme. Das bloß am Rande …

Ich will also sagen, wenn ich alles zusammen nehme: Du schreibst in deinem Beitrag von Demokratie als Zivilisationserscheinung und unterstellst, wir wären unzivilisiert gewesen. Das ist schon die Höhe.

Ich werfe der SED vor, dass sie die Demokratie, vor allem auch als innerparteiliche Demokratie, nicht wirklich ernst genommen hat.

Was heißt denn »ernst nehmen«?

Diskussion über die neue Verfassung mit den Modelltischlern Dieter Grantze (l.) und Werner Reusch im VEB Werkzeugmaschinenfabrik Zerbst, 1968

Es gab keine Möglichkeit der Einflussnahme, von der Grundorganisation aufwärts zur Kreis- und Bezirksleitung usw. …

Du musst sagen: wann. Wenn du das auf die Honecker-Zeit beziehst, brauchen wir nicht zu streiten. Wenn du sagst, bis in die 60er Jahre, dann sage ich: Das stimmt nicht.

Gut, wir können auf deinen Nenner gehen. Bei Honecker war das nicht mehr gegeben. Aber war das bei Ulbricht so total anders?

Jetzt fängst du schon wieder mit *total* an. Was heißt beispielsweise totaler Krieg? Den hat der Goebbels propagiert.

Ich meine, dass die Partei im eigenen Interesse eine innerparteiliche Demokratie gebraucht hätte. Die Führungsgremien hätten von der Basis kontrolliert werden müssen.

Du bist ein ausgemachter Witzbold. Wir hatten das Prinzip des demokratischen Zentralismus. Das kannte die Hierarchie von der Grundorganisation zum Kreis, zum Bezirk und dann zum Zentralkomitee. Wir hatten die entsprechenden Gremien, etwa die Revisions- und Kontrollkommissionen. Die haben kontrolliert. Wir hatten den Parteitag als demokratisches Gremium und haben zu den Beschlüssen eine breite Diskussion durchgeführt, eine zehnmal breitere Diskussion als sie eine bürgerliche Partei einschließlich der Sozialdemokraten jemals gemacht hat.

Das war doch überwiegend Propaganda, mach dir da bloß nichts vor. Diese Diskussion in Vorbereitung der Parteitage der SED war sogar platte Propaganda.

Aber nun hör doch auf.

Doch! Außerdem sehr abgehoben und über die Köpfe hinweg.

Du kannst doch nicht eines mit anderem vergleichen. Wenn also bestimmte Beschlüsse des Parteitags vorbereitet werden und dazu erscheinen Thesen, können diese breit diskutiert werden. Oder wir machen eine Verfassung wie 1968.[19]

Da war gut, dass abgestimmt werden konnte und es an die fünf Prozent Nein-Stimmen gab, was andererseits hieß, dass eine Mehrheit dafür war.

Ach, das siehst du ein. Da willst du also Demokratie als Zivilisationserrungenschaft reinbringen. Willst du sagen, dass das Dreiklassenwahlrecht von Wilhelm II. auch zu deinem Demokratie-Verständnis gehört?

Nein.

Nicht. Der Ausschluss der Frauen vom Wahlrecht?

Nein!

Der Zensus, den sie in der Schweiz haben?

Nein. Aber auch die bürgerliche Demokratie mit ihrem Formalansatz musste hier nicht der Maßstab sein.

Also die bürgerliche Demokratie?

Nein.

Dann musst du sagen, welche Demokratie du willst.

Man hätte bei uns schon viel erreicht, wenn vom Kreis, über den Bezirk bis zur Volkskammer ein Drittel mehr Kandidaten aufge-

stellt worden wären, als gewählt werden können. Auch die führenden Politiker hätten abgewählt werden können und müssen.

Wenn du durchaus geil darauf bist, dass jemand abgewählt wird.

Das ist keine Kleinigkeit. Das habt ihr abgewehrt. Eigentlich hättet ihr im Interesse der politischen Stabilität dafür sein müssen.

Wir hatten doch später die Möglichkeit, dass jeder auf dem Wahlzettel streichen konnte. Bei den Wählervertreterkonferenzen standen mehr Namen auf der Liste.

Du willst den Aufbau des Sozialismus als weiße Wolke am Himmel haben und die Realität des Klassenkampfes ausblenden.

Ich habe das Recht und die Pflicht, die Vergangenheit kritisch zu analysieren und zu betrachten.

Ach, das ist das Recht des Historikers?

Du sitzt hier als Politiker und könntest auch kritisch werten.

Du nimmst dir das Recht des Historikers, den historischen Materialismus preiszugeben. Deswegen fängst du an, Persönlichkeitsfragen in den Vordergrund zu rücken. Das kenn ich alles aus euren Büchern. Wir haben ernsthaft am Aufbau des Sozialismus gearbeitet und manches nicht geschafft. Wir haben einige Pläne nicht hundertprozentig erfüllt. Aber wir sind in einer bestimmten Richtung entsprechend unseren damaligen Erkenntnissen vorangeschritten. So ist das gegangen. Manche Sachen haben wir nicht erreicht. Wir haben in den 60er Jahren eines nicht geschafft: die Banditen in unseren eigenen Reihen zu entlarven.

Anmerkungen

1 Nach der Errichtung der Nazi-Diktatur in Deutschland gab es eine kritische Analyse für die Ursachen dieser politischen Niederlage, die zu neuen strategischen Überlegungen führten. Der VII. Weltkongress der Komintern im Sommer 1935 – im Übrigen der letzte vor der Auflösung der Kommunistischen Internationale 1943 – verabschiedete sich von der Theorie des Sozialfaschismus und orientierte auf ein breites Bündnis zur

Überwindung reaktionärer gesellschaftlicher Verhältnisse. Das war der Versuch der kommunistischen Parteien, aus der selbstverschuldeten Isolierung zu kommen.

2 Die Brüsseler (1935) und die Berner Parteikonferenz (1939) der KPD fanden in Moskau statt. Auf ihnen wurden die auf dem VII. Weltkongress der Komintern beschlossene neue Ausrichtung auf die deutschen Verhältnisse übertragen.

3 Wolfgang Leonhards »Die Revolution entlässt ihre Kinder« erschien 1955, in der Hochzeit des Kalten Krieges. In diesem autobiografischen Buch schilderte der Absolvent der Schule der Komintern in Kuschnarenkowo und einstige Sprecher des NKFD-Senders »Freies Deutschland«, der 1945 mit der Gruppe Ulbricht nach Deutschland zurückgekehrt war und in der Abteilung Agitation und Propaganda der SED-Führung arbeitete, ehe er Lehrer an der Parteihochschule »Karl Marx« in Kleinmachnow wurde, wie er 1949 nach Jugoslawien floh, wo Leonhard bei Radio Belgrad tätig war, und mit dem Kommunismus »brach«. In »Meine Geschichte der DDR« bezeichnet Leonhard sich als den ersten Prager Botschaftsflüchtling der DDR, da seine Flucht aus der SBZ nach Jugoslawien über die Prager Botschaft führte. Der einstige »Kreml-Astrologe« und Ostexperte gilt seit 1990 insbesondere im Osten als Kronzeuge für die »Stalinisierung« der SED.

4 Der Anteil Leonhards am Zustandekommen des Beitrages von Ackermann über den besonderen deutschen Weg zum Sozialismus (dokumentiert in: Anton Ackermann. Der deutsche Weg zum Sozialismus. Selbstzeugnisse und Dokumente eines Patrioten«, Berlin 2005) ist nicht bezeugt.

5 Das nach dem US-Außenminister George C. Marshall benannte »Wiederaufbauprogramm« der USA in Westeuropa – wofür dieser 1953 den Friedensnobelpreis erhielt – war das als Hilfe deklarierte Programm der USA, sich dauerhaft in Westeuropa zu etablieren. Damit wurden nicht nur die Abhängigkeit der unterstützten Staaten hergestellt, sondern diese in die zweite strategische Orientierung der USA für Nachkriegseuropa eingebunden: Die Sowjetunion – den »Kommunismus« – einzudämmen (»containment«) und langfristig aus Zentraleuropa herauszudrängen (»roll back«). Auch das ist 1990/94 gelungen. Die Marshallplan-»Hilfe« umfasste Kredite und Lieferung von Rohstoffen, Lebensmitteln und Waren im Umfang von 13,1 Milliarden Dollar, die zwischen 1948 und 1952 nach Westeuropa flossen. Das meiste davon floss nach Großbritannien (3,6 Milliarden Dollar) und Frankreich (3,1), Westdeutschland/BRD bekam 1,4 Milliarden und damit noch weniger als Italien (1,6 Milliarden). Diese Relation zu erwähnen, ist angesichts der propagandistischen Überhöhung des Beitrages für die Bonner Republik durchaus angezeigt. Churchill wähnte die westliche Welt von »Tyrannei« bedroht. Die kommunistischen Parteien stellten eine wachsende Gefahr für die »christliche Zivilisation« dar.

6 Am 5. März 1946 hielt Winston Churchill im Westminster College in Fulton (US-Staat Missouri) eine Rede, die als Zäsur im Vorfeld des Kalten Krieges in die Geschichte einging. Er erklärte: »Von Stettin an der Ostsee bis hinunter nach Triest an der Adria ist ein Eiserner Vorhang (»Iron Curtain«) über den Kontinent gezogen.«

7 In seiner Stuttgarter Rede (»Rede der Hoffnung«) kündigte der amerikanische Außenminister James F. Byrnes am 6. September 1946 an, dass sich seine Regierung nicht mehr an das Potsdamer Abkommen gebunden fühle. Am 12. März 1947 verkündete der US-Präsident die Truman-Doktrin in einer Botschaft an den Kongress, die der Sowjetunion eine expansive Politik unterstellte. Er beschwor die Bedrohung der »freien Welt« durch den Kommunismus. Am 5. Juni 1947 folgte der Marshall-Plan.

8 Am 21. Juni 1948 wurden in den drei westlichen Besatzungszonen die »Deutsche Mark« als neue Währung eingeführt, wenige Tage später auch in den Westsektoren Berlins. Diese Währungsreform erfolgte hinter dem Rücken des östlichen Alliierten und war der entscheidende Schritt zur Spaltung Deutschlands. Die Maßnahme (»Operation Bird Dog«) war von langer Hand vorbereitet worden: Die neuen Banknoten, in den USA gedruckt, wurden in 23.000 Holzkisten per Schiff von New York nach Bremerhaven transportiert. Dort trafen sie Ende Mai 1948 ein. Diese politisch motivierte Maßnahme führte zu einer Eskalation des Kalten Krieges und zur »Berlin-Blockade« durch die Sowjetunion.

9 Willi Rumpf (1903-1982), KPD seit 1925, von 1933 bis 1938 Zuchthaus und KZ Sachsenhausen, danach in der Widerstandsgruppe von Robert Uhrig. 1944/45 erneute Haft. Leiter der Treuhandverwaltung Berlin 1947/48, danach Leiter der Hauptverwaltung Finanzen der DWK, von 1949 bis 1955 Staatssekretär im Ministerium für Finanzen, von 1955 bis 1966 Minister für Finanzen, Kandidat des ZK seit 1950, 1963 Mitglied.

10 Sergej A. Dengin war im sowjetischen Sektor Berlins (»Sowjetskaja Okkupatcionna Zona garoda Berlin«) von 1950 bis 1953 Chef. Er war der erste Zivilist auf diesem Posten (»Natschalnik Garnisona i Wojenny Komendant«). Vor ihm bekleideten dieses Amt Generaloberst Nikolai E. Bersarin (April bis Juni 1945), Generaloberst Alexander W. Gorbatow (Juni 1945 bis Oktober 1945), Generalleutnant D. I. Smirnow (Oktober 1945 bis April 1946) und Generalmajor Alexander G. Kotikow (April 1946 bis Juni 1950). Nach Dengin folgten noch vier weitere Militärs bis 1962. An diese Stelle trat 1962 ein NVA-Stadtkommandant.

11 Jürgen Kuczynski (1904-1997) stammte wie Friedrich Engels aus Elberfeld und war der Sohn des berühmten Statistikers Robert René Kuczynski. Er studierte in Erlangen, Berlin und Heidelberg Philosophie, Statistik und Politökonomie und war ab 1926 Forschungsstudent in den USA. 1929 kehrte er nach Deutschland zurück, Eintritt in die KPD 1930. Mitarbeiter der Roten Fahne und der sowjetischen Aufklärung. 1936 Exil in Großbritannien, kämpfte in der US Army als Colonel. Nach dem

Krieg Präsident der Zentralverwaltung für Finanzen in der Sowjetischen Besatzungszone, von 1947 bis 1950 erster Vorsitzender der Gesellschaft zum Studium der Kultur der Sowjetunion (später DSF), seit 1946 an der Berliner Linden-Universität, emeritierte 1968. Galt auch als »Querdenker und fröhlicher Marxist« bzw. »linientreuer Dissident« (Selbstdarstellung), als »Nestor der Wirtschaftswissenschaften« in der DDR. Er schrieb oft für Honecker die Reden-Passagen zur Ökonomie des Kapitalismus, die er dann wieder in eigenen Arbeiten als Honecker-Zitate und damit als Autoritätsbeweis brachte.

12 Ruth Werner (1907-2000), geboren als Ruth Ursula Kuczynski, war Kundschafter des sowjetischen Militärnachrichtendienstes GRU, zuletzt im Range eines Oberst. Als Schriftstellerin arbeitete sie seit 1954 unter dem Pseudonym Ruth Werner. In ihren 1977 verlegten Erinnerungen (»Sonjas Rapport«) offenbarte sie erstmals ihre Geheimdiensttätigkeit. Sie war die vielleicht erfolgreichste Kundschafterin der Sowjetunion im Zweiten Weltkrieg. Die Sowjetunion ehrte sie mit ihrer höchsten militärischen Auszeichnung gleich zweimal: mit dem Rotbanner-Orden.

13 »Dialog mit meinem Urenkel. Neunzehn Briefe und ein Tagebuch« erschien erstmals 1983. Auf populäre, aber dialektische Weise setzte sich darin Ruth Werners Bruder Jürgen Kuczynski kritisch mit Stärken und Unzulänglichkeiten des Sozialismus auseinander, was punktuell der Propaganda widersprach und darum große Popularität gewann.

14 Am 9. März 1972 wurde das am 27. März 1950 von der Volkskammer angenommene »Gesetz über den Mutter- und Kinderschutz und die Rechte der Frau« zum dritten Male geändert. Eingefügt wurden höhere Geburtenbeihilfen (500 Mark beim ersten, 600 beim zweiten, 700 beim dritten etc.) Am gleichen Tage beschloss die DDR auch ein Gesetz über die Unterbrechung der Schwangerschaft. Es legalisierte den Abbruch der Schwangerschaft in den ersten zwölf Wochen. Darin hieß es u. a.: »Der Arzt, der die Unterbrechung der Schwangerschaft vornimmt, ist verpflichtet, die Frau über die medizinische Bedeutung des Eingriffs aufzuklären und über die künftige Anwendung schwangerschaftsverhütender Methoden und Mittel zu beraten.« Und: »(1) Die Vorbereitung; Durchführung und Nachbehandlung einer nach diesem Gesetz zulässigen Unterbrechung der Schwangerschaft sind arbeits- und versicherungsrechtlich dem Erkrankungsfall gleichgestellt. (2) Die Abgabe ärztlich verordneter schwangerschaftsverhütender Mittel an sozialversicherte Frauen erfolgt unentgeltlich.« Das sozial gerechte und international einzigartige Gesetz wurde mit der deutschen Einheit liquidiert und am 27. Juli 1992 durch das rückschrittliche »Schwangeren- und Familienhilfegesetz« ersetzt.

15 Hermann Klenner, Jahrgang 1926, Jurist und Rechtsphilosoph, Professor an der Humboldt-Universität seit 1956, 1958 nach einem Parteiverfahren wegen Revisionismus für zwei Jahre zum Bürgermeister nach Let-

schin im Oderbruch abkommandiert. Danach Tätigkeit an der Akademie der Wissenschaften. Die von ihm geleitete Arbeitsstelle für Rechtswissenschaft an der AdW wird 1968 aufgelöst, nachdem die von ihm mitverfassten »Konzeptionellen Gedanken zu einem Lehrbuch Rechtstheorie Sozialismus« in Kritik gerät. Der Generalstaatsanwalt bezeichnet das »Pamphlet« als »antimarxistisches Machwerk« und nennt Klenner einen rückfälligen Revisionisten, Konvergenztheoretiker, unterentwickelten Kleinbürger, Dritten-Weg-Sucher und demokratischen Sozialisten, der keine Gewähr mehr dafür biete, als Hochschullehrer klassenbewusste Staatsanwälte und Richter zu erziehen. Der Marxist Klenner ist Autor von rund 700 Arbeiten zu Aspekten von Rechtswissenschaft, Philosophie und Geschichtswissenschaft

16 Nach dem XX. Parteitag der KPdSU im Februar 1956, am 12. März, starb in Moskau der Erste Sekretär der Polnischen Vereinigten Arbeiterpartei (PVAP), Boleslaw Bierut. Der plötzliche Tod gab Gerüchten Vorschub, zumal das Verhältnis zwischen Polen und der Sowjetunion ohnehin nicht frei von Spannungen war – man erinnere sich an 1939 und an Katyn. Der latente Antisowjetismus bekam neue Nahrung. Bieruts Nachfolger im Amt des Parteichefs, Edward Ochab, glaubte den wachsenden Druck aus dem Kessel zu lassen, indem er die Pressezensur lockerte. Hinzu kam die Propaganda des Klassenfeindes: Seit Mitte März verstärkten der polnische Dienst des US-Radiosenders *Voice of America* (VOA) sowie andere westliche Kurzwellensender ihre Aktivitäten. In der zweiten Märzhälfte brachten lokale und regionale Parteifunktionäre ihre tiefe Besorgnis über »eine große Zahl von Arbeitern« zum Ausdruck, die diese Radiosender einschalteten, »um die wiederholten Ausstrahlungen von Chruschtschows Rede ebenso zu hören wie übel wollende Kommentare«. Die öffentlichen Feindseligkeiten gegen die Sowjetunion eskalierten und erreichten im Sommer ihren Höhepunkt in Poznan. Während der zweitägigen bewaffneten Auseinandersetzungen starben dort 75 Menschen, mehr als 700 wurden zum Teil schwer verletzt. Das wiederum fand ein Echo in der benachbarten Tschechoslowakei und in Ungarn. Die Welle der konterrevolutionären Vorstöße wurde durch die Ablösung Ochabs als Parteichef beendet, an seine Stelle trat Wladyslaw Gomulka. Dieser war 1948 wegen »rechtsnationalistischer Abweichungen« als stellvertretender Ministerpräsident abgelöst, 1951 verhaftet und aus der Partei ausgestoßen worden. Gomulka stoppte die Kollektivierung der Landwirtschaft, erlaubte private Kleinunternehmen und konzentrierte sich auf die Modernisierung der bereits in Staatsbesitz befindlichen Produktion.

17 Bernard Koenen (1889-1964), gebürtiger Hamburger, Maschinenschlosser, Bruder von Wilhelm Koenen. 1917 USPD, KPD 1920, als »Versöhnler« aus der Thälmannschen Parteiführung verdrängt, Emigration in die Sowjetunion, Opfer der Stalinschen Säuberungen 1937, von 1941 bis 1943 tätig beim »Deutschen Volkssender«, Mitarbeiter des NKFD, 1943

ZK-Mitglied. Von 1946 bis zu seinem Tode in der Führung der SED, von 1958 bis 1963 als 1. Sekretär der SED-Bezirksleitung Halle, davor fünf Jahre Botschafter der DDR in Prag.

18 1. Sekretär der SED-Bezirksleitung Halle von 1954 bis 1958 war Franz Bruk (1923-1996), ein gelernter Bäcker aus Wien. Nach britischer und amerikanischer Kriegsgefangenschaft hatte er nach dem Krieg als Kassierer im Finanzamt Eberswalde begonnen, Eintritt in die SED, Besuch der Parteihochschule 1950/51, danach Sekretär in der SED-Kreisleitung Senftenberg, 1952 wurde Bruk 1. Sekretär der Bezirksleitung Cottbus, 1953/54 Studium an der Parteihochschule in Moskau, danach 1. Sekretär in Halle. Von 1958 bis 1966 Sekretär für Agitation und Propaganda, danach bei der DEFA in Potsdam und Mitglied der BL in Potsdam.

19 Die Verfassung der DDR wurde am 6. April 1968 in einem Volksentscheid angenommen. Die Abstimmung erfolgte auf dem amtlich vorgedruckten Stimmzettel durch Ankreuzen eines der für »Ja« oder für »Nein« vorgesehenen Felder. (§ 5 des Gesetzes zur Durchführung eines Volksentscheides über die Verfassung der Deutschen Demokratischen Republik vom 26. März 1968). 94,49 Prozent der abgegebenen Stimmen lauteten auf »Ja«. Neumann hebt mit dieser Bemerkung wohl auf die Tatsache ab, dass eine Diskussion im Vorfeld von elementaren Entscheidungen in der DDR, nicht aber im Westen möglich war. Siehe Protokoll der Ministerkonferenz in Koblenz am 9. Juli 1948, warum über das künftige Grundgesetz der BRD keine Volksabstimmung erfolgen solle: »Für ihren Vorschlag, von einem Volksentscheid Abstand zu nehmen, war maßgebend die Erkenntnis, dass heute weite Teile des deutschen Volkes ihre Stimme nicht aus sachlichen Gründen abgeben würden, sondern um ihrem Bedürfnis nach einem sichtbaren Protest gegen die Zeitverhältnisse und die von ihnen dafür verantwortlich gemachten Militärregierungen Ausdruck zu verleihen, schlechthin gegen die von den verantwortlichen politischen Parteien vorgeschlagenen Lösungen stimmen könnten.«

»Bei der Siegerehrung ließ ich die Knochen unten«

Du bist in Kreuzberg geboren, 1909.

Na, ja. Eigentlich gehörte das damals zu Schöneberg, wo ich geboren wurde. Das war in der Nähe der Potsdamer Straße. Kennst du die Potsdamer Straße?

Ja.

Parallel zur Potsdamer läuft die Steinmetzstraße. Und die nächste ist die Bülowstraße. Dort bin ich geboren. Die Bülowstraße mündet in die Kulmerstraße, und von dort lief ich in die Pallasstraße, wo ich die Schule besuchte.

Erzähl über deinen Vater und die Mutter.

Vater war Tischlergeselle, stammte aus Niederschlesien, aus der Gegend, wo die Weber streikten. Mutter kam aus Oberschlesien. Vater war evangelisch, Mutter katholisch. Sie hat als Falzerin in einer Buchbinderei gearbeitet.

Gehörtest du auch einer Kirche an?

Formal ja. Das entschied Vater. Ich wurde in der Luther-Kirche in der Bülowstraße getauft, dabei soll ich mächtig geschrien haben. Ich habe mich also widersetzt, was wohl als Zeichen zu sehen war.

Vaters Vater war Kutscher bei einem gräflichen Herrn, und auch er kam nicht aus dem Dorf heraus. Die einzige Gelegenheit bot sich dadurch, dass er sich zum preußischen Militär meldete. Er kehrte nicht mehr nach Schlesien zurück. In Berlin lernte er meine Mutter kennen, die sich ebenfalls aus ihrer Heimat abgesetzt hatte. Vater lebte von 1863 bis 1924. Nach seinem Tode hat Mutter wieder als Falzerin in Berliner Buchbindereien gearbeitet. Während des Krieges arbeitete Vater in der Muskauer Straße in einer Tischlerei. Er war dort Vertrauensmann der Gewerkschaft und Sozialdemokrat. Er hat auch in der Revolution mitgemacht, der Alte.

1918?

Schon vorher ist er aus der SPD ausgetreten und Mitglied der USPD geworden. Später ist er mit der USPD nicht zur SPD zurückgegangen, aber in die KPD ist er auch nicht eingetreten.[1]

Was hat er in der Revolution gemacht?

Das weiß ich nicht. Vater ist dabei gewesen, Mutter hatte Sorgen, weil der Alte mit einer Flinte rumlief. Er war schon 55 Jahre alt und hat da noch mitgemacht.

Hattest du Geschwister?

Ja, ich war der Jüngste. Als ich verspätet kam, war Vater schon Mitte 40. Der älteste Bruder Richard wurde 1894 geboren, der andere, Erwin, 1902. Richard wurde 1914 eingezogen und fiel im Frühjahr 1918 in Frankreich als Feldkanonier. Er hat einen Volltreffer gekriegt. Weiter als bis zum Gefreiten hat er es in vier Jahren nicht gebracht. Ich habe noch eine Postkarte von ihm, wo er schreibt: »Meine Lieben, ich hoffe ja, dass der Krieg bald zu Ende sein wird, denn die in Russland haben einen Friedensvertrag gemacht. Wir werden bald nach Hause kommen.« Sie haben also in Frankreich die Entwicklung im Osten mitgekriegt und darüber diskutiert. Aber ich kann nicht sagen, ob er politisch organisiert war.

Was sind deine ersten Erinnerungen?

Typische Proletarierverhältnisse herrschten bei uns. Mutter hat immer gesagt: »Du bist im Waschkorb zur Welt gekommen und hast darin auch geschlafen.« Wir hatten eine Berliner Stube, in der die Betten hintereinander standen. Bescheiden, alles sehr bescheiden. In der Küche stand das Bett von Muttern, und wir Kinder waren in der Stube.

Das sind die ersten Erinnerungen. Mutter war nicht Sozialdemokratin, aber politischer als Vater. Wenn der Alte traditionsbewusst am Sonntagvormittag zu Erwin und mir sagte: »Jungs, geht in die Kirche!«, dann erklärte Mutter: »Geht nicht in die Kirche, geht spielen!« So waren die Kompetenzen zu Hause aufgeteilt. Später wurden Vater und Mutter Mitglieder bei den Freidenkern. Beide wurden nach ihrem Tode auch von den Freidenkern eingeäschert.

Meine erste politische Handlung war der Austritt aus der Kirche. Da war ich vierzehn.

Wann spürtest du erstmals etwas von Politik?

Ich bin mit zehn Jahren Mitglied des Arbeiterturnvereins »Fichte« geworden. »Fichte 7« saß in der Reichenberger Straße. Mein Bruder Erwin war auch dabei. Ich bin ihm später auch zu den Kommunisten gefolgt. Von 1919 an war ich ununterbrochen im Arbeiterturnverein.

Wie lief denn das ab im Arbeiterturnverein? Wie oft habt ihr euch in der Woche getroffen und trainiert?

In der Regel zweimal, und zwar am Dienstag und am Freitag. Das heißt von 6 bis 8 Uhr abends turnten die Kinderabteilungen, danach waren die Erwachsenen dran. An anderen Tagen nutzten andere Vereine, auch bürgerliche, die Halle.

Später bin ich dann in die Prinzenstraße zu »Fichte 2« gegangen. Dort stand die damals größte Turnhalle Berlins, vierzig Meter lang. Sie wurde während des Krieges zerstört.

Dort habe ich als Lehrling in der Männerabteilung trainiert, obwohl ich eigentlich für das Geräteturnen zu lang war. Wenn es hieß: »Nach der Größe antreten!«, war ich immer der rechte Flügelmann. Dann reihte sich alles ein. Ich gab das Kommando. Das führte dazu, dass ich mich daran gewöhnte, vorn zu marschieren. Schwierig wurde es nur, wenn ein Lied angestimmt werden sollte. Ich habe zwar keine schlechte Stimme, aber ein schlechtes musikalisches Gehör. Wenn der Lehrer mich in der Schule ärgern und die Klasse aufheitern wollte, dann forderte er: »Neumann, sing ein Lied!« Alle haben »Juchhe!« geschrien, weil der Neumann die Töne nicht traf. Das hat mich aber nicht berührt. Ich hab so gesungen, wie ich das verstanden habe.

Im Sport war ich angesehen. Bei »Fichte« hatte ich mir in den 20er Jahren einen Namen gemacht. Das werden dir Leute bestätigen, die mich aus jener Zeit kennen. Mit einigen treffe ich mich noch heute. Sogar aus Hasselby in Schweden bekomme ich Post. Am 5. März 1993 erhielt ich ein Schreiben von Joachim Marcuse[2]. Lies mal. Nach sechs Jahrzehnten hat er sich bei mir gemeldet.

Bemerkenswert finde ich, was Marcuse über euch beide schreibt: »Ich war also 14, 15, als ich dich dort kennen lernte. Du warst damals ein Idol. [...] An ›Ali‹ habe ich noch oft gedacht; auch manchmal in der schwedischen Presse von dir und deiner Stellung in der DDR gelesen; so wie ich mich noch heute an unsere Wellblechbaracke auf dem Sportplatz, an die Trainingsstunden und an die Waldläufe durch den herbstlichen, dunklen Plänterwald erinnere.«

Ja, er lebt in Schweden. Andere ehemalige Sportkameraden wohnen in Berlin-Mitte.

Später wechselte ich zu den Leichtathleten. Ich war auch ein guter Schwimmer.

Habt ihr damals auch schon Freikörperkultur gekannt?

Ja, das hat es gegeben. Wir suchten dann aber Badestellen auf, wo wir allein waren.

War das für »Fichte« typisch?

In Nassenheide bei Teschendorf war ein FKK-Gelände. Dort konnte man nackt im Lager herumlaufen. Aber bei uns, bei »Fichte«, gingen wir lediglich nackt baden. Aber nur, wenn wir Jungs unter uns waren. Waren Mädchen dabei, trugen wir immer unsere dreieckige Badehose und die Mädchen ihren Turnanzug. FKK war nicht unser Geschmack. Wir unterschieden uns darin von den Wandervögeln, die wir »Latscher« nannten. »Hopp, hopp, hopp, Latscher hat 'nen Eierkopp«, riefen wir manchmal aus Jux. Wir waren Sportler und keine Latscher. Natürlich sind auch wir an fast jedem Wochenende gewandert. Und als wir später Fahrräder hatten, fuhren wir damit raus. Ich war an jedem Wochenende irgendwo unterwegs.

Die »Latscher« waren die Anhänger der Wandervogelbewegung?

Das waren die, die nur wanderten. Aber darunter waren auch gute Genossen. Später waren sie im Zentralverein »Fich-

Fichte-Sportler Alfred Neumann als Fahnenträger

te«. Ich ging dann nach »Fichte Südost«. Wir waren der leistungsmäßig stärkste Verein des Arbeitersports. Ich habe sogar beachtliche Rekorde aufgestellt, weshalb sich auch der bürgerliche Sport für mich zu interessieren begann. Die Bürgerlichen liefen mir vor der Nazizeit die Bude ein, um mich abzuwerben. Sie sagten mir eine feste Arbeit zu, falls ich bereit sei, in ihren Verein zu wechseln. Ich bin darauf nicht eingegangen, ich blieb Arbeitersportler. Erst nach 1933 schloss ich mich bürgerlichen Sportorganisationen an. Wir Arbeitersportler gingen organisiert in diese Vereine, um von dort aus antifaschistisch zu arbeiten.

Hattest du Kontakt auch zu Werner Seelenbinder[3]?

Ja. Alle haben ihn unterschätzt, auch ich, wenn ich mit ihm rang. Solange ich ihn in der Luft hatte, kam ich mit ihm klar. Da konnte er nichts machen. Sobald er aber festen Boden unter den Füßen bekam, war er mir sofort überlegen, obwohl ich mehr Kraft besaß als er. Er legte mich flach. Ich ärgerte mich immer sehr darüber. Schließlich war er wesentlich kleiner als ich.

Einmal, das war 1927, glaube ich, waren wir in der Reichenberger Straße zu einem Gastturnen. Vor der Turnhalle gab es einen Auflauf. Seelenbinder hatte irgendwelchen Zoff mit den Nazis, die ihm provoziert hatten, Polizei kam dazu. Werner hatte einigen Nazis eine übergezogen, die bluteten. Es bestand die Gefahr, dass ihn die Polizei mitnahm. Wir von »Fichte« kamen mit einem Pulk von 15 bis 18 Sportlern dazu und drückten Werner beiseite. Er haute ab, und wir deckten den Rückzug. Ehe sich die Polizei versah, war er ihnen mit unserer Hilfe entkommen.

Ich traf Seelenbinder oft auf Leichtathletik-Sportfesten, er startete als Kugelstoßer. Im Kugelstoßen war ich viel besser als er. Zuletzt sahen wir uns im Zuchthaus Brandenburg. Dort wurde er am 24. Oktober 1944 hingerichtet.

Wie habt ihr euch gegen den Vormarsch der NSDAP gewehrt?

Wir schoben nachts Wache in der Geschäftsstelle. Wenn die Stahlhelmer anmarschiert kamen, haben sie den Arsch vollgekriegt. Das war ganz logisch. Wer Berlin erobern will, der muss den Rückzug antreten, lautete unsere Losung. Unser Schwerpunkt war die Wrangelstraße, Görlitzer Straße bis runter zum Lausitzer Platz. Du hast dort vor 1933 keinen Nazi in Uniform gesehen, das hätte keiner riskiert. Wir hatten eine einfache Methode, die wir am Kottbusser Damm ausprobiert hatten. Also, da kommt einer an mit braunem Hemd, brauner Hose, Koppel. Einer von uns spricht ihn an. Sodann kommen von rechts und links welche mit Taschenmesser, schneiden ihm das Koppel durch, reißen blitzschnell die Hosen runter und lassen ihn in Unterhosen dastehen.

So habt ihr Nazis aus Kreuzberg verscheucht?

Das hat hundertprozentig geklappt. Bei uns riskierte bald keiner mehr, seine Hosen zu verlieren. In unserem Kiez war vor 1933 die Ablehnung der Nazis ziemlich groß. Das änderte sich erst nach 1933. Dann haben sie versucht, unsere Gegend zu erobern.

Wir hatten in der Sorauer/Ecke Görlitzer Straße ein KPD-Parteilokal. Dort fanden immer die Wohngruppenversammlungen statt. Da ich erwerbslos war, ging ich dorthin. Die Nazis hatten ein Lokal hinter dem Görlitzer Bahnhof in der Wiener Straße, den »Wiener Garten«. Einmal überfielen sie unser Lokal. Steine flogen, Scheiben klirrten und als wir nach draußen stürmten, wurde geschossen. Ein Genosse wurde getroffen. Er starb. Seit diesem Überfall passten wir höllisch auf. Fortan stand draußen immer ein versteckter Posten.

Es gab nach dem 1. Mai 1929 das böse Wort von den »kleinen Zörgiebels«[4]*. Wie siehst du das?*

Das ist eine komplizierte Sache. Sieh mal, dieser Angriff war ja keine Sache der »kleinen Zörgiebels«. Das war die schlechte Politik der sozialdemokratischen Führung gegen die Kommunisten. Das kam von oben und setzte sich fort bis unten …

Ich nehme mal vorweg, damit ich das später nicht vergesse, und was auch zu diesem Verhältnis zwischen KPD und SPD gehört: Wir Arbeitersportler wurden aus den städtischen Turnhallen von sozialdemokratisch geführten Stadtverwaltungen rausgeschmissen! Die Turnhallen kosteten uns nicht viel, vielleicht die Stunde 40 Pfennig. Dann haben sie uns die Benutzung der Turnhallen untersagt. Ein Turnverein ohne Turnhalle muss sich erst neu organisieren. Da haben wir leer stehende Fabrikräume gemietet. Wir sind dadurch sogar gewachsen, sind viel stärker geworden, als wir es vorher waren …

Mein Bruder Erwin war roter Betriebsrat in der Konsumgenossenschaft[5] in der Rittergutstraße, jetzt Orloppstraße, da, wo der Konsum jetzt noch ist. Er wurde als Autoschlosser rausgeschmissen. Der Konsum musste ihm aufgrund einer arbeitsgerichtlichen Entscheidung eine Entschädigung von 2.000 Mark zahlen. Dafür kaufte er sich ein Motorrad, eine Harley mit Beiwagen. Die nahmen ihm die Nazis 1933 weg.

Sie haben die roten Betriebsräte rausgeschmissen. Die Linie der Spaltung herrschte ja generell. Die Zörgiebels – das war Unterdrückung und das Verbot der *Roten Fahne*. Das Zentralorgan erschien immer wieder mit weißen Stellen. Die Beiträge hatte die Zensur vor dem Druck entfernt.

Du hattest überall die Linie der verschärften Verfolgung durch die SPD.

Warst du am 1. Mai 1929 dabei?

Wir trafen uns auf einem Platz und saßen auf einer Bank. Am Revers trugen wir unser Fichte-Abzeichen. Es kamen immer mehr Menschen. Die Demonstration sollte zur Leipziger Straße gehen. Auf einmal rollten Schupos an. Einer kam auf uns zu und rief: »Ihr denkt wohl, weil ihr von ›Fichte‹ seid, könnt ihr hier sitzen bleiben?« und zückte den Knüppel. Wir blieben. Neben mir saß Willi, der war nicht ganz so lang wie ich, aber auch sehr kräftig. Der Polizist wiederholte: »Aufstehen, aufstehen!« Wir erhoben uns langsam. »Wer bist du denn, hast du dich verkauft? Warum lässt du dich als Schläger gegen Arbeiter einsetzen?«

Unsere Taktik ging immer so: vom Haufen weglocken und, wenn sie frech werden, kriegen sie die Hucke voll.

Als er meinem Nebenmann mit seinem Prügel aufs Kreuz schlug, drehte der sich um und schenkte ihm eine ein. Dann rannten wir ein Stück, zwanzig Meter vielleicht, und provozierten ihn: »Was ist denn, wo bleibst du denn?« Wir wollten ihn weglocken, damit wir ihm die Jacke vollhauen können.

Eine Stunde später ging die Knallerei los. Ohne Warnung wurde von hinten in die wartende Menge reingeballert.

Die Behauptung von Zörgiebel, wir wollten einen Aufstand machen, war doch eine Idotie in Größenordnung. War überhaupt nichts vorbereitet. Keine Absicht bestand. Wir wollten demonstrieren. An den wichtigen Ecken standen mobile Kommandos mit Autos. Früher kamen sie noch mit Pferden und haben von oben geprügelt. Dann hatten wir eine Taktik ausgemacht, wie man am besten mit Reitern umgeht.

Was war das für eine Taktik?

Dafür brauchte man zwei, drei Leute. Einer ging an das Hinterbein des Pferdes, einer ans Vorderbein, der dritte Mann zog das Bein des Polizisten aus dem Steigbügel, dann hoben wir an, und das Pferd kippte mit dem Reiter zur Seite. Schon war der Polizist aus dem Sattel. War eine einfache Sache.

Aber ganz schön brutal.

Sie waren es doch auch uns gegenüber.

Aber Mut gehört dazu. Das Pferd konnte ja ausschlagen.

Nicht nach der Seite. Du musst bloß den Mut haben, schnell zuzufassen, und die nötige Kraft. Und wenn es auf zwei Beinen steht, kann es nicht mehr ausschlagen.

Deshalb haben sie auf die Pferde verzichtet?

Sie haben sie jedenfalls nicht mehr eingesetzt und stiegen auf Autos um. Die waren offen und hatten so etwas wie Fallreeps. Die Polizisten saßen in der Mitte des Wagens. Vorn der Führer, die Mannschaft in der Mitte. Sie stoppten, ließen die Fallreeps rechts und links und nach hinten runterklappen, dann sprangen sie auch vom Wagen, bevor der Wagen stand. Das müssen sie trainiert haben.

Am 1. Mai 1929 putzten sie Menschen selbst vom Balkon, die gar nichts gemacht hatten. Frauen wurden totgeschossen. Viele waren von hinten getroffen, wie eine von Carl von Ossietzky gebildete Kommission befand. Ossietzky hat darüber auch in der *Weltbühne* geschrieben.[6]

Hast du Thälmann persönlich kennen gelernt?

Ich habe ihn auf Kundgebungen erlebt. Und in der Teltower Straße habe ich ihn bei einer Parteiaktivtagung gesehen. Ich hörte, dass er gut sprechen konnte. Am besten war er, wenn er sein Konzept beiseite legte. Und wenn er in Rage geriet, fiel er in Hamburger Platt.

Elly Winter, die Tochter von Wilhelm Pieck, erzählte einmal, dass in der Kommunistischen Internationale ab einem bestimmten Zeitpunkt die Linie verfolgt wurde, Arbeiter an die Spitze der Parteien zu stellen. Deshalb wurde Thälmann aus Hamburg nach Berlin geholt. Berlin war damals eine Weltstadt, Hamburg keineswegs. Und dann noch so ein Werftarbeiter. Die Aufgabe von Pieck sei es darum gewesen, aus dem Hindergrund Thälmann auf die Verhältnisse in der Metropole Berlin einzustellen.

Wilhelm Florin kam aus dem Ruhrgebiet nach Berlin, Walter Ulbricht war ein Tischler aus Leipzig … Thälmann kam an, weil er nicht theoretisierte, er war nicht abstrakt, sondern konkret. Man hat ihm das Hamburger Platt nicht übel genommen.

Vielleicht können wir noch einmal auf den Sport beim Übergang zur NS-Herrschaft zurückkommen.

Wir haben solche Vereine schon vor 1933 gegründet und im bürgerlichen Verband angemeldet. Wir haben formal auch Beiträge bezahlt.

Kennst du auch noch deren Namen?

»Grün-Weiß« war so ein Verein, mit dem wir als gemeinnützig anerkannt wurden. Wir erhielten Fahrpreisermäßigungen bei der Reichsbahn um die 50 Prozent.

Warst du Funktionär bei »Grün-Weiß«?

Ich hatte immer Funktionen im Arbeitersport, weil ich mich für das Sporttechnische interessierte und die Trainingsfragen, auch Kontakt zu den tatsächlichen bürgerlichen Vereinen hielt.

Du hast niemals als Tischler gearbeitet, sondern immer im Sport?

Natürlich war ich als Tischler tätig – wenn ich Arbeit hatte. Aber ich war zweieinhalb Jahre erwerbslos. Ich habe meine Sportfunktion ehrenamtlich ausgeübt. Als gewählter Landestechniker hingegen, das war 1932, erhielt ich ein paar Pfennige. Um genau zu sein Fünf Reichsmark pro Monat.

Du erwähntest vorhin, dass man euch aus den Sporthallen warf. Was habt ihr da gemacht?

Na, draußen trainiert. Wir absolvierten zuerst unsere Läufe abends im Plänterwald. Dann verlegten wir unsere Waldläufe

Der Sportler Alfred Neumann bei einem Wettkampf im sowjetischen Samara, 1932

auf den Sonnabendnachmittag und Sontagvormittag. Schließlich mieteten wir einen großen Fabrikraum in der Wrangelstraße. Der hat im Monat 200 Mark gekostet. Das Geld haben wir durch Sammlungen und andere Aktivitäten aufgebracht. Tagsüber haben dort Erwerbslose Schach oder Tischtennis gespielt. Den ganzen Tag waren unsere Räume ausgelastet. Wegen der Not fanden wir den Weg zu den Massen.

Ab 1933 begann deine Aktivität in einem bürgerlichen Verein.

Das war »Adler 05« in Kreuzberg. Der Vorsitzende war ein Nazi. Keil hieß der. Er wusste, woher wir kamen, sagte aber nichts. Wir waren seinen Sportlern haushoch überlegen. Und ich gehörte bereits zur Olympia-Kernmannschaft für 1936. Im Herbst 1933 nahmen wir an den Brandenburgischen Meisterschaften teil. In der Nacht vor dem Sportfest habe ich mit drei Burschen das ganze Stadion mit Rot-Sport-Losungen vollgemalt, mit der letzten S-Bahn fuhren wir nach Hause. Und morgens um 9 Uhr bin ich zum Wettkampf angetreten. Ich wurde Zweiter, weiß aber nicht mehr die Disziplin. Wir Arbeitersportler hatten uns vorher darauf verständigt: Wir lassen die Knochen unten, kein »Deutscher Gruß«.

Wegen eines Streits, oder sagen wir: wegen einer Mutprobe mit meiner Freundin Toni, hatte ich mir kurz zuvor eine Glatze scheren lassen. Ich hatte eine lange, lockige, nach hinten gekämmte Tolle wie damals üblich. Ich fiel nun nicht mehr nur wegen meiner Größe auf, sondern auch durch den kahlen Kopf.

Wir marschierten zur Eröffnung ein, vielleicht 150 Sportler. Bei den Zehnkämpfern war ich, wie gewohnt, als Längster der rechte Flügelmann. Fünf Meter vorm Mikrofon kam ich mit dem Block zu stehen. Erst redete einer von den Sportlern, dann einer von der Sportführung. Sie endeten mit »Sieg heil!«. Mich kratzte das nicht. Ich stand mit den Händen auf dem Rücken und breitbeinig wie ein Sportler. Dann trat ein Nazi in Zivil aber mit Parteiabzeichen ans Mikrofon, nach ihm einer in Uniform. Auch sie ließen Hitler am Ende hochleben. Ich gucke nach rechts, ich schaue nach links: Alle Knochen gingen hoch. »Sieg heil!«

Ich behielt die Hände auf dem Rücken.

Ich merkte, dass sich auf der Tribüne Unruhe breitmachte.

Ich scherte aus. Unten erwartete mich meine Kleine mit dem Sommermantel. Ich warf ihn über und ging nach unten in die Garderobe, wo meine Sachen waren. Da wartete bereits die SA auf mich. Da kam ich nicht ran. Auf der Tribüne vermuteten sie mich nicht. Also wartete ich dort. Später holte mein Kumpel die Sachen. Ich zog mich in einer Ecke der Tribüne um. Dann sind wir weg.

Später wurde ich als Olympia-Kader dazu befragt. Ein NS-Sportführer riet mir: »Treiben Sie nur Sport, kümmern Sie sich nur um Sport! Bei Ihren Talenten werden Sie bei der Olympiade ganz bestimmt viel erreichen.«

Die hatten wirklich keine Ahnung, mit wem sie es zu tun hatten. 1934 bekam ich einen Pass, der fünf Jahre gültig war. Mit dem bin ich noch im selben Jahr über Dänemark in die Sowjetunion emigriert.

Anmerkungen

1 Die Unabhängige Sozialdemokratische Partei Deutschlands (USPD) wurde 1917 in Gotha von Delegierten aus 91 sozialdemokratischen Wahlkreisorganisationen und 15 Reichstagsabgeordneten (Haase, Eisner, Kautsky, Bernstein etc.) gegründet, die die Burgfriedenspolitik der SPD ablehnten. Hinzu kam die seit 1915 bestehende Gruppe Internationale um Rosa Luxemburg, Karl Liebknecht, Leo Jogiches, Julian Marchlewski, Franz Mehring, Wilhelm Pieck, August Thalheimer und Clara Zetkin. Nach der von Lenin geführten russischen Oktoberrevolution 1917 gewann die USPD an Einfluss und hatte zeitweise bis zu 500.000 Mitglieder, fast ebenso viele wie die SPD. 1920 spaltete sich die USPD. Eine Parteitagsmehrheit unter dem Co-Vorsitzenden Ernst Däumig entschied sich für den Anschluss an die Komintern und die Vereinigung mit der KPD zur VKPD. Zwei Jahre später schloss sich die Mehrheit der Rest-Partei – der u. a. die Parteivorsitzenden Arthur Crispien und Wilhelm Dittmann, der Vorsitzende des Deutschen Metallarbeiterverbandes (DMV) Robert Dißmann sowie wichtige Theoretiker wie Karl Kautsky und Rudolf Hilferding angehörten –, welcher sich einige Monate zuvor die KPD-Abspaltung Kommunistische Arbeitsgemeinschaft (KAG) um Paul Levi, Ernst Däumig, Adolph Hoffmann und Bernhard Düwell beigetreten war, im Oktober 1922 wieder der SPD an. Die USPD existierte bis 1931 als eigene Splitterpartei weiter und schloss sich dann einer neuen Linksabspaltung der SPD, der Sozialistischen Arbeiterpartei (SAP), an.

2 Joachim Marcuse, Jahrgang 1917, aus einer jüdischen Familie in Berlin-Treptow stammend, floh Silvester 1942 gemeinsam mit seiner Frau Gerda und einem Freund mit Hilfe dänischer Antifaschisten in einem Holztransport via Saßnitz und Trelleborg nach Schweden. Dort wurden sie als politische Flüchtlinge anerkannt.

3 Werner Seelenbinder (1904-1944) gewann als Ringer 1928 bei der Spartakiade in Moskau als einziger deutscher Arbeitersportler einen Wettbewerb. Wie Neumann und viele andere wechselte er 1933 in die »Sportvereinigung Ost Berlin«. Im Auftrag der KPD in Neukölln bereitete er sich auf internationale Wettkämpfe vor. Er wurde nach 1933 sechsmal Deutscher Meister, qualifizierte sich für die Olympischen Spiele 1936 in Berlin, wo er Vierter wurde. Seelenbinder war in der kommunistischen Widerstandsgruppe von Robert Uhrig, wurde im Februar 1942 vom Volksgerichtshof Potsdam nach zwei Jahren Haft zum Tode verurteilt. Er starb unter dem Fallbeil in Brandenburg-Görden. Ihm zu Ehren wurden in der DDR zahlreiche Schulen, Straßen und Sportstätten auf seinen Namen getauft, so die Werner-Seelenbinder-Halle in Berlin, in der von 1950 bis 1990 neben großen Sportveranstaltungen auch Parteitage und Konferenzen der SED stattfanden, weshalb die Halle abgerissen wurde. Am 24. Oktober 2004, dem 60. Jahrestag seiner Ermordung, wurde das Stadion Neukölln in Berlin, das von 1945 bis 1949 schon einmal »Werner-Seelenbinder-Kampfbahn« hieß und auf dessen Gelände seine Urne beigesetzt ist, in »Werner-Seelenbinder-Sportpark« umbenannt.

4 Karl Friedrich Zörgiebel (1878-1961) war von 1926 bis 1930 Berliner Polizeipräsident. Der Sozialdemokrat – er hatte von 1920 bis 1924 im Reichstag gesessen – führte nicht nur die Verkehrsampeln in Berlin ein, sondern erließ am 21. März 1929 auch ein Demonstrationsverbot. Als die KPD dennoch an der traditionellen Mai-Kundgebung festhielt, ging auf Anweisung Zörgiebels und des preußischen Innenministers Albert Grzesinski die Schutzpolizei rigoros gegen die Demonstranten vor und ermordete beim Einsatz 32 Menschen. Vom 3. bis 6. Mai 1929 verhängte Zörgiebel auch ein »Verkehrs- und Lichtverbot« über die Berliner Bezirke Wedding und Neukölln. Seither war Zörgiebel von der SPD als Initiator des »Blutmai« die Hassfigur in der KPD schlechthin, Im November 1930 musste er in den einstweiligen Ruhestand versetzt werden.

5 Konsumgenossenschaften entstanden im 19. Jahrhundert, Arbeiter und Handwerker gründeten Vereine, Assoziationen und Genossenschaften, um ihre Versorgungslage zu verbessern. 1894 entstand die *Großeinkaufs-Gesellschaft Deutscher Consumvereine*, die im Zusammenhang mit der politischen und gewerkschaftlichen Arbeiterbewegung zu sehen ist. Die Konsumgenossenschaft galt um 1900 jedenfalls als aussichtsreiche Unternehmensform der Zukunft: Der französische Ökonom Charles Gide entfaltete 1889 die Vision einer kommenden »Kooperativen Republik«, und auch Werner Sombart sah die Konsumgenossenschaften als mögli-

ches Instrument einer friedlichen Sozialisierung der Wirtschaft. Die damit verbundene positive Wahrnehmung des »Konsum« in den 20er, 30er Jahren durch Menschen wie Neumann erfuhr also Enttäuschung, als die (sozialdemokratische) Vereinigung wie ein kapitalistischer Arbeitgeber handelte und Kommunisten vor die Tür setzte.

6 Der »Blutmai« – die Bezeichnung geht auf einen Streikaufruf der KPD vom 2. Mai 1929 zurück (»Zörgiebels Blutmai – das ist ein Stück Vorbereitung des imperialistischen Krieges! Das Gemetzel unter der Berliner Arbeiterschaft – das ist das Vorspiel für die imperialistische Massenschlächterei!«) – dauerte drei Tage. Insgesamt wurden bei den Unruhen 33 Zivilisten getötet, 198 wurden verletzt, bei der Polizei gab es 47 Verletzte (andere Quellen nennen bis zu 38 Tote). Die Behauptung der Polizei, die Demonstranten hätten mit Schusswaffen Gegenwehr geleistet, ließ sich dadurch widerlegen, dass nachgewiesen werden konnte, dass der einzige Polizist mit Schussverletzung sich diese durch einen Unfall einige Tage vorher selbst beigebracht hatte. Der Munitionsverbrauch der Polizei lag nach amtlichen Angaben bei etwa 11.000 Schuss. Eine amtliche Untersuchung der Polizeiübergriffe fand nicht statt, kein Polizist wurde angeklagt. Der Strafverteidiger Hans Litten gründete zusammen mit Alfred Döblin, Heinrich Mann und Carl von Ossietzky einen »Ausschuss zur Untersuchung der Berliner Maivorgänge«, um die angeklagten Arbeiter zu unterstützen. Von den 1.228 Festgenommenen stand nur etwa jeder zehnte direkt oder indirekt mit der KPD in Verbindung, nur 89 waren Mitglieder des RFB. Es kam zu 43 Verurteilungen, die Summe aller Strafen belief sich auf etwa zehn Jahre Gefängnis, die höchste Einzelstrafe betrug 9 Monate. Die *Rote Fahne* wurde für sieben Wochen verboten.

»Bei den Russen war ich Otto Germanowitsch Weltsch«

Neumann arbeitete als Sportlehrer in Moskau. 1937 ereilte auch ihn die Repressionswelle Stalins. Ein Aufenthalt in der Sowjetunion wurde nicht länger gestattet. Er sollte zurück nach Deutschland, der vermutlich sichere Weg ins Zuchthaus oder ins KZ. Neumann schlug sich nach Spanien durch, wo er am Kampf der Internationalen Brigaden zur Verteidigung der Spanischen Republik teilnahm.

Der Krieg in Spanien[1] *war für dich eine neue Erfahrung.*

Ich habe dort gelernt, dass es von Vorteil ist, wenn man körperlich fit ist. Man muss rasch Übersicht gewinnen und die Lage peilen können. Wenn man dann noch einigermaßen schießen kann, hat man auch Vorteile.

Aber im Krieg gibt es immer wieder Situationen, dass da auf der anderen Seite noch einer liegt, mit dem man nicht rechnete. Der sieht dich, aber du siehst ihn nicht. Dann bekommst du eben eine verpasst. Mit dem Infanteriegewehr konnte man 800 Meter gezielt schießen. Da bist du von den Socken, was? Wir hatten in unserem Bataillon einen Norweger, einen Matrosen, ein versoffenes Genie. Der konnte schießen, das kannst du dir nicht vorstellen. Der traf immer, und das auf 800 Meter.

Wir hatten einen Spanier namens Pedro mit dem ich durch ein Weinbaugebiet vorgehen musste. Plötzlich war er verschwunden. Die Franco-Leute hatten ihn gefangen genommen. Dann war er wieder da, war ihnen entkommen. Pedro war ein ehrlicher Antifaschist … Da waren viele ausgezeichnete Genossen, ehrliche Menschen. Ich lasse auf spanische Arbeiter nichts kommen. Es kamen auch Rekruten zu uns. Bei uns setzte die deutsche Luftwaffe zum ersten Mal die Stukas[2] ein, da wühlten die jungen Rekruten den Kopf in den Dreck. Sie hielten das Geheul nicht aus, das machte ihnen Angst.

Das war eine Sirene.

Ja, an die musste man sich erst gewöhnen. Andere Spanier hingegen glaubten, sie seien unverwundbar. Bekamen die den ersten Schuss und kehrten sie aus dem Lazarett wieder zurück an die Front, hatten sie eine Riesenangst. Ihnen war nunmehr bewusst, dass sie getroffen werden können. Vorher nahmen sie an, dass nur andere getroffen werden könnten, sie selbst nie. Mussten sie zum Angriff aus dem Graben raus, dann überlegten sie. In Sekundeschnelle lief das ganze Leben vorm geistigen Auge vorüber. Geh ich raus? Geh ich nicht raus? Wenn niemand brüllte: »Nun Scheiß drauf, adelante!«, dann blieben einige im Graben sitzen, weil sie den Nahkampf fürchteten.

Was passierte, wenn deutsche Kameraden fielen?

Sie waren tot. Wenn wir konnten, haben wir sie begraben. Viel schlimmer war es, wenn sie in Gefangenschaft gerieten. Sie wurden, sofern sie nicht sofort erschossen wurden, nach Deutschland transportiert …

Krieg ist in jedem Fall schrecklich. Das kannst du mir glauben.

Am Anfang hattet ihr Erfolge. Ab wann war absehbar, dass der Krieg nicht zu gewinnen ist.

Aus meiner Sicht erst spät. Da war ich schon verwundet. Wir kamen nicht mehr voran mit dem Flankenstoß. Franco hielt bereits den ganzen Süden einschließlich Barcelona besetzt. Den Norden hatten sie erst später. Er stieß mit starken Kräften durch ganz Spanien und teilte das republikanische Spanien gewissermaßen in zwei Teile. Ein Teil Sevilla, der andere Teil Valencia bis Barcelona rauf. Als sie den Stoß zum Mittelmeer führten und wir uns zurückziehen mussten, weil wir vom Meer her keine Nachschubmöglichkeiten hatten, erhielten wir den Befehl, hinter den Ebro zurückzugehen. Der Ebro wurde die Verteidigungslinie. Wir starteten Offensiven, und es gelang, die Franco-Leute an den Rand der Niederlage zu bringen.

Der allgemeine Eindruck ist, dass die zusammengewürfelten Interbrigaden auch Probleme bei der Kampfkraft hatten.

Wir waren Antifaschisten aus 50 Ländern. Im Beimler-Bataillon waren z. B. auch Dänen, Norweger, Schweden und Finnen. Das war schon wegen der Kommandosprache wichtig, Leute drin zu haben, die jedes Kommando verstehen. Die Skandinavier können sich untereinander halbwegs verständigen ... Der Krieg ging verloren, weil wir nicht mehr die Kraft hatten, die Ebro-Offensive fortzusetzen. Die Faschisten behielten einen schmalen Korridor zum Mittelmeer und konnten ihre Truppen versorgen. Sie konzentrierten sich auf die Zerschlagung der Ebro-Offensive. Wir hatten schlechte Stellungen im Gebirge. Wenn mit Artillerie geschossen und Bomben geworfen wurden, war das schrecklich. Bei einem weichen Untergrund geht die Bombe rein, und die Splitter fliegen schräg nach oben. Aber bei hartem Untergrund splittert das Metall nach der Seite weg. Wenn du im Gebirge keine ordentliche Deckung hast, bist du bei jeder Granate geliefert.

Am schlimmsten waren die Minenwerfer. Artillerie hört man. Minenwerfer hört man nicht. Wenn man den Knall vom Abschuss der Granate hört, ist es auch schon passiert. Du hörst die nicht fliegen, weil sie ziemlich steil herunterkommt.

Dann kamst du nach Frankreich ins Lager? War das ein geordneter Rückzug?

Erst einmal wurden wir von der Front abgezogen, blieben aber in Spanien. Später kam der Völkerbundbeschluss über den Rückzug der Interbrigaden. Die spanische Regierung glaubte daran, dass die Deutschen und Italiener ihre Truppen ebenfalls zurückzögen, wenn die Interbrigaden gingen. Sie hoffte darauf, mit ihren eigenen Kräften den Krieg gewinnen zu können. Die Deutschen und die Italiener reagierten aber überhaupt nicht auf dieses Angebot. Wir wurden von Dolores Ibarruri[4] in Barcelona mit einer Parade verabschiedet.

Ich war verwundet und lag im Lazarett. Etwa im Oktober 1938 kam auch ich ins Sammelzentrum. Im Januar 1939 ging ich erneut an die Front, um den Rückzug der spanischen Zivilbevölkerung zu decken. Sie drängten uns bis an die französische Grenze zurück, etwa im Februar war das. Dann war ich in verschiedenen Orten in Frankreich.

Wie lange warst du in Frankreich?

Ich wurde im April 1941 an Deutschland ausgeliefert. Also war ich von Februar 1939 bis April 1941 in Frankreich interniert. Zuletzt im Camp Le Vernet, wo die besonders Suspekten, den Franzosen Verdächtigen, konzentriert waren. Dazu gehörten wir. Zwischendurch war ich noch vor ein französisches Gericht gestellt worden. Der Grund lautete: Beleidigung des Kommandanten und Rebellion.

War das typisch für dein Verhalten?

Nein, es war reiner Zufall, dass es mich traf.

Und dann kamst du nach Deutschland.

Am 1. Mai 1941 landete ich zusammen mit anderen Deutschen am Alex in Berlin. Erst waren wir in einem verwanzten Massenquartier im Polizeipräsidium mit dem alten Polizeigefängnis in der Dircksenstraße. Dort war ich Anfang der 30er Jahre schon einmal. Dann holte uns die Gestapo zum Verhör in die Burgstraße. Als ich eintrat, hieß es: »Da kommt ja der alte Krieger. Dass wir dich noch mal kriegen würden, hätten wir nicht gedacht.«

Sie erkannten dich? War das nicht etwas komisch?

In der Tat, zumal sie mich fast respektvoll behandelten. Keine Schläge, keine Folter, nichts. Ich redete mir ein, dass das mit soldatischen Tugenden zusammenhing, was natürlich Quatsch war. Sie vernahmen nur zur Sache. Ich kam nach Moabit in U-Haft. Flügel C, Einzelhaft. Zehn Monate lang.

Das war bitter, nicht wahr?

Nein. Es gab Schlimmeres. Ich habe mein Gleichgewicht nicht verloren.

Du warst zuversichtlich?

Keineswegs. Ich wusste, was noch kommen würde. Die suchten nur nachdem, was sie mir aufbürden könnten. So gesehn war Moabit trotz aller Entbehrungen, trotz Hunger und allen diesen Dingen erträglich. Vielleicht denken jetzt einige vorwurfsvoll, was sagt da der Neumann bloß über den Terror?

Auf die Haft beschränkt: Ich hatte nie in meinem Leben Langeweile, auch nicht in meiner Zelle. Selbst wenn ich nichts hatte, fing ich an Schach im Kopf zu spielen. Ein, zwei, vier und dann tadle ich mich: Was, bloß bis zum 13. Zug bis du gekommen und schon matt? Na ja, da musste ich mich anstrengen, dass ich beim nächsten Mal weiterkomme. Und man beginnt alles zu rekapitulieren. Da taucht dann viel auf, worüber ich vorher keine Zeit hatte nachzudenken.

Solche Phasen waren eine Zeit des Verarbeitens?

Dinge, die ich nicht brauche, lege ich beiseite. Die sind aber nicht weg. Wenn mich etwas besonders interessierte, ist das bei mir gespeichert. Das kommt wieder hoch, wenn ich es für zweckmäßig halte. Manchmal scheint etwas ganz weg zu sein. Aber wenn wir beide miteinander sprechen, kommt es wieder hoch. Ich muss gewissermaßen die Nervenbahnen reizen.

Du warst also zehn Monate bereits drin, hast deine Jahre davor verarbeitet, als der Prozess begann.

Im Februar 1942 war der Prozess, ja.

Da haben sie dich verknackt? Wofür?

Sie haben mich verknackt wegen der zwei Jahre antifaschistischer Arbeit in Deutschland. Das galt als Vorbereitung zum

Grüße aus der Haft an die Mutter

Hochverrat. Alles andere, das gab mir die Gestapo zu verstehen, würde erst einmal »abgekoppelt« werden.

Nur wegen dieser zwei Jahre haben sie dich gesucht?

Nur dafür, wo sie Belastungszeugen in Deutschland hatten. Diese waren 1935/36 verhaftet worden. Zu meinem Prozess führten sie vier Belastungszeugen aus dem Zuchthaus vor. Einer lebt heute noch, Walter. Die anderen sind inzwischen verstorben. Sie wurden noch einmal befragt. Dazu muss man wissen, dass es üblich war, alle Schuld auf den abzuladen, der tot oder in Sicherheit war. Ich war damals im Ausland …

Sie haben also dir damals alles in die Schuhe geschoben?

Bestimmte Dinge, ja. Als mich Walter sah, korrigierte er sich. Das war mutig. Er hatte 15 Jahre bekommen und nahm seine Aussage zurück. Alle anderen hatten Hosensausen. Er nicht. Er erklärte, dass dies und jenes eine verkehrte Aussage gewesen war.

Ist es ein bekannter Mann? Ist der Name so geheim, dass du ihn nicht nennst? Wenn er sich anständig benommen hat, kann man doch den Namen nennen.

Walter Mickin[5]. Nicht mit Hans Mickinn zu verwechseln, der ist bereits tot. Mit Walter treffe ich mich regelmäßig.

Es war also für dich nützlich, dass er zurücknahm, was er auf dich damals abgeladen hatte?

Natürlich.

Für wieviele Jahre wurdest du verurteilt?

Acht Jahre Zuchthaus und acht Jahre Ehrverlust.

Das reichte bis weit in die Nachkriegszeit.

Ich war ja der Leiter des Sportvereins. Die Strafe reichte von 1942 an bis 1949/50 und dann noch acht Jahre Ehrverlust. Also etwa 1958 wäre ich frei gewesen. Aber es kommt ja meistens etwas anders, als die Herren es sich denken.

Du warst in Brandenburg. Hast du Honecker gesehen?

Nein. Ich hab nur gehört, dass es einen Honecker gäbe. Aber ich sprach ihn dort nie.

Warum hast du von ihm gehört. Hatte er einen besonderen Ruf, einen Nimbus, der bis zu dir drang?

Honecker hatte keinen Nimbus. Ich habe seinen Namen gehört wie andere auch.

Hattet ihr in Brandenburg eine Widerstandsgruppe?

Brandenburg war das damals modernste Zuchthaus in Deutschland, dazu gehörte auch, dass es getrennte Häuser gab. Es hatte auch noch keiner die Zuchthausmauern überwunden. Auf Außenkommandos entkamen einige. Das heißt, dass es schwer war, überhaupt Kontakt zu Genossen zu bekommen, die Isolation war perfekt. Es gab nur einen Betrieb, die Tischlerei. Einige verrichteten Zellenarbeit. Manche kamen raus, um bei Brennabor in Brandenburg zu arbeiten. Da kamen aber nur die mit niedrigen Strafen hin. Davon gab es nicht viele. Typisch für Brandenburg waren Häftlinge mit hohen Haftstrafen.

In der Tischlerei hatten wir die entscheidende politische Arbeitsgruppe, die, ich sage das ohne Übertreibung, die Befreiung des Zuchthauses organisierte. Ich war zu jener Zeit schon nicht mehr da. Die bis zum Schluss dort waren, haben es mir erzählt. Es wurde alles, was vorher geplant worden war, realisiert. Ehe die sowjetischen Truppen eintrafen, hatten sie die Macht im Hause bereits übernommen.

Wo warst du da?

Ich war im Februar 1945 mit ungefähr 60 anderen Häftlingen zum Strafbataillon Dirlewanger[6] geschickt worden. Das geschah ohne meine Zustimmung. Ich wurde einfach abkommandiert aus dem Zuchthaus.

Wer war noch dabei?

Robert Menzel[7] zum Beispiel.

Wohin kamst du?

Erst in die Tschechoslowakei zur Ausbildung. Im April wurden wir in Horno bei Cottbus in Richtung Neiße eingesetzt.

Das Dorf ist in den Medien, weil es wegen der Braunkohle weggebaggert werden soll. Es war damals ein sehr sauberes, ordentliches Dorf.

Du hast es geschafft überzulaufen?

Ja, ich bin zur Roten Armee übergelaufen.

Wann?

Am 20. April, einen Tag nach dem Geburtstag meines Bruders. Bei der ersten »Feindberührung«, wie das hieß. Mir kann keiner erzählen, er sei schon immer gegen Hitler gewesen und habe, obgleich er es wollte, nie abhauen können. Deshalb sei er bis zum Schluss dabeigewesen. Das ist Unsinn. Wo ein Wille ist, findet sich auch immer ein Weg.

Die Russen haben dich erkannt?

Ich hatte Glück, ja. Zufällig traf ich in den ersten Tagen einen mir bekannten sowjetischen Hauptmann, der eine Raketenwerfereinheit kommandierte.

Bei der Gestapo warst du als langer Ali bekannt wie ein bunter Hund. Und bei den sowjetischen Soldaten?

Bei denen hatte ich einen anderen Namen.

Welchen?

Otto Germanowitsch Weltsch. Das war seinerzeit aus Sicherheitsgründen in der Sowjetunion üblich. Man band nicht allen auf die Nase, wie man wirklich hieß, um seine wahre Identität zu verbergen.

Diesen Namen hast du dir selbst gegeben?

Ja.

Und unter diesem Namen wurdest du bei den Russen populär?

Bei den Sportlern auf jeden Fall. Es waren ja sogar Bücher über mich in der Sowjetunion erschienen. Du musst nicht annehmen, dass ich hochstaple.

Für dich war also der Krieg am 20. April 1945 zu Ende.

Am 21. April war für mich der Krieg formal zu Ende. Im Prinzip dauerte er jedoch für mich bis Juni 1947. Da erst endete meine Kriegsgefangenschaft.

Wie war diese Zeit?

Ich war zunächst in Deutschland in verschiedenen Lagern. Erst 1946 ging es nach Osten.

Ging es dir dreckig?

Was heißt dreckig? Nein. Jeder wusste, dass am Ende eines solchen Krieges die Versorgung mit Lebensmitteln gestört sein musste. Wo sollten die herkommen? Es war normal, wenn es mal zwei, drei Tage nichts zu essen gab. Das kannte ich aus Spanien, den sowjetischen Frontsoldaten war das auch nicht fremd.

War es auch normal, dass man dich überhaupt gefangen hielt? Du hast doch nicht gegen die Rote Armee gekämpft? Du warst populär in der Sowjetunion.

Allem Anschein nach gab es die Regel, an die sich alle hielten: Wer in der Sowjetunion gelebt hatte, durfte nur über Moskau entlassen werden. Das habe ich später rausgekriegt.

Aber zunächst hast du dich gewundert, dass sie dich nicht sofort laufen ließen. Oder?

Na ja, wundern … Ich will mal so sagen …

Du warst vier Jahre als Kommunist in Deutschland inhaftiert, zuvor warst du bereits zwei Jahre in Frankreich hinter Stacheldraht und Gittern. Und nun ging es in die nächste Gefangenschaft. Schöne Freunde …

Entschuldige: Als ich in Horno überlief, tobte noch der Krieg. Überall sah und hörte man: »Wperiod w Berlin!« (»Vorwärts nach Berlin!«). Diesem Ziel war alles, aber auch alles untergeordnet, um endlich dem Hitler den Garaus zu machen und um schneller als die westlichen Alliierten zu sein. Die englischen und amerikanischen Armeen fanden fast keinen Widerstand im Westen. Nach der Ardennenoffensive hatten sie keine harten Kämpfe mehr zu bestehen. Nahezu ohne Gegenwehr marschierten sie in Thüringen und in Mecklenburg ein. Die

Amerikaner kamen bis Torgau an der Elbe. Die sowjetischen Militärs fürchteten um die Früchte des teuer bezahlten Sieges.

Wie spielte sich die Gefangennahme bei Horno ab?

Dirlewangers Absicht war, das Dorf den sowjetischen Truppen wieder abzunehmen. Wir sollten sie auf freiem Feld umgehen und das Dorf stürmen. Uns schlug mächtiges Feuer entgegen. Wir arbeiteten uns an die Straße heran, das Dorf lag rechts von uns in etwa 400 Meter Entfernung. Dann erhielten wir Befehl, bis zur Neiße vorzustoßen und die Russen einzukreisen. Wir marschierten nachts in Richtung Neiße. Nachts hörten wir Russen. Ich rief auf russisch: »Hier sind zwei Deutsche, die wollen überlaufen.« Sie antworteten: »Dawaj, prichodi!« (»Los kommt!«) Wir stampften im Dunkeln durch einen Graben zu ihnen rüber. Das war problemlos. Sie sagten: »Werft die Waffen hin. Geht nach hinten!« Sie ließen uns ohne Bewacher laufen.

Zuerst kamen wir zum Bataillonsstab. Dort schickte man uns noch weiter zurück. Das muss dann schon in der Nähe von Guben gewesen sein. Wir waren am Ende etwa 200 deutsche Soldaten, die sich in Gefangenschaft begaben. Dann wurden wir verhört. Die Fragesteller sprachen sehr gut Deutsch. Sie wollten wissen, von welcher Einheit wir kämen. Mich fragten sie, ob ich Wolgadeutscher sei. Ich kannte damals noch nicht ihr allergisches Verhältnis zu den Wolgadeutschen, die sie für Hitlers Fünfte Kolonne hielten.

Das wurde ihnen teilweise unterstellt.

Ich kannte einen wolgadeutschen Spitzensportler, der in Leningrad lebte. Er hat mir über die Wolgadeutschen erzählt. Ich möchte mich jeder Beurteilung enthalten. Was ich weiß, reicht nicht für eine Aussage.

Dann kamen wir nach Sagan in Niederschlesien. Das Lager gehörte früher zur Luftwaffe, daher der Flugplatz daneben. Dort war ich bis Herbst 1945.

Musstet ihr arbeiten?

Nein. Nur die notwendigen Lagerarbeiten waren zu erledigen. In dem Lager verblieben Offiziersdienstgrade bis Oberstleutnant oder Oberst. Generäle wurden gleich weiter nach hinten gebracht. Die Masse waren Soldaten, die auf die Baracken verteilt wurden. Wir waren etwa 60.000 Kriegsgefangene. Von Zeit zu Zeit wurden Transporte zusammengestellt, die nach Osten gingen. Wir machten dann die ANTIFA auf. Wir versuchten, die Soldaten mit unseren Erfahrungen vertraut zu machen. Das war sehr kompliziert. Man lernte die wahre Mentalität der Soldaten kennen.

Wie war die?

Es gab welche, die am liebsten noch weiter gekämpft hätten, sie waren sehr aggressiv. Das war ein beträchtlicher Teil. Ein anderer Teil fürchtete die Konsequenzen für die Grausamkeiten, an denen sie beteiligt gewesen waren. Sie hatten Angst vor der »Rache des Iwan«.

Das war die zweite Gruppe, gab es noch eine dritte?

Das waren verschiedene Leute, die andeuteten, dass sie mit Hitler und den Naziregime nicht einverstanden gewesen seien. Das kam allerdings sehr zögernd.

Das waren nicht direkt Kommunisten?

Nein. Ich lernte unter diesen einen Leutnant kennen. Ein schlanker Mensch und anständiger Charakter, Sohn eines Pfarrers. Er vertrat unter den Offizieren den antifaschistischen Gedanken, und wurde deshalb hart maßgenommen. Jede Baracke hatte den Dienstgradhöchsten als Barackenältesten. Seiner untersagte ihm, Antifaarbeit zu machen. Alles war noch militärisch strukturiert. Sie versuchten sogar, wieder die Grußpflicht gegenüber den Offizieren durchzusetzen. Alle trugen ihre Kriegsauszeichnungen. Es dauerte einige Zeit, bis wir im Lager durchgesetzt hatten, dass alle Kriegsgefangene und damit ohne Rang seien. Kriegsgefangener war ein neutraler Begriff.

Ihr musstet die deutschen Offiziere grüßen?

Ich habe keinen gegrüßt.

Du konntest es dir angesichts deiner Größe leisten.

Ich war ein Kriegsgefangener wie alle anderen. Wir alle waren wegen der Läuse kahl geschoren worden. Wir waren alle gleich – bis auf die Uniformen. Da sah man gleich, woher einer kam und wo er in der Hierarchie stand. Ich habe erlebt, wie Offiziere in bekannter preußischer Manier Soldaten zusammengeschissen haben und Strafarbeiten verrrichten ließen. Auch die Barackenältesten standen unter ihrem Diktat.

Ab und zu gab es Kontrollen durch die Sowjets. Die kümmerten sich aber nur um Äußerlichkeiten. Wenn Unordnung festgestellt wurde, war das für die Barackenältesten nicht gut.

Wegen der Antifaarbeit wurde ich in die Lagerleitung einbezogen. Ich erreichte, dass einige der überprüften Antifaschisten nach Hause entlassen wurden bzw. auf die Antifaschule kamen. Ich gehörte schließlich zum Restkommando, als das Lager aufgelöst wurde, und kam nach Breslau. Dieses Lager zählte etwa 100.000 Gefangene. Bis zum Frühsommer 1946 war ich in Schlesien. Dann ging es ab in die Sowjetunion.

Haben sie dir irgendeine Erklärung gegeben, warum du noch nicht entlassen wirst?

Ich fragte einen Offizier. Er sagte, dass sie meinen Fall nach Moskau gemeldet haben, aber keine Antwort erhalten hätten. Darum müsste ich erst einmal mit in die Sowjetunion.

Du hast davon profitiert, dass du perfekt Russisch sprechen konntest.

Perfekt nicht. Aber ich konnte mich verständlich machen. Das machte mich aber auch verdächtig. War ich vielleicht doch ein Wolgadeutscher? Das musste genau geprüft werden.

Du hast bestimmt eine Akte beim KGB.

Ach, das interessiert mich nicht.

Im Frühsommer 1946 bist du aus Breslau weg.

Wir reisten in Viehwaggons gen Osten. Es war warm. Wir waren mehrere Tage unterwegs. Etwa 800 Kilometer hinter Moskau war Schluss. Es war eine tote Gegend, die nächstgelegene Stadt war Saransk.

Der Kommandant sprach mit mir, weil ihn der Zugbegleitoffizier informiert hatte, wer ich sei. Er machte mir klar, was mich erwartete: »Podoschdij!« Das hieß: warte!

Wsjo budjet. Alles wird sich klären.

Ja, ja. Wir arbeiteten im Wald. Mir schwollen die Füße an. Das nannte man Dystrophie. Das Wasser in den Beinen war die Folge von Unterernährung und Mangel an Nährstoffen. Sie legten mich ins Lazarett und päppelten mich wieder auf.

Bekamst du eine Sonderbehandlung?

Nein, jeder, der erkrankte, wurde dort behandelt. Wir hatten eine aufmerksame Ärztin im Lager.

Als es Meckereien wegen angeblicher Ungerechtigkeiten des Küchenpersonals gab, machte mich der Politkommissar zum Küchenbeauftragten. Ich sollte aufpassen, dass nichts verschoben würde. Später wurde ich Antifaleiter im Lager. Im Frühjahr 1947 eröffnete uns der Kommandant, dass das Lager aufgelöst werde. Die Fachleute würden auf andere Lager aufgeteilt. Als Tischler wurde ich einer Brigade zugeteilt, die bei Moskau eingesetzt würde. Der Kommandant schickte mich einfach los und wünschte mir, dass ich gut hinkäme. Ich solle selber sehen, wie ich es schaffe. Schließlich gab er mir für das Lager Krasnogorsk ein russisches Buch mit. Den kurzen Lehrgang der Geschichte der KPdSU.

»Kratkij otscherk« von Josif Wissarionowitsch Stalin.

»Dieses Buch gehört dem Kriegsgefangenen Neumann«, schrieb er hinein und dazu sein Autogramm. »Wenn du ins Lager kommst, gibst du es der Leiterin.« Er sagte mir den Namen, den ich aber vergessen habe. Sie werde dann sofort wissen, was sie mit mir machen solle.

So lief das auch. Ich zeigte ihr das Buch und erzählte ihr von mir. Sie setzte sich in Moskau mit der Parteivertretung der SED in Verbindung. Dort erfuhr sie, dass nach Neumann schon lange gesucht werde. Nach einem weiteren Vierteljahr konnte ich endlich nach Berlin zurückkehren.

Während dieser Zeit musstest du arbeiten?

Ich habe Vorträge über aktuell-politische Fragen, den Zweiten Weltkrieg und Probleme der Oder-Neiße-Grenze gehalten. Es gab harte Diskussionen nach solchen Vorträgen: »Schlesien war immer deutsch und ist es auch noch immer«, brüllten einige. Die Grenze wollten viele nicht anerkennen, ebenso dass West- und Ostpreußen nicht mehr zu Deutschland gehören sollten. Manche waren in der Diskussion sehr aggressiv, nicht nur Offiziere. Ich hatte eine einfache Argumentation. Sie lautete: »Wenn ihr Schlesien verlangt, könnt ihr auch fordern, dass die Millionen Toten wieder lebendig werden, die deutsche Soldaten getötet haben!« Dann waren sie ruhig. Sie wollten nicht darüber reden, welches Unheil sie selbst angerichtet hatten.

Die Einstellung deutscher Gefangener war weitgehend von der Nazi-Ideologie bestimmt.

Ich kann mir gut vorstellen, dass solche Gespräche nicht einfach waren. Die Debatte über die Grenzfrage muss aber auch für euch, die ihr gegen den Nazismus gekämpft hattet, bitter gewesen sein. Ihr musstet die Abtretung von deutschen Territorien schlucken. Annexionen hatte Lenin abgelehnt. Ich weiß nicht, ob dir bekannt ist, dass Thalheimer[8] eine sehr kritische Schrift zum Potsdamer Abkommen publiziert hat? Thalheimer bezeichnete die von den Alliierten veranlassten Grenzverschiebungen als eine enorme Beleidigung für die deutschen Arbeiter. Wusstest du das?

Nein. Ich kenne Thalheimer. Brandler und Thalheimer wurden als die Hauptvertreter der KP-O aus der Partei ausgeschlossen. Sie haben nicht richtig gehandelt. Vor 1933 und danach auch nicht. Thalheimer stimmte offenbar mit Schumacher überein, Deutschland in den Grenzen von 1937 wiederherzustellen. Das war auch Adenauers Position. Mit anderen Worten: Deutschland darf Kriege führen, aber es soll nachsichtig behandelt werden, wenn es ans Zahlen geht.

Diese Position akzeptiere ich nicht.

Im Frühjahr 1947 wurdest du aus der Kriegsgefangenschaft entlassen. Kannst du dich noch an die Zeremonie erinnern?

Es wurde uns mitgeteilt, dass der nächste Transport zusammengestellt worden ist. Auf der Liste stand auch Neumann. Es waren zwei Züge mit Viehwaggons. Mit denen ging es bis Küstrin an der Oder, glaube ich. Genaueres kann ich dir nicht sagen. Meine Gedanken gingen schon weiter, ich habe das nicht so registriert.

1 Im Februar 1936 siegte bei den Wahlen in Spanien ein Volksfront-Bündnis (Frente Popular) aus Sozialisten, Kommunisten, Republikanern und anderen linken Kräften. Im Juli putschten reaktionäre Militärs unter Franco. Ihm schlossen sich bald etwa 80 Prozent der Offiziere an. Die Franco-Faschisten wurden von Mussolini-Italien und Hitler-Deutschland personell und materiell unterstützt. Auf der anderen Seite eilten Antifaschisten aus aller Welt den Verteidigern der spanischen Republik zu Hilfe. Als Internationale Brigaden kämpften sie bis Anfang 1939 an der Seite der spanischen Volksarmee, dann zogen sie sich auf Wunsch der Spanier nach Frankreich zurück, wo sie interniert wurden. Franco erklärte sich am 1. April 1939 zum Sieger. Er herrschte bis Mitte der 70er Jahre. Sein Regime währte neben dem anderen präfaschistischen von Salazar und Caetano in Portugal am längsten in Europa .

2 Sturzkampfbomber, sogenannte Stuka, vom Typ Ju 87, waren einmotorige Flugzeuge, die im Sturzflug Punktziele angriffen. Sie wurden unter Kriegsbedingungen in Spanien getestet. Berühmt-berüchtigt wurden sie durch eine Fahrtwindsirene (»Jericho-Trompete«), die einen schrillen, kreischenden Ton erzeugte. Die psychische Wirkung auf den Gegner war zuweilen größer als die Wirkung der abgeworfenen Bomben.

3 Die republikanische Offensive im Ebrobogen begann am 25. Juli 1938 rund 100 bis 120 Kilometer südwestlich von Barcelona mit einem überraschenden Vorstoß von Einheiten der Volksarmee und der Internationalen Brigaden über den Ebro, der den Gegner völlig unvorbereitet traf. Die Franco-Truppen und ihre faschistischen Helfershelfer aus Deutschland und Italien, die ursprünglich einen eigenen massiven Vorstoß Richtung Valencia, dem Regierungssitz der Republik, vorbereitet hatten, wurden in die Defensive und binnen weniger Tage bis zu 40 Kilometer zurückgedrängt. Die Kämpfe endeten erst nach 114 Tagen mit einer Pattsituation; sie gingen als die letzte große Schlacht dieses Krieges in die Geschichte ein. 65 Jahre nach Beginn der Ebro-Offensive waren Veteranen aus rund 20 Ländern noch einmal nach Spanien gekommen und ließen an den Ufern des Ebro die Fahnen der Republik und der Interbrigaden wehen.

4 Dolores Ibarruri (1895-1989), genannt La Passionaria, die Leidenschaftliche, gehörte in den 30er Jahren der Führung der spanischem KP an, 1937 wurde sie zur Vizepräsidentin des Cortes, des Parlaments, gewählt. Im sowjetischen Exil wurde sie 1943 Generalsekretärin der Partei. 80-jährig kehrte sie nach 38 Jahren im Exil nach Spanien zurück. 1977 wurde sie erneut ins spanische Parlament gewählt.

5 Walter Mickin und Hans Mickinn gehörten der »Kampfgemeinschaft für rote Sporteinheit« an. Hans Mickinn aus der dritten illegalen Reichsleitung war 1936 vom Volksgerichtshof zu lebenslangem Zuchthaus und Walter Mickin zu 15 Jahren verurteilt worden. Hans M., Jahrgang 1909,

war in den 50er, 60er Jahren Bezirksbürgermeister von Berlin-Weißensee. Walter M. (1910-2001) überlebte seinen Freund Neumann nur um ein halbes Jahr. In Neumanns Nachlass findet sich eine umfangreiche Korrespondenz mit dem in der Berliner Karl-Marx-Allee 108 lebenden Architekten. Darin tauschen sie sich über Politik, Kultur, Kunst und Literatur aus. Anders als in dem hier dokumentierten Interview zeigt sich Neumann darin als vielseitig interessiert und sehr sensibel. »Unlängst kam mir das Notizbuch in die Finger, welches Du mir 1944 geschenkt hast«, schrieb Neumann an Mickin am 22. Dezember 1971. »Vielleicht interessiert es dich, es hat seit Brandenburg alle Stürme und Wehen überstanden. Manchmal glaubte ich, es sei schon verloren, aber wie durch ein Wunder kam ich wieder in seinen Besitz. So ist es bis 500 km hinter Moskau geraten.« Den Oberkämmerer Polonius aus Shakespeares »Hamlet« zitierend, offenbarte Neumann: »Dem Freund, der dein, und dessen Wahl erprobt, Mit eh'rnen Haken klamm'r ihn an dein Herz.«

6 SS-Strafbataillon Dirlewanger – siehe FN 10 auf S. 27.

7 Robert Menzel (*1911) gehörte zu den Mitbegründern der FDJ und zu der von Honecker geführten Delegation, die 1947 in die Sowjetunion reiste (»Friedensflug nach Osten«). Er wurde Leiter der Politverwaltung der Deutschen Reichsbahn, später Stellvertretender Verkehrsminister.

8 August Thalheimer (1884-1948), aus einer jüdischen Kaufmannsfamilie stammend, promovierter Ethnologe und Sprachwissenschaftler, von 1919 bis 1924 in der Zentrale der KPD tätig. Entwarf das Parteiprogramm und führte 1923/24 gemeinsam mit Heinrich Brandler die Partei. Von Ruth Fischer und Arkadi Maslow verdrängt. Danach lehrte er in Moskau Philosophie am Marx-Engels-Institut. 1928 Rückkehr nach Deutschland. Gründete mit Brandler die Kommunistische Partei-Opposition (KP-O), als KP-Null verhöhnt. 1933 Emigration nach Frankreich, 1941 Flucht nach Kuba, wo er 1948 in Havanna verstarb. Er hinterließ marxistische Faschismusanalysen, die der Marburger Politikwissenschaftler Wolfgang Abendroth in den 60er Jahren neu herausgab. Sie gaben den faschismustheoretischen Diskussionen der 68er-Bewegung wichtige Impulse. Im Dezember 1983 erklärte Horst Sindermann namens der SED-Führung Thalheimer erstmals zu einem »hervorragenden Kämpfer der deutschen Arbeiterbewegung« und stellte ihn in eine Reihe mit Rosa Luxemburg und Wilhelm Pieck, Hermann und Käte Duncker, Hugo Eberlein und Paul Frölich, Leo Jogiches und Ernst Meyer, Paul Levi und Paul Lange.

»Den Begriff ›Stalinismus‹ gab es bei uns nicht«

Wie war die Ankunft in Berlin?

Ich fuhr nach Berlin-Kreuzberg, wo ich bis 1934 mit meiner Mutter gelebt hatte. Die Wohnung hatte inzwischen mein Bruder und seine Familie bezogen, nachdem sie ausgebombt worden waren. Das war eng genug. Ich meldete mich darum in Treptow. Dort gaben mir die Genossen in Baumschulenweg ein Kämmerlein. Da lernte ich auch meine spätere Frau kennen. Sie arbeitete als Sekretärin im Parteibüro.

Wie hieß sie?

Edith. Mehr sage ich dazu nicht. Etwa 1950 haben wir geheiratet.

Alfred Neumann und Ehefrau Edith im Ostseeurlaub, 1964

Warum so spät?

Damals dauerte alles etwas länger. Im ZK sagten sie, ich solle in Treptow im Kreisvorstand helfen. Später wurde ich Organisations-Sekretär. Dann schickten sie mich nach Tempelhof, weil dort die Amerikaner den SED-Sekretär verhaftet hatten. Dort war ich nur kurze Zeit. Dann war ich wieder in Treptow. Das war für mich interessant, ich hab viel gelernt. Von da kam ich nach Neukölln, weil eine paritätische Vorsitzende an TBC erkrankt war. So wurde ich 1948 Kreisvorsitzender.

Da gab es schon die Karl-Marx-Straße?

Das haben wir in die Wege geleitet damals.

Da kennst du sicher auch die Richardstraße und die Richardsburg, die Hasenheide.

Wie meine Westentasche. Von der Hasenheide ist nicht viel übrig geblieben, nur der kleine Saal.

Welche Probleme hatte ein SED-Kreissekretär in Neukölln?

Das war die Zeit der Blockade. Wegen der Einführung der D-Mark in Westberlin sperrte die sowjetische Besatzungsmacht die Zugänge zu den Westsektoren. Die Amerikaner begannen die bombastische Luftbrücke aufzumachen. Der einzige Flughafen, der existierte, war der in Tempelhof. Er lag mitten in einer Wohngegend. Das stellte eine riesige Belastung für die Bevölkerung dar. Da konnte keiner mehr schlafen. Die starteten und landeten im Minutentakt.

Das berührte die Neuköllner auch?

Ja, ja. Die Landebahn wurde verlängert über den Friedhof. Die Gräber wurden eliminiert. Da kam die Landebahn rüber.

Dann kam der Versuch, die Gewerkschaft zu spalten, der sogenannte UGO-Putsch[1]. Es gelang nicht. Es gab manchen Anschlag auf die Westberliner Eisenbahnanlagen. Die Amerikaner unterstützten die UGO-Trupps.

Die Arbeit im amerikanischen Sektor war sehr schwierig. Unser Kreisbüro befand sich in der Karl-Marx-Straße. Unten war eine Buchhandlung, wir saßen in der ersten Etage. Es muss gegen 10 Uhr gewesen sein, als zwei LKW vom Süden her kamen. Ich sah sie, weil ich die Fenster geöffnet hatte. Auf einmal flogen Steine. Im Hagel von Schottersteinen gingen alle Fensterscheiben zu Bruch. Zu den Autos gehörte die Schwarze Garde der UGO, etwa 40 Mann.

Ein andermal schoss einer aufs Haus. Der Schuss traf unten den Buchladen. Er ging durch die große Schaufensterscheibe, die erstaunlicherweise ganz blieb. Die Kugel steckte im Holz. Ich zog eine Verbindungslinie zwischen Einschuss und Kugel und konnte ziemlich genau ausmachen, dass aus dem gegenüberliegenden Gebäude aus dem 3. oder 4. Stock geschossen worden war. Wir bekamen heraus, dass dort eine Frau mit ihrem amerikanischen Freund lebte. Es war klar, dass der geballert hatte.

Was hat die Polizei gemacht?

Ich melde das doch nicht dem Klassengegner. So was bringt man allein in Ordnung.

Hast du der Frau ein paar Takte gesagt?

Ich hab es in Ordnung gebracht. Nachher wurde nicht mehr geschossen. Ich bin ein Berliner und weiß, wie man in Berlin Ordnung durchsetzt …

In Britz hatten wir eine große Baracke. Dort hielten wir immer unsere Versammlungen ab. Einmal sprach ich vor etwa 200 Genossen, dann wurde diskutiert. Auf einmal verstummten alle. Ich schaute mich um, es musste doch einen Grund geben, weshalb die nicht mehr mitmachten. Hinter mir standen zwei amerikanische Militärpolizisten mit weißem Koppelzeug. Sie waren von mir unbemerkt eingetreten. Ich herrschte sie an: »Was suchen Sie hier?« – »Wir wollen nur sehen, was Sie hier machen?« – »Haben Sie eine Weisung?« – »Nein.« – »Gut. Dann mache ich von meinem Hausrecht Gebrauch: Verlassen Sie den Raum!« Völlig verdattert zogen sie ab.

Die sozialdemokratisch geführte Bezirksverwaltung kündigte uns die Räume in der Karl-Marx-Straße und die Baracke in Britz. Man wollte uns aus dieser wichtigen Magistrale des Stadtbezirks verdrängen. Nirgendwo sollte »SED« zu sehen sein. Wir fanden Büros in der Allerstraße.

Wart ihr stark?

Nein, stark waren wir nicht, aber wir verstanden es, Aktionen zu organisieren.

War Neukölln neben dem Wedding der zweite rote Bezirk Berlins?

Wedding war zu der Zeit schwach. Dafür hatten bereits die Nazis gesorgt. In Neukölln aber hielten wir die Fahne hoch. Wir haben von Britz aus am 1. Mai 1949 eine Demonstration gemacht, obwohl diese von den Amerikanern verboten worden war.

Zum 18. März 1949, als wir noch an der Karl-Marx-Straße saßen, hatten wir eine schwarz-rot-goldene und eine rote Fahne aus dem Fenster gehängt, um an den Jahrestag der bürgerlich-demokratischen Revolution von 1848 zu erinnern. Plötzlich erschienen zwei Polizisten. Der Genosse im Vorzimmer war etwas unerfahren und wollte schon der Aufforderung Folge leisten, die Fahnen hereinzunehmen. Ich weigerte mich. Es entspann sich ein heftiger Disput. Am Ende nahmen sie mich und die schwarz-rot-goldene Fahne mit. Die rote blieb hängen.

Auf der Polizeistation in der Sonnenallee wurde ein Protokoll aufgenommen. Das sollte ich unterschreiben. »Sie haben das Protokoll aufgesetzt, nicht ich«, sagte ich, »ich unterschreibe nicht.« Sie behielten mich zwei Tage dort. Der *Vorwärts* meldete: »Neumann wurde am Jahrestag der großen bürgerlichen Revolution verhaftet.«

Dann brachten sie mich zu den Amerikanern nach Lichterfelde. Dort saß ich im Gefängnis.

Ohne Urteil?

Ohne Urteil. Ich saß eine Weile in Lichterfelde, dann kümmerte sich Rechtsanwalt Karl-Friedrich Kaul[2] um mich. Es kam zum Prozess bei den Amerikanern, ich wurde unter dem Sternenbanner angeklagt, gegen das Kontrollratsgesetz verstoßen zu haben. Es war untersagt, Fahnen des alten Reiches an öffentlichen Gebäuden, Schiffen und dergleichen zu zeigen. Der Richter sprach Englisch. Ich erklärte, dass ich ihn nicht verstehe. Kaul sprach Englisch. So kam es doch zur Diskussion.

Das mit dem Kontrollratsgesetz stimme, sagte Kaul. Ich sagte ihm, der ja ein pfundiger Kerl war: »Hör mal, der vergleicht unser Kreisbüro mit einem Rheindampfer. Die Fahne der bürgerlichen Revolution von 1848 lassen wir uns nicht nehmen, die hängen wir raus.« So wurde ich verurteilt. Die Höhe der Strafe sollte später festgelegt werden.

Nach einigen Tagen im Knast wurde mir mitgeteilt, ich könnte gegen eine Kaution von 100 Westmark freikommen. Die ganze SED hatte keine 100 D-Mark! Ein Kohlenhändler pumpte meiner Frau die Summe, sie zahlte diese in Lichterfelde ein und Neumann kam raus. Ich wartete einige Monate auf das Urteil. Nichts geschah. Ich ließ meine Frau das Geld holen: kein Urteil, keine Kohle. Sie ließen tatsächlich das Urteil unter den Tisch fallen und gaben die 100 Mark heraus. In der Partei war zwischenzeitlich Geld gesammelt worden, damit wir uns beim Kohlenhändler ehrlich machen konnten. Die 100 Mark von den Amis kamen in die Parteikasse.

Nun war doch Westgeld in der Kasse.

Aber der Knüller in den Zeitungen war doch, dass der Neumann wegen der schwarz-rot-goldenen Fahne gesessen hatte. Ich war einer der ersten, die damals Flagge zeigten.

Also warst du ein Nationalkommunist?

Nein, kein Nationalkommunist.

Die Amerikaner und die Briten verboten doch 1948 in ihren Sektoren den Kulturbund. Der war in Berlin eine geistige Großmacht. In ihm betätigten sich namhafte Intellektuelle aller Parteien und Parteilose. Auffällig war, dass die Franzosen sich dem Verbot nicht anschlossen. Bist du damit konfrontiert worden?

Die Amerikaner waren in dieser Zeit die aggressivsten Antikommunisten. Sie haben unablässig Verbote verhängt und Arbeitsbescheinigungen verweigert. Ich habe mich von den Verboten nicht beeindrucken lassen. Wir haben alle Tagungen so oder so abgehalten. Wir haben auch Demonstrationen gegen die Atombombe durchgeführt, wo der Robert Havemann auf dem Herrmannplatz[3] verhaftet wurde.

Seit wann kanntest du Havemann?

Seit Brandenburg. Er hatte mehrere Zellen im Nachbarhaus. Wir hatten Verbindungen zu ihm über einen Wachtmeister und versorgten ihn mit Nachrichten. Wir haben gesichert, dass er lebend rauskam.

Und in Neukölln hast du mit ihm in der politischen Arbeit zu tun gehabt?

Ja, Havemann war ein normaler Antifaschist, ein bürgerlicher Mensch. Er hatte früher am Kaiser-Wilhelm-Institut gearbeitet, da kannte ich ihn nicht. Erst in der Nachkriegszeit hatte ich gute Kontakte. Wir diskutierten und stritten miteinander, das gebe ich zu. Das waren politische Streitgespräche. Wir hatten ein gutes Verhältnis.

Es wird gesagt, dass Robert Havemann damals Stalinist gewesen sei.

Wer das behauptet, ist ein Quatschkopf. Er führte die Beschlüsse der Partei aus. Den Begriff des Stalinismus kannten wir damals nicht. Das ist doch lächerlich. Es gab zwar die Stalinallee, die dann später umbenannt wurde. Gegen die Umbenennung hat niemand protestiert. Die Benennung war doch nur eine Verbeugung vor den sowjetischen Genossen, mehr nicht. Es ist lächerlich, über Stalinismus zu reden.

Aus deiner Sicht war Havemann also kein Stalinist.

Ich kenne Havemann als einen anständigen Antifaschisten, der Mitglied unserer Partei war. Solange wir beide harmonierten, auch als ich SED-Bezirkssekretär war, hatte ich mit Havemann keine ernsten Differenzen.

Hast du dir nicht ab und zu den Kopf zerbrochen über einige Probleme, die dir an Stalins Politik nicht gepasst haben?

Es gibt zwei Dinge: Stalins Auslassungen über die Fragen des Leninismus. Das Buch muss man lesen, ehe man darüber urteilen kann. Wer das Buch nicht gelesen hat, ist ein Dummkopf. Das Buch kann nicht schlechthin als ein Fehler hingestellt werden. Nachdem der Krieg zu Ende war und dann in der Sowjetunion die Nachkriegsüberspitzungen begannen, z. B. der Ärzteprozess Anfang der 50er Jahre, hat Stalin auch theoretische Fehler begangen. Ich erinnere mich an die Broschüre über

Fragen der Sprachwissenschaft. Er schrieb auch über Politökonomie großen Quatsch.

Das hast du schon damals so gesehen?

Das war allen bekannt. Auch in der Broschüre über die Sprache stand neben Richtigem auch Falsches.

Wenn das so war, frage ich mich, warum die SED den Blödsinn organisierte, hunderte Konferenzen zu diesen Schriften abzuhalten? Warum hat sich in der Führung dagegen niemand gewehrt?

Hör mal, was heißt »Blödsinn«? Du redest, als ob du vom Mond kommst. Die führende Partei war die KPdSU. Sie hatte das Vaterland erfolgreich verteidigt und Hitler geschlagen. Deutschland war zu großen Teilen von sowjetischen Truppen befreit worden. Sowjetische Offiziere halfen beim Neuaufbau. Sie leisteten eine gewaltige und gute Arbeit. Nun kam, ich weiß es nicht genau, vielleicht eine Weisung von Moskau: »Sorgt dafür, dass das dort verbreitet wird!« Ich sah mir das an und fragte mich, was wichtig und was unwichtig daran war. Die Broschüre über die Sprachwissenschaft habe ich gleich beiseite gelegt, weil mich das Thema nicht interessierte.

Ich fragte mich, warum der Stalin in dieser Situation solche nicht entscheidenden Fragen auf die Tagesordnung setzte. Warum sich der Generalsekretär, der den Krieg gewonnen hatte, plötzlich mit der Sprache beschäftigte, war schwer nachzuvollziehen. Das war wahrscheinlich schon Ausdruck einer beginnenden Verkalkung.

Wahrscheinlich. Dann gab es gleichzeitig den Rummel um den Scharlatan Lyssenko. Hast du das durchschaut?

Lyssenko[4], das ist eine alte Frage. Das war eine Traditionsgeschichte, die nicht so schnell durchschaut werden konnte, weil auch Chruschtschow noch in diesem Sinne weitermachte. Chruschtschow kam dann sogar noch mit dem Mais als »Wurst am Stängel«. Das propagierte er auch in der DDR. Dazu kamen die Rinderoffenställe. Unsere Wirtschaftsexperten haben diese Kampagnen mitgemacht.

Damals hast du doch auch Verantwortung gehabt.

Doch nicht für den Offenstall, Mensch! Ich habe dagegen argumentiert in Gesprächen mit Ulbricht und Fred Oelßner.

Das war schon in der zweiten Hälfte der 50er Jahre. Kommen wir zurück. Du warst noch Kreissekretär in Neukölln, als du in intensiven Kontakt zu Robert Havemann kamst?

Nachher war ich Bezirkssekretär.

Wann kamst du weg von Neukölln?

Von Neukölln wurde ich 1949 weggeholt. Ich wurde Sekretär für Propaganda in der Berliner Bezirksleitung. Dahinter steckte wahrscheinlich Hermann Axen, den ich im Lager in Frankreich kennen gelernt hatte. Axen sprach perfekt Französisch und war deshalb Verbindungsmann der Internierten zur Kommandantur. Axen war zur Zeit meines Wechsels im ZK Sekretär für Agitation und Propaganda. Ich traf ihn einmal auf einer Beratung, an der ich als Bezirkssekretär teilnahm, da erinnerten wir uns an Frankreich. Jendretzky, der damals 1. Sekretär der BL war, wurde kurz nach dem 17. Juni 1953 abgelöst, und ich übernahm seine Funktion.

Anmerkungen

1 Die UGO, die Unabhängige Gewerkschaftsorganisation, war eine von der amerikanischen Besatzungsmacht initiierte, geförderte und als »Spaltpilz« gegen den FDGB benutzte Vereinigung. Sie trat im Mai 1948 ins Leben, wurde am 9. Juni von der US-Militärregierung als »rechtmäßige« und einzige Gewerkschaftsvertretung in den Westsektoren anerkannt und organisierte als erstes einen Eisenbahnerstreik in den Westsektoren, weil S-, U- und Reichsbahn vom sowjetischen Sektor aus betrieben wurden. Die UGO gehörte im August 1948 auch zu den Scharfmachern im Kampf um den Berliner Magistrat und rief zu einer Protestdemonstration vor dem Reichstag auf. Ernst Scharnowski (UGO) erklärte, dass der Magistrat nicht das Vertrauen der Berliner Arbeiter und Angestellten besitze. »Es gibt heute keine Unterschiede mehr zwischen den Nazis und den kommunistischen Diktatoren«, rief nach ihm der Berliner SPD-Vorsitzende, Franz Neumann aus (vgl. Mark Altten: Die CIA stellt in Berlin die Weichen, spotless Nr. 219, Juli 2009).

2 Friedrich Karl Kaul (1906-1981), Jude und Kommunist, studierte Jura in Berlin und Heidelberg, Promotion und Entlassung aus dem Justizdienst 1933. Verhaftung und Internierung im KZ Lichtenburg, später Dachau,

1937 Emigration nach Lateinamerika. 1942 in Nicaragua interniert und in die USA ausgeliefert. Rückkehr nach Berlin 1945 und Niederlassung als Rechtsanwalt, zugelassen auch in Westberlin und damit auch in der Bundesrepublik. Verteidiger im KPD-Verbotsprozess, Nebenkläger in den Auschwitz-Prozessen in Frankfurt am Main und im Treblinka-Verfahren. Zu seinem antifaschistischen Engagement gehört auch der langjährige Kampf für die gerichtliche Bestrafung des Mordes an Ernst Thälmann.

3 Robert Havemann (1910-1982), Chemiker, Mitglied der SED seit 1946. Forschte von 1937 bis 1943 zu einem Giftgas-Projekt des Heereswaffenamtes und wurde 1943 vom Volksgerichtshof zum Tode verurteilt, weil er Kontakt zu Arvid Harnack unterhielt, der zur Roten Kapelle gehörte. Durch die Fürsprache mehrerer Behörden und weil er an »kriegswichtiger« Forschung beteiligt war, erhielt Robert Havemann Vollstreckungsaufschub. Im Zuchthaus Brandenburg setzte er seine Forschungsarbeit fort. Wer die »Fürsprecher« waren, ist offen: Es besteht der Verdacht, dass Havemann für den deutschen Nachrichtendienst arbeitete. In gleicher Weise wurde er nach 1945 für den amerikanischen und den sowjetischen Nachrichtendienst tätig. Und als er für diese uninteressant geworden war, wurde er als IM des MfS verpflichtet. Havemann ist unverändert eine umstrittene Figur, was auch die fast tausendseitige Arbeit seines Sohnes Florian (»Havemann«, Frankfurt am Main, 2007) verdeutlicht. 1950 wurde er zum Direktor des Instituts für Physikalische Chemie an der Humboldt-Universität zu Berlin und zum Ordinarius für Physikalische Chemie ernannt. 1964 wurde er aus der SED ausgeschlossen und ihm der Lehrauftrag entzogen.

4 Trofim Denissowitsch Lyssenko (1898-1976), russischer Biologe und Agronom, der seit 1940 das Institut für Genetik der Akademie der Wissenschaften der Sowjetunion leitete. Er gab vor, durch neue Pflanzenzüchtungen alle Ernährungsprobleme zu lösen, wobei er davon ausging, dass Erbeigenschaften durch Veränderungen von Umweltbedingungen entstehen, was sich als wissenschaftlich unhaltbar erwies. 1936 wurde Lyssenko von Stalin mit dem Lenin-Orden ausgezeichnet, den er später noch sechsmal erhielt. Bis zum Tod Stalins 1953, der ihn protegierte, war sein Einfluss in Partei und Wissenschaft ungebrochen. Lyssenko bezeichnete die Existenz von Genen als unsozialistisch und deshalb als falsch. Die Entstehung der Arten erfolge also nicht, wie Charles Darwin herausfand, durch Mutation und Selektion, sondern durch Vererbung erworbener Eigenschaften. Seine Theorien prüfte er in groß angelegten Landwirtschaftsprojekten. So säte er Weizen unter ungünstigen klimatischen Bedingungen und fand daraufhin im nächsten Jahr Roggenpflanzen auf dem Feld. Tatsächlich hatten sich Roggenpflanzen von benachbarten Feldern ausgesät. Lyssenko interpretierte dagegen solche Ergebnisse als Beweis für seine Thesen.

»Wir konzentrierten uns auf die Stärkung der DDR«

Wie hast du den überraschenden Beschluss der 2. Parteikonferenz aufgenommen, in der DDR den Sozialismus planmäßig aufzubauen?

Wie kommst du dazu, dass es ein überraschender Beschluss gewesen sei?

Wir wissen, dass Ulbricht das im Alleingang gemacht hat. Dazu sind noch einige Details in der Forschung zu klären.

Du stellst die Frage wieder einmal grundsätzlich verkehrt, obwohl du Historiker bist. Erstens ging es nicht um den Aufbau des Sozialismus, sondern um die Schaffung der Grundlagen. Wir wollten von der antifaschistisch-demokratischen Ordnung übergehen zur revolutionär-demokratischen Ordnung. Zweitens muss man auch die Zeit sehen, da konnte man vorher keine große Parteidiskussion führen. Es musste gehandelt werden.

Es gab im März 1952, vier Monate vor der Parteikonferenz, die Stalin-Note bezüglich der deutschen Wiedervereinigung mit dem Ziel eines neutralen Deutschland und dem Abzug der Besatzungstruppen. Hast du dafür damals Chancen gesehen?

Stalins Grundlinie war, die Remilitarisierung Westdeutschlands zu stoppen. Seine Vorschläge wurden im Westen abgelehnt. Was wäre dabei herausgekommen?

Die DDR war der kleine Teil Deutschlands. Die hatten drüben dreimal mehr Menschen, ganz zu schweigen vom ökonomischen Potential. Das im Osten war zu etwa 60 Prozent im Krieg zerstört worden, dazu kam die Frage der Reparationen. Die DDR besaß keine nennenswerte Schwerindustrie. Wir hatten nur minimale Vorräte an Steinkohle in Oelsnitz. Die Kriegsgefangenen waren wieder zurück. Ihnen musste Arbeit gegeben werden. Andererseits waren wir in politischer Hinsicht besser organisiert als der Westen. Sie hatten den Übergang von der Kriegs- in die Nachkriegszeit nicht richtig geschafft und sich eine riesige Erwerbslosigkeit organisiert.

Die soziale Marktwirtschaft griff, was heute meistens nicht gesagt wird, zunächst nicht bzw. es dauerte einige Jahre.

Bei uns griff die Wirtschaft. Trotzdem hatten wir komplizierte Fragen zu lösen, z. B. auf dem Lande die sogenannten devastierten Betriebe. Die Güter über 100 ha hatten wir in der Bodenreform enteignet. Viele Ländereien aber lagen brach, weil die Eigentümer abgehauen waren. Wir hatten Wege zu finden, wie sie bewirtschaftet werden konnten. Und da wurde vom Westen her der Klassenkampf außerordentlich verschärft, auf allen Gebieten. Das alles zwang uns zu überlegen, wie wir die Kräfte besser organisieren und zusammenfassen können, damit wir eine solide gesellschaftliche Ordnung im Osten aufbauen können.

Es hätte aber sein können, dass Mitglieder in der LDPD, in der CDU und den anderen Parteien nicht mit dieser neuen gesellschaftlichen Orientierung von 1952 einverstanden waren?

Entschuldige, die führende Rolle war akzeptiert seit 1946.

Nein, das kam erst später. Die Durchsetzung dieses Prinzips erfolgte gegen Widerstände zwischen 1948 und 1952. Vorher waren das relativ gleichberechtigte Parteien.

Das kannst du mir doch nicht erzählen. 1946 hatten wir Wahlen mit eindeutigen Resultaten. Es war klar, dass die Parteien den Aufbau nur im Zusammenwirken bewältigen können. Schon mit der Schaffung des Blocks war klar, dass das nur im Zusammenwirken geht und dass die SED die stärkste Partei ist. Die Wahlen von 1946 entschieden über die Proportionen zwischen den Parteien. Die nächsten Wahlen waren dann 1950.

Da kam es entgegen den Versprechungen gegenüber den Blockparteien zur Einheitsliste.

Von solchen Versprechungen weiß ich nichts. Ich erinnere mich anderes. Mit den Blockparteien gab es keine Schwierigkeiten. Ab 1950 war ich erster Stellvertreter des Oberbürgermeisters von Berlin.

Also das war ganz problemlos mit den anderen Parteien? Sicher war das ein wirkliches Problem, bloß du erkanntest das nicht als solches.

Jeder gesellschaftliche Fortschritt erfolgt immer in der Auseinandersetzung zwischen den vorantreibenden und den entgegenstehenden Kräften. Natürlich hat es hier und dort Gegenmeinungen gegeben. Aber entscheidend ist doch, was sich am Ende durchsetzt.

Du kennst die Verfassung der DDR von 1949. Sie sah eine führende Rolle einer Partei nicht vor.

Braucht nicht zu sein.

War das dann nicht eine Verletzung der Verfassung, wenn die SED 1952 die Richtung der gesellschaftlichen Entwicklung diktierte?

Nein.

Es gab vielleicht sogar den Plan, die Blockparteien abzuschaffen. Du erinnerst dich sicher an die Theorie, dass das Mehrparteiensystem nur eine niedere Form der Diktatur des Proletariats sei, während das Einparteiensystem die höhere darstellte.

Ich behaupte, dass es nie maßgebliche Diskussionen gab, die Blockparteien abzuschaffen. Dass es irgendwelche Knallköppe gab, die das sagten, schließe ich nicht aus. Warum nimmst du diesen Unsinn so wichtig?

Das sagten Vertreter der Blockparteien.

Welche? Etwa Jakob Kaiser[1]? Der ging schon vor der DDR-Gründung in den Westen. Er war ein Gegner unserer antifaschistisch-demokratischen Ordnung. Deswegen wurde er bei Adenauer ja auch Minister für Gesamtdeutsche Fragen, und er gehörte zu den führenden Köpfen des am 17. Juni 1954 gegründeten Kuratoriums »Unteilbares Deutschland«[2]. Es gab noch eine ganze Reihe solcher Banditen, ich sage absichtlich Banditen, die in den bürgerlich-demokratischen Parteien im

Osten verblieben waren, um zu verhindern, dass sich gemeinsames Handeln durchsetzt. Solange ich in Berlin war, war die Überzeugung Konsens, dass der von den Faschisten hinterlassene Dreck nur gemeinsam wegzuräumen war. Keine Partei konnte das allein. Wenn wir auseinander gelaufen wären, hätten die Trümmer nicht beiseite geschafft werden können. Die Gegner wollten, dass wir auseinander gehen. In den Beschlüssen der SED gab es in dieser Richtung nicht eine Andeutung. Du darfst nicht danach gehen, was einige heute dazu sagen.

Ich komme noch einmal auf die Stalinnote zurück. War sie für euch nicht eine Gefahr? Wäre bei ihrer Annahme nicht die DDR aufgegeben worden? Wenn Adenauer darauf eingegangen wäre …
Warum ist er nicht? Er hat doch abgelehnt.

Er lehnte ab, weil bei Wahlen die SPD gesiegt hätte.
Du bist ein Witzbold. Adenauer hat aus prinzipiellen Gründen abgelehnt. Er wollte erst die Macht der Großbourgeoisie vollständig installieren und die Aufrüstung durchsetzen, um dann die Auseinandersetzung zu suchen. Adenauer erklärte doch 1952, dass mit dem Gerede von der Wiedervereinigung Schluss gemacht werden müsse, »Befreiung« sei die Parole.[3]

Ja, es stimmt, Adenauer blockierte die Möglichkeit einer Wiedervereinigung im Jahre 1952 aus prinzipiellen Gründen.
Adenauer hatte Angst.

Hat das Ulbricht gefallen?
Wie du den Ulbricht siehst. Das hat mit Ulbricht überhaupt nichts zu tun.

Kanntest du Ulbricht 1952 schon persönlich?
Wenn Ulbricht etwas sagte, dann bestand bei ihm darüber Klarheit im Kopf. Wenn du dir die Rede auf der 2. Parteikonferenz durchliest, wirst du das bestätigt finden. Mich störte damals, dass in einem Halbsatz Bezug zur Diktatur des Proletariats genommen wurde. Er antwortete, dass dies ein theoretisch klarer Begriff sei. Dieser Begriff könne nicht weggelassen werden, wenn wir uns in Richtung des Sozialismus bewegten. Ich

akzeptierte diese Begründung. Ich sah mir die Rede noch einmal an. Bis heute bin ich mir nicht ganz klar, ob die Verwendung dieses Begriffes damals zweckmäßig war. Vielleicht war das eine halbe Verbeugung gegenüber der KPdSU. Das weiß ich aber nicht genau …

Stalin machte mit seiner Note, davon war ich damals überzeugt, einen mutigen Vorschlag. Warum? Weil die Frage noch nicht entschieden war, ob die westdeutschen Arbeiter vielleicht nicht doch antifaschistisch-demokratische Verhältnisse schaffen konnten wie wir. An der Spitze der Bundesrepublik war jedoch bereits eine andere Weichenstellung erfolgt. Das wurde uns erst nachträglich bewusst. Wir hielten damals aber noch an der Aktionsgemeinschaft der Arbeiterschaft von Ost und West fest. Darum kämpften wir mit ihnen um die Gewerkschaftseinheit.

Bist du damals öfter in den Westen gefahren, um dort zu sprechen?

Nein. Nach Westdeutschland bin ich nie gefahren. Aber ich war in Westberlin Bezirkssekretär der SED.

Habe ich dich richtig verstanden: Für dich gab es mit der Stalinnote eine echte Chance für die deutsche Einheit?

Das war das Angebot.

Was wäre bei demokratischen Wahlen im Jahre 1952 herausgekommen?

Die Frage muss anders gestellt werden. Es ging darum, aus dem Krieg Schlussfolgerungen für die gesellschaftlichen Entwicklungen zu ziehen, wie das bereits im Aufruf der KPD vom 11. Juni 1945 formuliert worden war. Es ging um eine reale, fortschrittliche Demokratie. Wir hatten keine Angst vor der parlamentarischen Republik, auch später nicht.

1952 verstand sich die SED in Übereinstimmung mit den Blockparteien als führende Partei. Ihr hattet die Macht. Bei einer freien Wahl standen diese Konstellation und die Macht zur Disposition. Es war ziemlich unwahrscheinlich, dass die SED in ganz Deutschland siegen würde.

Wir kommen bei diesem Thema miteinander nicht klar. Deine Fragen sind ganz unsinnig, weil sie nur hypothetisch zu beantworten sind. Man kann im Sinne des historischen Materialismus nicht so mit der Geschichte umgehen. Halten wir uns an Fakten, nicht an Fiktionen: Was wäre wenn …?

Auch der historische Materialismus geht davon aus, dass es an historischen Wendepunkten verschiedene Alternativen gibt.

Du kannst mir erzählen, was du willst. Ich habe auch Geschichtsbücher gelesen. Du kannst mir das bei Marx, Engels und Lenin nicht nachweisen, was du behauptest. An keiner Stelle. Du willst damit doch nur behaupten, dass wir damals Dummköpfe waren.

Nein, nein.

Das tust du.

Du warst damals im besten Alter, der Ulbricht war es auch. Jetzt kommt der Stalin mit so einem Vorschlag, der bedeutete, dass ihr wieder in die Oppositionsrolle kommen würdet, obwohl ihr schon die Macht in den Händen hieltet.

Du bist ein Kindskopf, nimm mir das nicht übel. Du unterstellst, dass wir bedingungslos die westdeutschen Methoden geschluckt hätten. So dämlich waren nicht. Wir wussten, dass es um zwei Prinzipien des parlamentarischen Wesens geht.

Die Stalin-Note sah als Grundlage für die Wahlen das Weimarer Wahlgesetz vor.

Das störte uns nicht. Adenauer antwortete, dass das nur unter Kontrolle der Alliierten geht. Die Russen akzeptierten auch das. Die DDR ging mit den Grotewohl-Vorschlägen[4] noch weiter. Adenauer wollte nicht. Die SPD auch nicht. Die SPD wollte die Restauration des Kapitalismus. Deshalb ging sie mit Adenauer zusammen. Schumacher betrieb Spiegelfechterei, als er Adenauer den Kanzler der Alliierten nannte.

Du hast eben gesagt, dass ihr euch darauf einstelltet, die Macht nicht aus der Hand zu geben. Es gibt mündliche Berichte, vielleicht sind es auch nur Gerüchte, im Archiv habe ich keinen Beleg dafür gefunden, dass die SED bereits 1952 Bürgermeister für Westdeutschland ausbilden ließ.

Davon weiß ich nichts. Ich war Bürgermeister, ich müsste es wissen, wenn es so etwas gegeben haben sollte.

Du bist damit also nicht konfrontiert worden.

Ich verstehe das überhaupt nicht.

Im Falle der Wiedervereinigung hätte man ja auch solche Machtpositionen im Westen besetzen müssen.

Das ist albern. Wir hatten nicht einmal genügend Fachpersonal für unsere eigenen Kommunen. Du projizierst jetzt die aktuellen Erfahrungen mit umgekehrten Vorzeichen auf 1952. Wie die westdeutschen Seilschaften seit 1990 über uns gekommen sind, so sollten wir damals den Westen übernehmen? Kopfrechnen gehört auch nicht zu deinen Stärken, wie ich sehe. Die SED soll solche Absichten gehabt haben? Verrückt!

Es ist wichtig, dies von dir zu erfahren. Ich kannte Leute, die von sich behaupten, 1952 als Bürgermeister für die Bundesrepublik vorbereitet worden zu sein.

Die möchte ich sehen. Ich bestreite das. Wir brauchten selber Kommunalpolitiker, die natürlich auch mit Erfahrungen westdeutscher Kommunalpolitik ausgebildet wurden, aber nicht, um anschließend im Westen eingesetzt zu werden. Ich weiß, wer in Klaus Sorgenichts[5] Abteilung dafür zuständig war. Der Genosse lebt nicht mehr. Wir schickten damals auch eine siebenköpfige Delegation zum Studium der sowjetischen Kommunalpolitik nach Moskau.

Die Nichtannahme der Stalin-Note verbaute also die Chance einer deutschen Einheit?

Wir stellten uns darauf ein, dass wir mit den westdeutschen Arbeitern den Weg des gemeinsamen Kampfes gegen einen gemeinsamen Feind gehen würden. Es standen zwei Fragen: erstens, maximale Stärkung der antifaschistisch-demokratischen Ordnung in der DDR; zweitens, Zusammenarbeit mit den progressiven Kräften in Westdeutschland. Das waren die Hauptfragen, wie sie in der DDR-Spitze erörtert wurden. Ich war damals Kommunalpolitiker. Ich hatte keinen Grund, an der Richtigkeit dieser Linie zu zweifeln. Bis heute nicht.

Nach dem 17. Juni 1953 wurdest du in Berlin 1. Sekretär der SED-Bezirksleitung. Was hatte dein Vorgänger Hans Jendretzky für Fehler gemacht, dass er abgesetzt wurde?

Ich war zu dieser Zeit noch nicht im Politbüro, ich kenne das nur aus den Diskussionen. Er wusste, dass sich in Berlin eine komplizierte Lage entwickelte, aber er stellte die Partei nicht darauf ein. Dann hat er im weiteren Sinne mit Herrnstadt und Zaisser Veränderungen angesteuert, bei diesen innerparteilichen Auseinandersetzungen waren sie unterlegen. Daraus wurden Konsequenzen gezogen. Weiter nichts. Das war ganz normal. Ich unterhielt mit Hans Jendretzky auch hinterher einen freundschaftlichen Kontakt.

Im Juni 1953 hatte er Dummheiten gemacht. Wer Dummheiten macht, muss mit Konsequenzen rechnen. Mir kann doch da keiner was erzählen. Am Montag im alten Friedrichstadtpalast gab es eine Parteiaktivtagung, auf der redete Jendretzky – aber nicht zum eigentlichen Thema. Er sagte nichts darüber, was eigentlich los war. Und am Dienstag, das war der 17. Juni, kam es zu den Unruhen in der Stadt. Was ist denn das für ein Bezirkssekretär, der nicht weiß, was in seinem Bezirk läuft?

Hat ihm Zaisser keine Hinweise gegeben?

Der hat sie gegeben, zweifellos. Sie waren aber wohl nicht auf der Höhe. Das Märchen vom Putsch, der von den Arbeitern der Sowjetzone organisiert wurde, kann mir keiner erzählen.

Wer hat deiner Erinnerung nach den 17. Juni organisiert?

Das wurde von Westberlin aus organisiert. Die Spitzenleute der amerikanischen Spionage waren schon eine Woche vor dem 17. Juni in Westberlin. Als ich die Demonstranten aus der Stalinallee über den Alexanderplatz kommen sah, fragte ich mich: Was ist denn das? Demonstrieren hier die Bäcker? Viele hatten blendend weiße Kleidung an. Solche guten Maureranzüge hatten wir damals in der DDR nicht. Die waren ganz neu.

Denkst du, die Anzüge waren aus Westberlin?

Hör mal: Das waren Westberliner!

Alfred Neumann, 1. Sekretär der SED-Bezirksleitung Berlin und Kandidat des Politbüros, 20. September 1954

Also war es kein »faschistischer Putsch«.

Das war eine faschistische Provokation, die von Westberlin aus organisiert wurde. Die Konfliktstoffe – Normerhöhungen und viele andere Fragen – waren Tage vorher von uns beseitigt worden.

Nein, die Normen nicht.

Da hast du die Akten nicht richtig gelesen. Auch die Normenerhöhungen waren liquidiert worden.

Das wurde erst am 16. gemacht, und am 17. über Rundfunk mitgeteilt.

Das stimmt nicht.

Die Tribüne *verteidigte noch am 16. Juni die Normerhöhungen. Das regte vor allem die Bauarbeiter auf.*

In der Redaktion der *Tribüne* sind dann genug abgelöst worden.[6] In der Partei und auch anderswo hatten wir eine Art Fünfter Kolonne, jene noch ungefestigten Sozialisten, ehemalige Kriegsgefangene, Karrieristen, Mitläufer. Das waren keine bewussten Klassenkämpfer.

Da gibt es bisweilen die Meinung – bei uns vertritt sie Wolfgang Harich –, dass sich Ulbricht die Demonstrationen selbst organisiert hat. Das sei die einzige Möglichkeit für ihn gewesen, sich und die DDR zu retten. In Moskau waren die Würfel gegen ihn und zugunsten von Herrnstadt gefallen.

Hör auf, das ist Blödsinn.

Ich verweise nur auf die Meinung von Harich.

Was Harich sagt …

Ulbricht wurde tatsächlich durch den 17. Juni gerettet. Sonst wäre er fällig gewesen.[7]

Hör auf mit diesem Gerede. In Moskau war Stalin im Frühjahr gestorben, und das Kommando hatten neben Berija einige Leute, die versuchten, eine andere Politik zu machen. Komm nicht und erzähl mir Märchen.

Ich verwies auf Harich.

Warum Harich, woher will der das wissen?

Du wurdest bald danach 1. Sekretär in Berlin und hast diese Vorgänge hautnah erlebt. Du kannst doch gerade aus eigener Erfahrung dagegen argumentieren. Hatte der Ulbricht solche Intrigen überhaupt drauf?

Das ist typisch. Du hängst dich an die Auffassung von Spinnern, indem du sie zitierst. Aber indem du das tust, glaubst du, dass daran etwas sein könnte. Wenn du gleich mir das für absoluten Mist halten würdest, wäre es nicht der Erwähnung wert.

Mittlerweile hat Herrnstadts Tochter die Papiere ihres Vaters veröffentlicht. Dadurch wissen wir einiges mehr über den Juni 1953. Herrnstadt war ein Mann des sowjetischen militärischen Geheimdienstes. Er hatte in Moskau Leute, die ihm vertrauten. Und er hatte ein etwas anderes Sozialismus-Konzept als Ulbricht.

Herrnstadt hat nach seiner Absetzung im Archiv in Merseburg gearbeitet und ein wertvolles Buch über Klassenfragen herausgebracht.[8] Schade, dass die geplante Fortsetzung nicht mehr kam.

Was die Tochter veröffentlicht hat, habe ich zweimal gelesen. Hör mir mit solchen Geschichten auf. Im Buch finden sich Fußnoten nach Materialien des Ostbüros der SPD. Die Herrnstadt-Ausarbeitung wurde also nachträglich mit der Version des SPD-Ostbüros versehen. Ich hatte ein- oder zweimal nur mit Herrnstadt Kontakt, ich kannte ihn nicht näher, weshalb ich mich eines Urteils über ihn auch enthalten will. Aber ich kenne die Verhältnisse in Moskau. Deswegen verstehe ich nicht, warum Moskau für Herrnstadt gewesen sein soll.

Nach dem 17. Juni gab es eine Politbürositzung, wo das Stimmenverhältnis zuungunsten Ulbrichts war. Hinter ihm standen nur noch Matern und Honecker.

Da war ich nicht dabei. Ich kenne aber die Beschlüsse, habe auch mit Ebert geredet. Zu ihm hatte ich ein ausgezeichnetes Verhältnis, nachdem wir einmal Krach miteinander hatten: Er glaubte nämlich, ich sei sein Aufpasser. – Fritz Ebert hat nie so etwas erzählt, dass Ulbricht angeblich im Politbüro unten durch gewesen sein soll.

Meines Erachtens war der neue Kurs vom 9. und 11. Juni richtig. Der »beschleunigte Aufbau des Sozialismus« seit der 10. Tagung im November 1952 wurde korrigiert. Falsch war, dass die Normenfrage erst am 16. Juni unter dem Druck der Arbeiter korrigiert wurde. Viele Arbeiter waren empört darüber, dass für andere alles Mögliche zurückgenommen wurde, nur für sie nichts. Insofern war der 17. Juni ein massenhafter Arbeiterprotest, der in einigen Städten Formen eines Aufstandes annahm.

Ich habe mit den Arbeitern in der Stalinallee diskutiert, wie es auch Selbmann am Potsdamer Platz getan hat.

Und Ulbricht hat sich versteckt.

Ulbricht versteckte sich nie.

Wo war er denn?

Ich weiß es nicht. Einer wie er, der während des Krieges in der vordersten Front zu den Soldaten sprach, hat keine Angst.

Wie lange warst du 1. Sekretär in Berlin?

Bis 1957, insgesamt vier Jahre.

Das ist eine lange Zeit, wenn man bedenkt, was damals alles geschah.

Bei mir hat es geklappt.

Damals habt ihr begonnen, den Tierpark in Friedrichsfelde aufzubauen.

Das war alles neuer Kurs.

Ihr erlaubtet damals das Kabarett »Die Distel« und der DEFA eine satirische Kurzfilmreihe »Das Stacheltier«. Sollten das Ventile sein?

Wir haben damals viel Neues begonnen. Deine Interpretation ist jedoch Quatsch. Ich will aber noch einmal auf die erhöhten Normen zurückkommen.

Ich kritisiere nicht die überhöhten Normen. Wir mussten sie erhöhen, weil wir bei der Versorgung der Bevölkerung Schwierigkeiten hatten. Lieferungen aus der Sowjetunion blieben aus. Die Westdeutschen drosselten den Handel mit uns. Wir sollten ausgehungert und kaputtgemacht werden. Ich kritisiere die Art, wie sie eingeführt wurden. Ich weiß nicht, wer das so veranlasst hatte. Ulbricht? Ich hatte viele Gespräche mit ihm, aber er hat nie etwas in dieser Richtung gesagt.

Ich kann dir das sagen. 1947/48 wurde das REFA-System[9] aufgehoben. Das war das alte, in mancher Beziehung bewährte Akkord-System. Über den Wettbewerb sollte nach 1948 eine freiwillige Disziplin der Arbeiter in Richtung hoher Leistungen erreicht werden. Tatsächlich jedoch sank die Arbeitsleistung um etwa zehn Prozent. Das wurde übereinstimmend in verschiedenen Betrieben festgestellt. Insofern wäre die Anhebung der Norm um zehn Prozent berechtigt gewesen. Aber die Arbeiter fühlten sich wegen des administrativen Vorgehens über den Löffel balbiert. Es wurde dabei nicht berücksichtigt, dass diese ostdeutschen Arbeiter in Jahren entsagungsvoller Arbeit die größte Reparationsleistung unseres Jahrhunderts bei Niedrigstlöhnen erwirtschafteten. Ihre Leistungs- und Opferfähigkeit war offenbar erschöpft.

Die Arbeiter waren von den Rundfunksendungen im Westen beeinflusst. Von den Parolen angeblicher Ausbeutung im Osten. Das wurde ihnen monatelang eingehämmert.

Nun war ja der 17. Juni etwas mehr als nur eine gelbe Karte für die Regierung. Ganz schnell wurde über alles nicht mehr groß geredet. Das war ganz einfach ein »faschistischer Putsch«, eine Behauptung, die bestimmte Erscheinungen eher am Rande des Geschehens zum Kernpunkt erhob. Zweifellos haben auch ehemalige Nazis eine Rolle gespielt. Das war aber nicht die Mehrheit der auf den Straßen Demonstrierenden bzw. der Streikenden.

Deine These ist eine Mischung aus Dichtung und Wahrheit. Der Putsch wurde nicht von den Arbeitern organisiert. Da braucht man nur den Bezirk Chemnitz nehmen, ein hoch industrialisierter Bezirk. Im ganzen Bezirk geschah nichts. Nur in Plauen war was. Warum passierte bei den qualifizierten Arbeitern da unten nichts? Warum nicht? Ich war später mal im Sachsenwerk in Niedersedlitz. Die haben mir erzählt, dass gleich nach dem Putsch bestimmte Leute nach dem Westen abgehauen sind. Da waren Vertreter der Kampfgruppe gegen Unmenschlichkeit[10] dabei. Sie versuchten, den Osten von unten aufzurollen.

Es gab auch andere Großstädte außer Berlin, wo es aufstandsartige Erscheinungen gab, Magdeburg zum Beispiel. In mehr als 2.000 Ortschaften wurden Streiks und Demonstrationen registriert. An die 500.000 Beteiligte im Land …

Auch in Halle. Der Gegner wusste genau, auf welche Zentren er sich konzentrieren musste. Das Chemiezentrum um Halle spielte eine besondere Rolle.

Der neue Kurs öffnete Ventile?

Nein, nicht nur Kabaretts. Wir haben eine richtige politische Arbeit geleistet. Wir hatten einen Fehler gemacht bei den Bauarbeitern. Der Fehler bestand darin, dass die aus leitenden Funktionen in Verwaltungen entfernten Nazis auf den Bau geschickt worden sind. Der allergrößte Teil der Nazis sammelte sich bei den Bauarbeitern. Das haben wir erst danach gemerkt, als wir uns das näher ansahen.

Bei der Reichsbahn gab es auch eine solche Konzentration?

Früher waren die Bauarbeiter die revolutionäre Vorhut in Berlin. Die haben gestreikt, wenn wir als Kommunisten sagten: »Es muss gestreikt werden!«

Dann gab es interne Beschlüsse, die mir aus dem Archiv bekannt sind, die auf eine Art zweiter Entnazifizierung zielten. Es wurde genau analysiert, wo sich ehemaliges Nazipersonal in den Betrieben befand, welche Funktionen von diesen Leuten bekleidet werden, welche NS-Auszeichnungen sie hatten.

Das war Sache der Polizei.

Nicht nur der Polizei. Die ganze Aktion wurde abgeblasen, weil sich herausstellte, dass ehemalige Nazis beim 17. Juni gar nicht die Hauptrolle gespielt hatten.

Ich kann das nicht beurteilen. Ich ging auf die Stalinallee und diskutierte als SED-Bezirkssekretär mit etwa sechzig Bauarbeitern, keine Ausgesuchten. Ich fragte sie: »Sagt mir mal, warum habt ihr gestreikt? Mit mir könnt ihr reden, wie euch der Schnabel gewachsen ist, ich habe selbst als Bautischler gearbeitet. Ihr müsst mir erzählen, warum ihr gestreikt habt?«

Neumann stellt sich in der Sporthalle in der Berliner Stalinallee als Kandidat für die Wahl zur Volksvertretung von Berlin vor, 20. September 1954

Erst einmal war Schweigen im Walde. Schließlich sagte einer, dass sie keine Maurersocken gehabt hätten. Das war der Hauptgrund. Was Maurersocken sind, weißt du? Das sind Socken, die du auf die Holzlatschen ziehst. Ich wunderte mich. Maurersocken zu beschaffen sei doch kein Problem. Es stellte sich heraus, dass sie sich beschwert hatten. Ihre Beschwerde war aber nicht weitergeben worden. Ich notierte mir das und fragte weiter: »Was gibt es noch?« Da kam nichts mehr. Dann habe ich ihnen gesagt: »Hört mal zu, ich bin jetzt Bezirkssekretär …«

Haben die vor dir Angst gehabt?

Die hatten überhaupt keine Angst, warum sollten Sie? Ich habe ihnen gesagt: »Wenn ihr mir noch mal erzählt, ihr streikt, weil die Maurersocken fehlen, dann komme ich wieder, und wir setzen uns auf proletarische Art auseinander, versteht ihr!« So habe ich mit ihnen geredet. Und wir hatten uns verstanden.

Wie würdest du den 17. Juni 1953 aus heutiger Sicht charakterisieren. In der DDR war es offiziell ein »faschistischer Putsch« bzw. »konterrevolutionärer Putschversuch« – drüben sprach man vom »Volksaufstand«. Was war es nach deiner Auffassung?

Volksaufstand ist Quatsch. Ich würde so sagen, dass die Bevölkerung unter gegnerischem Einfluss stand. Die Hetze war auf Schwerpunkte konzentriert. Wir gestalteten eine revolutionär-demokratische Ordnung. Die SED hatte geringe Erfahrung auf diesem Gebiet. Wir waren keine homogene Partei. Wir waren überhaupt nicht darauf eingestellt, wie man sich in einer solchen Situation verhält. Der Gegner hat das ausgenutzt. Das war der Kernpunkt.

Die Demonstrationen erledigten sich in Berlin, als ich als stellvertretender Oberbürgermeister den U-Bahn-Verkehr von und nach Westberlin einstellen ließ.

Es gab doch auch Grenzabriegelungen.

Das kam später. Am 17. Juni habe ich Weisung gegeben, den U-Bahnverkehr einzustellen. Ebert war im Politbüro. Ich habe regiert. Es ging kein Zug mehr nach Westen und keiner mehr nach Osten. Sense, das war abgeschaltet!

Die ersten Abriegelungen kamen später?

Sie kamen, als die sowjetischen Panzer auffuhren. Der Potsdamer Platz war Schwerpunkt. Dort wurde eines unserer Häuser in Brand gesteckt. Organisierte Trupps aus Westberlin haben auch den Zeitungskiosk auf dem Alexanderplatz angezündet. Die Hauptausschreitungen erfolgten in der Leipziger Straße und am Potsdamer Platz. Der Potsdamer Platz war offen. Deswegen wurden dort Panzer eingesetzt und die Randalierer nach dem Westen zurückgedrängt.

Das aber war nicht mehr meine Sache. Die Abriegelungsgeschichten übernahm die sowjetische Armee.

Es gab in Ostberlin einen sowjetischen Stadtkommandanten, der noch 1953 die Souveränitätsrechte ausübte?

Ja, natürlich.

Anmerkungen

1 Jakob Kaiser (1888-1961), Buchbinder, christlicher Gewerkschaftsführer, saß von Mai bis November 1933 für die Zentrumspartei im Reichstag, war im Widerstand, gehörte zu den Mitbegründern der CDU in der Sowjetischen Besatzungszone, wurde im Dezember 1947 als Vorsitzender der CDU von der SMAD abgesetzt, ging nach Westberlin. Vorsitzender der CDU-Sozialausschüsse von 1949 bis 1958, von 1949 bis 1957 MdB/CDU und in dieser Zeit Minister für Gesamtdeutsche Fragen. Von 1950 bis 1958 war er auch stellvertretender Bundesvorsitzender der CDU.

2 Das am ersten Jahrestag des 17. Juni 1953 gegründete Kuratorium »Unteilbares Deutschland« bestand bis 1992. Es sollte »den Gedanken der deutschen Einheit wach halten und eine Wiedervereinigung ›in Freiheit‹ anstreben«. Da man sich auch mit den »Ostgebieten Deutschlands« jenseits von Oder und Neiße »wiedervereinigen« wollte, ist die revanchistische Ausrichtung des Kuratoriums unstreitig. Ein Plakat des Kuratoriums zeigte Deutschland in den Grenzen von 1937 mit dem Slogan »Dreigeteilt? Niemals!«. Zu den propagandistischen Aktionen gehörte es, zu Silvester Kerzen in die Fenster zu stellen, um an die Einheit zu mahnen. Es wurden Plakate verbreitet mit der Aufforderung »Denk an Drüben« und der Versand von Päckchen in die DDR organisiert.

3 Bundeskanzler Adenauer hatte am 20. Juni 1952 erklärt: »Was östlich von Elbe und Werra liegt, sind deutsche unerlöste Provinzen […]. Daher heißt die Aufgabe nicht Wiedervereinigung, sondern Befreiung […]. Befreiung heißt die Parole.«

4 Bereits am 15. September 1951, also Monate vor der Stalin-Note, hatte DDR-Ministerpräsident Otto Grotewohl – und das nicht zum ersten Male – freie Wahlen für Gesamtdeutschland und die Bildung eines gesamtdeutschen konstituierenden Rates gefordert. Diesmal bestand er gegenüber früheren Vorschlägen nicht mehr auf einer paritätischen Zusammensetzung des konstituierenden Rates.

5 Klaus Sorgenicht (1923-1999). KPD 1945. Der gebürtige Wuppertaler leitete im ZK von 1954 bis 1989 die Abteilung Staats- und Rechtsfragen. Er war Mitglied des Staatsrates (1963-1990) und Volkskammerabgeordneter (1958-1990). Als Herbert Wehner auf Einladung Erich Honeckers am Himmelfahrtstag 1973 in die DDR kam – worauf eingangs Alfred Neumann bereits einging –, schrieb am 8. Juni 1973 die Hamburger *Zeit,* dabei die DDR-Nachrichtenagentur *ADN* zitierend, dass auf Einladung der SED-Fraktion der Volkskammer der Vorsitzende der Fraktion der SPD im Bundestag der BRD, Herbert Wehner, in der Hauptstadt der DDR, Berlin, eingetroffen sei. »Dass Herbert Wehner, wenn sich ihm die Möglichkeit dazu bot, seinen Fuß in die DDR setzen würde, ist nicht so überraschend, zumal er gehofft hat, auch über humanitäre Fragen mit der SED-Führung sprechen zu können. Aber dass die SED-Fraktion der Volkskammer ausgerechnet ihm die Gelegenheit dazu geben würde, war weniger zu erwarten. Doch die Einladung der Fraktion war offenkundig nur ein Vorwand – für beide Seiten. Wehner wurde nicht einmal vom Vorsitzenden der SED-Fraktion empfangen, dem Politbüromitglied Friedrich Ebert, sondern von Eberts Stellvertreter, Klaus Sorgenicht.«

6 Das Organ des Bundesvorstandes des FDGB erschien am 17. Juni 1953 mit einem Beitrag des FDGB-Sekretärs Otto Lehmann, in dem er die von Politbüro und Ministerrat am 9. bzw. 11. Juni beschlossenen Normerhöhungen als »in vollem Umfang richtig« verteidigte. Es gehört zu den Legenden des 17. Juni, dass dieser Beitrag die »Initialzündung« für die Arbeitsniederlegungen in Berlin und anderswo gewesen sei. Eine andere: Ulbricht selbst habe den Artikel in Auftrag gegeben, um seinen »Opponenten« im Politbüro, den Chefredakteur des *Neuen Deutschland* Rudolf Herrnstadt, zu disziplinieren. Der hatte zwei Tage zuvor die Veröffentlichung der Reportage »Es wird Zeit, den Holzhammer beiseite zu legen« im SED-Zentralorgan veranlasst, in der das unsensible Verhalten eines Parteisekretärs gegenüber Bauarbeitern an der Stalinallee heftig kritisiert worden war.

7 Tatsache ist, dass es zwischen Berlin und Moskau immer ein gespanntes Verhältnis gab und Ulbricht den geringen Spielraum, den die SED-Spitze besaß, stets testete und auch nutzte. So hatte er unmittelbar nach Stalins Tod die sowjetischen »Berater«, die bis dahin stets den Politbürositzungen beiwohnten, verabschiedet – kühl kalkulierend, dass bei den in Moskau nunmehr einsetzenden Diadochenkämpfen niemand

ihren Klagen Gehör schenken würde. Und die Zuspitzung der sozialen Konflikte in der DDR waren letztlich die Folge dieses Streits in Moskau um die künftige Deutschlandpolitik.

8 Im Zentralarchiv entdeckte Herrnstadt vier Aufsätze, die Primaner des Joachimsthalschen Gymnasiums 1901 zum Thema *Die Beinstellung der Denkmäler in der Siegesallee* geschrieben hatten. Diese Aufsätze hatte Kaiser Wilhelm II., Auftraggeber des Berliner Monumentalboulevards, höchstpersönlich – teilweise sehr abweichend von der Lehrerzensur – bewertet und mit Randbemerkungen versehen. Die Aufsätze waren im Hohenzollernmuseum unter Verschluss gehalten und dann lange vergessen worden. Herrnstadt publizierte die Aufsätze 1960 unter dem Pseudonym R. E. Hardt mit dem Titel *Die Beine der Hohenzollern* (siehe *Die Beinstellung der Denkmäler in der Siegesallee*). Das wird wohl Neumann gemeint haben.

9 REFA war das Kürzel für den 1924 gegründeten Reichsausschuss für Arbeitszeitermittlung. Der Verband für Arbeitsgestaltung, Betriebsorganisation und Unternehmensentwicklung sowie betriebliche Weiterbildung zählt heute 16.000 Mitglieder.

10 Die »Kampfgruppe gegen Unmenschlichkeit« (KgU) war eine 1948 mit Hilfe der US-Geheimdienste gegründete militante antikommunistische Organisation, die aus Westberlin in die DDR hinein wirkte. Auch mit dem US-Sender RIAS in Berlin arbeitete die KgU zusammen. Sie nutzte einzelne Sendungen zur Unterstützung ihres Suchdienstes und warb DDR-Bürger. Deren Aufgabe bestand nicht nur im Verteilen von Flugblättern, sondern sie lieferten auch nachrichtendienstlich verwendbare Informationen, was sich anfangs zunächst nur beiläufig aus den Befragungen des Suchdienstes ergeben hatte. Finanziert und gesteuert wurde die Gruppe überwiegend aus den USA. Später ging die KgU zu Sabotageanschlägen über. Hierbei handelte es sich vornehmlich um Wirtschaftssabotage, die Zerstörung von Gleisanlagen und Produktionsmitteln durch Thermitsprengsätze, die Aufkündigung von Wirtschaftsverträgen und die Preisreduzierung bestimmter Waren durch gefälschte Dokumente vorgeblich staatlicher Stellen. Ein von Teilen der KgU geplanter Terroranschlag, der die Einbringung größerer Mengen Rattengiftes in das Trinkwasser vorsah, wurde nicht ausgeführt. 1959 löste sich die Terrororganisation auf.

»Nach dem XX. Parteitag der KPdSU gab es keinen Grund zur Unordnung«

Du warst 1956 als Mitglied der SED-Delegation Teilnehmer des XX. Parteitages der KPdSU. Was hast du von der Sondersitzung mitbekommen?

Sie fand außerhalb des Programms des Parteitages statt. An der Information der ausländischen Gäste nahmen nur Walter Ulbricht und Otto Grotewohl teil. Schirdewan und ich wurden von ihnen später informiert. Walter machte noch in Moskau Bemerkungen in der Richtung, dass deutsche Genossen, die unter den Sondermaßnahmen gelitten hätten, rehabilitiert werden sollten.

Stand in der Rede etwas Neues für dich drin?

Nein. Das war nicht so sensationell. Verblüfft hat mich nur, dass der Text uns nicht zugänglich war. Kurze Zeit später erschienen jedoch Auszüge der Rede Chruschtschows in der Westpresse. Wie war das möglich? Ich fragte Walter: »Wir haben den Text nicht zu lesen gekriegt, und im Westen steht er in der Zeitung.« Er schimpfte mächtig. Auch er hatte die Rede nicht erhalten.

Auf der Parteiaktivtagung in Berlin wurde ich nach der Rede gefragt. Ich antwortete, dass ich kein Exemplar habe, versprach aber, dazu zu sprechen, wenn ich sie erhielte.

Gut, mir reichte die mündliche Information. Die Debatte um den Text hat ungefähr ein Jahr gedauert. Im Politbüro gab es nach meiner Erinnerung auch nicht den vollen Text.

Was du indirekt erfahren hast, war also für dich keine Überraschung. Du wusstest das vorher, was in der Sowjetunion passiert ist. Woher?

Wir haben nach dem Tode von Stalin angefangen zu korrigieren. Es gab einige Umbenennungen …

Die Stalinallee behielt bis 1961 ihren Namen.

Aber die EAW, die Elektroapparate Werke in Berlin-Treptow, wurden umbenannt. Bei uns gab es keine stürmische Abrechnung und Veränderung, das war nicht vorgesehen.

In einer Rundfunksendung sagte Schirdewan unlängst, dass Ulbricht ihm damals die Weisung gegeben habe, dazu an der Parteihochschule zu sprechen. Schirdewan fragte Ulbricht, was er dort sagen solle. Ulbricht antwortete: »Stalin ist kein Klassiker mehr.«

Das stimmt. Stalin wurde zu Unrecht als Klassiker hochgejubelt. Sein Kopf stand neben dem von Marx, Engels und Lenin. 1958 war ich schon Sekretär des ZK und verantwortlich für die Ausgestaltung der Werner-Seelenbinder-Halle, wo der V. Parteitag stattfinden sollte. Die vier Köpfe gingen nicht. Die Staatsflagge schien mir zu karg. Im Westen begannen sie den Bundesadler auf die Nationalfarben zu setzten. So entschloss ich mich, unser seit 1955 gültiges Staatswappen auf die Fahne zu nehmen. Walter war mit meinem Vorschlag einverstanden. Wir legten das dem Politbüro vor, und die Sache war erledigt.[1]

In jener Zeit regte ich auch an, dass bei Parteischriften und beim *Neuen Deutschland* die Marx-Losung »Proletarier aller Länder, vereinigt euch!« in den Kopf kam. In der Sowjetunion stand das schon immer. Ich ging davon aus, dass wir eine Weltpartei seien. Walter war mit meinem Vorschlag unter der Bedingung einverstanden, dass das Sekretariat diesem Vorschlag zustimmte.

Wolfgang Harich veröffentlichte unlängst ein Buch mit dem Titel »Keine Schwierigkeiten mit der Wahrheit«, was eine Reaktion auf Walter Jankas »Schwierigkeiten mit der Wahrheit« ist. Darin schreibt er, dass der Kreis um ihn damals für die Ablösung Walter Ulbrichts war, ihr Favorit war Paul Merker. Der aber stand nicht zur Verfügung. Schirdewan behauptete dagegen auf meine Frage, dass im Falle der Ablösung Ulbrichts einzig und allein Heinrich Rau in Frage kam. Manche nannten auch Franz Dahlem.

Nein, Franz Dahlem hatte keine solchen Ambitionen. Und Paul Merker konnte das überhaupt nicht machen. Für mich ist interessant zu erfahren, dass Harich und seine Gesprächspartner darüber beraten haben, *wer* den Ulbricht ersetzen solle. Das hab ich noch nie gehört. Einzig von Karl Schirdewan[2] wusste ich, dass er Ulbricht zu beerben wünschte. Der spielte sich so auf. Deshalb wurde er ja auch abgesetzt.

Wegen seines Auftritts in der Wismut[3]?

Nicht nur. Auch im Politbüro. In einer Sitzung des Politbüros nach Moskau griff er Ulbricht direkt an. Das war unmotiviert und diktiert von dem Bestreben, selbst die Parteiführung zu übernehmen. Über seinen Vorstoß gab es später im Politbüro große Meinungsverschiedenheiten. Schirdewan gehörte zu jener Gruppe von Genossen, die viele Jahre im KZ gesessen hatten und die für sich die Führung der Partei in Anspruch nehmen wollten.

Da gehörte Walter Bartel[4] auch dazu?

Ja. Bartel war politisch vernünftiger als Schirdewan. Er stilisierte sich nicht zum Führer. Schirdewan hatte da keine Hemmungen. Der war so von sich eingenommen und auch rabiat. Mir gegenüber trat Schirdewan so auf, als ob er schon das Kommando habe. Wenn jetzt nachträglich Harich so berichtet, dann stimmt doch die These von damals, dass es eine Gruppe gab, die Ulbricht stürzen wollte.

Harich bezog sich auf Merker[5].

Es gab verschiedene Gründe, warum Merker nicht an die Spitze zurückkehren konnte. Die Gruppe um Werner Peuke[6] und Paul Merker wurde schon vor 1933 aus Funktionen abgelöst. Sie und Remmele[7] hatten versucht, den Thälmann auszuhebeln.

Ich kenne Merker. Er hatte im Ausland unklare Kontakte. Solche Vorschläge brachte natürlich Janka[8], er war seit 1947 der persönliche Mitarbeiter von Merker. Ich kannte Janka in unangenehmster Weise aus Spanien. Er wollte sich hochstilisieren. Er kann sich nicht ganz freisprechen von allem, was ihm geschah.

Harich schreibt, dass Janka im Auftrag von Ulbricht den Kontakt zu Merker hielt.

Ich kann es aber nicht bestätigen. Walter kannte Janka überhaupt nicht. Ich weiß nicht, warum Walter ihm einen Auftrag gegeben haben soll. Janka war nicht im Parteiapparat, sondern im Aufbau-Verlag. Dass Walter dem Janka gesagt haben könnte: Horch mal den Merker aus, war nicht Ulbrichts Art.

Aber Janka erhielt von Krenz noch kurz vorm Ende der Honecker-DDR am 1. Mai 1989 den Vaterländischen Verdienstorden in Gold überreicht.

Da stand Honecker dahinter.

Harich erhielt solche Auszeichnungen nicht. Janka wurde aber noch in der alten DDR hoch geehrt. Das fiel irgendwie auf. Wie erklärst du dir das?

Honecker wusste genau, wie Schirdewan 1957 aufgetreten war. Als Walter zurückgedrängt worden war, spann Honecker die Fäden zu Schirdewan. Verstehst du, was ich meine?

Schirdewan erhielt auch Auszeichnungen.

Honecker band Leute an sich, die irgendwo einen dunklen Punkt in der Kaderakte hatten. Das war seine Methode, sich Menschen gewogen zu machen. Ich könnte dafür Dutzende Beispiele bringen. So machte er auch Mitglieder des Politbüros von sich abhängig.

Kommen wir zum Jahr 1956 und dem XX. Parteitag zurück. Vor allem Intellektuelle wünschten eine konsequente Entstalinisierung.

Ich bin 1956 in die Zahnärztliche Hochschule gegangen, die an der Invalidenstraße war, nahe dem Kochplatz. Die haben da so einen hohen Saal, in den 300 bis 400 Menschen reingehen. Im Politbüro hatte ich die Nachricht erhalten, dass dort eine Versammlung stattfindet, wo es hoch hergehe. Die Genossen wurden nicht damit fertig. Ich verließ die Politbüro-Sitzung: »Ihr müsst mich beurlauben, Genossen. Ich fahre jetzt dorthin«, erklärte ich.

Der Saal war knackend voll. Ich ging ganz allein rein, ohne Begleitung, und zwängte mich durch die Reihen. Vorn stand ein Tisch, dahinter ein Versammlungsleiter, der der Lage nicht Herr wurde. Ich ging durch den Gang nach vorn wie ein Eisbrecher und schob alles beiseite. Vorn auf der Bühne sagte ich: »Mein Name ist Neumann, ich übernehme die Leitung der Versammlung. Sie wird ordnungsgemäß zu Ende geführt.«

Von hinten brüllte einer aggressiv. Da drehte sich vorn einer nach hinten um und rief: »Mensch, dich kenne ich doch, du bist von der Freien Universität, du bist doch vor einiger Zeit abgehauen.« Da war der Mann hinten sofort ruhig. Er ging also in Deckung.

Dann haben wir die Versammlung schön zu Ende geführt. Dann sind wir rausgegangen. Dazu braucht man keine Armee.

Die haben sich von dir so richtig vergewaltigen lassen. Du nimmst dir einfach das Recht der Versammlungsleitung. Haben sich das alle gefallen lassen?

Bei den Germanisten der Humboldt-Universität war ich auch. Ich habe dort mit Kantorowicz[9] gesprochen, der dort Lehrstuhlleiter war. Als er nach Westdeutschland ging, äußerte er sich auch über mich. Ich hatte ihm gesagt, dass über alles diskutiert werden könne, aber wir keinen Krach haben wollten. Kantorowicz versuchte sich als Spanienkämpfer aufzuspielen. Ich sagte ihm: »Du warst zwar in Spanien, aber nicht an der Front. Spiel dich hier nicht auf.«

Kanntest du ihn aus Spanien?

Nein. Ich wusste nur, dass er da war. Er arbeitete als Redakteur der Zeitung *Le Volontaire de la Liberte* der Interbrigaden. Ich sagte ihm: »Wenn du Spanienkämpfer warst, dann musst du dafür sorgen, dass dein Institut Ordnung hält. Nach dem XX. Parteitag der KPdSU gibt es keinen Grund, Unordnung zu machen.«

Damit war die Frage vereinfacht. Ich sage noch einmal: Es hat in Berlin 1956 in keinem Betrieb Streikaktionen gegeben.

Die Unruhe 1956 war mehr unter den Intellektuellen im Sonntag, *überhaupt im Kulturbund.*

Das war der Schwerpunkt. Auch am Institut für Deutsche Geschichte war was los. Da war Hermann Axen. Die haben etwas kraus diskutiert. Einer von denen wurde dann etwas bei den Vereinten Nationen, den Namen habe ich vergessen. Er hat dort eine wichtige Arbeit gemacht in unserem Auftrag. Aber 1956 hat er ein bisschen verrückt gespielt. Warum sollen sie nicht kraus diskutieren? Auch mir wurde so allerhand vorgeworfen. Immer wieder wurde auf Gomulka verwiesen, der dies und jenes anders machen würde.

Dann kam die Verfolgung von Harich und Janka, Zöger und Just.

Mich hat das nicht interessiert. Harich kannte ich damals nicht. Ich habe auch heute zu ihm keinen Kontakt. Ich weiß, dass er unlängst in Weißensee gewesen ist und dort behauptet hat, er sei Trotzkist. Er hat gefordert, die trotzkistischen Ideen stärker zu popularisieren. Für mich ist Trotzki eine abgehandelte Position. So weit wie ich den Trotzkismus kenne, kann es keine Rückkehr zu solchen Positionen geben. Harich müsste mir mal erläutern, was er mit seinen Forderungen meint.

Harich hat 1956 nicht erkannt, dass auf den Konferenzen in Genf die vier Mächte – nachdem die Bundesrepublik der NATO beigetreten war und im Osten der Warschauer Vertrag gebildet worden war – sich auf ein längeres Nebeneinander der zwei deutschen Staaten geeinigt hatten. Harich war noch immer für die Wiedervereinigung Deutschlands, obwohl der Zug längst abgefahren war. Er verstand sich als Nationalkommunist, weshalb er auch an die Überlegungen Ackermanns vom besonderen deutschen Weg anknüpfte. Er trat für die Entstalinisierung der SED, die Auflösung von MfS und NVA sowie die Demokratisierung der DDR ein. Einer Einigung mit der SPD maß er große Bedeutung bei. Aus seiner Sicht konnte soziale Befreiung nur im gesamtnationalen Rahmen stattfinden. Musste er wegen solcher Auffassungen gleich eingesperrt werden?

Über Harich oder Janka ist damals im Politbüro nicht gesprochen worden. Wenn es so wäre, würde ich dazu stehen.

Du hast eine moralische Mitverantwortung für das, was Harich und Janka angetan worden ist.

Ich habe überhaupt keine Mitverantwortung. Für Sachen, mit denen ich nichts zu tun hatte, hafte ich nicht.

Ulbricht hat sich Harich bestellt, befragte ihn nach seinen Vorstellungen und untersagte ihm die Fortsetzung seiner Aktivitäten.

Ulbricht hatte bestimmt noch Hoffnungen, dass er den Harich auf einen vernünftigen Weg bringen könnte. Sonst hätte er mit ihm nicht gesprochen. Der Ulbricht hat um ihn gekämpft. Er hat ihm bestimmt auch gesagt, was an seinen Positionen verkehrt ist.

Stell dir vor, Harich hat acht Jahre in Bautzen gesessen. Findest du das nicht schlimm? Er hatte doch nur andere Vorstellungen vom Weg zum Sozialismus.

Ich weiß nicht, was sie gemacht haben. Ich weiß nur allgemein, dass er Verbindungen hatte zu Leuten, mit denen man keine Verbindung haben durfte.

Harich wollte mit Vertretern des Parteivorstandes der SPD sprechen. Man schob ihm aber das Ostbüro zu. Er wollte die Einheit Deutschlands und maß der SPD eine große Rolle bei.

Er konnte ja für die Einheit Deutschlands sein, dafür musste er sich aber nicht an das Ostbüro der SPD hängen. Da konnte nie die Einheit Deutschlands dabei herauskommen.

Die SPD hält noch immer die Archivbestände des Ostbüros zu einem bestimmten Prozentsatz geschlossen.

Das Ostbüro hat sich Anfang der 70er Jahre aufgelöst. Mit Ruhm hat sich das Gremium nicht bekleckert. Oder lass dir die Akten geben vom Ministerium für innerdeutsche Fragen, die haben ihren Laden nach vierzigjähriger Tätigkeit auch zugemacht ohne Abschlussbericht und Nachruf. Bei der Kürzung meiner Rente haben sie reingeschrieben, dass ein Bericht des Bundesnachrichtendienstes von 1987 etwas beweise. Das mich belastende Dokument haben sie mir aber nicht gezeigt.

In der Parteigeschichte der SED bleibt das natürlich ein schlimmer Punkt, dass so kurz nach dem XX. Parteitag 1956 und den Ereignissen in Polen und Ungarn in der DDR eine poststalinistische Verfestigung stattfand.

Rede mit mir nicht in dieser Weise. Du redest über Personen aus dem Kulturbereich. Der hat mich damals wenig interessiert. Ich hörte damals von Janka, das berührte mich damals wenig, weil mein Bild von ihm ziemlich klar war. Damit war der Fall für mich erledigt. Und Harich interessierte mich nicht, weil ich ihn nicht kannte.

Es gab diese Prozesswelle 1957, dann kam die 35. ZK-Tagung Anfang 1958, die mit Wollweber, Schirdewan und Oelßner abrechnete.

Das sind unterschiedliche Fragen. Das darf nicht in einen Topf geworfen werden. Wollweber und Schirdewan haben zusammen gekaspert.

Gehörte auch Ziller[10]*, der 1957 freiwillig aus dem Leben schied, dazu?*

Ziller hatte einen Knall. Ich weiß nicht warum. Ich kannte ihn aus der Zeit, als er Sekretär für Wirtschaft war. Er war ein kleiner Wirrkopf. Er hatte eine anständige Frau. Am Wochenende trafen wir uns manchmal draußen im Grünen. Wir haben uns normal unterhalten. Warum der sich eine Kugel in den Kopf geschossen hat, weiß ich nicht.

Hattet ihr alle eine persönliche Waffe?

Zu jener Zeit besaß ich keine Waffe, später schon. Die lag aber immer zu Hause. Meine Pistole habe ich 1989 an den Innenminister zurückgegeben. Ich hatte noch eine 6,35er Pistole, die ich mal von der NVA zum Geburtstag geschenkt bekommen hatte, und die Jagdgewehre. Das alles habe ich bei der Polizei abgeliefert. Ich habe noch den Hinterlegungsschein für eine Jagdbüchse, die ich für umgerechnet etwa 10.000 Mark in der Sowjetunion gekauft hatte.

Hast du schon als junger Mensch gejagt? Über das Jagdfieber im Politbüro gab es eine aufgeregte Debatte. Die Politbüromitglieder erschienen in dieser Diskussion bisweilen wie Feudalherren.

Honecker hat Jagden organisiert. Alle Politbüromitglieder wurden von ihm dazu eingeladen. Als der Honecker das das erste Mal Anfang der 70er Jahre machte, bin ich mitgegangen. Es war eine Hasenjagd bei Magdeburg. Danach stand für mich fest: einmal und nie wieder! Er aber fragte mich immer wieder:

»Gehst du mit?« Nein, antwortete ich, die Hasen sind mir zu klein, hinten fehlt was und vorne sind sie zu kurz. Wenn ich da schieße, treffe ich sie nicht. Wenn sie groß wie Elefanten wären, würde ich mitkommen.« Damit waren die Hasenjagden erledigt.

Du bist mit Honecker nicht mehr zur Jagd gegangen. Aber allein hast du doch noch gejagd?

Ich bin am Wochenende von dem Heim aus im Kreis Gransee, wo früher alle waren, jagen gegangen sind. Ich habe auf dem Hochsitz gesessen und mich dabei entspannt.

In dem Heim in Liebenberg waren viele kleine Räume. Ich hatte ein Zimmer unterm Dach. Das genügte meiner Frau, meinem Sohn und mir. Norbert habe ich manchmal mitgenommen. Feudale Eigenschaften waren mir fremd. Diese Vorwürfe kratzen mich nicht. In der DDR gehörte die Jagd wirklich dem Volke. Jeder konnte sich über die Jagdgenossenschaft organisieren und entsprechend der Ordnung des Jagdkollektivs zur Hege und zur Planerfüllung beitragen. Es gab über 44.000 Frauen und Männer, die das Weidwerk ausgeübt haben.[11] Alles, was ich geschossen habe, habe ich abgegeben. Auch auf das Schützengeld, das mir zugestanden hätte, habe ich verzichtet. Ich bezahlte den Aufwand. Ich nahm auch nicht den Aufbruch, der Jägern zusteht. Ich habe nichts, gar nichts genommen. Ich genoss einige Stunden die Ruhe auf dem Hochstand.

Du warst von 1953 bis Anfang 1957 in Berlin 1. Sekretär. Und danach?

Wurde ich Sekretär für Organisation im ZK. Ich kam an die Stelle von Schirdewan. Horst Dohlus wurde später bei mir Abteilungsleiter. Ich habe ihn von Cottbus geholt.

1953 warst du Jendretzkys Nachfolger und 1957 der von Schirdewan. Warst du der junge Mann Ulbrichts?

Ich kann nicht der junge Mann Ulbrichts gewesen sein. Ich hatte nie andere Kontakte zu Ulbricht als über die Arbeit. Es gab keine anderen Bindungen. Auch in der Sowjetunion hatte ich keine Kontakte zu ihm. Ich war prinzipiell nicht der Mann von irgendeinem. Du verkennst Neumann.

Welche Anleitungsebene war das? Ulbricht nahm ab und zu das Sekretariat des ZK zusammen. Da warst du mit dabei.

Er war Erster Sekretär und hat demzufolge das Sekretariat geleitet. Wenn er aus irgendwelchen Gründen nicht da war, bei Reisen oder im Falle des Urlaubs, dann leitete ich. So hatte er es verfügt.

Anmerkungen

1 Mit dem Änderungsgesetz vom 1. Oktober 1959 wurde das Staatswappen integraler Bestandteil der Staatsflagge der DDR. Nach der »Wende« versuchte ein windiger westdeutscher Geschäftemacher, sich das Wappen und andere DDR-Abzeichen und -Symbole anzueignen. Er ließ das Wappen beim Deutschen Patent- und Markenamt auf seinen Namen eintragen und damit markenrechtlich schützen. Dagegen klagte u. a. der Eulenspiegel Verlag. Erst in 2. Instanz entschied das Patentgericht, dass die vorgenommene Eintragung zu löschen ist. Damit ist das DDR-Staatswappen wieder »volkseigen« und somit frei verwendbar.

2 Karl Schirdewan (1907-1998), 1925 Mitglied der KPD, Ende der 20er Jahre Bezirksvorsitzender des KJVD in Schlesien, 1931 Leitung des Verlages *Junge Garde*. 1934 wegen »Vorbereitung zum Hochverrat« zu drei Jahren Zuchthaus verurteilt. Danach (bis 1945) KZ Sachsenhausen und Flossenbürg. Tätigkeit im ZK der KPD, dann der SPD, seit 1949 Leiter der Westkommission beim Parteivorstand. 1952 1. Sekretär in Sachsen, dann der Bezirksleitung Leipzig, ab 1953 Mitglied des Politbüros und bis 1958 ZK-Sekretär für Kaderfragen sowie Mitglied der Sicherheitskommission. Nach Ulbricht galt er als zweiter Mann in der Partei, den er 1958 zu stürzen hoffte. Er wurde von allen Funktionen abberufen und als Leiter der Staatlichen Archivverwaltung Potsdam strafversetzt. Diese Stellung behielt er bis zu seiner Ablösung durch Walter Hochmuth 1965. Karl Schirdewan wurde 1990 von der PDS rehabilitiert.

3 Auf der 35. ZK-Tagung im Januar 1958 wurden Karl Schirdewan und Erich Wollweber, Minister für Staatssicherheit aus dem ZK, Fred Oelßner aus dem Politbüro ausgeschlossen. Das Scherbengericht hielt der 45-jährige Erich Honecker. Ausführlich schilderte er, wie eine Verschwörung gegen Ulbricht in Sachsen aufgedeckt worden sei. Im Dezember 1957 wäre dem Politbüro mitgeteilt worden, dass bei einem geselligen Beisammensein der Leitung der SED-Gebietsparteiorganisation Wismut zwei leitende Genossen gegen die Beschlüsse der Partei aufgetreten und ausfällig geworden seien. »Das Politbüro zögerte keinen Augenblick, diese Vorkommnisse restlos aufzuklären«, sagte Honecker. Dann seien schnell die Schwankungen der Genossen Schirdewan und Wollweber in den Grundphasen der SED-Politik festgestellt worden.

4 Walter Bartel (1904-1992) führte 1945 das Internationale Lagerkomitee im KZ Buchenwald, war der persönliche Sekretär von Präsident Wilhelm Pieck.

5 Paul Merker (1894-1969), 1920 Mitglied der KPD, von 1924 bis 1932 Abgeordneter des Preußischen Landtags, von 1927 bis 1945 ZK-Mitglied und im Politbüro. Von 1931 bis 1933 Berater der KI in den USA, danach illegal in Deutschland und seit 1937 Mitglied der Auslandsleitung in Paris. Interniert in Frankreich, Emigration in Mexiko, Rückkehr 1946 nach Deutschland. Bis 1950 in der Führung der SED, 1949/50 auch Staatssekretär im Landwirtschaftsministerium. 1950 der Kooperation mit Noël H. Field beschuldigt, 1952 verhaftet und 1955 als »zionistischer Agent« zu acht Jahren Zuchthaus verurteilt. Nach dem XX. Parteitag 1956 entlassen und rehabilitiert. Seit 1957 bis zu seinem Tode Lektor im Verlag Volk und Welt.

6 Werner Peuke (1905-1949) gehörte zu einer Gruppe kritischer KPD-Funktionäre, die sich der 1929 entstandenen Gruppe »Neu beginnen« um Walter Loewenheim angeschlossen hatten. Die NB, auch Leninistische Organisation (ORG oder LO) oder Miles-Gruppe (Loewenheims Pseudonym) war eine marxistische Vereinigung und Widerstandsorganisation gegen den Nationalsozialismus, die sowohl von der KPD als auch der SPD als (bürgerliche) Sekte angesehen wurde, da sie beide Parteien kritisierte. Das Gros der Überlebenden oder nach Deutschland zurückgekehrten NB-Mitglieder engagierte sich nach 1945 in der SPD, einige, wie Robert Havemann oder Erich Kürschner, schlossen sich der SED an.

7 Hermann Remmele (1880-1939), Mitbegründer der USPD, 1920 KPD, von 1920 bis 1933 ZK-Mitglied, 1924 kurzzeitig KPD-Vorsitzender, Reichstagsabgeordneter von 1920 bis 1933, seit 1930 Vorsitzender des Kampfbundes gegen den Faschismus. Unterlag mit Heinz Neumann bei fraktionellen Auseinandersetzungen in der Parteispitze und lebte seit 1932 in Moskau. 1933 im Rahmen der Stalin'schen Säuberungen von allen Funktionen entfernt (seit 1926 Mitglied des Exekutivkomitees der Komintern), 1937 verhaftet, zum Tode verurteilt und erschossen. 1988 von einem sowjetischen Gericht rehabilitiert.

8 Walter Janka (1914-1994), KJVD-Funktionär seit 1930, Zwei Jahre Haft bei den Nazis, abgeschoben in die Tschechoslowakei, Internationale Brigaden, Hauptmann im Thälmann-Bataillon, am Ebro verwundet, von 1939 bis 1941 in Frankreich interniert, Exil in Mexiko, wo er gemeinsam mit Paul Merker und Alexander Abusch die Bewegung Freies Deutschland gründete. Er leitete dort den 1942 gegründeten Verlag »El Libro Libre«, in dem auch Anna Seghers tätig war. 1946 übernahm Janka die Leitung der KPD-Gruppe in Mexiko. Am 6. Dezember 1956 wurde Walter Janka, seit 1953 Verleger bei Aufbau, wegen konterrevolutionärer Verschwörung verhaftet. Der bereits am 29. November 1956 verhaftete Lektor des Aufbau-Verlags Wolfgang Harich trat in einem Schauprozess

als Hauptzeuge der Anklage auf. Harich erhielt wegen »Bildung einer konspirativen, staatsfeindlichen Gruppe« am 9. März 1957 eine Zuchthausstrafe von zehn Jahren. Janka wurde am 26. Juli 1957 »als unmittelbarer Hintermann und Teilnehmer dieser konterrevolutionären Gruppe« wegen Boykotthetze zu fünf Jahren Zuchthaus mit verschärfter Einzelhaft verurteilt. 1960 entlassen, ab 1962 als Dramaturg bei der DEFA tätig. 1972 Wiederaufnahme in die SED. Im Oktober 1989 erschienen im Rowohlt Verlag seine Memoiren unter dem Titel »Schwierigkeiten mit der Wahrheit«. Das Urteil von 1956 wurde in einer öffentlichen Sitzung des Obersten Gerichts der DDR am 4. und 5. Januar 1990 für aufgehoben erklärt. Gleichzeitig kam es zu einem publizistischen und juristischen Streit zwischen Janka und Harich über Einzelheiten des Prozesses.

9 Alfred Kantorowicz (1899-1979), Schriftsteller, Publizist und Literaturwissenschaftler. 1931 KPD, 1933 Flucht nach Frankreich. Zum ersten Jahrestag der Bücherverbrennung in Deutschland 1933 gründete Kantorowicz in Paris eine »Bibliothek der verbrannten Bücher« (Deutsche Freiheitsbibliothek), die von Alfred Kerr und Egon Erwin Kisch eröffnet wurde. Von 1936 bis 1938 in den Internationalen Brigaden in Spanien, ab 1940 Exil in den USA. 1947 Rückkehr nach Berlin, Eintritt in die SED. 1950 Lehrstuhl für Neuere Deutsche Literatur, später Direktor des Germanistischen Instituts und Fachrichtungsleiter für Germanistik sowie Leiter des Heinrich-Mann-Archivs bei der Deutschen Akademie der Künste. 1957 ging er in den Westen. Dort konnte er zwar publizieren, aber er musste in einem neunjährigen Prozess bis zum Bundesverwaltungsgericht gehen, um einen Flüchtlingsausweis und Rentenansprüche zuerkannt zu bekommen. Man warf ihm vor, in der DDR privilegiert gewesen zu sein und dem Kommunismus nahezustehen. Bis zu seinem Lebensende hat sich Kantorowicz strikt geweigert, sich von der Linken loszusagen.

10 Gerhart Ziller (1912-1947), 1930 KPD, wiederholt bei den Nazis inhaftiert, 1945 Stadtrat in Meißen. Von November 1950 bis Februar 1953 war er Minister für Maschinenbau und von Februar 1953 bis Januar 1954 Minister für Schwermaschinenbau der DDR. Seit Juli 1953 war Ziller Mitglied und Sekretär für Wirtschaftspolitik des Zentralkomitees der SED und ab August 1953 Abgeordneter der Volkskammer. Die Auseinandersetzungen mit Walter Ulbricht in wirtschaftspolitischen Fragen gipfelten in Plänen für einen Putschversuch. Als dies aufflog, beging Ziller am 14. Dezember 1957 Suizid. Der Nachfolger in seiner Position wurde Erich Apel, der 1965 ebenfalls Selbstmord beging.

11 Bezogen auf die 17 Millionen Einwohner war die Zahl aktiver Jäger in Deutschland nie so hoch wie in der DDR. Jährlich erlegten sie 6.000 bis 8.000 Tonnen Wildbret. Der Jahresbeitrag im Jagdkollektiv betrug rund 100 Mark. Für die Erlegung oder Trophäen musste kein Pfennig bezahlt werden. Abschüsse wurden vorher abgesprochen. Heute muss für einen Sechzehnender mit 6,5 Kilo rund 5.200 Euro bezahlt werden.

»Vervollgenossenschaftlichung? Hat Ulbricht nie gefordert«

Du kamst 1957 in die höheren Regionen der Macht. Damals, mit der 30. bis 33. ZK-Tagung, wurde der »Aufschwung des sozialistischen Aufbaus« eingeleitet. 1958 kreierte der V. Parteitag die Losung »Der Sozialismus siegt!«

So etwas habe ich mir nicht gemerkt.

Das Ganze sollte die Entwicklung beschleunigen, damals typisch für Ulbricht. Er spitzte gern zu. Schon Thälmann hatte an ihm kritisiert, dass er wie ein Husar immer Attacke ritt.

Warum suchst du immer in der Mentalität des Genossen Ulbricht die Ursache für Schwierigkeiten.

Am Ende dieser Politik standen die totale Krise und die Mauer.

Ausgemachter Kohl. Was heißt: Am Ende stand die totale Krise und die Mauer? In den 50er Jahren?

Dieses Konzept des beschleunigten Aufbaus des Sozialismus führte dazu, dass die Kollektivierung der Landwirtschaft überstürzt durchgeführt wurde, wodurch die landwirtschaftliche Bruttoproduktion zurückging.

Du vergisst die nationalen und internationalen politischen Prozesse. Du redest nicht über den Kalten Krieg, über die Probleme, die uns der Westen mit Embargo, Boykott, Abwerbung, Alleinvertretungsanspruch bereitete, nicht über die organisierte Republikflucht von Facharbeitern, Ärzten, Lehrern. Nicht über die systematische Ausplünderung und Schädigung der DDR. Warum stehst du nicht zur Stärkung der Arbeiter-und-Bauern-Macht und machst stattdessen alles madig?

Das alles gab es, ja. Ich weiß aber auch, dass die Wirtschaft durch die Politik der SED desorganisiert wurde. Als Beispiel nenne ich dir die Einführung des polytechnischen Unterrichts im Jahre 1958. Die sollte bis 1964 vollzogen sein. Aber schon 1960 waren 80 Prozent der Schüler in die zehnklassige polytechnische Oberschule (POS) einbezogen. In einer Zeit angespannter Arbeitskräfteknappheit fielen so zwei Jahrgänge aus. Sie standen der Produktion nicht zur Verfügung. Das verkraftet keine Volkswirtschaft. Habt ihr das nicht gesehen?

Willst du damit sagen, dass der polytechnische Unterricht[1] falsch war?

Ganz und gar nicht. Er wurde aber zu schnell eingeführt, als Kampagne, wie so vieles damals. Das konnte ökonomisch nicht verkraftet werden.

Das kann man immer behaupten, dass etwas zu schnell gemacht wurde. Wir brauchten rasch qualifizierte Facharbeiter mit einer ordentlichen Schulausbildung, keine Handlanger.

Das war wohl nicht der Grund. Ihr habt doch nur die Moskauer Kampagne für den polytechnischen Unterricht nachvollzogen.

Unsinn! Wir haben es zuerst gemacht, und sie haben es nachgemacht.

Sie haben es euch nachgemacht?

Natürlich. Was bist du für ein Historiker, kennst unsere Geschichte nicht.

Nikita[2] machte die Maiskampagne. Also machten wir hier auch eine Maiskampagne. Die Rinderoffenställe wurden drüben Mode. Also hier auch.

Sie haben es gewünscht, dass wir ihrem Beispiel folgten. Wir haben die Rinderoffenställe aber rasch wieder abgeschafft, weil die in unseren Breiten nicht funktionierten. Im Winter erfror das Vieh. Auch der Mais war eine Pleite, zumindest die Sorten, die uns damals zur Verfügung standen. Der war nicht die »Wurst am Stängel«, wie Chruschtschow meinte, sondern der Mais taugte nur als Grünsilage. Die Vegetationsperiode bei uns war einfach zu kurz zur Vollreife. Es gab auch noch anderes, womit die Freunde ihre Landwirtschaft zu revolutionieren hofften und uns diese »Erfindungen« zur Nachahmung empfahlen.

Besuch im Mineralölwerk Lützkendorf, 28. September 1963

Bis Ulbricht dem Chruschtschow einmal deutlich sagte, er solle uns mit solchen Vorschlägen gestohlen bleiben, solange in der DDR mehr Getreide und mehr Kartoffeln auf dem Hektar geerntet werden würden als in der Sowjetunion. Damit war das Thema vom Tisch. Mit Chruschtschow konnte er so reden.

Sie sagten in Moskau, sie würden die USA in 20 Jahren in allem überholt haben. Auf dem V. SED-Parteitag 1958 wurde prompt erklärt: Wir überholen die Bundesrepublik in drei Jahren. Das war doch eine falsche, von Subjektivismus triefende Strategie.

Die Zielstellung, dass der Sozialismus eine höhere Produktivität braucht, war richtig. Für Lenin war die Arbeitsproduktivität das »in letzter Instanz Allerwichtigste, das Ausschlaggebende für den Sieg der neuen Gesellschaftsordnung«.

Dich stört das Wort »Beschleunigung«. Warum? Bist du ein Langsamwanderer? Wenn man schneller gehen kann, sollte man es auch tun, wenn man dadurch das Ziel früher erreicht. Allerdings muss man vorher prüfen, ob die Voraussetzungen dafür auch gegeben sind. Bezogen auf die Volkswirtschaft heißt es also: Sind die materiell-technischen Möglichkeiten vorhanden, gibt es Reserven, die sich mobilisieren lassen? Wenn man Pferde im Galopp beschlägt, muss alles zur Hand sein.

Wir haben das mehr als einmal versucht. Mal klappte es, mal nicht. Noch einmal: Nicht die Beschleunigung ist das Problem, sondern die Rahmenbedingungen.

Otto Grotewohl hat Ende der 50er Jahre diese Frage aufgeworfen.

Er sprach damals über Schwierigkeiten, die bei der beschleunigten Kollektivierung in der Landwirtschaft auftraten. Auf einer ZK-Tagung hat er protestiert. Otto Grotewohl scheute nicht davor zurück, eine abweichende Meinung im Politbüro vorzutragen. So monierte er die beschleunigte Vergenossenschaftlichung im Bezirk Halle. Er zog gegenüber Bernard Koenen vom Leder.

Der Widerspruch war berechtigt. Nimm mal den Siebenjahrplan, der im Oktober 1959 beschlossen wurde. Er sah den »Sieg des Sozialismus« in der DDR bis 1965 vor. Im Januar 1960, wenige Wochen später, sagte Ulbricht plötzlich vor den 1. Sekretären der Bezirksleitungen, am 30. Januar war es wohl: »Die Devise heißt jetzt Vervollgenossenschaftlichung!« Da vergewaltigte er den ganzen Siebenjahrplan.

Das sind Märchen. Ulbricht hat das nicht gesagt. Ich möchte glatt behaupten: Das ist eine Lüge.

Das ist ziemlich einfach nachweisbar. In seinen Reden »Über die Bauernbefreiung« findet man diesen Satz.

Das weiß ich nicht. Wobei mich interessiert, in welchem Zusammenhang Ulbricht das gesagt haben soll. Ich weiß, wie Ulbricht zur vollgenossenschaftlichen Entwicklung stand. Und zwar besser als du.

Erzähle. Da ist noch manches aufzuklären.

Ende Februar/Anfang März 1960, als das losging, war Ulbricht nicht in der DDR. Er machte Urlaub am Schwarzen Meer. Wir hatten eine ganz normale Situation. Karl Mewis, der 1. Sekretär der Bezirksleitung in Rostock, rief mich an und sagte: »De Appel is riep.«

Ich antwortete ihm, er solle mir mit seinem Platt vom Halse bleiben, und mir sagen, was er wolle. Er erklärte: »Wir haben eine große Bewegung im Dorf. Wir sind der Meinung, dass wir Kurs darauf nehmen können, in der genossenschaftlichen Bewegung einen großen Schritt nach vorne zu gehen.«

Ich antwortete ihm: »Du kannst solche Dinge nicht machen, ohne dass dazu Festlegungen getroffen worden sind.«

»Ich wollte dir das bloß sagen«, reagierte Mewis.

Daraufhin rief ich Walter in der Sowjetunion an und informierte ihn über das Gespräch mit Mewis. Walter erinnerte an Grotewohls Einwände. Ich hielt dagegen, dass ich denen nachgegangen wäre. Es habe sich gezeigt, dass er sich auf einige wenige Beispiele im Bezirk Halle konzentriert hatte. Wie mir Bernard Koenen versicherte, gäbe es in seinem Bezirk eine solche Beschleunigungs-Kampagne nicht. Hingegen verstärkten die Gegner der Kollektivierung ihre Tätigkeit.

Ulbricht sagte mir am Telefon, egal, wir können nicht weitergehen, bevor wir nicht in der Lage sind, die materiell-technische Versorgung der Genossenschaften zu sichern. Es fehlen Traktoren, Mähdrescher, Ställe, Silos usw., eben alles, was dazu gehört.

Damit hatte er völlig Recht.

Deshalb war das für ihn überhaupt kein Diskussionspunkt. Er sagte: »Wir haben kein Kommando gegeben. Wir haben dazu keinen Beschluss gefasst. Also wird das nicht gemacht.« Deshalb bestreite ich, dass er das mit der Vervollgenossenschaftlichung gesagt haben soll. Ich bestreite das einfach. Ich war bei den wichtigen Beratungen dabei.

Die Beratung mit den Kreis- und Bezirkssekretären im Dezember 1959 in Leipzig zur Auswertung der 7. ZK-Tagung hast du geleitet. Ende Januar 1960 gab es eine zweite Tagung, die Ulbricht durchführte. In der Geschichte ist das ein einmaliger Vorgang. War Ulbricht mit dem, was du in Leipzig gemacht hast, nicht einverstanden? Etwa weil du nichts über eine Kampagne zum Abschluss der Kollektivierung gesagt hattest?

Ich erinnere mich, dass ich im Dezember in Leipzig war und dass sie mir, kurz vor meinem Geburtstag, im ZK meine Rede kaputt gemacht haben.

Es kann sein, dass damals – vielleicht auch wegen des Widerstands von Grotewohl – eine Entscheidung in dieser Richtung noch nicht gefällt worden war. Grotewohl wollte die Zeit bis 1965 ausschöpfen und nichts übers Knie brechen. Ulbricht war am 2. Februar 1960 in Moskau[3] *auf einer internationalen Agrarberatung der sozialistischen Länder. Er hat dort mit Chruschtschow gesprochen. Dieser gab zu erkennen, dass er beim Treffen der kommunistischen und Arbeiterparteien Ende des Jahres*[4] *gern den Sieg des Sozialismus im Rahmen der RGW-Länder verkünden wollte.*

Das kenne ich nicht.

Reingespielt hat auch die Vollkollektivierung im Kreis Eilenburg im Dezember 1959. Das hatte niemand geplant. Zentral wurde vor allem der Kreis Gräfenhainichen als das Beispiel für vorbildliche sozialistische Landwirtschaft angesehen. Die Bezirksleitung Leipzig hielt sich vor allem an den Kreis Delitzsch.

Es gab in dieser Zeit lokale Tendenzen, die Entwicklung unabhängig von den materiellen Voraussetzungen zu beschleunigen. Das war dem Ehrgeiz einzelner Funktionäre geschuldet.

Mewis war wohl für das Politbüro immer ein Problem. Er liebte es, nach vorn zu preschen.

Ulbricht sagte immer, wenn man etwas anfängt, dann muss man dafür sorgen, dass es ohne Rückschläge abgeht. Das war vernünftig und solide. Er machte keine abenteuerliche Politik. Er war sich bewusst, dass wir die Produktion in der Landwirtschaft steigern mussten, um unsere Bevölkerung mit Lebensmitteln und um die Industrie mit Rohstoffen zu versorgen. Uns drückten zudem noch immer die devastierten Betriebe. Wir mussten etwas unternehmen, damit diese herrenlosen Flächen endlich wieder ordentlich bewirtschaftet wurden.

Deshalb folgten einige Bezirkssekretäre dem Mewis und nahmen seine Idee auf. Das lief von Rostock bis nach Karl-Marx-Stadt.

Das lief sehr schnell. März und April 1960 – und fertig war die Vollkollektivierung. Das hieß sozialistischer Frühling auf dem Lande. Das war eine große Kampagne!

Ich habe sie nicht organisiert. Die Bedingungen waren offenbar reif, es ging anders nicht mehr weiter.

Schon bald wurde festgestellt: Es fehlen 40.000 Traktoren. Mit der traditionellen Kuh- und Ochsenbespannung konnte man die großen Flächen nicht mehr bestellen.

Deshalb bauten wir in Schönebeck das Traktorenwerk.

Weil im Frühjahr 1960 nicht genügend Flächen bestellt worden waren, kam es zu Ernteausfällen. Die Bruttoproduktion rutschte in den Keller.

Das kann passieren. Nachher ist sie wieder hoch gegangen.

Erst 1964. Aber in der Zeit der akuten Krise, 1960/61, gab es keine Schrippen, keine Butter an den Wochenenden …

Engpässe haben wir immer gehabt.

An den Wochenenden reichte die Backkapazität nicht. Die Lebensmittelkarten wurden 1958 [5] *abgeschafft. Dann kamen Kundenlisten für Milch und Fleisch: Jeder musste sich mit Personalausweis in seiner Verkaufsstelle anmelden und erhielt wöchentlich eine bestimmte Menge Fleisch und Butter. Ich erhielt ein Stück Butter in der Woche, also 250 Gramm.*

Die Milchproduktion ging zurück. Der Winter 1960 war kalt.

Vergiss nicht die Offenställe und die toten Rinder.

Das mit den Offenställen hat sich nicht durchgesetzt. Zähl mal durch, wie viele Offenställe wir überhaupt hatten.

In einem Studentenpraktikum in Freest bei Wolgast hörte ich Karl Mewis auf einer Bauernversammlung. Er erzählte, dass

1959/60 allein im Bezirk Rostock 800 Rinder in Offenställen krepiert seien.

Die Offenställe waren verkehrt.

Aber die Ställe wurden auf Grund einer Parteikampagne gebaut.

Das war eine Kampagne, die uns Chruschtschow reingedrückt hat. Ich habe das selbst erlebt. Ich habe ihn bei einer Reise durch die DDR begleitet. Speziell habe ich mich um Jurij Andropow gekümmert, der damals sowjetischer Botschafter in Ungarn war.

Ich kenn doch die Probleme. Das war doch nicht unsere Brühe.

Doch, auch eure.

Hör doch auf. Wir akzeptierten die Rolle der KPdSU und deren Erfahrungen. Nach ganz kurzer Zeit merkten wir, dass diese zumindest in Bezug auf die Rinderoffenställe falsch war. Bei Kälte gaben die Kühe kaum noch Milch. Also entschieden wir, dieses Experiment sofort zu beenden.

Der Vorsitzende des Volkswirtschaftsrates spricht auf dem VI. Parteitag der SED, 1963

Nein, nicht sofort. Die Korrektur kam erst 1961, drei Jahre nach Beginn der Kampagne!

1957 war Chruschtschow hier, er hat alles reingedrückt. Er sprach da sehr viel von Mais in Wanzleben bei Magdeburg.[6]

1961 sackte die Agrarproduktion auf etwa 80 Prozent ab. Wir hatten nicht genügend Milch im Angebot. Freitag und Sonnabend fehlte es in den Großstädten an Brot und Brötchen, weil etwa 60.000 Bäcker nach dem Westen gegangen waren bzw. in Rente und ihre Kinder keine Gewerbezulassung erhielten.

Es wurden viele abgeworben. Wir haben die doch nicht alle verdrängt und vergrault.

Die Mehrheit derer, die weggingen, ist nicht abgeworben worden. Ich kenne Abwerbungsschreiben, ich hab sie im Archiv gesehen. Aber mach dir nichts vor, die Masse wurde nicht abgeworben. Viele Bäcker gingen, weil sie nicht Mitglieder von Produktionsgenossenschaften des Handwerks werden wollten. Später wurde anerkannt, dass Bäcker sich dafür aus produktionspezifischen Gründen nicht besonders eigneten. Wer knusprig frische Schrippen bzw. Semmeln haben wollte, der brauchte den Bäcker um die Ecke, nicht irgendwo eine Genossenschaft.

Hör auf, mir solchen Mist zu erzählen. Fachleute wurden systematisch abgeworben, um die DDR sturmreif zu machen. Und du erzählst mir immer nur davon, dass wir einiges zu früh und falsch gemacht hätten.

Nein, ich versuche dir nur klarzumachen, dass ihr in eurer Politik und Führungstätigkeit fundamentale Fehler gemacht und das Land in die Krise geführt habt.

Solche Diskussion mag ich überhaupt nicht. Dann hören wir auf und diskutieren nicht mehr weiter! Ich habe eine andere Auffassung. Ich weiß, wie schwer der Aufbau des Sozialismus ist, wir sind unbekannte Wege gegangen, die vorher noch nie beschritten wurden. Und das unter ständigem Beschuss. Dieses Land war gespalten, Westdeutschland und Westberlin wurden bewusst als Schaufenster gestaltet. Wir trugen an den Folgen des Krieges, zahlten Reparationen … Alles, was wir taten, war Klassenkampf, und der ging nicht ohne Verluste ab.

Am 3. Oktober (!) 1964 wurde das Staatsratsgebäude seiner Bestimmung übergeben

Der Siebenjahrplan sah den Abschluss des sozialistischen Aufbaus bis 1965 vor. Es war ein Plan, den die Volkskammer im Oktober 1959 beschlossen hatte. Nach dem Selbstverständnis der DDR war dieser Plan Gesetz.

Warum kritisierst du den Sozialismus von diesem Standpunkt? Kannst du ihn nicht von einer konstruktiven Seite kritisieren?

Doch. Ich sage ja, dass der Siebenjahrplan ein Zeitplan mit Augenmaß war, anders als das, was Ulbricht mit seinen immer neuen Attacken daraus machte. Warum wurde denn der Zeitrahmen des Siebenjahrplans verletzt? Er war doch Gesetz? In diesen wenigen Monaten von Oktober 1959 bis Januar 1960 warf Ulbricht mit seinem Aufruf zur Vervollgenossenschaftlichung den Siebenjahrplan über den Haufen. Das war ganz klar falsch. Die dadurch entstehenden ökonomischen Probleme, mit denen du es ab 1961 als Vorsitzender des Volkswirtschaftrates zu tun hattest, waren überwiegend hausgemacht.

Ich teile deinen Standpunkt nicht. Ich akzeptiere ihn auch nicht. An bestimmten Stellen mache ich Schluss. Das ist eine schädliche Diskussion.

Archivalische Quellen sagen, dass die DDR bis zum 2. Quartal 1960 eine tolle ökonomische Entwicklung zu verzeichnen hatte, es gab zweistellige Zuwachsraten. Enorm! Im 3. Quartal gab es einen Knick. Die Volkswirtschaft geriet aus den Fugen. Dies vollzog sich vor dem Hintergrund eines Rückgangs der Zuwachsraten in den RGW-Ländern in der ersten Hälfte der 60er Jahre.

Du untersuchst nicht die Probleme, etwa die Lieferungen aus der UdSSR, von denen die DDR sehr abhängig war.

Und: Chruschtschow hatte auf der Moskauer Beratung 1960 erklärt, dass ein militärisch-politisches Gleichgewicht mit dem Westen erreicht sei. Die Sowjetunion und ihre Bündnispartner hätten alle Waffen, die ihre Sicherheit gewährleisteten. Was im Klartext hieß: die Verteidigungsanstrengungen erhöhen. Solche Vorgaben führten zu weitgehenden volkswirtschaftlichen Konsequenzen. Warum wohl wurde 1960 der Nationale Verteidigungsrat der DDR gebildet und nachfolgend die Bezirks- und Kreiseinsatzleitungen? Ab 1960 wurde das Schwergewicht auf das Militärische gelegt.

Chruschtschow urteilte sehr subjektivistisch, auch bezogen auf die DDR. Darüber sprach ich auch mit Ulbricht. Die Verrücktheiten von Chruschtschow hat er nicht mitgemacht. Walter war viel klüger als Chruschtschow.

Deine verkehrten Fragestellungen bringen mich in eine schwierige Lage. Deine Engstirnigkeit treibt mich in die Richtung, dass ich Fehler suchen soll. Diese Methode ist falsch.

1 Ende der 50er Jahre reformierte die DDR ihr Schulsystem. Aus der achtjährigen Grundschule und der zehnjährigen Mittelschule wurde die einheitliche zehnjährige Gemeinschaftsschule ohne innere oder äußere Differenzierung während des regulären Unterrichts, sodass der Klassenverband über alle Schuljahre erhalten blieb. Zum Ende der 10. Klasse erfolgte der Schulabschluss mit Abschlussprüfung, der zur Aufnahme einer Lehre und zum Fachschulstudium berechtigte. Mit guten Leistungen war nach der 8. Klasse der Übertritt in die Erweiterte Oberschule möglich. Maßgeblicher Lehrstil war die von der DDR – lange vor den USA implizit eingeführte – lehrerzentrierte Klassenführung (»classroom management«), wodurch das Leistungsgefälle innerhalb der Klassenkollektive über die Methodik des Lehrers ausgeglichen wurde. Pädagogische Grundlage für die POS war das Konzept des polytechnischen Unterrichts, in dem sich idealerweise in allen Fächern theoretisch-durchdringendes und praktisch-umgestaltendes Tun verbinden sollten. An der Konzeption beteiligte Pädagogen der DDR formulierten dabei als Ziel, dass den Schülern »Liebe zur Arbeit« nahegebracht werden sollte und dass man fächerübergreifend an Erfahrungen anknüpfen werde, die die Schüler während des Unterrichtstages in der Produktion gesammelt haben würden. In anderen Staaten, etwa in Finnland, wurde das Modell adaptiert.

2 Nikita Sergejewitsch Chruschtschow.

3 Am 2./3. Februar 1960 fand in Moskau eine Konferenz von Vertretern der kommunistischen und Arbeiterparteien der RGW-Staaten zu Fragen der Landwirtschaft statt.

4 Im November 1960 kamen Vertreter von 81 kommunistischen und Arbeiterparteien zusammen. Dort erklärte man die Gegenwart zur »Epoche des Übergangs vom Kapitalismus zum Sozialismus, des Kampfes der beiden entgegengesetzten Gesellschaftssysteme, der sozialistischen Revolutionen und der nationalen Befreiungsrevolutionen, des Zusammenbruchs des Kapitalismus und der Liquidierung des Kolonialsystems« und zur »Epoche des Triumphes des Sozialismus und Kommunismus im Weltmaßstab«.

5 Während des Krieges waren Lebensmittel und andere Verbrauchsmittel in Deutschland und anderen kriegführenden Staaten rationiert worden. Die Zuteilung erfolgte über entsprechende (Punkt-)Karten. Diese Praxis wurde nach dem Krieg beibehalten. In der BRD wurden die Lebensmittelkarten 1950 abgeschafft, in Großbritannien 1953/54, in der DDR am 29. Mai 1958 – neunzehn Jahre nach ihrer Einführung. Lebensmittelkarten (Fleisch, Fett, Milch und Zucker) hatte bis dahin jeder DDR-Bürger erhalten. Die Geringverdiener – 5,5 Prozent der Arbeiter und Angestellten hatten einen Monatslohn bis zu 300 Mark und 33,7 Pro-

zent einen in Höhe von 300 bis 500 Mark – waren in weitaus größerem Maße auf die auf Karten erhältlichen preiswerten Lebensmittel angewiesen als etwa jene 4,2 Prozent »Spitzenverdiener« unter den Arbeitern mit einem Einkommen von über 1.000 Mark, die ihren Lebensmittelbedarf zu großen Teilen über die HO gedeckt hatten. Das war den Verantwortlichen in der im Herbst 1957 gebildeten »Zentralen Kommission«, die sich intensiv mit den wirtschaftlichen und vor allem sozialen Auswirkungen der Aufhebung der Rationierung beschäftigt hatte, bewusst. Am 29. Mai 1958 wurde deshalb zugleich mit der Abschaffung der Rationierung auch eine Reihe sozialpolitischer Maßnahmen beschlossen: Arbeiter und Angestellte mit einem Bruttoverdienst bis zu 800 Mark erhielten zum Ausgleich für ihre finanziellen Mehraufwendungen nach dem Wegfall der Lebensmittelkarten gestaffelte Zuschläge, die niedrige Einkommen gegenüber mittleren und höheren begünstigten. Der Beifahrer in einer Maschinen-Traktoren-Station z. B., der 285 Mark brutto verdiente, erhielt 27 Mark Zuschläge, der Elektromaschinenbauer in einem Kraftwerk mit einem Bruttoverdienst von 513 Mark erhielt sieben Mark dazu, während der Konstrukteur in einem Büromaschinenwerk, der 1.100 Mark verdiente, leer ausging.

6 Bruno Kiesler (*1925) leitete von 1959 bis 1981 die Abteilung Landwirtschaft im ZK der SED. Er begleitete im Sommer 1957 in seiner Eigenschaft als Stellvertreter des Vorsitzenden des Rates des Bezirkes Magdeburg Chruschtschow und Ulbricht durch die Magdeburger Börde. In »Lotte und Walter. Die Ulbrichts in Selbstzeugnissen, Briefen und Dokumenten« (Das Neue Berlin, 2003) schreibt Kiesler: »Ulbricht erklärte in kleinem Kreis: ›Das sowjetische Agrarmodell ist für die DDR im Ganzen nicht brauchbar.‹ Bestimmte Auswüchse – etwa Rinderoffenställe, die Quadratnestpflanzmethode bei Kartoffeln, die Zusatzbestäubung bei Getreide u. ä. – wurden von ihm eine Weile geduldet, dann aber beerdigt. Ulbricht schickte mich 1960 zu einem Kongress nach Leipzig, wo ich den dort versammelten Bauleuten aus der Landwirtschaft ›gefühlvoll‹ beibringen sollte, dass die Offenstallperiode vorbei sei. In den Dörfern hingegen durfte gegen sowjetische ›Erfahrungen‹ nicht polemisiert werden. Das galt als ›Verhinderung der Durchführung von Beschlüssen‹.«

»Wir wollten weg von der Kommandowirtschaft«

Welche Rolle spielte Honecker 1960/61?

Ich merkte damals, dass Honecker sich immer mehr profilierte. Er war Sekretär des von Ulbricht geführten Nationalen Verteidigungsrates[1]. Nach dem August 1961 stand Honecker als der große Feldherr da.[2] Er tat so, als ob er alles allein gemacht habe. Das war übertrieben. An der Aktion selbst hatte er wohl den geringsten Anteil.

Später wurde erzählt, er hätte einen Stab geleitet. In Archiven wurde nichts gefunden. Den Stab gab es wohl gar nicht?

Doch, den gab es. Der Stab hat ohne ihn gearbeitet. Die Freunde, die Armee und die Polizei haben darin mitgewirkt. Wo dieser Stab saß, weiß ich nicht.

Du warst nicht beteiligt?

Wir waren am Vorabend, dem Samstag, zum Döllnsee [3] eingeladen. Die Vertreter der Blockparteien waren auch da. Nachmittags gab es Kaffee bei Ulbrichts, und Abendbrot gab es auch. Das Interessante war, dass keiner wusste, warum wir zusammengekommen waren. Volkskammerpräsident Dieckmann[4] fragte mich: »Sagen Sie mal, Neumann, warum sind wir heute am Döllnsee?« Ich antwortete ausweichend: »Ich habe keine Ahnung.«

Es war ja nicht meine Aufgabe, die Leute zu informieren. Es ging so weiter mit Plätscher, Plätscher, Witze erzählen und Musik hören. Irgendwann sagte Ulbricht: »Aufgrund der Volkskammerbeschlüsse werden heute Nacht zuverlässige Sicherungen an der Grenze vorgenommen.« Es war vor 24 Uhr. Die genaue Zeit weiß ich nicht mehr. Honecker war nicht dabei.

DER PRÄSIDENT
der
DEUTSCHEN DEMOKRATISCHEN REPUBLIK
WILHELM PIECK

Nach § 1 Absatz 2 des Gesetzes der Volkskammer der Deutschen Demokratischen Republik über die Bildung des Nationalen Verteidigungsrates der Deutschen Demokratischen Republik vom 10. Februar 1960 ernenne ich

Herrn Alfred N e u m a n n

zum

Mitglied des Nationalen Verteidigungsrates
der Deutschen Demokratischen Republik.

Berlin, den sechzehnten März neunzehnhundertsechzig

W Pieck

Am 16. März 1960 wurde Alfred Neumann vom Staatsoberhaupt Wilhelm Pieck in den Nationalen Verteidigungsrat berufen. Das Gesetz über die Bildung des NVR war am 10. Februar 1960 von der Volkskammer beschlossen worden. Dem sicherheitspolitischen Führungszentrum gehörten laut Gesetz neben dem Vorsitzenden mindestens zwölf Personen an. Piecks Unterschrift lässt seinen Gesundheitszustand erkennen. Der Präsident sollte wenige Monate später, am 7. September, versterben

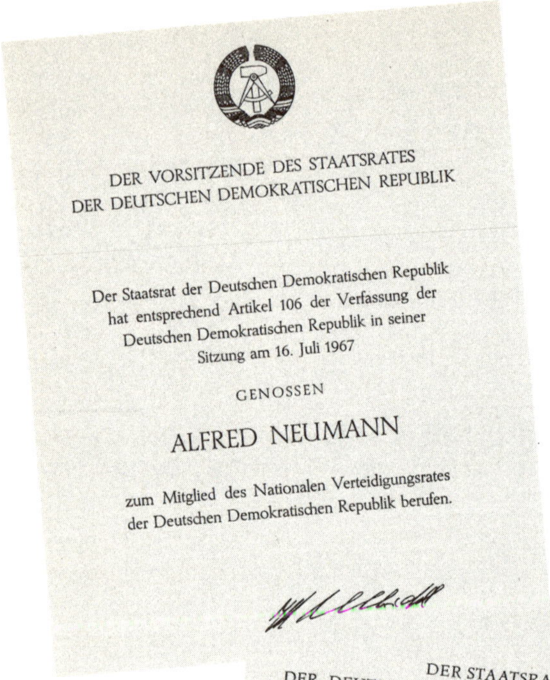

DER VORSITZENDE DES STAATSRATES
DER DEUTSCHEN DEMOKRATISCHEN REPUBLIK

Der Staatsrat der Deutschen Demokratischen Republik
hat entsprechend Artikel 106 der Verfassung der
Deutschen Demokratischen Republik in seiner
Sitzung am 16. Juli 1967

GENOSSEN

ALFRED NEUMANN

zum Mitglied des Nationalen Verteidigungsrates
der Deutschen Demokratischen Republik berufen.

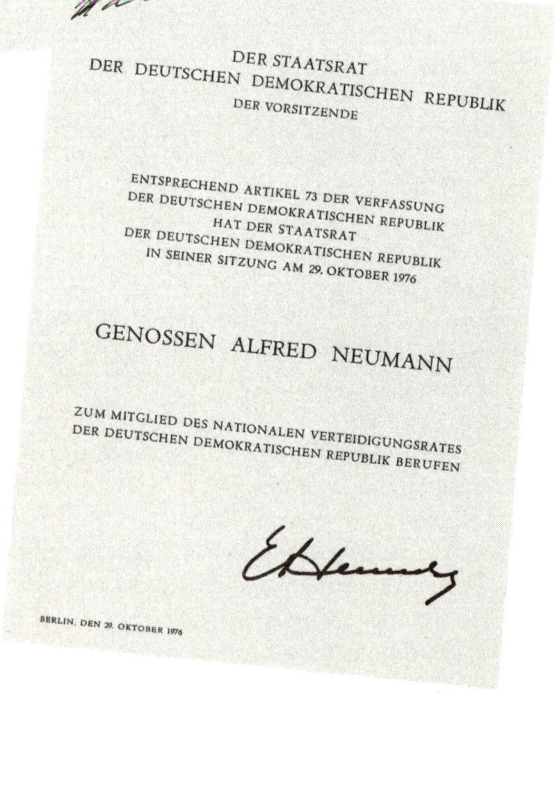

DER STAATSRAT
DER DEUTSCHEN DEMOKRATISCHEN REPUBLIK
DER VORSITZENDE

ENTSPRECHEND ARTIKEL 73 DER VERFASSUNG
DER DEUTSCHEN DEMOKRATISCHEN REPUBLIK
HAT DER STAATSRAT
DER DEUTSCHEN DEMOKRATISCHEN REPUBLIK
IN SEINER SITZUNG AM 29. OKTOBER 1976

GENOSSEN ALFRED NEUMANN

ZUM MITGLIED DES NATIONALEN VERTEIDIGUNGSRATES
DER DEUTSCHEN DEMOKRATISCHEN REPUBLIK BERUFEN

BERLIN, DEN 29. OKTOBER 1976

Berufungsurkunden Neumanns in den NVR mit den Unterschriften von Ulbricht (oben, 1967) und Honecker (rechts, 1976). Dem Gremium gehörte Alfred Neumann von dessen Anfang bis zu seinem Ende an

Protestierte einer?

Keiner. Alle waren einverstanden. Warum sollte man protestieren?

Hätte sein können. – Kommen wir zum Volkswirtschaftsrat. Dieser wurde noch vor dem Mauerbau gegründet. Aber die Konsequenzen des Mauerbaus und der Störfreimachung[5] beeinflussten sehr die Tätigkeit des Volkswirtschaftsrates. Du warst also der Oberfeuerwehrmann in dieser Krise damals, vielleicht Steuermann oder Kapitän?

Nein nicht bloß Feuerwehrmann. Das andere passt eher. Hauptgegenstand des Volkswirtschaftsrates war die Industrie.

Was machte der andere große Wirtschaftsapparat, die Plankommission?

Die Plankommission schuf die Voraussetzungen für uns.

Da konntet ihr euch nie richtig einigen?

Was heißt einigen? Die kümmerten sich um Planung und Perspektive. Sie sollten im Rahmen der Industriezweige die Ressourcen herausfinden, die wir mobilisieren konnten. Es genügte aber nicht, im Rahmen eines Industriezweigs zu optimieren. Nehmen wir den Maschinenbau. Dieser kam ohne die Elektrotechnik nicht aus, sie machte etwa 40 Prozent beim Maschinenbau aus. Später waren etwa 10 Prozent Elektronik-Anteil. Unser Problem war, dass wir es mit volkswirtschaftlichen Strukturen zu tun hatten, die in der Nachkriegs- und SAG-Zeit entstanden waren. Die Sowjets hatten bestimmte Maschinenbaubetriebe zusammengefasst. Dann ging das Kommando auf deutsche Instanzen über, und die mussten damit irgendwie klarkommen. Der Volkswirtschaftsrat versuchte nun, bei den Grundpositionen zu einer einigermaßen proportionalen Bilanz zu gelangen.

Nehmen wir einmal das Problem mit den Walzblechen. Unsere Walzstraßen waren nur für bestimmte Maße geeignet. Der Schiffbau verlangte schwere Walzbleche, die darauf nicht zu produzieren waren. Also mussten wir Bleche von 6 bis 8 Zentimeter Stärke aus der Sowjetunion einführen und bearbeiten. Also musste ich die Plankommission davon überzeugen, dass der Bedarf der Volkswirtschaft bei diesem Posten über den Import befriedigt wurde. Oder nehmen wir die Sache mit den Pipelines. Der Westen stellte plötzlich die Rohrlieferungen an die Sowjetunion ein …

Du meinst das Röhrenembargo von 1963[6]*, das sich gegen die Erdölleitung »Freundschaft« richtete, die die europäischen sozialistischen Länder mit Erdöl versorgen sollte.*

Davon war die DDR unmittelbar betroffen. Das Embargo zwang uns, ein eigenes Rohr-Werk zu bauen, was wieder zu Einschränkungen in anderen Bereichen führte. Wir waren ein Maschinenbauland. Ein Drittel unserer Produktpalette war auf Zulieferungen aus der Sowjetunion angewiesen. Wenn die aber nicht frist- oder sortimentsgerecht lieferte, ruhte die Produktion oder wir mussten improvisieren. Manchmal blieb uns nichts anderes übrig, als in aufwendiger Arbeit aus größeren Profilen etwas runterzuschruppen, also quasi aus einem Baumstamm einen Zahnstocher zu schnitzen. Dabei wurde ein Haufen Späne produziert.

Wir hatten Maschinenbaubetriebe, die sich zusätzliche Zweige halten mussten, um überdimensioniertes Material auf jene Maße zu bringen, die benötigt wurden.

Probleme hatten wir auch bei den Wälzlagern. Wir hatten einen hohen Standard bei Metallschleifmaschinen, Innenrund- und Außenrundschleifmaschinen. Damit konnte sich die DDR sehen lassen. Eher zufällig erfuhr ich jedoch, dass wir dafür hochtourige Schleifspindeln seit einiger Zeit aus Italien bezogen. Daraufhin machte ich Krach und warf den Verantwortlichen vor: »Wir bauen die ganze Maschine, und bei den Schleifspindeln macht ihr euch von den Italienern abhängig!« Ich wies an, eine Sondergruppe für die Vorbereitung einer Produktion von Schleifspindeln in der DDR zu bilden. Das war etwa 1964, kurz vor dem Ende des Volkswirtschaftsrates. Die Arbeit an Schleifspindeln wurde nach dessen Auflösung aufgegeben. Warum das gemacht wurde, weiß ich nicht. Ich ahne aber, wer das veranlasste.

Wahrscheinlich war die Eigenproduktion schon nicht mehr nötig. Die Embargos wurden schließlich gelockert oder aufgehoben.

Das stimmt nicht. Hast du schon mal was von der CoCom-Liste[7] gehört. Westdeutschland lieferte uns lediglich das, was wir auf jedem anderen Markt erhielten. Manchmal machten sie uns ein scheinbar besseres wirtschaftliches Angebot. Ansonsten wurden wir unverändert boykottiert.

Diese Embargo-Front wurde immer wieder von Schweden durchbrochen. Sie lieferten der DDR, wie ich in Archiven sah, Spezialstähle.

Die Schweden gingen sehr auf unsere Bedürfnisse ein. Sie machten ordentliche Geschäfte. Es war doch nur ein Katzensprung über die Ostsee. Sie bezogen von uns Werkzeugmaschinen und polygraphische Maschinen. Unser Maschinenbau brauchte ihre Spezialzulieferungen. Das stellte die DDR vor Fragen in einer Größenordnung, die durch die Plankommission nicht bewältigt werden konnte. Apel[8] war Vorsitzender der Plankommission in jener Zeit, als ich Chef des Volkswirtschaftsrates war. Zwischen unseren Institutionen gab es Konflikte.

Ich erinnere mich an eine Wirtschaftskonferenz im großen Saal des ZK-Gebäudes mit etwa 1.000 Teilnehmern, überwiegend Fachleuten aus der DDR. Es ging um die Frage der Planungstätigkeit.

Die Plankommission hatte im Zusammenwirken von Apel und Mittag, vermutlich abgestimmt mit Walter Ulbricht, die These entwickelt, die Plankommission solle künftig nur 116 Schwerpunktpositionen bilanzieren. Etwa vom kleinsten Dieselmotor bis hin zu den großen Apparaten auf den Schiffen – eine Position. Für die Details bei den Sortimenten wollte sich die Plankommission nicht interessieren. Sie hatten die Bilanzpyramide. An der Spitze stand die Plankommission.

Vor der Beratung hatte ich im Dieselmotorenwerk Magdeburg zwei Mitarbeiter die Teile eines Dieselmotors zählen lassen, alle – von der Unterlegscheibe bis zum letzten Bolzen. Diese Zahl hatte ich auf dem Zettel.

In meiner Rede ging ich auf die 116 Positionen der Plankommission ein und flachste, dass sie – auf der Spitze der Pyramide thronend – sich nicht in den Hintern pieken lassen sollte. Ich bemerkte, dass der Walter bei diesen Worten ein wenig irritiert guckte. Er schien zu ahnen, dass jetzt etwas kommen würde. Ich fragte in den Saal hinein, ob einer wisse, wie viele Teile ein Dieselmotor habe. Keiner meldete sich. Ich sagte: 12.450 Teile. Die aber interessierten die Plankommission nicht, sondern nur eine Position, nämlich »Dieselmotoren«.

Ich fragte – zugegeben: ein wenig theatralisch –, wie das unten in der Planungspyramide funktionieren solle, wenn es keine Verflechtungsbilanzen gebe.

Als ich endete, rührte sich kaum eine Hand zum Beifall. Auf Grund meines Widerspruchs wurde klar, dass es mit 116 Positionen nicht ging. Nun stand also die Frage im Raum.

Schon bald sollte die Plankommission bei mehr als 2.000 Bilanzen angekommen sein. Die zentrale Planung von einem Punkt aus war eben eine sehr schwere Sache.

Ich hab bei dieser Tagung auch gesagt, dass ich mir einiges über Planungen des militärischen Bedarfs bei den Amerikanern angesehen habe. Ich fragte wieder rhetorisch in den Saal, ob jemand wisse, wie viele Positionen das US-Heeresamt bilanziere? Es seien über fünf Millionen Positionen. Wieder herrschte Ruhe im Saal.

Das waren Fragen, die den Planungsbürokraten nicht geheuer waren. Meine Fragen waren aus der praktischen Arbeit abgeleitet. Dazu musste man nicht Lenin lesen. In den 60er Jahren musste man anders planen als zu Lenins Zeiten oder während des Großen Vaterländischen Krieges. Da brauchte man beispielsweise bei den Panzern nur Masse, der T 34 musste nur rollen und schießen können. Mehr nicht. Jetzt aber galten andere Kriterien: Qualität, Präzision, hohe Arbeitsproduktivität, Kontinuität …

Dir war offenbar bewusst, wie schwer es ist, richtig zu planen.

Die Kapitalisten waren uns doch nicht überlegen, weil sie superschlau waren. Das waren sie nicht. Entscheidend war, dass sie mehr disponible Ressourcen besaßen. Wenn der eine Lieferant nicht zum Termin lieferte, ging man zum anderen. Wenn einer nicht die benötigte Qualität brachte, suchte man sich einen anderen Partner. Der Produzent bekam in der Regel zur geforderten Zeit das benötigte Material. Ein Betriebsleiter bei uns war da nicht so gut dran. Er war, um eine kontinuierliche

Produktion zu sichern, mitunter gezwungen, sich Reserven an Material und Ersatzteilen anzulegen, für den Fall, dass … Diese Teile aber fehlten dann im Großhandel.

So kam es zur permanenten Verknappung.

Genau. Unsere Schwierigkeiten wurden auf diese Weise noch potenziert. Darüber hatte ich mit Mittag fortwährend Streit. Ich sagte ihm: »Deine Methode geht nicht, weil du disproportional arbeitest.« Seine Methode glich den Panzerkeilen der Hitlerwehrmacht: vorstoßen und dann aufrollen. Das war aber keine Wirtschaftsführung. Selbst wenn man das schönste Auto baute, aber dafür keine Bereifung hat, dann ist dieses Auto nichts wert.

So hast du mit Mittag gesprochen? Die Legende sagt, dass Mittag bei der Wirtschaftsreform, dem NÖS[9]*, eine progressive Rolle spielte. Hat er oder hat er nicht?*

Walter zog Günter Mittag, Erich Apel, Herbert Wolf und Wolfgang Berger zu Beratungen hinzu. Was die sich für Quatsch ausdachten, bemerkte ich immer ziemlich schnell. Mit dem Volkswirtschaftsrat hatte ich ein ganz sensibles Messinstrument. Ich wusste früher als andere, wo was nicht funktionierte.

Um das mal am Beispiel der Bekleidungsindustrie zu illustrieren: Mittag fasste alle Betriebe zusammen, die Herrenkonfektion produzierten. So ein Quatsch. Das war weder ökonomisch effektiv noch hatte es was mit Karl Marx zu tun. Bereits der sprach von der vertikalen Kooperation. Das heißt, ich muss den Produktionsprozess – beginnend vom Spinnen und Weben über Färben und Bedrucken bis hin zum Zuschneiden und Verarbeiten des Stoffes – im Blick haben. Wenn du Blusen oder Anzüge verkaufen willst, dann müssen die Vorstufen klar sein. Diese Vorstufen wurden erst bei Neumann durchgerechnet. Die Plankommission unterließ das. In Schwarza in Thüringen wurden die Termine durchgecheckt. Da musste an vieles gedacht werden: die Musterung des Stoffes, die Farben, die Griffigkeit, das Gewicht des Stoffes …

1961 öffneten die ersten Exquisitgeschäfte. 1962 kamen die Modesalons dazu. Für einen höheren Preis als in HO und Konsum üblich wurde ein besonderes Angebot unterbreitet. Der Nebeneffekt war, dass überschüssige Kaufkraft abgeschöpft wurde. Hast du das vom Volkswirtschaftsrat aus mit auf den Weg gebracht, oder wer war das? Es war eine kluge Strategie, wer hat sie entwickelt?

Das war die Fortsetzung des HO-Prinzips, später kamen noch die *Versina*-Geschäfte dazu, mit denen wir die Diplomaten versorgten …

Das ganze Angebot der Waren im Textilbereich nahm damals von den Vorstufen bis zum Verkauf zwei Jahre in Anspruch. Das war ein Problem. Wenn zum Beispiel einer ein neues Sofa bauen wollte und einen speziellen Bezugsstoff wollte, musste er mit diesem Vorlauf rechnen. Oder er musste ihn aus dem Westen importieren. Da begann schon die Tragödie.

Und es forderte neue Überlegungen heraus. Wir hatten damals eine Menge neuer Ideen. Wir machten zum Beispiel Furniere aus Papier. Als Tischler bat ich die Freunde um Furnier »Nussbaum-Kaukasisch«. Der kaukasische Nussbaum hatte eine Maserung, die für polierte Füllungen bei Kredenzen und Buffets eingesetzt wurde. Das sieht sehr gut aus. Sie lieferten aber lediglich Apotheker-Mengen und verkauften das Meiste auf dem Weltmarkt gegen Devisen. Also machten wir das selber aus Folie. Schau dir meine Möbel an: alles Folienfurnier. Wir wurden damit auf einem wichtigen Gebiet störfrei.

Wir ersetzten damals auch das Holz für Möbel durch Spanplatten. Im Unterschied zu Brettern, die arbeiten, steht die Spanplatte. Wir haben in Ribnitz-Damgarten an der Ostsee ein Spanplattenwerk mit Hilfe der Schweden gebaut. Die Sache wurde mit viel Schmerzen aus dem Boden gestampft.

Die Tischler waren wohl nicht so froh darüber, dass das Holz durch Spanplatten ersetzt wurde, auch wenn dabei Holz gespart wurde.

Mag sein. Doch darauf sind wir nicht eingegangen. Der Bedarf an Möbeln war sehr groß, größer als die vorhandenen Holzmengen.

Besuch im VEB Faserplattenwerk Ribnitz-Damgarten, 29. Oktober 1988

Das war doch auch die Zeit der Leitermöbel, die damals in Mode kamen.

Wir brauchten die Großproduktion in der Möbelindustrie. Wir machten Fließproduktion in drei Schichten. Eine Unmenge von Problemen war dabei zu lösen …

Ich bin von dem Folienproblem abgekommen. Da gab es bei Finow einen Spezialbetrieb, der die Vorstufe für die Bitterfelder Folienproduktion herstellte. Sie benötigten irgendwelche Spezialstähle, weil das Material sehr aggressiv war, bekamen diese aber nicht. Wir berieten das im kleinen Kreis. Einer sagte, dass Schott dies machen könne. Wir fragten in Jena an … So entstanden die ersten Steigrohre für die Chemie aus Glas.

Wenn ich mir die Statistik ansehe, fällt auf, dass Anfang der 60er Jahre zwei Jahre lang die Investitionen in der Industrie stagnierten. Es blieb jedoch bei schwarzen Zahlen in der industriellen Bruttoproduktion. In der Landwirtschaft hingegen schrieben wir rote Zahlen.

Wir hatten in der Industrie drei bis vier Prozent Zuwachs.

Bis Mitte der 60er ging es hoch und blieb bei über 5 Prozent. Das heißt doch, dass es dem Volkswirtschaftsrat gelang, die sehr ernsten Probleme 1960/61 zu meistern. Vor allen Dingen sind die vielen Disproportionen, wie der Kaufkraftüberhang, bei Durchschnittslohn und Arbeitsproduktivität, in dieser Zeit abgebaut worden. Auch die Störfreimachung hatte ihr Ziel erreicht. Die andere Seite musste mit der DDR wieder handeln, weil sie in wichtigen Positionen nicht mehr erpresst werden konnte.

Sicher. Wenn sich die Bundesrepublik nicht abhängen lassen wollte, dann musste sie mit uns wieder handeln.

Das Geschäft haben die Schweden und die Japaner gemacht. Sie freuten sich über jeden Geschäfts-Abbruch durch die Bundesrepublik. Diese selbst organisierte Geschäftsschädigung konnten die westdeutschen Partner sich nicht allzu lange leisten.
Noch einmal zu den Reibereien zwischen dem Volkswirtschaftsrat und der Plankommission: 1966 habt ihr nach sowjetischem Muster wieder alles zusammengelegt.

Das ist nicht richtig. Dafür gab es andere Gründe. In der Plankommission funktionierte vieles nicht, es entstanden bald große Disproportionen in der Volkswirtschaft. Wir bildeten darum die Industrieministerien. Die Industrieminister wurden Mitglieder des Ministerrates. So kam es zu einer neuen Führungsstruktur.

Nebenbei: Ich ging selten zu Ministerratssitzungen.

Das konntest du dir leisten?

Ich hatte immer einen vollen Arbeitsplan. Ich konnte nicht an jeder Sitzung persönlich teilnehmen. In dieser Zeit war es auch nicht sonderlich angenehm, dort zu sitzen. Die philosophischen Bemerkungen überlagerten die fachliche Debatte.

Wer war dafür verantwortlich?

Lange Zeit war Grotewohl der Vorsitzende, Stoph sein Stellvertreter. Willi hatte die Tendenz, vom Hundertsten ins Tausendste zu kommen und bei kleinen Sachen hängenzubleiben. Seine Kenntnisse als Bauarchitekt[10] kamen dann zum Durchbruch. Stoph hatte in der Wirtschaft gute Kenntnisse. Unser Verhältnis ist schwer zu beschreiben. Ich akzeptierte ihn als Leiter. Das hab ich immer getan, wenn einer über mir war. Wenn der aber Dinge machte, die mir nicht passten, dann machte ich, was ich für notwendig im Sinne der gesamten Linie hielt.

Möglicherweise geschah damals im Volkswirtschaftsrat Wichtigeres als im Ministerrat? Sind nicht im Volkswirtschaftsrat sehr wesentliche Entscheidungen für die Stabilisierung der DDR getroffen worden?

Der Ministerrat hatte eigentlich keine Minister. Es saßen da nur die Minister für Kultur, Außenhandel, der Staatssekretär für das Hoch- und Fachschulwesen, der Außenminister.

Die Industrieminister, die gab es nicht oder saßen die bei dir?

Nein, Neumann hatte alles.

Im Volkswirtschaftrat ist etwas passiert. Ist darüber in der Volkskammer beraten worden?

In den Wirtschaftsausschüssen, ja. In den Plenartagungen wurden nur Teilfragen im Zusammenhang mit der Plandiskussion behandelt.

Wo haben sie dich mal so richtig gefordert? Vielleicht im Politbüro? Oder durftest du ganz allein entscheiden?

Ich bin selten geprügelt worden. Manchmal spielten einige verrückt in der Zeit, als Honecker auf Distanz zu mir ging.

Das war später.

Das ging schon in den 60er Jahren los.

Hattest du als Vorsitzender des Volkswirtschaftsrates eine Aktie am NÖS? Passte dir das Konzept in den Kram?

Ich sah darin eine wichtige Entwicklung. Mittag hatte dazu ein Buch herausgegeben. Ulbricht schrieb dazu ein Vorwort. Er machte den Mittag zum Schutzschild für das NÖS. Das war gegenüber den Sowjets hilfreich, es war eine komplizierte Frage.

Warum?

Die hatten überhaupt nichts verstanden.

Aus der Sowjetunion kam mit der Liberman-Debatte in der Prawda *ein geistiger Impuls in die DDR.*

Nein, Libermann[10a] war Kraut und Rüben, seine ökonomischen Überlegungen waren nicht ausgegoren. In jener Zeit wurde noch alles über die Plankommission entschieden. Alexej Kossygin führte das sachkundig. Der verstand etwas von Ökonomie. Der gab der Plankommission substanziell genaue Weisungen. Leonid Breshnew verstand, das soll kein schlechter Nachruf sein, von Ökonomie einen Dreck. Der hatte keine Ahnung. Alles machte Kossygin. Ich habe ihn mal gefragt: »Wie leitet ihr?« Er sah mich groß an und überlegte. Dann antwortete er: »Es muss ein Plan sein, der die richtige Zielsetzung hat. Der Plan muss in allen entscheidenden und wichtigen Positionen proportional sein. Er muss eine reelle Deckung haben. Der Plan muss Reserven haben. Eine Planwirtschaft ohne Reserven ist wie eine Hochzeit ohne Braut.« Das war typisch für Kossygin.

Das hört sich gut an. Aber trotzdem waren die Freunde gegen das NÖS?

Nein, es fehlte der Vorlauf der Politökonomie des Sozialismus. Es gab unter den sowjetischen Politökonomen einen Streit. Ein Teil fragte: »Wie sieht die Politökonomie des Sozialismus aus?« Sie konnten die Frage nicht beantworten. Bestimmte Eckpunkte, die typisch für die Politökonomie des Kapitalismus waren, wurden hineinprojiziert in das sozialistische Eigentum. Was nicht passte, wurde durch Kommando- und Befehlswirtschaft in »Ordnung« gebracht. Sie verfügten ja über die Erfahrung der Kriegswirtschaft.

Das zeigt, dass der Produktionstyp im Sozialismus auf der Ebene der kapitalistischen warenproduzierenden Gesellschaft stehengeblieben war.

Das war so. Ich sprach mal mit einem sowjetischen Minister Mitte der 60er Jahre. Er fragte mich nach dem NÖS. Er war schon während des Krieges Minister und für den militärischen Bereich zuständig gewesen. Er wollte wissen, was das NÖS am Ende bewirken werde. Ich versuchte ihm die Kombination von Stimulierung, Leistung und wirtschaftlicher Rechnungsführung zu erklären. Er wollte bald nichts mehr hören und sagte nur: »Wenn Josif Wissarionowitsch während des Krieges zu mir sagte, dass die Produktion der Tanks um soundso viel zu erhöhen sei, dann musste das gemacht werden. Es ging um die Zahl. Die Tanks mussten zur festgelegten Zeit an einem bestimmten Ort sein. Nachts gegen zwölf, Stalin arbeitete immer nachts, prüfte er die Frontlage. Er rechnete seine Zielstellungen ab nach dem Prinzip ›Koste es, was es wolle‹. Der Eisenbahnminister hatte dafür zu sorgen, dass die Panzer zum angegebenen Termin an der geforderten Stelle standen. Das musste sein. Andernfalls krachte es im Gebälk.« So erzählte mir das der sowjetische Minister.

Das war wohl typisch für die sowjetische Wirtschaft: »Koste es, was es wolle.« War Kossygin dein Partner?

Chef des sowjetischen Volkswirtschaftsrates war Ustinow. Es gab eine Reihe von Fragen, die Ustinow[11] nicht lösen konnte. So musste ich weiter zu Kossygin[12]. Bei Chruschtschow bin ich auch einige Male gelandet.

Chruschtschow war doch Chefsache. So etwas hat Ulbricht übernommen?

Ich kam mit Chruschtschow zweimal ins Gespräch. Es ging darum, dass sie liefern sollten.

Das war bestimmt kein Problem. Kurz nach dem Mauerbau hatte die DDR in Moskau Vorrang vor allen Sowjetrepubliken.

Die Sowjetunion lieferte uns Güter, die sie selbst dringend benötigten. Wir hatten für Moskau Priorität. Wenn nicht alles kam, stieß ich nach. Dann landete ich in der Moskauer Plankommission. Dort aber waren nicht meine Partner. Ich war mal mit Mewis, später mit Apel in Moskau und sagte dem Apel, er soll seine Probleme mit den Sowjets selbst klären, schließlich spreche er gut Russisch. »Denk nicht, dass ich dir die Kastanien aus dem Feuer hole«, sagte ich ihm. Plötzlich landeten wir jedoch an einer zentralen Stelle, einmal bei Tichonow[13] und ein andermal bei Chruschtschow.

Du fingst in der Plankommisson 1961 an. Vorher war da Mewis, der im Politbüro großes Ansehen genoss. Er wurde Chef der Plan-

kommission, kurz bevor sie aufgelöst und daraus der Volkswirtschaftsrat und eine kleinere Plankommission wurde.

Mit Mewis machte man den Bock zum Gärtner.

Ja, Karl Mewis setzte sich gleich in die Nesseln. Er baute einen Eierberg mit der Aktion »Nimm ein Ei mehr!« radikal ab: Er ließ sie stark verbilligt verkaufen. Der Volksmund nannte ihn »Eierkarl«. Hieß er so auch im Politbüro?

Wer Mewis kannte, wunderte sich, als man ihn zum Chef der Plankommission machte. Der Mann hatte Erfahrungen in der Parteiarbeit, aus der Illegalität und im Widerstand. Er konnte aber nicht in volkswirtschaftlichen Dimensionen und Kategorien denken. Der wartete auf Zuarbeiten und las diese dann vor. Mewis war als Chef der Plankommission, ich sage das unverblümt, eine ausgesprochene Niete. Ich weiß nicht, wer ihn protegiert hat.

Das muss doch Ulbricht gewesen sein.

Hör mal, der Ulbricht nahm nicht alles unbesehen. Für mich steht die Frage: Wer hat den Mewis bei Walter so hoch gelobt? Wir waren erstaunt.

War das denn nicht logisch? Er hatte in Rostock großen Erfolg mit der Kollektivierung gehabt. Er war ein richtiger Durchreißer. Er war der entschlossenste Bezirkssekretär. Konnte da nicht angenommen werden, dass er die Volkswirtschaft auf Vordermann bringt?

Der war kein Durchreißer. Ich habe später mit Rostock zu tun gehabt, als Harry Tisch schon Bezirkssekretär war. Wir diskutierten das Brückenprojekt über die Warnow.

Die Brücke wurde nie gebaut.

Weil das Geld nicht reichte … Die Brücke hätte das Leben der Rostocker sehr erleichtert. Es ging nur mit der Fähre, oder es musste ein großer Umweg genommen werden, wollte man zum Überseehafen. Das Vorhaben war meines Erachtens völlig richtig. Wir diskutierten alle Aspekte. Die Plankommission unter Mewis blockierte. Sie könnte das Projekt nicht bilanzieren, hieß es immer wieder, und schob das Vorhaben auf die lange Bank.

Im Archiv fand ich auch Projektmaterial für einen Kanal von Wismar bis zur Havel.

Wir überlegten später, im Kontext der Autobahnplanung Berlin-Hamburg, auch eine Anbindung des Hafens von Wismar ans Binnenflussnetz. Die Autobahn hätte man bis nach Wismar ziehen können ... Der Kanal scheiterte daran, dass ein Höhenunterschied von etwa 100 Meter zu überwinden gewesen wäre, d. h., wir hätten mindestens zwei Schleusen bauen müssen. Auch dieses Vorhaben scheiterte an fehlenden Investmitteln.

Das hat dich als Chef des Volkswirtschaftsrates ab 1961 am meisten beschäftigt?

Die Störfreimachung war damals der Schwerpunkt. Wir wollten die Produktivität unserer Wirtschaft steigern, die Volkswirtschaft effektiver machen. Das Hauptaugenmerk lag in der ersten Phase noch nicht auf der Qualität der Erzeugnisse. Es ging um den Gesamtprozess innerstaatlicher Kooperation, um ein höheres Niveau. Das setzte voraus, dass wir störfrei wurden. Die Abhängigkeit von Westdeutschland und auch Lieferschwierigkeiten sozialistischer Länder waren für uns bis dahin immer ein Problem. »Störfreimachung« war eine Agitationslosung, hinter der standen aber komplizierte industrielle Probleme. Der Kernpunkt war, dass die Wirtschaft richtig laufen musste, ohne Unterbrechungen und Störungen. Deshalb lösten wir die Vereinigungen der Volkseigenen Betriebe (VVB)[14] aus ihrer haushaltsgebundenen Finanzwirtschaft und stellten sie auf die Basis der wirtschaftlichen Rechnungsführung. Unter den Bedingungen der Haushaltsgebundenheit konnten die VVB nicht verantwortlich gemacht werden. Differenzen mussten über den Staatshaushalt ausgeglichen werden.

Das alles hatte ich mir durch den Kopf gehen lassen. Von Willi Rumpf, Staatssekretär im Finanzministerium, habe ich mir einmal die Finanzwirtschaft der VVB erklären lassen.

Ich hatte mich vorher sachkundig gemacht und fragte ihn: »Wir haben doch in den 50er Jahren auf die wirtschaftliche Rechnungsführung orientiert. Warum handelst du nicht so?«

Er erklärte mir – er war ein wirklich guter Mensch –, dass trotz Haushaltssteuerung durchaus Elemente der wirtschaftlichen Rechnungsführung praktiziert würden. Aber nicht konsequent. Ich schlug ihm vor, sich zwei VVB auszusuchen, wo wir versuchen sollten, konsequent umzustellen. Das wurde ohne Diskussion im Politbüro angepackt.

Nach kurzer Zeit machte Rumpf mir Vorschläge. Ich gab ihm grünes Licht. Nach vier, fünf Monaten lagen die ersten Ergebnisse vor. Ich informierte nun Walter Ulbricht. Der sah mich schräg von der Seite an und tadelte: »Ich hab schon bemerkt, was du da machst.«

Ich hielt dagegen. »Du hast oft genug über wirtschaftliche Rechnungsführung geredet. Da musste ich mal sehen, wie das geht«, antwortete ich.

»Und: Wie geht's?«, fragte er.

»Ganz normal. Die wirtschaftliche Rechnungsführung erlaubt nicht nur, das Resultat zu bewerten. Mit ihr lässt sich jeder Punkt im Produktionsprozess kontrollieren und beherrschen.« Walter hat im Politbüro auf unsere Erfahrungen hingewiesen. Mehr nicht. Er kritisierte uns auch, wenn er Informationen erhielt, die kritikwürdig waren. Aber im Politbüro wurde nie ein Beschluss dazu gefasst. Das wollte ich auch nicht.

Da hattest also freie Hand?

Was heißt »freie Hand«? Ich war Vorsitzender des Volkswirtschaftsrates, ich machte das eben.

Aber es gab außerdem noch die Plankommission.

Vor allem gab es noch Mittag, nicht wahr. Dessen Apparat beschwerte sich wiederholt über mich. Details erfuhr ich erst nach der »Wende«. Die Berichte für Mittag schrieb Siegfried Böhm[15]. Mittag hatte ich aus dem Volkswirtschaftsrat geworfen, nun saß Böhm bei mir in den Sitzungen.

Du konntest schon damals nicht mit Mittag?

Ulbricht schickte ihn mir als jungen Mann in den Volkswirtschaftsrat. Er wurde Sekretär des Volkswirtschaftsrates. Ich merkte in kurzer Zeit, zu welchen Methoden Mittag neigte. Er nahm jeden, der sich das gefallen ließ, unter die Absätze. Wer sich das nicht bieten ließ, den schlug er so zusammen, dass der in die Knie ging. Aber nicht mit mir. Ich warf ihn raus. Später, als er Erster Stellvertreter des Ministerrates war, hat er es einmal bei mir auf einer Präsidiumssitzung versucht. In der Mitte saß Ministerpräsident Horst Sindermann, rechts neben ihm saß Mittag, ich links von ihm. Mittag leitete die Sitzung, weil es um Fragen der Planung ging. Ich machte eine Bemerkung von prinzipieller politischer Bedeutung. Er konterte vom hohen Ross des Marxismus-Leninismus.

Du wurdest also zurechtgewiesen?

Er wollte demonstrieren, dass er die Nummer 1 war und über mir stand. Am Ende der Sitzung wartete ich, bis das Präsidiumszimmer leer war und nur wir beide zurückblieben. Ich nahm ihn mit dem Finger am Kragen und sagte: »Mein lieber Mittag, ich hab schon gewusst, was Marx und Lenin gesagt haben, da hast du noch ›Heil Hitler!‹ gerufen. Wenn du noch einmal so was machst, kriegst du eins auf die Klappe.«

Er sah mich entgeistert an, er hatte mich verstanden. Spätestens seit 1962 wusste ich, dass Mittag ein Bandit ist.

So früh?

Ich registrierte, dass der Mann eigene Ziele verfolgte.

Konspirierte er da schon, oder trieb ihn der Ehrgeiz?

Es war damals wohl sein Ehrgeiz. Er wollte zeigen, dass er wer sei. Ich hingegen verstand mich als Soldat der Revolution. Du kannst das auslegen wie du willst, für mich war es eine Ehre und keine leere Formel. Für mich bedeutete es, sich ohne Widerspruch ein- und unterzuordnen, was aber nicht gleichbedeutend ist mit sich ducken oder sich kleinzumachen. Im Politbüro habe ich einmal unverblümt erklärt: »So ein großes Arschloch gibt es gar nicht, in das ich kriechen könnte.« Daraufhin sahen mich einige entsetzt an, meine Ausdrucksformen waren ihnen zu grob und zu vulgär. Ich habe meine proletarische Herkunft nie verleugnet.

Ich kann mir vorstellen, dass Mittag vor dir Angst hatte. Du warst doch bestimmt einen halben Meter größer als er.

So viel nicht. Er hatte knapp 1,80 Meter. Ich konnte ihm, zwar etwas von oben, aber direkt in die Augen sehen. Je nach dem ging ich einen halben Schritt zurück und hielt ihn auf Distanz, oder wenn ich ihn ärgern wollte, stellte ich mich dicht vor ihn, dann musste er seinen Kopf ins Genick nehmen.

Dass du schon 1962 mit ihm Spannungen hattest, ist mir neu.

Diese Spannungen ergaben sich aus seiner Herrschsucht im Volkswirtschaftsrat. Aus einem Glauben, er könne bestimmen, weil ihn Ulbricht geschickt hatte.

Wie hast du ihn aus dem Volkswirtschaftsrat geworfen?

Ich habe dem Walter gesagt: »Entweder du nimmst den raus oder Neumann geht. Wir beide passen nicht zusammen.« Walter antwortete: »Meinst du? Ich kann ihn auch hier gebrauchen.« Ich bekam dann Erich Markowitsch[16]. Mit dem konnte man Pferde stehlen. Mit ihm habe ich gut zusammengearbeitet. Ich hatte es nicht nötig, herrschsüchtig zu sein. Das ist wie im Sport: Wenn ich 20 Zentimeter höher als du springe, muss ich dir gegenüber nicht ständig unter Beweis stellen, dass ich besser bin. Es genügt, dass ich das einmal zeigte.

Erinnerst du dich noch, wie viele Mitarbeiter du im Volkswirtschaftsrat hattest?

1.300 bis 1.400.

Ungefähr so viele wie die Plankommission?

Ja, so ungefähr.

Wie viel hast du damals verdient?

Rund zweieinhalbtausend Mark.

War da schon die Aufwandsentschädigung mit dabei?

Ja. Walter hatte im Zuge des Sparsamkeitsregimes Anfang der 60er Jahre angewiesen, dass jedem Politbüromitglied und Minister 500 Mark abgezogen wurden, also etwa 60 bis 80 Personen. Heute würde man eine solche Entscheidung »Populismus« nennen.

Willi Rumpf war damals Staatssekretär. Ich fragte ihn: »Was kommt denn dabei heraus?« Kaum die Rechnungskosten, antwortete er. »Damit retten wir die DDR nicht.« Das war mir klar. Ich sprach mit Walter. Der machte mir deutlich, dass wir es machen müssten, um nicht den Eindruck zu vermitteln, dass alle sparen, nur die politische Führung nicht. Für Walter selbst hatte Geld keine Bedeutung.

Wurde in dieser Zeit nicht Chemieminister Siegbert Löschau[17] wegen übertriebener Geldforderungen abgelöst?

Das war nach meiner Zeit im Volkswirtschaftsrat. Wenn du schon auf Löschau zu sprechen kommst: Löschau war Direktor der Leuna-Werke, später Minister. Vor ihm war Wolfgang Schirmer[18] Direktor der Leuna-Werke. Schirmer war charakterlich anständig, mental nicht ganz der ideale Direktor. Auf jeden Fall verstand er fachlich was von der Materie. Mit Schirmer kam man zurecht, wenn man anständig mit ihm redete und ihm Gelegenheit gab, dass er in seiner zögerlichen Art seine Gedanken entwickelte. Er wechselte zur Akademie der Wissenschaften in Berlin-Adlershof. Dann kam Löschau. Er sprach auf dem VI. Parteitag der SED 1963. Ich sehe ihn noch, wie er am Rednerpult stand: die Hände lässig in den Taschen. Er blickte von oben in den Saal und ließ erkennen, was in seinem Kopf vorging: »Was bin ich für ein toller Kerl!« Großkotzig erklärte er allen, wie er die Chemie in Ordnung bringen werde. Leuna könne in vollem Umfange Metall durch Plaste ersetzen … Er brach sich den Hals, weil er die Aufgaben nicht löste.

War die Geschichte nicht etwas anders? Löschau hatte sich als Werkdirektor mit Einzelvertrag und über Forschungsaufträge ein Monats-Gehalt von rund 10.000 Mark »bewilligt«. Als Minister erhielt er weniger als die Hälfte. Sein Aufstieg war also mit einem finanziellen Abstieg verbunden. Das verkraftete seine Frau nicht. Er ging zu Stoph und forderte mehr Geld. Stoph getraute sich nicht, einem Minister ein Sondergehalt zu gewähren und fragte Ulbricht. Dieser hatte dafür kein Verständnis und veranlasste die Abberufung Löschaus. Er arbeitete dann in der Produktion für 1.700 Mark im Monat.

An die Frau von Löschau erinnere ich mich noch … Es stimmt, was du sagst. Aber er war auch kein guter Minister. Einen guten Minister hätte Ulbricht nicht rausgeworfen.

Besichtigung einer Chemieausstellung, Sommer 1964

Über den Rausschmiss habt ihr im Politbüro entschieden?

Ja. Nach Löschau kam Günther Wyschofsky[19].

Wer hatte den geholt?

Er war vorher Abteilungsleiter Chemie im ZK. Also muss die Löschau-Geschichte über den Apparat geplatzt sein, und wie so oft wurde der, der die Sache befördert hatte, zum Verantwortlichen gemacht. Mit Wyschofsky lief es lange Zeit gut.

Interessant, das also war so ein Muster für die Bestimmung von Nachfolgern. An Löschaus Aufstieg und Fall hattest du keine Aktie?

Nicht dass ich wüsste. Natürlich passte mir seine überhebliche Art nicht …

Da passte er wohl gut zu Mittag?

Löschau konnte nur mit Mittags Zustimmung in diese Funktion kommen. Vorher gab es zudem keinen Chemieminister.

Industrieminister gab es erst wieder nach 1966. – Noch einmal zurück zur wirtschaftlichen Rechnungsführung. Du hast die VVB darauf umgestellt.

Schrittweise, weil ein großer Teil der VVB zunächst noch im Haushalt blieb. Zum Jahreswechsel 1962 mussten noch entsprechende Voraussetzungen geschaffen werden. Das kannst du in Reden und Broschüren nachlesen, die ich damals herausbrachte. Viel Zeit zum Schreiben hatte ich nicht.

Diese Umstellung auf wirtschaftliche Rechnungsführung war irgendwie mit der schwierigen Umstellung des Normensystems von DIN auf GOST verbunden.

Nein, das begann schon vorher. Die DDR-Normen basierten bereits in den 50er Jahren zu großen Teilen auf dem sowjetischen *Gossudarstwenny Standard* (GOST). Da die Sowjetunion mit GOST ihre eigenen Normen hatte, mussten wir, wenn wir in großem Umfang mit der UdSSR Handel treiben wollten, uns darauf einstellen. Sie war nicht nur unser größter Handelspartner, seit 1957 war auch die DDR der größte Handelspartner der Sowjetunion. Unser Lieferanteil in westliche Länder betrug nur etwa 20 Prozent, etwa zehn Prozent gingen in die Dritte Welt und etwa 70 Prozent in sozialistische Länder.

Für mich begann das Normenproblem mit der Elektrifizierung der Eisenbahn. Der erste Versuch wurde Anfang der 60er Jahre abgebrochen. Dafür gab es politisch-strategische Gründe. In der Zeit des Kalten Krieges und der ständigen Bedrohung wäre der Übergang zur Elektrifizierung falsch gewesen. Im Konfliktfalle sind elektrifizierte Strecken schnell lahmzulegen.

Von der Sowjetunion erhielten wir stattdessen Dieselloks, die auf GOST-Normen basierten.

Und diese Loks waren für unsere Gleise zu schwer.

Ja. In den Weiten der Sowjetunion brauchten sie solche Lokomotiven für die langen Strecken. Dort konnten sie lange und ohne Stopp mit hoher Geschwindigkeit fahren. In der dicht besiedelten DDR mit vielen Bahnhöfen brauchten wir einen anderen Typ von Diesellok. Die Sowjetunion hatte diese nicht. Wir waren also gezwungen, eigene Dieselloks zu bauen. Das geschah in Hennigsdorf. Dort erreichten sie rasch ein gutes Niveau, so dass wir diese Loks auch exportieren konnten. Ich glaube, sie gingen nach Griechenland und in andere Länder.

In den 50er Jahren gab es in der DDR auch Kohlenstaub-lokomotiven. Die müssen zu deiner Zeit im Volkswirtschaftsrat ausrangiert worden sein.

Die Verwertung von Kohlenstaub war schon in den 20er Jahren ein Thema. Wir hatten in Berlin zwei Kraftwerke, die auf dieser Basis Energie erzeugten: Rummelsburg und Klingenberg. Spezielle Schiffe brachten den Kohlenstaub aus Tagebauen in die Kraftwerke.

Anfang der 50er Jahre gab es auch Kohlenstaublokomotiven, technologisch weitaus komplizierter als Kraftwerke. Bei Kohlenstaubverbrennungen besteht die Gefahr einer Verpuffung, wenn die Durchlüftung nicht klappt. Das Prinzip von Klingenberg ließ sich also nicht einfach auf die Größe einer Lok

Erkundigung über den Fortgang der Streckenelektrifizierung bei Bauleiter Erwin Knuth, links Verkehrsminister Otto Arndt, 1983

übertragen. Wir hatten nicht wenige Probleme mit Kohlenstaublokomotiven. Hinzu kam noch die Frage der Bunkerung. Wir entschlossen uns darum, wieder auf die Befeuerung der Lokomotiven mit Briketts oder Steinkohle zurückzugehen.

Wir hatten viel zu lange die traditionellen Dampfloks, die wir sukzessive durch Dieselloks ersetzten. Unsere Hoffnung, dass nach Adenauer in Westdeutschland vernünftige Leute an die Macht kämen, erfüllte sich zunächst nicht. Der Dicke, der Erhard, war ein kalter Krieger. Erst mit der Großen Koalition 1966-69 begann eine Normalisierung. In den 70er Jahren bekam ich den Auftrag zur Elektrifizierung der Reichsbahn.

Wenn ich überhaupt einen sichtbaren Erfolg in meinem Leben verzeichnen konnte, dann war es die Elektrifizierung der Bahn unter den Bedingungen des Honecker-Mittag-Regimes.

1965 wurde der langfristige Handelsvertrag zwischen DDR und UdSSR abgeschlossen. Apel erschoss sich. Warum? Weißt du mehr als andere?

Nein, da überschätzt du Neumann. Neumann sagt immer: »Was ich nicht weiß, macht mich nicht heiß.« Das ist mein Grundsatz.

Leute aus dem Finanzbereich der DDR erzählten, dass die Priorität, die die DDR Anfang der 60er Jahre genossen hatte, sich mit Breshnew verlor. Moskau verlangte plötzlich für alle sowjetischen Produkte höhere Preise, etwa 10 Milliarden Mark sollten das gewesen sein. Apel erschoss sich, weil er diesen Vertrag nicht unterzeichnen wollte.

Er erschoss sich nicht wegen des Vertrages und der sowjetischen Forderungen. Apel war nicht der Mann, der sich wegen der DDR eine Kugel in den Kopf gejagt hätte.

Sondern?

Ich habe Dinge von ihm gehört – da war er Kandidat des Politbüros –, die ich für unvorstellbar hielt. Die werde ich hier nicht wiederholen. Ich war empört und sagte ihm, dass ich ihn für einen Dummkopf halte. »Einen politischen Verstand kannst du nicht haben, wenn du so etwas erklärst, oder du bist ein Bandit.« Das war ein Skandal, eine politische Provokation.

In welche Richtung ging das?

Ich habe es dem Walter gesagt. Der blickte etwas dumm aus der Wäsche, weil er so etwas von Apel nicht erwartet hatte.

Apel hatte die Freunde provoziert, ja?

Du wirst mich nicht dazu bringen, mehr zu sagen. Ich wiederhole nur: Es war eine Provokation gegenüber unserer gesamten Politik. Alles sollte auf den Kopf gestellt werden.

Wollte Apel mehr mit dem Westen handeln?

Ich hab dir gesagt, was der Apel für mich war.

Sag es doch mal.

Er war für mich eine suspekte Person. In diese Funktion gehörte er einfach nicht. Er hätte gut und gern Minister für Maschinenbau sein können, er hatte durchaus Qualitäten, war ein Managertalent. Aber ihn zum Chef der Plankommission zu machen und ins Politbüro zu holen, war falsch.

Er kam als Spezialist mit einer guten Charakteristik aus der Sowjetunion zurück – Walter machte ihn gleich zum Minister für Schwermaschinenbau …

Ulbricht förderte ihn also?

Das konnte nur passieren, weil er eine gute Beurteilung von den Sowjets bekommen hatte. Walter kannte ihn bis dahin nicht. Apel verstand es, jemandem zum Munde zu reden. Er war elegant, immer wach, geschickt, ausweichend. Aber ein Bandit, ein Bandit. Das Wort bringt es auf den Punkt: Er war ein Bandit!

Anmerkungen

1 Der Nationale Verteidigungsrat der DDR (NVR) war aus der 1954 gebildeten Sicherheitskommission hervorgegangen und war – verfassungsrechtlich seit dem 12. September 1960 verankert – das oberste staatliche Organ zu Fragen der Landesverteidigung. Es bestand aus mindestens zwölf Mitgliedern, Politikern und Militärs, und wurde von Walter Ulbricht (bis 1971) und danach (bis 1989) von Erich Honecker geführt. In der »Wendezeit« führte das Gremium Egon Krenz. Nach 1990 wurden die Mitglieder des NVR wegen ihrer politischen Verantwortung für das

Grenzsicherungsregime juristisch belangt. Alfred Neumann gehörte dem Gremium in seiner Funktion als 1. Stellvertreter des Ministerpräsidenten bis 1989 an.

2 Erich Honecker war in der Ära Ulbricht Sekretär des NVR und als ZK-Sekretär für Sicherheitsfragen für die Führung der Grenzsicherungsmaßnahmen am 13. August 1961 zuständig. In der Geschichtsschreibung der DDR wurde sein Beitrag besonders herausgestellt, insbesondere wegen des Überraschungsmoments. Es deutet aber alles darauf hin, dass sich US-Präsident Kennedy und Staats- und Parteichef Chruschtschow nach ihrem Treffen im Juni 1961 in Wien im Kern über diesen Schritt der Sowjetunion zur Beendigung der seit 1958 schwelenden sogenannten Berlin-Krise verständigt hatten – im Juli war John McCloy, Kennedys Sonderberater für Abrüstungsfragen, bei Chruschtschow auf der Krim. Überrascht waren allenfalls die Regierung in Bonn und die Westberliner.

3 Am Döllnsee in der Schorfheide befand sich das Gästehaus der Regierung der DDR, das insbesondere von Walter Ulbricht genutzt wurde. Dort sollte er nach seinem Sturz auch seine letzten Lebensjahre zubringen. Er starb dort am 1. August 1973.

4 Johannes Dieckmann (1893-1969), Pfarrerssohn, DVP, einer der engsten Mitarbeiter von Gustav Stresemann. 1945 Mitbegründer der LDPD, Volkskammerpräsident von 1949 bis 1969 und seit Bildung des Staatsrates 1960 auch Stellvertretender Vorsitzender dieses Gremiums.

5 »Störfreimachung« war die Bezeichnung für die Anstrengungen der DDR, ihre Volkswirtschaft von Zulieferungen des Westens freizustellen. Mit verzögerten, falschen oder gestoppten Zulieferungen, mit Embargo- und Boykottmaßnahmen gelang es in den 50er Jahren immer wieder, Störungen in den Produktionsabläufen auszulösen. Zeitweise wurde auch das sogenannte Interzonenhandelsabkommen durch die BRD ausgesetzt, was zu eben jener Kampagne der »Störfreimachung« geführt hatte. Das war Teil des Kalten Krieges, der auch als Wirtschaftskrieg vom Westen geführt wurde. *Die Zeit* schrieb am 12. Juli 1963: »Damals hatten die DDR-Behörden eine Aktion aufgezogen, die unter dem Motto ›Störfreimachung‹ lief und alle Betriebe aufforderte, ihren Einfuhrbedarf aus Westdeutschland einzuschränken oder bundesrepublikanische Erzeugnisse durch eigene Neuentwicklungen zu ersetzen. Die Aktion ›Störfreimachung‹ verlief bald im Sande, wenn sie auch einige Erfolge erzielte. An ihre Stelle tritt nun die Aktion ›Umorientierung von West nach Ost‹.«

6 Unter der Überschrift »Schlag ins Öl« berichtete *Die Zeit* am 5. April 1963 zum Lieferstopp deutscher Röhren an die Sowjetunion: »Embargos durch die Bundesrepublik, gemäß einer Nato-Empfehlung, hat die Gemüter erhitzt. Nachdem in den vergangenen Jahren schon 800.000 t dieser großkalibrigen Pipeline-Rohre an die Sowjetunion geliefert worden sind, wurde die vertraglich bereits festgelegte Menge von 163.000 t jetzt ›gestoppt‹. Strategische Gründe sollen die Nato-Entscheidung bestimmt

haben. Andere behaupten, der Konkurrenzdruck sowjetischen Öls auf dem Weltmarkt habe die amerikanische Öl-Lobby in Bewegung gesetzt. Niemand, der an einer Schwächung des kommunistischen Systems interessiert ist, wird gegen die Nato-Empfehlung etwas einzuwenden haben – sofern die Durchführung tatsächlich von praktischem Nutzen ist. Die Behinderung des sowjetischen Pipelinebaus ist aber kein Schlag gegen die russische Rüstungskraft, sondern nur ein Schlag ins Wasser.«

7 Cocom steht für *Coordinating Committee on Multilateral Export Controls*, d. h. Koordinationsausschuss für mehrseitige Ausfuhrkontrollen. Das Gremium wurde am 22. November 1949 auf Betreiben der USA gegründet und sollte verhindern, dass die sozialistischen Länder Zugang zu moderner Technologie bekommen, was bedeutete, diese Staaten von der internationalen Arbeitsteilung und dem Austausch von Wissenschaft und Technik auszuschließen. Dem CoCom gehörten 17 Mitgliedsstaaten an: Australien, Belgien, Dänemark, BRD, Frankreich, Griechenland, Italien, Japan, Kanada, Luxemburg, Niederlande, Norwegen, Portugal, Spanien, Türkei, Vereinigtes Königreich und Vereinigte Staaten. Wichtige Nichtmitglieder, die aber unter CoCom-Einfluss durch die USA standen, waren Finnland, Österreich, Schweden, Schweiz und Taiwan. Auf gemeinsamen Beschluss wurde CoCom am 31. März 1994 aufgelöst, womit sein antikommunistischer Charakter noch einmal deutlich wurde: Es gab kein sozialistisches Staatenbündnis mehr.

8 Erich Apel (1917-1965), Werkzeugmacher, Maschinenbauingenieur, 1939 eingezogen zur Wehrmacht. Tätigkeit in der Heeresversuchsanstalt Peenemünde und Zusammenarbeit mit Wernher von Braun. Nach der Entlassung aus dem Militärdienst war er dort als Betriebsingenieur und Assistent des Betriebsdirektors, 1943 als Leiter des Entwicklungsbetriebes dienstverpflichtet. Kurz vor der Zerstörung der Versuchsanstalt durch alliierte Bomber wurde er zu den Linke-Hoffmann-Werken (LHW) nach Breslau kommandiert. Auf Antrag der LHW, die Teile für die A4 fertigten, wurde er 1944 vom Heereswaffenamt freigegeben und als Oberingenieur und Assistent des Technischen Direktors der LHW eingestellt. Wegen seiner Kenntnisse der deutschen Raketentechnik wurde er von der sowjetischen Besatzungsmacht zunächst nach Nordhausen, danach von 1946 bis 1952 als Leiter eines Versuchsbetriebes auf der Insel Gorodomilja in die Sowjetunion verpflichtet. Nach seiner Rückkehr war er im Ministerium für Maschinenbau und im Ministerium für Schwermaschinenbau tätig. Seit 1953 war er stellvertretender Minister (unter Heinrich Rau), von 1955 bis 1958 Minister für Schwermaschinenbau. 1960 Mitglied des ZK, 1961 Kandidat des Politbüros. In der Nachfolge von Karl Mewis Vorsitzender der Staatlichen Plankommission und Stellvertretender Ministerpräsident. Selbstmord am 3. Dezember 1965 mit seiner Dienstwaffe. Es wird vermutet, dass der Suizid im Kontext mit seiner Tätigkeit in Peenemünde stand. Die DDR hatte kurz zuvor das Braun-

buch über Nazi- und Kriegsverbrecher in der BRD und Westberlin herausgebracht.

9 NÖS, das Neue Ökonomische System der Planung und Leitung, war das 1963 auf dem VI. Parteitag der SED beschlossene und von Ulbricht konzipierte Reformkonzept der DDR-Gesellschaft. Es orientierte auf die stärkere Trennung von Staat und Partei und auf größere Eigenverantwortung der Betriebe. Bereits 1965, mit dem 11. ZK-Plenum, begann die Korrektur dieses, wie es heute heißt, einzigen realistischen Reformkonzeptes des sowjetischen Sozialismus-Modells.

10 Willi Stoph (1914-1999), gelernter Maurer, hatte nach seinem Wehrdienst 1935-1937 zwei Jahre lang in einem Berliner Architekturbüro als Bautechniker gearbeitet, ehe er 1940 zum Kriegsdienst eingezogen wurde. Nach Krieg und Flucht aus sowjetischer Kriegsgefangenschaft, war er Leiter der Abteilung Baustoffindustrie und Bauwirtschaft des KPD-Vorstandes. 1946 wurde er Leiter der Abteilung Wirtschaftspolitik beim SED-Parteivorstand, von 1950 bis 1952 führte er den Wirtschaftsausschuss der Volkskammer. Seit 1953 gehörte er dem Politbüro an.

10a Jewsei Grigorjewitsch Liberman (1897-1981), sowjetischer Ökonom. Die *Prawda* veröffentlichte am 9. September 1962 seine Vorschläge zur Reform der sozialistischen Wirtschaft, die u. a. Motivation durch Profit in der Planwirtschaft vorsahen. Libermans Ideen inspirierten und beeinflussten die Ulbricht'schen Wirtschaftsreformen.

11 Dmitri Fjodorowitsch Ustinow (1908-1984) war von 1941 bis 1953 Volkskommissar bzw. Minister für Rüstung, von 1957 bis 1965 Stellvertreter des Vorsitzenden des Ministerrates der UdSSR und (seit 1963) Vorsitzender des sowjetischen Volkswirtschaftsrates, von 1976 bis zu seinem Tod Verteidigungsminister.

12 Alexei Nikolajewitsch Kossygin (1904-1980) war von 1945 bis 1970 Stellvertretender Ministerpräsident und 1959/60 Leiter der Staatlichen Plankommission der UdSSR. Von 1964 bis zu seinem Tode Ministerpräsident und hinter Breshnew die Nr. 2 der Sowjetunion.

13 Nikolai Alexandrowitsch Tichonow (1905-1997) war seit 1963 Stellvertretender Leiter der Staatsplankommission der UdSSR im Range eines Ministers, von 1965 bis 1976 war er Stellvertretender Vorsitzender des Ministerrates, von 1980 bis 1985 Vorsitzender.

14 Die Vereinigung Volkseigener Betriebe (VVB) entstand mit Erlass des Staatsrates: Kleinere und größere Betriebe gleicher und ähnlicher Erzeugnisstruktur wurden zusammengeführt, um Rationalisierungseffekte zu erzielen. Damit erhielt man einerseits Leitungsstrukturen, die politisch wichtige Entschlüsse von oben nach unten konsequent durchsetzen konnten, und andererseits konnten unwirtschaftliche parallele Entwicklungen ähnlicher Erzeugnisse zur Einsparung von Rohstoffen und Reduzierung von Zulieferungen aus dem nichtsozialistischen Ausland vermieden werden (»Störfreimachung«). Die VVB waren die Vorstufe zur Bil-

dung von Kombinaten.

15 Siegfried Böhm (1928-1980), nach Studium seit 1959 in der Arbeitsgruppe Planung und Finanzen des ZK der SED, seit 1963 in der Nachfolge Gerhard Schürers deren Leiter. Von 1966 bis 1980 war Böhm als Nachfolger von Willi Rumpf Minister der Finanzen und Mitglied des Präsidiums des Ministerrates. Außerdem war er von 1967 bis 1980 Mitglied des Zentralkomitees und Abgeordneter der Volkskammer. Nach ehelichen Auseinandersetzungen wurde Böhm von seiner Ehefrau getötet, die sich anschließend selbst erschoss.

16 Erich Markowitsch (1913-1991), 1930 KPD, 1933 zu sechs Jahren Zuchthaus verurteilt, danach KZ Sachsenhausen, Auschwitz und Buchenwald bis 1945. Werkleiter des Stahlwerks in Eisenhüttenstadt von 1954 bis 1959. Seit Juli 1961 Stellvertretender Vorsitzender des Volkswirtschaftsrates.

17 Siegbert Löschau (* 1929), SED 1946, von 1963 bis 1965 Direktor des VEB Leuna-Werke, ZK-Mitglied seit 1964. Ab 1965 bis Mai 1966 war er Minister für chemische Industrie und Mitglied des Präsidiums des Ministerrates. Im Mai 1966 wurde er seiner Ämter enthoben und erhielt einen Bewährungsauftrag in der chemischen Industrie. Hauptabteilungsleiter Forschung im Synthesewerk Schwarzheide. Auf dem 13. Plenum des ZK der SED im September 1966 wurde Löschau aus dem ZK der SED »wegen unwürdigen Verhaltens« ausgeschlossen.

18 Wolfgang Schirmer (*1920) war mit 33 Jahren der jüngste Generaldirektor der DDR geworden, als 1953 die SAG Leuna an die DDR übergeben wurde. An der Akademie der Wissenschaften wurde Prof. Schirmer Doktorvater von Angela Merkel.

19 Günther Wyschofsky (*1929), 1945 KPD, ABF, Chemiestudium, bis 1953 Betriebschemiker und Leiter des Forschungslabors im VEB Plaste Espenhain, danach bis 1957 Instrukteur bzw. Sektorenleiter des Sektors Chemie der Abteilung Grundstoffindustrie im Zentralkomitee der SED. Von 1958 bis 1959 stellvertretender Abteilungsleiter für Bergbau, Kohle, Energie und Chemie und bis 1962 Abteilungsleiter für Grundstoffindustrie im ZK der SED. Von 1962 bis 1966 war er stellvertretender Vorsitzender und Leiter der Abteilung Chemieplanung der Staatlichen Plankommission und von 1966 bis 1989 als Nachfolger von Siegbert Löschau Minister für Chemische Industrie. 1963 wurde er Kandidat und 1964 Mitglied des Zentralkomitees der SED. In seine Ministerzeit fiel der Bau des Petrolchemischen Kombinats Schwedt (PCK), der Großraffinerie Leuna II, die Erweiterung des Stickstoffkombinates Piesteritz und anderer großer Chemiewerke.

»Über Musik wurde nicht im Politbüro diskutiert«

Im Dezember 1965 gab es das 11. Plenum mit der Auseinandersetzung um DEFA-Filme. Erinnerst du dich daran noch?

Das war doch das Plenum, wo Honecker den Bericht gab?

Ja. Die 11. Tagung 1965 war wohl der erste Versuch, die Breshnew-Linie bei uns einzuführen?

Diese Darstellung, dass Honecker zum Sprachrohr für kulturelle Fragen gemacht wurde, um Angriffe gegen Ulbricht zu starten, ist falsch. Ulbricht hatte klare Vorstellungen und wusste, wie kompliziert Kultur und ideologische Fragen sind. Wenn es auf dem Plenum um Kultur gegangen wäre, hätten Kurella oder Hager dazu referiert. Zu jener Zeit standen ökonomische Probleme im Vordergrund. Es ist Unsinn, aus dem 11. Plenum eine Anti-Kultur-Tagung zu machen.

Das war ein Stellvertreterkrieg. Man prügelte den Sack – die Kulturschaffenden – und meinte den Esel, Walter Ulbricht.

Das ist Kokolores. Der Gegner nutzte die Kultur, um uns von der Flanke her anzugreifen. Dort gab es einen Haufen Wirrköpfe. In Westdeutschland gab es Mitte der 60er Jahre eine Wirtschaftskrise mit Massenstreiks, die Studenten gingen gegen den Vietnamkrieg der Amerikaner auf die Straße, die Regierenden standen unter Druck. – Man kann doch den Ulbricht nicht zum Trottel machen, nur weil sich einige später zum Opfer hochstilisieren wollen.

Trotzdem, es gab einige Äußerungen von Ulbricht zu den Beatles über das Yeah, yeah yeah und …

Yeah, yeah?

Ulbricht hat diese Musik, die sozialen Protest ausdrückte, überhaupt nicht verstanden. Auch gegen Jazz machte er immer Stim-

mung. Anfang der 50er verunglimpfte er Jazz als »Raspa- und Sambatänze«. Das klang fast rassistisch. Hing das damit zusammen, dass Ulbricht eine altbackene Bildung hatte?

Nein, dann hab ich auch eine altbackene Bildung.

Alle Politbüromitglieder fielen dadurch auf, dass sie in Fragen der Jugendkultur unmodern agierten.

Was heißt modern und unmodern? Willst du mir erzählen, dass das Moderne gewissermaßen unpolitisch ist?

Ihr habt ja da – wenn du dich damit identifizierst, muss ich dich einbeziehen – eine falsche Politisierung vorgenommen.

Ich hab mich mit Kultur nie beschäftigt.

Stimmungsmache gegen Rock'n'Roll betraf nicht nur Interessen der Jugend. Die Einschätzung der Rock-Musik war falsch.

In dem Moment, wo es dem Gegner mit Hilfe des Rock'n'Roll gelang, die Massen der Jugend unter seine Führung zu bringen, war es ein Politikum. Ob er das wie der Rattenfänger von Hameln machte oder mit Boogie-Woogie, war egal. Die Frage war, nach wessen Musik die Leute tanzten. Das war die Kernfrage.

Chinas Gesundheitsminister Prof. Dr. Chen Minzhang bei Alfred Neumann zum Gespräch. Neben ihm DDR-Gesundheitsminister Prof. Dr. Klaus Thielemann, 16. Mai 1989

Nach welcher Musik sollten die Leute tanzen? Nach dem Lipsi?

Es ging um die Musik aus dem Westen, mit dem Einfluss auf die Gehirne junger Leute genommen werden sollte. Das war die Kernfrage, wie ich sie verstand.

Wir hatten gar keine eigene Schlagermusik. Was wir hatten, war überwiegend nachgemacht.

Das interessiert mich nicht. Mich interessiert, nach welcher Pfeife marschiert wird. Wer das Kommando gibt. Da muss ich sagen, dass dem Gegner ein geistiger Einbruch gelang mit Hilfe der Musik.

Das habt ihr erleichtert, in dem ihr den Rock'n'Roll mit einem Quasiverbot belegtet.

Sag nicht »ihr«. Ich hab kein Verbot des Rock'n'Roll verfügt.

Zumindest wurde gegen den Rock'n'Roll Stimmung gemacht.

Das ist was ganz anderes. Du fängst wieder an zu provozieren.

Als Jugendlicher habe ich es nicht begriffen, dass an völlig unnützen Stellen sich die oberste Politik mit der Jugend überwarf. Rock'n'Roll war ein Versuch, afroamerikanische mit euroamerikanischer Musik zu verbinden.

Wie das getarnt wurde, entschuldige, das ist mir ganz egal.

Wer hat denn euch gesagt, dass der Rock getarnt ist? Das war doch eine echte Strömung in der leichten Musik.

Echte oder unechte Strömung … Dann kannst du kommen und sagen »Sowjets ohne Bolschewiken« sei auch eine echte Strömung gewesen. Du kannst mir erzählen, was du willst …

Ich glaube, ihr seid irgendwie ein Opfer von Kurella[1] *geworden, der eine kleine Macke hatte, wenn er sagte, die kirgisischen Tänze sollten gegen den Rock'n'Roll in Stellung gebracht werden.*

Mir hat er das nicht gesagt. Ich betrachte den Kurella, ein bürgerlich erzogener, hoch gebildeter Mensch, als einen anständigen Genossen, der in dieser Frage eine andere Auffassung hatte. Nicht so primitiv, wie du das darstellst. Im Politbüro hatten wir solche Diskussionen überhaupt nicht.

Da habt ihr nie über Musik gesprochen?

Nein.

Ich halte das für einen Fehler.

Setze dich mit denen auseinander, die auf dem Gebiete gearbeitet haben. Ich hatte keine Verantwortung für Kultur. Über Musikarten wurde im Politbüro nicht diskutiert.

Kommen wir zurück zum 11. Plenum.

Als es stattfand, gab es ganz andere als kulturelle Probleme. Wir hatten ökonomische Probleme. Sie nahmen auch in Honeckers Referat den größten Platz ein. Es ging um die Lösung der komplizierten Frage, wie wir die ökonomische Leistungsfähigkeit der DDR erhöhen könnten.

Wie erklärst du dir, dass aus ökonomischen Zwängen heraus plötzlich so ein Hieb gegen die Künstler erfolgte?

Entschuldige, die Dinge sehen ganz anders aus. Die Versuche, die DDR nach dem sogenannten Mauerbau ökonomisch zurückzudrängen, waren gescheitert. Bonn musste sich korrigieren. Wir marschierten wirtschaftlich nach vorn. Dabei waren die kulturellen Fragen etwas an den Rand geraten. Das bemerkte der Gegner und wurde dort aktiv. Darauf hatte Ulbricht aufmerksam gemacht. Es wurde nicht zur Kenntnis genommen. Dem Politbüro war entgangen, wie ernst die Lage wirklich war. Dann begann sich die Sache zuzuspitzen. Hager[2], der damals auch schon Kultur machte, passte nicht auf. Der wusste nicht, was los war. Unter der Oberfläche entwickelten sich eine ganze Reihe Probleme.

Gab es damals eine Strömung gegen Hager im Politbüro?

Warum Strömung gegen Hager? Kurt Hager kam immer in Schwierigkeiten, wenn er selbständig analysieren und Schlussfolgerungen ableiten musste. Das wussten alle. Er war ein kollektiver Denker. Die Aussage, dass dieses Plenum eine kulturelle Abrechnung war, die auch auf Hager zielte, ist unzutreffend.

Die Künstler, darunter auch Filmhistoriker der Akademie der Künste, wie Günter Agde, alles seriöse Leute, sagen, dass ökonomische Schwierigkeiten den Hintergrund bildeten, während man im Vordergrund auf die Künstler einschlug.

Umgekehrt! Der Gegner nutzte die Künstler, hat geglaubt, er fände dort eine Spielwiese und griff an. Weil wir nicht ordentlich auf die Entwicklung der Kultur geachtet hatten. Dadurch kam dic Bewegung hoch.

Hast du dir die Filme, die damals angegriffen wurden, einmal angesehen? Ich sah 1990 »Das Kaninchen bin ich«, »Denk ja nicht, dass ich heule« und »Spur der Steine«.

Es hat bestimmte Filme gegeben, die nach Politbürositzungen vorgeführt wurden. Da gab es einen Kinoraum. Es wurde angesagt, dass hinterher noch Filme zu sehen wären. »Bitte sagt eure Meinung«, hieß es dazu. Ich muss ehrlich sagen, dass ich mich um Kultur wenig gekümmert habe. Ich tat nur das Nowendigste. Wenn die PB-Sitzung zu Ende war, zwitscherte ich ab. Ich hatte im Volkswirtschaftsrat Arbeit bis zum Stehkragen und keine Zeit, nach den Sitzungen Filme anzuschauen und darüber zu diskutieren. Ich weiß, dass dies stattfand. Im Politbüro selbst spielte das keine Rolle mehr.

Es gab einen Fortschritt in der Wirtschaftsreform, es gab in der Industrie stabile Zuwachsraten um 5,5 Prozent. Auch die Landwirtschaft kam aus der Talsohle heraus. Der Aufschwung war deutlich. Auch in der Kultur, das kann ich ohne weiteres sagen, gab es einen Aufschwung. Das waren keine feindlichen Filme. Diese Filme lagen durchaus im Interesse der DDR.

Das war das Vorherrschende.

Es formierte sich im Politbüro eine Front gegen die Wirtschaftsreform. War das Plenum ein Versuch, die Reformen zu bremsen?

Das kann ich nicht sagen.

Mit dem VIII. Parteitag der SED im Jahre 1971 machte Honecker Schluss mit allen Reformen.

Ich will den Honecker nicht in Schutz nehmen. Da bin ich der Letzte. Aber ob das 11. Plenum sein Versuch war …

Ulbricht stand für die Reform. Ihm kann man schwerlich die Rolle des Bremsers zuweisen.

Die Probleme der Steigerung der Leistungsfähigkeit, die Frage der ökonomischen und moralischen Stimuli, das spielte die Hauptrolle. Ich kann mich erinnern, dass 1965 Vertreter sozialistischer Länder zu uns kamen, um sich über das NÖS zu informieren. Kultur war damals nicht das zentrale Problem. Ich war bass erstaunt, als nach der »Wende« aus der 11. ZK-Tagung ein »Kultur-Plenum« gemacht worden war. Das bemerkte ich zum Beispiel, als ich eine Broschüre in die Hand bekam. Sie enthielt nur das, was Honecker im Bericht zur Kultur gesagt hatte sowie die Diskussionsbeiträge von Kurt Hager und Christa Wolf.

Sie distanzierte sich dort erstmals von dieser Ausrichtung der Kulturpolitik.

Kultur ist ein Bereich der ideologischen Arbeit, da gab es immer widerstrebende Auffassungen. Kultur gehörte nicht zur administrativen Arbeit. Wozu sollen wir dort anfangen zu streiten, wo wir ökonomisch und auch international gut vorankamen?

Die Kultur nach dem Mauerbau nutzte einen bestimmten Freiraum, um Gegenwartsfragen kritisch zu beleuchten. Das war nicht konterrevolutionär, das war kritisch.

Komm mir nicht mit »nach Mauerbau« und »kulturellen Freiraum nutzen«. Das sind Termini, mit denen ich nichts anfangen kann.

Warum nicht?

Wenn du mir sagst, um welche inhaltlichen Fragen es bei einem Film, den wir verboten haben, ging oder zu dem wir unsere Zustimmung bzw. Ablehnung geäußert haben, dann kann ich dazu meine Meinung sagen. Du sprichst von »Freiräumen«, ich rede über Klassenpositionen. Für mich sind die Freiräume der Feinde der Arbeiterklasse nicht identisch mit den Freiräumen der Arbeiterklasse.

Da bietet sich der Film »Spur der Steine« an, eine Verfilmung des 1963 erschienenen Romans von Erik Neutsch. Neutsch kam aus Halle und hat dort die Geschichte des Aufbaus des Chemiekombinats in Coswig beschrieben. Er machte das sehr langatmig, wie das seine Art ist, aber auch gut, weil er brisante Probleme einbezog. Vor allem der Hauptakteur, der Balla, der im Film von Manfred Krug gespielt wurde, war ein Arbeiter. Kein Musterarbeiter im Sinne der SED-Beschlüsse, sondern eher ein anarchistischer Arbeitertyp. Das war eine kleine Provokation im Vergleich zu dem, was in oberen Etagen erwartet wurde. Der Roman erhielt den Nationalpreis. Der Film aber, der erst später kam, wurde nach Auseinandersetzungen verboten. Zwischenzeitlich war Chruschtschow gestürzt, und mit Breshnew kam eine konservative, reformfeindliche Richtung in Moskau an die Macht.

Wie du das so sagst, ich muss dir …

Der Film lief vier Tage. Er hatte enormen Zuspruch, auch Anna Seghers äußerte sich im Neuen Deutschland *zustimmend. Dann gab es Klamauk in den Filmtheatern. Von Berlin weiß ich, dass Kurt Hager seine Anhänger in die Kinos schickte, die jubelten, und Paul Verner*[3] *schickte seine Leute, die »Pfui!« brüllten.*

Ich weiß davon nichts. Was der Verner in Gang setzte, um sich zu profilieren, das habe ich nicht verfolgt. Für mich ist das neu, muss ich dir sagen.

Also Hager hat den Film verteidigt und Verner war für Verbot.

Verner ist ein Kapitel für sich. Über Verner habe ich schon lange eine negative Meinung. Ich kenne seinen Charakter sehr gut.

Er war ein Sektierer?

Nein, Sektierer nicht. Das ist nicht der richtige Ausdruck. Er spielte graue Eminenz. Alle Fragen versuchte er, auf seine Weise zu beeinflussen.

Von kleinkarierten Standpunkten aus?

Paul Verner war ein spezieller Typ, den man nur mit der Zange anfassen konnte. Ich will dir das mit einem Beispiel illustrieren. Draußen in Wandlitz hatte zu Ulbrichts Zeiten jeder seine abendsportliche Verrichtung. Manche drehten eine Runde langsam und gemächlich. Andere machten einen Dauerlauf. Ich trabte damals auch. Viele wussten, dass Ulbricht, gegen 22 Uhr mit Lotte seinen Abendspaziergang begann. Das war bekannt. Verner hatte in der Ulbricht-Zeile, am oberen Ende, sein Haus. Verner wusste, wann Ulbricht losging und lauerte hinter der Tür, um diese »zufällig« zu öffnen, wenn Ulbricht in Sichtweite war und schloss sich den beiden an. Walter unterhielt sich gern beim Spaziergang. So brachte Verner seine Dinge vor, die er anbringen wollte.

Als 1. Sekretär in Berlin hat er auch einige krumme Dinger gedreht, etwa beim Bau des Außenministeriums am Marx-Engels Platz. Es war seine eigenmächtige Entscheidung, die Traufhöhe in der angrenzenden Straße Unter den Linden zu ignorieren.

Das kann sein. Die Außenpolitik brauchte ein neues Haus. Das musste natürlich an einen zentralem Platz entstehen. Über die Ausgestaltung …

Die Fachleute waren wegen der Traufhöhe dagegen. Aber Verner entschied autoritär. Ich weiß aus Leningrad, dass in der Innenstadt niemand die Traufhöhe des alten St. Petersburg verletzen durfte.

Mit Verner hatte ich einen ganz anderen Krach. Am alten Alex hatten wir das Arbeitsamt, ein vom Krieg unversehrtes Gebäude. Dieses Gebäude hat der Paul abreißen lassen. Er ließ es einfach abreißen, weil es nicht in seine Konzeption passte.

Da hattet ihr Krach.

Richtigen Krach. Der hätte halb Berlin abgerissen mit seinen Vorstellungen. Der war doch regelrecht verrückt und hatte überhaupt keine Ahnung. Von handwerklichen Dingen, aber auch von technischen Spezialproblemen verstand er absolut nichts. Der spielte sich aber als großer Könner auf.

Das war auch feststellbar bei der Auseinandersetzung mit Robert Havemann. Verner agierte wie die Axt im Walde.

Das weiß ich. Verner wurde nur 1. Bezirkssekretär, weil er Ulbricht zum Munde redete. Ich muss das so sagen. In Wirklichkeit war er schon längst auf der Seite Honeckers. Die beiden waren wie ein Ei. Schon früher war das so. Verner hatte die Parteivertretung der Jugend und Honecker hatte den Zentralrat der FDJ. Die beiden haben immer zusammen gekaspert.

Hättest du Havemann vor Verner schützen können?

Nein. Das Ding war schon verkorkst, weil das eine Systematik hatte. Ich muss betonen, dass ich 1957 meine Funktion als Bezirkssekretär bereits aufgegeben hatte. Es gab ein ungeschriebenes Gesetz, dass der alte Bezirkssekretär sich nicht in die Belange des neuen einmischt. So habe ich mich aus Berliner Fragen bis auf wenige Ausnahmen herausgehalten.

Es war nicht nur Verner da. Auch Konrad Naumann[4] war da. Ich gerate seelisch nicht so leicht aus dem Gleichgewicht. Aber man musste schon sehr hart gesotten sein, um eine von Verner und Naumann oder Naumann und Verner geleitete Sitzung unbeschadet zu überstehen.

Auszeichnung von FDJlern des VEB Chemische Werke Buna als »Hervorragendes Jugendkollektiv«, 16. Mai 1974

Wirklich?

Hans Modrow war 1. Sekretär in Köpenick. Er leistete eine gute Arbeit, machte seinen Doktor. Dann holten sie ihn in die Bezirksleitung, wo er Sekretär für Agitation wurde. Eines Tages kam Hans zu mir und sagte: »Ali, ich halte den Zynismus der beiden nicht mehr aus.« Hans Modrow wusste nicht mehr ein noch aus. Er wollte nicht mehr.

Ich kann ergänzen. Ich kenne das Problem von der unteren Ebene. Der für die Universität zuständige Instrukteur der Bezirksleitung, Erhard König, sagte mir damals: »Die Sekretäre der BL haben alle Angst vor dem Modrow.« Alle anderen Sekretäre, auch Roland Bauer, der mir keineswegs als Dogmatiker in Erinnerung ist, bestätigten den Eindruck, dass Modrow störte. Der war denen zu klug, zu anständig, zu sauber.

Ja, so war das.

Du bestätigst das?

Klar. Hans sagte mir, dass er unbedingt von Verner wegwolle. Ich riet ihm, mit Honecker zu reden, das könne nur der entscheiden. Honecker setzte ihn in die Abteilung Agitation des ZK. Dort wurde er 1967 Leiter. War für Modrow keine ideale Aufgabe. Aber so hatte ihn Honecker besser unter Kontrolle. Auch ihm war der Modrow nicht geheuer.

Der Modrow war für alle ein Problem in diesem Apparat, nicht wahr?

Für viele, für mich war er überhaupt kein Problem. Er war ja mein Zögling, wenn ich das mal so sagen darf.

Hast du ihn nach Berlin geholt?

Er kam von Schwerin und wurde bei mir 1. Sekretär der FDJ-Bezirksleitung 1953. Er hatte relativ wenig Ahnung von Berlin. Ich fragte ihn: »Hans, kennst du Berlin?« Ja, anwortete er. »Den demokratischen Sektor kenne ich.«

»Kennst du auch Westberlin?«, fragte ich weiter.

»Nein«, antwortete er. Daraufhin erklärte ich ihm, wenn er Jugendarbeit betreiben wolle, dann müsse er wissen, was die Jugend in der ganzen Stadt bewege. Er müsse wissen, worüber diskutiert werde. Er müsse es lernen, sich unter Jugendlichen zu bewegen. Also schlug ich ihm vor, mal nach Kreuzberg in die Naunynstraße zu gehen. Dort gab es einen Tanzbums, wie wir das damals bezeichneten, mit Hotmusik. Er solle sich das mal anhören und auch tanzen. Hans sträubte sich. Ich musste ihn mehrmals dazu auffordern. Er ist dann hingegangen. Er sah wirklich gut aus. Nachdem er getanzt hatte, wollte er mit einigen der Mädchen sprechen. Die Mädels gaben ihm einen Korb, oder wie wir damals sagten: Er kriegte einen auf die Badehose. Sie wollten mit ihm tanzen, nicht quatschen.

Ich forderte Modrow auf, auch woanders Erfahrungen zu sammeln. Wenn er zurückkam, erzählte er mir immer von seinen Erlebnissen. Wir kamen gut miteinander aus.

Mich beeindruckte Hans Modrow als 1. FDJ-Sekretär von Berlin im Jahre 1961. Da gab es im April im Jugendhaus in der Klosterstraße eine Ausstellung »Die Welt, in der wir leben und die wir mitgestalten«, die die Berliner Jugendbewegung seit 1945 zum Inhalt hatte. Ich hatte als Geschichtsstudent am Drehbuch mitgearbeitet. Zur Eröffnung fand ein Empfang statt, an dem auch Paul Verner teilnahm. Diese Eröffnung war politisch hoch angebunden. Es gab auch Musik. Es wurde Rock'n'Roll gespielt. Hans Modrow tanzte als 1. Sekretär der FDJ-Bezirksleitung ohne jede Scheu auf der Bühne. Das war bemerkenswert, denn dieser Tanz galt ja als »wüst«, als Ausdruck »amerikanischer Unkultur«, war politisch unerwünscht. Modrow tat also das, was er nicht hätte tun dürfen. So aber wies er sich als »richtiger« Jugendlicher aus.

Ja natürlich. Er war unverdorben. Ein Mensch mit einem offenen Verstand. Er brachte akzeptable Argumente vor. Er widersprach auch, wenn er nicht einverstanden war oder es nicht verstand. Genau so mochte ich ihn. Für mich war das nicht falsch.

Verner und Naumann hingegen waren unmöglich. Schon die Art, wie sie sich gaben.

Dem entnehme ich, dass ihr das alles wusstet? Du auf jeden Fall. Auch Honecker?

Honecker wusste über alles genau Bescheid.

Im VEB Kühlautomat diskutiert Meister Bernd Baumann mit Alfred Neumann, 12. Mai 1981

Der Verner war wohl eher ein Kleingeist, ein Flohknacker. Im Unterschied zu Naumann, der geistige Höhenflüge liebte.

Naumann war grenzenlos.

Naumann war für die SED Berlins ein Jahrzehnt lang ein moralisches Problem. Er lieferte Diskussionsstoff.

Honecker rief ihn einige Male zur Ordnung. Aber erst als er Mitte der 80er Jahre an der Akademie für Gesellschaftswissenschaften im Suff Kritik an Honecker übte, war das Maß voll und Honecker nutzte die Gelegenheit, ihn loszuwerden.

Bei Reinhold sprach er kritisch Dinge an, etwa die unsägliche Hofberichterstattung des Neuen Deutschland. *Er sagte auch dummes Zeug, etwa dass gegenüber den Kirchen zu viele Kompromisse eingegangen würden. Aber immerhin kritisierte er Honecker.*

Das darfst du nicht überbewerten. Naumann war betrunken. Ansonsten traute er sich nie, im Politbüro Kritik zu üben. Da war er immer still.

Wenn er draußen auftrat, riss er doch immer den Mund auf. Im Politbüro war er still?

Naumann war, wie auch Verner, die ganze Zeit ein Werkzeug Honeckers. Der Honecker schob, als der Verner zittrige Hände bekam und ernsthaft erkrankte, ruckzuck den Naumann an dessen Stelle. Das war seine einsame Entscheidung. Da wurde das Politbüro nicht gefragt. Keine Diskussion. Er entschied als Generalsekretär, und der Fall war erledigt.

Anmerkungen

1 Alfred Kurella (1895-1975), KPD 1919, Mitbegründer der Kommunistischen Jugendinternationale. 1924-1926 leitete er eine Jugendschule der Kommunistischen Internationale und eine Schule der französischen Kommunistischen Partei in Bobigny. 1926-1928 war er stellvertretender Leiter der Agitprop-Abteilung des Exekutivkomitees des KI und 1928-1929 Leiter der Abteilung Bildende Kunst im Volkskommissariat für Volksbildung der RSFSR und Redakteur der *Komsomolskaja Prawda.* Wegen »ultralinker, formalistischer Fehler« kehrte Kurella nach Deutschland zurück, wo er als freier Schriftsteller arbeitete und für die KPD aktiv war. 1931 unterrichtete er an der Marxistischen Arbeiterschule (MASCH) und unternahm eine Studienreise nach Italien. 1932-1934 war er Sekretär des Internationalen Komitees zum Kampf gegen Krieg und Faschismus und Chefredakteur dessen Organ *Le Front Mondiale.* Bis 1935 Sekretär von Dimitroff, 1937 sowjetischer Staatsbürger. 1941-1945 Oberredakteur in der Politischen Hauptverwaltung der Roten Armee und Redakteur verschiedener (Front-)Zeitungen. 1946 übersiedelte Kurella in den Kaukasus, wo er vor allem als Maler und Bildhauer, aber auch als Schriftsteller, Übersetzer und Herausgeber lebte. Seit 1948 versuchte er, die Erlaubnis zu seiner Rückkehr nach Deutschland zu erwirken. In der SED nicht unumstritten, wurde Kurella von Walter Ulbricht dennoch 1949 angefordert, während Johannes R. Becher und Wilhelm Pieck Kurellas Rückkehr hinauszuzögern versuchten. Als hochrangiger Geheimdienst- und Nomenklaturkader der Komintern hatte Kurella bis zur Rückkehr nach Deutschland 1954 die für sowjetische Geheimnisträger übliche fünfjährige Kaltstellungsphase abzuwarten. Am 9. Februar 1954 übersiedelte Kurella in die DDR, trat der SED bei und war von 1955 bis 1957 erster Direktor des Instituts für Literatur in Leipzig. Er hatte leitende Funktionen in der Akademie der Künste und im Schriftstellerverband der DDR. Von 1957 bis 1963 war er Leiter der Kulturkommission des Politbüros des Zentralkomitees der SED, seit 1958 auch Kandidat des Politbüros (bis 1963) und Abgeordneter der Volkskammer. In diesen Funktionen war Kurella maßgeblich an der Durchsetzung des Sozialistischen Realismus und zahlreichen kulturpolitischen Interventionen der SED beteiligt. Ab

1963 war er Mitglied der Ideologischen Kommission des Politbüros des ZK der SED.

2 Kurt Hager (1912-1998), KPD 1930, KZ-Haft, Emigration 1936, Spanienkämpfer 1937-1939, interniert in Frankreich, Emigration in Großbritannien, 1946 SED, 1949 Professor für Philosophie an der Humboldt-Universität zu Berlin. 1955 Sekretär des ZK der SED, verantwortlich für Wissenschaft, Volksbildung und Kultur. 1959 wurde er Kandidat, 1963 Mitglied des Politbüros des ZK der SED und Leiter der Ideologischen Kommission des Politbüros. Er wurde 1958 Abgeordneter der Volkskammer und 1967 Vorsitzender von deren Volksbildungsausschuss. Außerdem war er 1976-1989 Mitglied des Staatsrates und 1979-1989 Mitglied des Nationalen Verteidigungsrates. Im SED-Politbüro galt Hager als »Chefideologe« und oberster Kulturverantwortlicher. 1990 aus der SED-PDS ausgeschlossen. 1995 wegen seiner Mitgliedschaft im NVR angeklagt. Eintritt in die DKP.

3 Paul Verner (1911-1986), KPD 1929, Maschinenschlosser, in Spanien 1936 bis 1939 Gehilfe des Kriegskommandos der 15. Internationalen Brigade und Redakteur bei *El Voluntaria*. Haft in Schweden von 1940 bis 1942. Mitbegründer der FDJ 1946, seit 1950 Mitglied des ZK, bis 1953 als Sekretär für gesamtdeutsche Fragen und bis 1958 als Leiter der Abteilung für gesamtdeutsche Fragen, in dieser Position verantwortlich für die konspirative Arbeit in der BRD. 1958 wurde er Kandidat, 1963 Mitglied des Politbüros des ZK der SED. Von 1981 bis 1984 Stellvertretender Staatsratsvorsitzender. Paul Verner war zudem 1. Sekretär der SED-Bezirksleitung Berlin von 1959 bis 1971.

4 Konrad Naumann (1928-1992), SED 1946, FDJ-Funktionen in Leipzig, Dresden und Schwerin. Nach Besuch der Konsomolhochschule von 1952 bis 1957 in Frankfurt 1. Sekretär der FDJ-Bezirksleitung. Von 1966 bis 1986 ZK-Mitglied. Von 1964 bis 1971 in Berlin 2. Sekretär der BL, danach – in der Nachfolge von Verner – 1. Sekretär der Bezirksleitung Berlin. 1976 Politbüromitglied. 1984/1985 auch Sekretär des ZK der SED und Mitglied des Staatsrates. Im November 1985 wegen Trunksucht aller Ämter enthoben und in die Staatliche Archivverwaltung Potsdam abgeschoben.

»Es stand die Frage der gesellschaftlichen Reproduktion«

1967 fand der VII. Parteitag der SED und einige wissenschaftliche Sessionen statt, z. B. 1967 eine Konferenz zum Erscheinen des »Kapital« von Karl Marx vor 100 Jahren. Ulbricht verkündete einige Thesen, die später viel Wellenschlag verursachten. Ich denke an die Auffassung, dass der Sozialismus eine selbständige Gesellschaftsformation sei. Ulbricht sprach damals auch vom »Einholen ohne zu überholen«.

Das sagte er nicht auf der Konferenz »100 Jahre Kapital«. Das war später.

Dazu gehörte auch die These, die er schon 1959 verkündet hatte, dass es in der DDR eine »sozialistische Menschengemeinschaft« gäbe. Das wurde fast eine Theorie.

Den Begriff liebte er seit den 50er Jahren. Der Ulbricht konnte Kultur und Politik mit der Ideologie verbinden. Mit der Ökonomie auch. Da machte er keine Trennung. Das unterschied ihn von seinem Nachfolger.

Das waren alles Thesen, die ihm dann später, mit Beginn der Ära Honecker, um die Ohren gehauen worden sind.

Von wem?

Von Honecker.

Na ja.

Vor dem VII. Parteitag hieß es: »Nichts verbindet uns mit dem Imperialismus, alles mit dem sozialistischen Vaterland«. Am Ende des Parteitages erklärte Ulbricht: »Was die Imperialisten getrennt haben, wird die Arbeiterklasse wieder vereinigen.« In diesen beiden Aussagen werden die zwei Linien in Bezug auf die nationale Frage sichtbar, die es in der SED gab.

Es war ja klar – wie auch die Verfassungsdiskussion 1967/1968 zeigte –, dass die deutsche Frage noch offen war und gelöst werden musste. In diesem wichtigen Punkt wurde an die Verfassung von 1949 angeknüpft.

Diese Zeit damals war sehr interessant. Adenauer war weg. In Westdeutschland war einiges in Bewegung geraten. Ich verwies bereits auf die sozialen Kämpfe und die gesellschaftliche Aufbruchstimmung, mit der Nazivergangenheit brechen zu wollen. Die Kommunisten formierten sich neu, es entstand 1968 die DKP … In dieser Situation hat Walter Ulbricht die Frage gestellt: »Wie machen wir weiter?« Seine These lautete, wenn wir den Sozialismus erfolgreich aufbauen, dann muss er letztlich leistungsfähiger werden als der Kapitalismus. Es ging nicht nur darum, das Nationaleinkommen besser und gerechter zu verteilen, sondern es musste mehr erwirtschaftet werden, um auch mehr verteilen zu können, was im Klartext hieß: um besser leben zu können. Die Kernfrage war die Effektivität der gesellschaftlichen Reproduktion. Wir konnten und wollten es nicht so machen wie die Sowjetunion, die behauptete besser als der Westen zu sein, weil sie mehr Stahl und mehr Erdöl produzierte. Masse war nicht das Kriterium der Überlegenheit einer Gesellschaftsordnung, sondern Qualität und Effizienz. Es ging um die gesellschaftliche Reproduktion insgesamt. Dazu musste die Gesellschaft ihre Reserven erkennen und wirksam machen. Die Kybernetik, später belächelt und verhöhnt, war Walters Überzeugung nach dabei ein nützliches Instrument. Ihm war bewusst, dass die Regelsysteme der Kybernetik keineswegs schon die Lösung darstellten. Für ihn war das eine Etappe im Denken. Er suchte nach Wegen und Methoden, wie man das gesellschaftliche Potenzial der DDR bündeln und zu einer höheren Wirksamkeit bringen könnte. Von dieser Fragestellung war die Kybernetik für ihn von Interesse. Der Georg Klaus[1] hat die Theorie der Kybernetik in der DDR verbreitet. So ging das zusammen. Ulbricht suchte alle die Faktoren, die in diesem Bestreben von Interesse sein konnten. Wenn er also die Frage aufwarf, ob die sozialistische Gesellschaft der DDR eine höhere Produktivität pro Kopf der Bevölkerung erreichen könnte als die Bundesrepublik, so musste man Reserven erschließen. Welche waren das?

Beim Vergleich mit dem deutschen Imperialismus durfte man nicht nur seine Weltspitzenleistungen sehen, sondern auch das brachliegende, ungenutzte Potenzial an Menschen. Man denke an die vielen Arbeitslosen, an hoch spezialisierte Fachleute, die keine Möglichkeit haben, ihr Wissen und ihre Fähigkeiten einzusetzen und produktiv zu machen. Das zeigt die Grenzen des Monopolkapitalismus. Er ist nicht in der Lage, Potenzial im Interesse der Gesellschaft zu erschließen. Monopole handeln betriebswirtschaftlich, nicht volkswirtschaftlich. Noch Mitte der 60er Jahre wurde im Westen behauptet, es sei möglich, eine soziale Marktwirtschaft zu etablieren, die krisenfrei und durch Mitbestimmungsmodelle auch demokratisch wäre. Schon bald wurden die Grenzen sichtbar, denn die Gesetze des Kapitalismus wurden dadurch nicht aufgehoben. Es gab unverändert zyklische Krisen. 1965, 1966, 1967 war Westdeutschland gezwungen, Antikrisenprogramme aufzulegen, mit der auch die Währung stabilisiert werden musste. Natürlich war die kapitalistische Gesellschaft in der Lage, Reserven zu mobilisieren, und das wieder und wieder. Aber es blieb Krisenmanagement.

Also für uns in der DDR sah es damals so schlecht nicht aus. Das Potenzial der DDR konnte effektiv genutzt und strategisch entwickelt werden. Das Nachdenken über die Frage »Wie weiter?« machte also Sinn. Wir konnten ja nicht mit Schiller sagen: »Einstweilen, bis den Bau der Welt / Philosophie zusammenhält, / Erhält sie das Getriebe / Durch Hunger und durch Liebe.«

Wir waren Realisten. Und sahen darum auch, dass sich Sozialismus und Kapitalismus in ihrer Entwicklung glichen. Es wurde klar, dass wir gewisse Gemeinsamkeiten hatten.

Konvergenztheorie.

Ja, es war nicht nur die SPD, die die Konvergenztheorie aufnahm und entwickelte. Auch seriöse bürgerliche Sozialwissenschaftler waren der Auffassung, dass sich alle sozialen Systeme in eine Richtung entwickelten, also die Industriegesellschaften, egal, ob nun kapitalistisch oder sozialistisch, strebten nur einem Ziel zu. Es gäbe zwar »Abweichungen«, aber die Tendenz bliebe immer dieselbe. So deuteten sie die aktuelle Krise als ein normales Wachstumsproblem. Man müsse erst einmal solange Produktivkräfte vernichten, bis es wieder vorwärts gehen könne.

Wir lehnten die Konvergenztheorie ab. Sie war unmarxistisch. Aber wir waren durchaus mit ähnlichen Problemen wie der Kapitalismus konfrontiert: Ressourcenverknappung, Marktbegrenzungen, soziopsychologische Fragen etwa durch Schichtarbeit usw.

Ulbricht hatte diese Intentionen, von denen du sprachst, in der Tat, das kann ich bestätigen. Das zeigen auch die Quellen. Was du da als Zeitzeuge, der dicht neben Ulbricht agierte, sagst, ist schlüssig. Wenn man sich die Relation von Akkumulation und Konsumtion ansieht, dann wird erkennbar, dass Ulbricht Ende der 60er Jahre die Akkumulation hochtrieb. 1970 hatten wir die höchste Rate in der DDR-Geschichte überhaupt. Honecker räuberte schließlich Ulbrichts Sparbuch. Ulbricht nahm die Frage der Produktivität sehr ernst. Er wusste: Nur bei höherer Produktivität bleibt der Sozialismus. Ulbricht sah das ökonomisch richtig. Politisch setzte er überwiegend auf die alten Mechanismen. Ihm wurde vorgeworfen, er hätte alles in Regelsysteme gezwängt und für die führende Rolle der Partei keinen Platz mehr gehabt.

Quatsch.

Wollte er die führende Rolle der SED abbauen? Das wäre ja richtig gewesen.

Ich kenne solche Diskussionen nicht. Noch einmal: Es ging um die führende Rolle der Arbeiterklasse, nicht um die führende Rolle der Partei. Die schrieb erst Honecker in die 74er Verfassung, wobei ihm der Paul Verner half. Ulbricht verstand die Arbeiterklasse und deren Partei als organisierende politische Kraft, die diese Aufgabe im Bündnis mit anderen gesellschaftlichen Kräften wahrnahm.

Es fällt auch auf, dass die Blockparteien, die bis Mitte der 60er Jahre immer mehr Mitglieder verloren hatten, nunmehr wieder Mitgliederzuwächse verzeichneten. Maß Ulbricht den Blockparteien wieder eine größere Rolle zu?

Walter beschäftigte diese Frage sehr intensiv und sehr oft. Es wurde darüber leidenschaftlich diskutiert, auch in der Volks-

Italiens Minister für Post- und Fernmeldewesen, Remo Gaspari, zum Gespräch bei Alfred Neumann, 26. Oktober 1981

kammer und in den Ausschüssen. Das war nicht Selbstzweck. Es sollte das ganze Potenzial unserer Gesellschaft freigesetzt werden. Die Diktatur des Proletariats hatte gewissermaßen zwei Funktionen: Unterdrückung der bisherigen Ausbeuterklasse, die Minderheit, und Entfaltung der Demokratie für die Mehrheit. Uns stand dabei nicht nur die dreimal größere Bundesrepublik mit ihrer ganzen Potenz gegenüber, sondern auch die tradierten Erfahrungen des (ost-)deutschen Volkes. Sozialistische und bürgerliche Demokratie waren verschiedene Dinge, nicht vergleichbar. Und bei der Entwicklung unserer Demokratie konnten wir den Klassenkampf keineswegs ignorieren. Dazu wird heute viel Blödsinn verbreitet. Es wird über eine abstrakte Demokratie geredet, nicht aber über die Existenz von Klassen und den Klassenkampf. Das ist ein Grundproblem.

Nach der Grenzsicherung hatten wir bessere Möglichkeiten, die sozialistische Demokratie zu entwickeln. Es ist falsch zu sagen, wir hätten es nicht versucht. Nehmen wir die Verfassungsdiskussion 1967/68. Was wir damals gemacht haben, soll uns erst einmal jemand nachmachen. Es gab dazu 750.000 Versammlungen, an denen über elf Millionen Bürger teilnahmen und sich darüber verständigten. Über 12.000 Änderungs- und Verbesserungsvorschläge wurden gemacht. Das war eine breite Diskussion, wie es sie in Westdeutschland nie gab.

Zur Frühjahrsmesse 1965 sprach Walter das erste Mal über die neue Verfassung. Honecker war nicht dabei. Wenn er zur Messe nach Leipzig fuhr, kam er allein. Er wollte nicht als zweiter Mann hinter Ulbricht erscheinen. Er dachte schon an die Position des ersten. Er verstand außerdem nichts von der Messe.

Das war später ganz anders. Jede Messe bedeutete für ihn einen großen Auftritt.

Er machte Shakehands und ließ sich als Superman feiern. Die Verhandlungen führten andere.

Und an der Autobahn stand auf jeder Brücke Polizei.

Das waren Sicherheitsfragen, ich hab sie auch stehen sehen. Ich sehe das Schutzproblem nicht so kritisch wie du. In Polen starb General Karol Swierczewski[2] bei einem Hinterhalt. Ich kannte ihn aus Spanien Er war ein Draufgänger und lehnte eine militärische Eskorte oder Personenschutz ab. Es gab nicht nur in Polen Feinde. Da machten wir uns nichts vor.

Hatte der »Anschlag« auf Honecker bei Klosterfelde 1982 einen solchen Hintergrund?

Das war ein betrunkener Dummkopf, eher ein Versehen beim Autofahren. Aber Honecker hat sich fast in die Hosen gemacht. Honecker hatte keinen Mut.

Aber kommen wir zurück zur Verfassungsdiskussion, die wir damals konzipierten. Das Politbüro übernachtete, wenn es in Leipzig war, in einem kleinen Haus in der Nähe des Reichsgerichts. Ich schlief dort in einer Dachkammer, nicht größer als sechs Quadratmeter. Mittags trafen wir uns unten zum Essen. Wir kamen vom Messerundgang und saßen zusammen. Walter erzählte von der Messe, er sprach gern. Plötzlich sagte er ohne erkennbaren Anlass: »Ihr wisst, wir brauchen eine neue Verfassung. Die Entwicklung ist herangereift.«

Wenn Walter so sprach, hatte er im Kopf schon alles vorbereitet. Er begann kein Thema, wenn für ihn nicht schon alles klar war. Er sagte: »Die Westdeutschen haben noch nie ihre Verfassung mit dem Volk beraten. Können wir das nicht anders machen? Sollten wir es nicht versuchen?«

Zunächst schwiegen alle. Ich sagte zum Walter: »Ich versteh dich so, du willst über die Verfassung abstimmen lassen?«

»Ja, ja, das müssten wir überlegen«, antwortete Ulbricht.

Einer wandte ein, dass eine große Verfassungsdiskussion eine enorme Arbeit erforderlich mache. »Genau, die möchte ich«, sagte Walter. Er sah in einer Mobilisierung der Bevölkerung den eigentlichen Sinn. Bis April 1968 hatten wir die Debatte. Am 6. April fiel die Entscheidung bei einem Volksentscheid. Der Wahlzettel hatte zwei Kästchen: »Ja« und »Nein«. Über 98 Prozent der wahlberechtigten Bürger machten ihr Kreuz. Dafür gestimmt haben 94,4 Prozent. So ungefähr war das. Alle konnten frei entscheiden und nur fünf Prozent waren dagegen. Mir kann keiner erzählen, wir hätten Angst vor den Bürgern gehabt.

Leider war das eine Eintagsfliege. Hättet ihr bei den nächsten Wahlen nicht wenigstens den nächsten Schritt machen und ein Drittel mehr Kandidaten aufstellen können? Dann wäre euer Bemühen um sozialistische Demokratie glaubhafter geworden.

Wenn man die Macht erobert hat, muss man die Macht sichern. Das kannst du jetzt sehr schön beobachten, wie der

Zu Gast auf dem XXIII. Parteitag der KP Österreichs, hier mit KPÖ-Chef Franz Muhri, 8. Dezember 1977

Westen das hier im Osten macht. Mir soll keiner kommen und »reine Demokratie« predigen. Demokratie muss definiert werden – Demokratie: durch wen und für wen? Diese abstrakten Demokratie-Vorstellungen, die man auch bei gutmeinenden Menschen antrifft, führen in die Irre.

1968 gab es den »Prager Frühling« und ebenfalls Diskussionen über die Demokratie. Erinnerst du dich an Diskussionen dazu im Politbüro? Gab es im Politbüro auch Freunde der Prager Entwicklung?

Die Entwicklung in der Tschechoslowakei kam ja nicht von heute auf morgen.

In den 60er Jahren stagnierte die industrielle Produktion in der ČSSR.

Stagnation, Schwächen in der Führung … Der Warschauer Vertrag befasste sich wiederholt mit der Entwicklung in der Tschechoslowakei, es gab Gipfeltreffen, bilaterale und multilaterale Gespräche. Der Walter zog zu all diesen Beratungen den Honecker hinzu. Er war schließlich der Sekretär für Sicherheitsfragen.

Was Ota Sik[3], der ja der politökonomische Kopf in Prag war, sagte, hat mich nicht beeindruckt. Ich kannte ihn persönlich. Ich sprach im Sommer 1967 mit ihm, als ich auf dem Wege zum Urlaub in der Hohen Tatra war und in Prag Station machte. Ich hatte schon einiges von ihm gelesen. Kernpunkt unseres Gespräches war nicht etwa die Verbindung von Wissenschaft und Technik mit der Ökonomie und die finanzielle Widerspiegelung dieser Prozesse. Sik rückte die Konvertierbarkeit der tschechischen Krone in den Mittelpunkt. Diese Problematik kannte ich sehr genau von den Jugoslawen. Da hatte ich genug Genossen und Kameraden aus der Zeit des spanischen Bürgerkriegs. Das lief in Jugoslawien überhaupt nicht gut. Die Jugoslawen waren dadurch in Abhängigkeit geraten. Darauf machte ich Ota Sik aufmerksam. Er konnte mir meine Frage nicht beantworten, womit er die Stabilität der Krone gewährleisten wolle. Ich fragte nach Goldvorräten, obwohl ich diese Antwort schon wusste. Sie hatten nicht mehr als wir. Sik bestätigte mir das. Wir hatten zu jener Zeit Gold für etwa anderthalb Milliarden D-Mark im Tresor. Das war unsere Eiserne Reserve. Auf solche Reserven legte Ulbricht wert. Honecker, das nur am Rande, hat das Gold schnell versilbert, Ende 1989 war davon nur noch etwa ein Drittel vorhanden.

Ich fragte also Sik, wie er sich das mit dieser geringen Reserve vorstelle.

In welcher Sprache habt ihr miteinander geredet?

Wir sprachen deutsch. Er gab sich wie ein klassischer Professor, distanziert und überheblich. Ich stellte immer wieder Fragen. Er konnte mir keine mich befriedigenden Antworten geben. Er erhoffte sich Hilfe durch die Weltbank. Ich fragte, ob er nicht wisse, wer sich hinter der Weltbank verberge? Da wich er aus. Er wollte die Tschechenkrone an den Westen ranhängen. Das war schon eindeutig.

Es gab eine Fernsehdiskussion in Karlsbad, wo sich Ulbricht reichlich demagogisch verhielt. Ulbricht sagte dort zu Dubcek: »Sie wollen die Zensur abschaffen. Das ist sehr gut. Wir haben in der DDR überhaupt keine Zensur.«

Da hatte er recht. Hatten wir ja auch nicht. Wir hatten ein Presseamt bei der Regierung. Für Bücher brauchte man eine Lizenz. Formal hatten wir keine Zensur.

Alfred Neumann, 1969

Geburtstagssonderausgabe für Herrn Alfred Neumann

Berliner Zeitung

15. 12. 1998

HINTERGRUND

Kurze Zeit mit langer Tradition

Herzlichen Glückwunsch zum Geburtstag, Herr Neumann!

Mit Gesundheit, Glück und Schaffenskraft erfolgreich auf dem weiteren Weg!

VON IHRER BERLINER ZEITUNG

Zu Ihrem Geburtstag gratulieren wir Ihnen sehr herzlich und wünschen Ihnen für die Zukunft das Allerbeste. Vor allem eine kräftige Portion Gesundheit, Glück und Schaffenskraft wollen wir Ihnen mit auf den Geburtstagstisch legen. Auf daß sich Ihre eigenen Vorhaben und Pläne möglichst erfolgreich verwirklichen lassen.
Und damit Ihre Neugier auch weiterhin genügend „Nahrung" bekommt, stehen wir Ihnen auch weiterhin mit dem ganzen Informationsangebot einer großen Tageszeitung zur Seite.
Weiterhin eine glückliche und erfüllte Zeit wünschen Ihnen

Dieter Schröder
Herausgeber

Dr. Andreas Albath
Geschäftsführer

Ein bunter Gruß zu Ihrem Festtag.

Ernst Ludwig Kirchner malte sein „Stilleben mit Krug und afrikanischer Schale" in den kräftigen Farben und Kontrasten, die für seine Berliner Zeit kennzeichnend sind. (121 x 87 cm, Öl auf Leinwand, Christies, London.)

VERMISCHTES

Einfach traumhaft!

Solidarisch im Kreis herum

Ein Stück, kein Stück?

Glückwunsch an Alfred Neumann, 15. Dezember 1998

Es war eine Art Selbstzensur?

Bitteschön. Nenne mir eine Zeitung, wo es die nicht gibt? Was ist die Rücksichtnahme etwa auf Anzeigenkunden oder den Herausgeber?

Fand im Zusammenhang mit dem »Prager Frühling« bei uns keine Zensur statt?

Nein. Es gab in der ČSSR einen Entwicklungsprozess. Anfangs waren die Reformvorstellungen in Prag und bei Walter so weit nicht auseinander. Aber die Entwicklung ging dort schnell weiter. Da wurde es bald ganz klar, dass die Führung die Sache nicht mehr im Griff hatte. Es ging immer weiter.

Es heißt, der »Prager Frühling« sei die letzte Chance für die Reformierung des Sozialismus gewesen. Ich denke an die Möglichkeit einer Trennung von Partei und Regierung, Sicherung der Rolle des Parlaments …

Komm mir nicht mit solchen Konstruktionen. Das war gar nicht so das Problem. Aus der notwendigen Reform war doch schnell eine militärstrategische Angelegenheit geworden. Es drohte die Gefahr, dass die NATO eingriff, wenn die ČSSR ihre Absicht, aus dem Warschauer Vertrag auszutreten, verwirklicht hätte. Ich erinnerte mich an die Gespräche mit dem Parteisekretär von Budapest über 1956. Wir wussten, wo und wie das in Prag enden könnte. Deshalb war ich gegen das, was ab Frühsommer 1968 in der ČSSR ablief.

Im April 1968 fand der Volksentscheid über die DDR-Verfassung statt, im August marschierten die Truppen der Verbündeten ein.

Wir haben unsere Probleme so gelöst, und sie lösten sie eben anders.

Ist auch die NVA einmarschiert?

Die NVA ist nicht einmarschiert. Es waren nur wenige Verbindungsoffiziere in der CSSR. Das sage ich als Mitglied des Nationalen Verteidigungsrates der DDR.

Du kanntest Verteidigungsminister Hoffmann[4] *aus Spanien?*

Ja, dort hatte ich aber wenig mit ihm zu tun.

Hoffmann liebte Jagdgelage und Frauen, heißt es.

Ich will darüber nicht reden. Hoffmann hatte viel Positives, und er hatte schwache Seiten. Er war mal Org.-Leiter in Berlin unter Hermann Matern. Ich musste später einiges wieder in Ordnung bringen. Ich bin gewiss nicht prüde, aber bei mir musste immer alles seine proletarische Ordnung haben. Wer sich nicht daran hielt, der musste Land gewinnen. Anders ging es nicht. In dieser Hinsicht war für mich Heinz Hoffmann ein »freischaffender Künstler«. Er hielt sich an keine Ordnung. Das rief mitunter selbst bei seinen Offizierskameraden Ärger hervor.

Noch mal: Ein möglicher Einmarsch der NVA in die Tschechoslowakei wurde im Nationalen Verteidigungsrat nie diskutiert.

Die DDR hat politisch die ganze Aktion mitgetragen, also de facto auch teilgenommen.

Von Anfang an war klar, dass die Sowjets das allein machen. Das ergab sich aus der geographischen Lage, der Dislozierung ihrer Truppen und aus der Geschichte.

Im proletarischen Klassenkampf ist manches unvermeidbar. Man kann da nicht ausschließlich mit dem Schlagwort des Stalinismus operieren.

Gab es in der ČSSR 1968 eine Konterrevolution, oder ging es eher um die Erneuerung des Sozialismus?

Ich las hinterher die Materialien. Die waren nicht so ausgelegt, dass ich daraus entnehmen konnte, dass die Tschechoslowakei einen neuen Weg zum Sozialismus beschreitet. Die Versuche, die die Jugoslawen gemacht haben, hatten sich festgelaufen. Sie fanden keine Lösung. Die Arbeiterkontrolle, die genossenschaftliche Entwicklung – all dies führte nicht zu einer höheren Effektivität. Die Konvertierbarkeit des Dinar war auch keine Lösung. Die Jugoslawen hatten mit Josip Broz Tito eine Persönlichkeit an der Spitze, die was darstellte. Ungarn war die andere Seite. Die Polen machten 1956 Reformansätze mit der erneuten Einsetzung von Wladislaw Gomulka.

Wir haben uns gesagt: Was der ČSSR passiert ist, das darf uns nicht passieren. Wir haben die Probleme in den 60er Jahren in konstruktiver Weise abgefangen und nach vorn zu orientieren versucht. Das ging nur bis zu einem bestimmten Punkt. Dem Ulbricht wurde sein Konzept hinsichtlich der ökonomischen Reform zerschlagen.

Auch durch die Entwicklung in der ČSSR 1968.

Anmerkungen

1 Georg Klaus (1912-1974), KPD 1932, fünf Jahre Nazihaft (u. a. KZ Dachau), ab 1943 Wehrdienst, September 1945 Kreisvorsitzender der KPD in Sonneberg, Pädagogikstudium und Promotion 1948, Habilitation 1950 und Professor für Dialektischen und Historischen Materialismus in Jena, ab 1953 an der Humboldt-Universität, ab 1959 »Chefphilosoph« an der Akademie der Wissenschaften der DDR. Der Einsatz von Georg Klaus war ausschlaggebend für die Einführung der Kybernetik in der DDR. Diesen Prozess leitete er 1957 mit seinem Vortrag über philosophische und gesellschaftliche Probleme der Kybernetik ein. Klaus ordnete die Kybernetik der marxistischen Philosophie unter. Sie könne dieser zwar

dienen, sie aber nicht ersetzen. Die Vorstellung von Steuerung sei tief im dialektischen Materialismus verwurzelt. Regelungen, Systeme, Information und Spieltheorie waren für Klaus die vier Bereiche der Kybernetik. Letztere erlaube es, den Klassenkampf auch theoretisch zu simulieren. In der Folge verkoppelte Klaus Kybernetik und Marxismus-Leninismus immer mehr. Klaus versuchte auch, den demokratischen Zentralismus kybernetisch zu interpretieren, wobei er die Partei als lernendes System betrachtete. Der Determinismus, der dem dialektischen Materialismus zugrunde liegt, würde ebenfalls durch die Kybernetik bestätigt. 1967 erschien sein Wörterbuch der Kybernetik.

2 General Karol Swierczewski (1897-1947) kämpfte als sowjetischer Divisionskommandeur in den Internationalen Brigaden in Spanien (»General Walter«) und befehligte ab 1944 die Armee der Provisorischen Regierung der nationalen Einheit von Polen. Als Stellvertretender Verteidigungsminister wurde er im März 1947 während eines Hinterhalts und nachfolgenden Gefechts bei Baligród in den Beskiden vermutlich von Freischärlern der Ukrainische Aufstandsarmee (Ukrajinska Powstanska Armija) erschossen. Die Umstände des Todes sind bis heute nicht genau geklärt.

3 Ota Sik (1919-2004), KPTsch 1940, KZ Mauthausen 1940-1945. 1961 wurde er Direktor des Ökonomischen Instituts der Akademie der Wissenschaften. 1962 wurde er Mitglied des Zentralkomitees der KPTsch, seit 1964 leitete er eine Staats- und Parteikommission für die Wirtschaftsreform und gehörte der staatlichen Plankommission an. Im April 1968 berief ihn Parteichef Alexander Dubcek zum stellvertretenden Ministerpräsidenten und Koordinator der Wirtschaftsreformen. Der von ihm propagierte »dritte Weg« wurde in Moskau als eine Restauration des Kapitalismus beurteilt, weshalb im August 1968 interveniert wurde. Sik, inzwischen Schweizer Staatsbürger, bestätigte 1990 in einem Interview mit der *Mlada Fronta* diese Vermutung als richtig: »Sehen Sie, wir konnten damals nicht alle unsere Ziele voll präsentieren. [...] Also war auch der dritte Weg ein verschleierndes Manöver. Schon damals war ich davon überzeugt, dass die einzige Lösung für uns ein vollblütiger Markt kapitalistischer Art ist.«

4 Heinz Hoffmann (1910-1985), Motorenschlosser, KPD 1930, Besuch der Internationalen Lenin-Schule in Moskau und der Offiziersschule in Rjasan, 1937/1938 Spanien, ab 1939 wieder Sowjetunion. Ab 1946 persönlicher Mitarbeiter von Wilhelm Pieck, dann von Walter Ulbricht seit 1949 mit dem Aufbau bewaffneter Organe der DDR betraut. Von 1957 bis 1960 Stellvertretender, danach Verteidigungsminister. Von 1973 bis 1985 Mitglied des Politbüros.

»Ich habe Ulbricht bis zuletzt unterstützt«

Die ČSSR-Krise besiegelte Ulbrichts Schicksal. Die Wende begann im Spätsommer 1970. Auf der 13. ZK-Tagung versuchte Ulbricht noch einmal alle zu vergattern: »Wir müssen so weitermachen.« Dann kam im September eine Ministerratsberatung und im Dezember das 14. Plenum …

Alle Zahlen habe ich nicht im Kopf …

Verner, offenbar Honeckers Sprachrohr, wandte sich offen gegen Ulbrichts Strategie, Krolikowski als Dresdner Bezirkssekretär zog mächtig vom Leder. Auch Harry Tisch meldete sich lautstark zu Wort.

Das waren alles Leute, die Honecker an der Strippe führte.

War es nötig, Ulbricht beiseite zu schieben, weil er alt war?

Das hatte damit nichts zu tun. Das Problem war komplexer. In Westdeutschland wurde echte Aufgeschlossenheit sichtbar. Bonn wollte im Rahmen seiner neuen Ostpolitik auch ein neues Verhältnis zur DDR. Es kam zu den Gesprächen zwischen Bundeskanzler Brandt und Ministerpräsident Stoph in Erfurt und Kassel[1]. Man kann die Entwicklung Westdeutschlands nicht vom Konzept Ulbrichts trennen. Dieser wollte die Möglichkeiten im Verhältnis zu Westdeutschland ausloten. Er wollte eine Annäherung in bestimmten Bereichen.

Dafür aber brauchte er die Zustimmung der UdSSR. Mit seinen Bemerkungen im September 1967 in seiner Rede auf der Konferenz zum 100. Jahrestag des Erscheinens des »Kapital« hatte er die sowjetischen Gäste mit einer Bemerkung heftig vors Schienbein getreten. Ulbricht hatte die Hauptthesen seiner Rede vorher im Politbüro vorgetragen, auch jene, dass der Sozialismus seiner Überzeugung nach eine relativ selbständige Gesellschaftsformation sei. Alle schwiegen dazu, vor allem

Honecker und Mittag. Kein Hager sagte was dazu. Nie hat es zur politisch-ideologischen Konzeption von Walter Diskussionen gegeben.

Du hast ihn in seinen Vorstellungen bestärkt?

Auf jeden Fall. Er hatte doch recht. Das waren doch kühne Ideen auf dem Gebiete der Ökonomie. Ich bin unverändert überzeugt, dass es eine Alternative zum Kapitalismus gibt. Die wird anders aussehen als das, was wir gemacht haben. Walter hat versucht, eine Alternative zu gestalten. Er hat einen Weg ins Neuland beschritten. Die sowjetischen Ökonomen und Historiker, die auf der genannten Beratung waren, traten ihm jedoch entgegen, sie widersprachen.

Die warfen ihm vor, dass er ein Revisionist sei.

Natürlich warfen sie ihm das vor. Schließlich fand sich seine These von der relativen Selbständigkeit weder bei Marx noch bei Engels. Mein lieber Honecker kratzte danach zusammen mit Mittag die Kurve.

Sie konspirierten von da an gegen Ulbricht?

Ja. Auf Grund dieser Konspiration …

Wer gehörte noch dazu? Auch Verner?

Verner auf jeden Fall. Hager gehörte dazu … Honecker nutzte seine Tätigkeit im Sekretariat des ZK. Es trifft nicht zu, dass das Politbüro die führende Rolle gespielt habe. Das war doch längst de facto liquidiert. Die Führung lag schon damals im Sekretariat. Das Politbüro wurde nur formal beschäftigt.

Walter war in der zweiten Hälfte der 60er Jahre gesundheitlich nicht mehr so fit. Ein hinlänglicher Grund, dass statt Ulbricht Honecker das Sekretariat leitete. Er hat sich dort ausgetobt und Stimmung gegen Walter gemacht.

Er war sich seiner Verbindungen zu Breshnew sicher. Breshnew war kurz vor der Absetzung Chruschtschows in der DDR zu Besuch. Er nahm an den Feierlichkeiten zum 15. Geburtstag der Republik teil. Es fand ein Gespräch zwischen Breshnew und Walter statt, bei dem Walter erfuhr, dass in der UdSSR ein Machtwechsel bevorstehe.

Breshnew war ein großer Jäger vor dem Herrn. Walter schlug uns vor: »Ihr Jäger begleitet den Breshnew in die Schorfheide, damit er sich nicht so allein fühlt.« Ulbricht legte fest, dass Honecker und Breshnew auf eine Kanzel gehen …

Ulbricht selbst jagte nicht?

Nein, er jagte nicht. – Einen ausländischen Gast konnte man nicht allein in ein Jagdgebiet lassen. Es genügte nicht, ihm nur einen Dolmetscher oder Förster als Begleitung zu geben. Das gehört sich nicht. So ein Mann brauchte einen Ehrenbegleiter. Das war also Honecker. An einem See am Rand der Schorfheide, den Namen habe ich vergessen, saßen wir also zusammen und sind dann zur Jagd gefahren. So bekam Honecker Kontakt zum Breshnew. Seit dieser Zeit …

Entstand eine Freundschaft?

Weiß ich nicht. Es ergaben sich jedenfalls zwischen ihnen Kontakte. Und es hat, wie die Akten belegen, ein Telefonat zwischen Breshnew und Honecker am 15. Oktober 1964 gegeben, in dem dieser ihn über die bevorstehende Ablösung Chruschtschows am 14. November 1964 informierte.

Breshnew forcierte ungewollt die Ambitionen, die Honecker hatte. Ich weiß, dass Honecker lange vor 1970 drückte, den Ulbricht abzulösen. Breshnew bremste lange Zeit.

Hat Honecker darüber mit dir gesprochen?

Nein, nein. Ich weiß, dass das so war. Nicht vom MfS. Ich weiß es einfach. Du musst das so zur Kenntnis nehmen.

Du hast gute Informationen gehabt?

Hör mal, ohne verlässliche Informationen kann man als Politiker nicht existieren. Ich habe keine Nachrichtendienste gemacht, und ich habe keine Nachrichtendienste gebraucht. Aber es ist nicht verboten, sich zu informieren.

Du hattest dein Ohr immer an der richtigen Stelle.

Ich habe mich informiert. Ich wusste, dass lange vor der Ablösung Ulbrichts in Moskau ein Besuch einiger Politbüromitglieder stattgefunden hat. Der liebe Willi, der Stoph, war dabei. Er hat den Honecker stark unterstützt. Ulbricht sollte abgelöst werden. Stoph hing an der Leine von Honecker, weil der ihn in seine Funktion gehievt hatte. Das war die Methode Honeckers: Er baute Leute auf. Bei Neumann fand Honecker keinen schwachen Punkt, um mich zu erpressen und gefügig zu machen. Ich besaß proletarisches Ehrgefühl.

Honecker hat durch seine Beziehungen zu Breshnew den Ulbricht schrittweise demontiert. Welche Rolle spieltest du in dieser Konstellation?

Ich habe Ulbricht bis zuletzt unterstützt. Das war für mich klar. Von Honecker hielt ich schon lange nicht viel. Ich will das mal an einem Beispiel schildern, warum das so war.

Es musste in Drewitz/Dreilinden ein Grenzübergang nach Westberlin gebaut werden. Dazu gehörten die Zuführung zur Autobahn und Abfertigungshallen. Ich erhielt den Auftrag, und es musste sehr schnell gehen. Ich stellte dafür eine Sondergruppe zusammen und leitete das Projekt gewissermaßen militärisch. Es durfte nur eine bestimmte Summe kosten.

Das Vorhaben musste in die Industrieproduktion eingetaktet werden. Ich gab den Bauleuten die Kosten vor. Die geplante Summe wurde unterschritten, der Termin gehalten. Das Ding war 1969 fertig und sollte eröffnet werden. Der ZK-Sekretär für Sicherheit, dem das Objekt de facto unterstand, hatte sich auf der Baustelle nie sehen lassen. Ich frage ihn also: »Erich, willst du nicht wenigstens zur Eröffnung kommen?«

In der Volkskammer, 12. September 1960

Er guckte mich an und überlegte: »Kann ich nicht sagen, wahrscheinlich nicht.«

Er hatte nicht begriffen, dass ich mit meiner Einladung ihm auf den Zahn fühlten wollte. Er hatte mit seiner Absage meinen Verdacht allerdings bestätigt: Er kam nicht zu einer Sache, die der Neumann erfolgreich gemeistert hatte.

Wer weihte Drewitz ein?

Ich bin hingegangen. Ich ließ mir das vorher absegnen. Die bauleitenden Betriebe und die Grenzer waren da.

Warst du immer Einzelkämpfer?

Ich war kein Einzelkämpfer, nur weil ich keine Fraktion hatte. Ich war ein Vertreter der beschlossenen Linie. Wenn ich mit meiner Meinung in der Minderheit blieb, dann musste ich mich der Mehrheit fügen.

Im Mai 1971, vor dem VIII. Parteitag, ist Ulbricht zurückgetreten. Oder wurde er beurlaubt?

Da gab es viele unliebsame Sachen. Der Walter schrieb noch an den Breshnew. Er stellte die Fragen der Ökonomie heraus. Er erklärte, dass die DDR die ökonomischen Probleme lösen müsse, weil sie sonst kaputt gehe. Breshnew antwortete Anfang 1971 recht formal und verwies auf die Entwicklung seither. Auf dem Dezember-Plenum hätten sich Walters Fragen erledigt.

Die Schlussbemerkungen, die Ulbricht auf dem Dezember-Plenum 1970 machte, verstanden die meisten ZK-Mitglieder nicht. Walter redete nicht über seine Meinungsverschiedenheiten mit Honecker, so was machte Walter nicht, das war nicht seine Methode. Walter ging an Problem-Fragen heran. Seine etwas überdrehte Schlussbemerkung bezog sich auf die reine Ökonomie. Er hätte ruhig etwas auf die politischen Querverbindungen eingehen können. Er ließ das weg. Also ergab sich Kritik im Politbüro.

Hager und andere brachten zum Ausdruck, dass es so einseitig nicht gehe. Zu den Kritikern zählte auch Paul Verner. Er setzte sich dafür ein, Walters Rede nicht zu akzeptieren und deshalb nicht im Material des Plenums zu veröffentlichen. Das war ein gewisser Endpunkt.[1]

Im Mai 1971 hatte Ulbricht eindeutig die Mehrheit des Politbüros gegen sich und musste die Konsequenzen ziehen.

Davor hatte es Gespräche mit Breshnew gegeben. Dabei war nur ein sowjetischer Dolmetscher. Kein deutscher Dolmetscher. Die Einzelheiten des Gesprächs kenne ich nicht. Walter sagte mir nichts. Ich habe darüber bestimmte Vorstellungen. Aus anderen Zusammenhängen konnte ich einiges ableiten.

Es wurde erzählt, dass Breshnew ihm gesagt habe, dass es nun sehr wichtig sei, die Memoiren zu schreiben.

Davon habe ich nichts gehört.

Ulbricht wurde also im Mai 1971 zurückgenommen. Er sagte, dass gegen das Altern kein Kraut gewachsen sei. Es sah von außen und unten nach einem freiwilligem Rückzug aus.

In Wirklichkeit stand dahinter der Druck der Freunde. Honecker versteckte sich hinter ihm. Der Druck allein des Politbüros hätte Walter nicht zur Kapitulation gebracht. Das Entscheidende war das Gespräch mit Breshnew. Die ZK-Tagung und das Nichtveröffentlichen seiner Rede waren eine Zäsur, ein schweres Geschütz, das der Honecker im Politbüro in Stellung gebracht hatte. Dann schaltete er Ulbricht über die Ärzte aus.

Hast du das damals so intensiv wahrgenommen.

Ja. Ich selbst war zwischen die Fronten geraten, weil der Walter bei den Angriffen der Honecker-Kompanie Fehler machte, etwa den, dass er sich keine Verbündeten suchte, mit niemandem darüber sprach. Über alle die Dinge, die in den Kulissen abliefen, sprach er auch mit mir nicht. Er war unfähig, sich mit anderen darüber auszutauschen, was ihn im Innern bewegte. Der ihm vertraute Hermann Matern[4] war nach seiner Reise nach Chile am 24. Janaur 1971 verstorben. Warum er mit mir nicht sprach, weiß ich nicht. Andererseits weiß ich, dass er im Politbüro nach mir gefragt hatte, als ich mal nicht da war. Ich wusste nicht von ihm, dass er mich zum Nachfolger wollte.

Ende der 70er Jahre sagte mal Honecker zu mir: »Ulbricht wollte dich zum Ersten Sekretär machen.«

»Hör auf«, antwortete ich, weil ich glaubte, es wäre wieder eine seiner Finten.

Warst du Ulbrichts heimlicher Kronprinz?

Das weiß ich nicht, ich kann es dir nicht sagen. Hätte Ulbricht es selbst gesagt, hätte ich ihm ehrlich geantwortet: »Walter, ich kann das nicht. Ich kenne meine Grenzen. Ich bin für diese Funktion nicht geeignet.«

Vielleicht hättest du es besser als Honecker gemacht?

Nein. Mir ging das alles ab, was Honecker so mochte: das Hofieren, das Spielen des leutseligen Landesvaters ... Die Funktion eines 1. Bezirkssekretärs übte ich ohne Schwierigkeiten aus. Als ZK-Sekretär hätte ich auch arbeiten können, nicht aber als Generalsekretär. Durch meine übermäßige Länge wäre ich keine geeignete Figur gewesen – wer mit mir sprach, hätte zu mir aufsehen müssen. Keine gute Voraussetzung, um als ebenbürtig zu gelten.

Du hättest aber Bundeskanzler Helmut Kohl überragt. Honecker sah neben Kohl wie ein kleiner Wicht aus.

Ja. Ich trau mich noch heute, mit Kohl zu sprechen.

Anmerkungen

1 Im März und im Mai 1970 trafen sich erstmals die beiden deutschen Regierungschefs in Erfurt und Kassel. Die Gespräche endeten ohne greifbares Ergebnis, lieferten aber jenen politischen Kreisen, denen eine deutsch-deutsche Normalisierung suspekt war, hinlänglich Argumente, um Ulbrichts Entspannungsbemühungen zu torpedieren.

2 Alexej Iwanowitsch Adshubej (*1924) heiratete in den 40er Jahren seine Kommilitonin Rada Chruschtschowa, deren Vater der Kiewer Parteisekretär war. Als sein Schwiegervater in Moskau Parteichef geworden war, wurde Adshubej 1957 Chefredakteur der *Komsomolskaja Prawda*, 1959 der *Iswestija*. Als ZK-Mitglied begleitete er seinen Schwiegervater bei allen wichtigen Auslandsreisen und übernahm in dessen Auftrag Sondermissionen, so etwa 1961/62 zu US-Präsident Kennedy und 1963 zu Papst Johannes XXIII. Seine letzte geheimdiplomatische Aufgabe war eine 14-tägige Reise in die BRD im Sommer 1964, bei der auch Kanzler Ludwig Erhard den vermeintlich künftigen sowjetischen Außenminister empfing. Adshubej nährte Spekulationen im Westen, dass er Wiedervereinigungs-

verhandlungen den Weg ebnen könne. Da Chruschtschow kurz zuvor in Prag mit den Außenministern einiger Verbündeter ohne einen Vertreter der DDR konferiert hatte, hielt man allenthalben Konzessionen auf Kosten Ulbrichts für wahrscheinlich. Die *New York Herald Tribune* berichtete bereits am 7. September 1964 von einem milliardenschweren »Super-Marshall-Plan«, mit dem angeblich westdeutsche Industrielle den Sowjets die Wiedervereinigung abkaufen wollten. Das Ärgernis für die DDR in der Adshubej-Reise bestand vor allem darin, dass sich Chruschtschows Schwiegersohn abfällig über Ulbricht geäußert hatte. *Der Spiegel* zitierte ihn am 5. August 1964 mit der Bemerkung, »Ulbricht werde nicht mehr lange leben, er leide an Krebs«. In der nächsten Ausgabe legte das Nachrichtenmagazin nach, man habe »die für Ulbricht besonders unangenehme Passage, er werde ›nach spätestens zwei Jahren [...] sowieso abgetreten‹ sein, gnädig unterdrückt«.
Die DDR wehrte sich: Am 24. August wurde über die gesamte *Spiegel*-Redaktion ein Einreiseverbot verhängt.

3 Dieses 14. Plenum spielte in dem von Axen, Grüneberg, Hager, Honecker, Mittag, Sindermann, Stoph, Verner, Mückenberger, Warnke, Jarowinsky, Lamberz und Kleiber unterzeichneten Schreiben an Breshnew vom 21. Januar 1971, in welchem diese die Ablösung von Ulbricht forderten, eine wesentliche Rolle. »Nachdem die 14. Tagung des Zentralkomitees (9. bis 11. Dezember 1970) eine realistische Einschätzung der inneren, insbesondere der wirtschaftlichen Entwicklung und eine entsprechende Zielstellung erarbeitet und gebilligt hatte, hielt Genosse Walter Ulbricht ein Schlusswort, das in seiner Grundtendenz nicht mit dem, was auf dieser Tagung gesagt wurde, und unserer gemeinsamen Linie übereinstimmte. Das Politbüro war gezwungen, die Veröffentlichung dieses Schlusswortes abzulehnen. Dasselbe war bereits mit einer Rede eingetreten, die Genosse Ulbricht auf einer erweiterten Sitzung der Bezirksleitung Leipzig im November 1970 gehalten hatte. Das Politbüro musste auch im Januar 1971 ein von Genossen Walter Ulbricht überraschend eingebrachtes Material ablehnen, das zur Vorbereitung des VIII. Parteitages der SED an alle Bezirks- und Kreisleitungen sowie an die Grundorganisationen der Partei versandt werden sollte. Auch darin wurden zwar die Beschlüsse der 14. Tagung des Zentralkomitees der Sozialistischen Einheitspartei Deutschlands und vorangegangener Politbüro-Sitzungen verbal anerkannt, in der Tat aber versucht, eine andere Einschätzung der Lage zu geben und erneut die Partei auf irreale Ziele zu orientieren.«

4 Hermann Matern (1893-1971), KPD 1919, Abgeordneter des Preußischen Landtags 1932/33, danach Leiter der illegalen Parteiorganisation in Pommern, Haft und Flucht in die ČSR, Emigration in Frankreich, ab 1941 Sowjetunion. Rückkehr nach Deutschland mit der Gruppe Ackermann, seit 1948 Mitglied der ZPKK, seit 1950 des Politbüros.

»Ich hätte den FDGB zur Klassenorganisation und nicht zum Kuhschwanz der SED gemacht«

Bei deiner Entwicklung vom Kreuzberger Arbeiter zum führenden Funktionär in der DDR wärst du natürlich der richtige Mann für den FGDB-Vorsitz gewesen.

Das haben viele gedacht nach Warnkes[1] Tod 1975. Eine Zeitlang wurde ich zu Sitzungen des FDGB-Bundesvorstandes geschickt, ich hatte unter den Gewerkschaftern einen gewissen Namen. Viele schlossen daraus, ich würde Warnkes Nachfolger werden. Mit mir hat darüber offiziell nie jemand gesprochen. Ich selbst dachte nie im Traum daran. Ob ich der Richtige gewesen wäre, weiß ich nicht. Ich gebe aber zu, dass die Gewerkschaftsarbeit für mich nicht das Ideal gewesen wäre. Ich bin eher der Typ eines Parteifunktionärs. Ich war auch kein schlechter Staatsfunktionär. Aber FDGB, so wie das lief, wäre es für Neumann nichts gewesen. Der FDGB war Kuhschwanz der Partei. Das hätte ich nicht gemacht.

Dazu warst du zu selbständig?

Ich hätte den FDGB zu einer Klassenorganisation gemacht.

FDGB-Vorsitzender wurde Harry Tisch, vormals 1. Sekretär der Rostocker Bezirksleitung.

Alle waren darüber erstaunt. Das passte überhaupt nicht.

Ist dir der Name Rolf Berger[2] bekannt? Er war IG-Metallvorsitzender. Er flog aus der Funktion nach dem VIII. Parteitag 1971. Seine Vorstellungen über Interessenvertretung widersprachen der Honecker-Linie.

Ich kenne den. Bei ihm gab es politische Gründe, erinnere ich mich.

Er war für eine andere Rolle der Gewerkschaften. Er opponierte dagegen, dass der FDGB Kuhschwanz der SED ist, um deine Formulierung zu verwenden.

Ich habe nur eine dunkle Erinnerung daran. Es kann stimmen, was du sagst.

Zunächst wurde der Start von Honecker in der Öffentlichkeit positiv aufgenommen. Er brach mit bestimmten Riten von Ulbricht. Er gab sich flexibel und tolerant. Es sah auch so aus, als ob er eine neue Kulturpolitik betreiben würde. Kurt Hager verkündete auf der 4. und 6. Tagung des ZK das Konzept von Weite und Vielfalt. Man dachte, auch in der Sozialpolitik gebe es Fortschritte. So sah das übrigens auch das Ausland. Wie erlebtest du das im Politbüro?

Es gab einen grundsätzlichen Unterschied zwischen der Arbeitsweise von Ulbricht und Honecker. Ulbricht liebte es, vor Entscheidungen gründlich zu diskutieren. Er diskutierte mit Spezialisten, aber auch im Politbüro. Er tastete verschiedene Positionen ab. Honecker ging grundsätzlich anders heran. Er zog Leute hinzu, die seine Artikel schrieben. Er stellte keine Probleme zur Diskussion. So war auch die Vorbereitung des VIII. Parteitages erfolgt. Plötzlich war die Rede da, die ohne Diskussionen entstanden war.

Ich war noch nicht fertig mit der Ursachenforschung, warum der Ulbricht abgesägt worden war, kannte nicht die Position der Sowjetunion, insbesondere die von Breshnew. Ulbricht hatte sich nie negativ über ihn geäußert. So etwas machte Ulbricht nicht. Auch über andere Persönlichkeiten sprach er nie hinter deren Rücken. Er diskutierte mit offenem Visier. Seinen Streit trug er in Anwesenheit der Genossen aus. Ulbricht war ein aufmerksamer Zuhörer. Man konnte ihm etwas sagen, er gab ordentliche Antworten. Es war eine objektive Diskussion.

Damit war nun Schluss.

Honecker bezog sich besonders oft und sehr prononciert auf den VIII. Parteitag 1971. Wie kam es zum Konzept dieses Parteitags?

Es gab vorher keine grundsätzliche Diskussion in der Führung. Ich gehörte nicht zur Gruppe, die in die Vorbereitung des Parteitages einbezogen war. Es waren die Sekretäre, wie das im ZK üblich war, die ihn vorbereiteten. Ich gehörte nicht mehr dem Sekretariat an. Der Apparat formulierte seine Aufgaben. Honeckers Leute fassten zusammen, wie er das wünschte.

Das war dann die typische Honecker-Linie?

Das war der Honecker, solange ich ihn kannte.

Zum Parteitag war Ulbricht angeblich plötzlich erkrankt. Axen verlas seine Rede. Wurde sie vorher im Politbüro diskutiert?

Nein. Auch anderes sah ich vorher nicht.

Merktest du beim Parteitag, dass da zwei Konzepte vorgestellt wurden? Das eine von Honecker und das andere von Ulbricht?

Man merkte das. Ich kannte Walters Auffassungen zu allen Problemen. Mir schien, dass Axen beim Verlesen etwas wegließ, so dass die Kluft nicht so spürbar wurde. Es kann auch aus zeitlichen Gründen zu einer Verkürzung gekommen sein. Dann kam das Referat von Honecker und die nachhaltige Unterstützung durch Breshnew. Erst einmal war alles überbrückt.

Warum war alles so passiert? Das blieb auf dem Parteitag undurchsichtig. Warum gab es diese konfliktreichen Aussprachen, warum diese Zuspitzung im Dezember 1970? Es vollzog sich in einem Personenkreis, zu dem ich nicht gehörte.

Wer gehörte zu diesem Personenkreis?

Das waren Lamberz[3] …

An erster Stelle?

Bitte keine Rangfolge, so genau kann ich das aus der Erinnerung nicht mehr klassifizieren.

Lamberz war ein sehr kluger und flexibler Denker.

Es war einer aus Honeckers Schule. Er kam aus dem Zentralrat der FDJ. Dort war er aufgestiegen. Ich hatte zu ihm

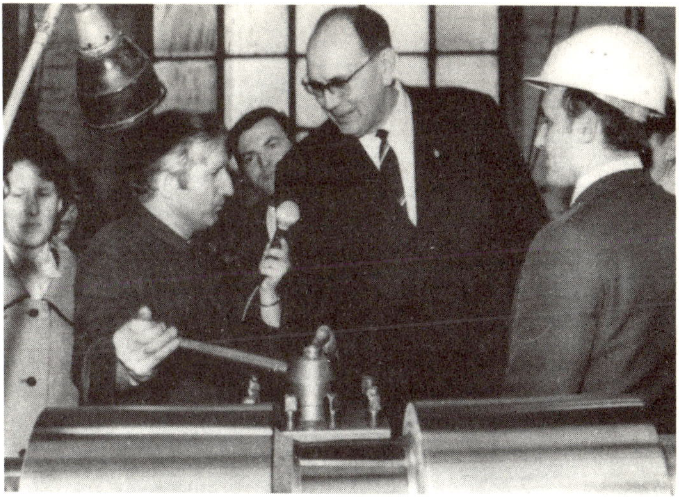

Gespräch mit dem Dreher Otto Seidler im VEB Schwermaschinenbau »Georgi Dimitroff« in Magdeburg, 9. November 1972

guten Kontakt. Seinen Onkel kannte ich aus dem Arbeitersport. Dadurch ergaben sich bestimmte Beziehungen. Ich hatte vom Lamberz keinen schlechten Eindruck. Er war ein gebildeter und agiler Mensch. Neben ihm gehörten zur Gruppe Hager und natürlich Mittag. Grüneberg, Sindermann und Stoph waren auch dabei. Es war die Mehrheit des Politbüros. Du musst davon ausgehen, dass ich stigmatisiert war. Dadurch wurde ich aus vielen Beratungen herausgehalten.

Als was warst du stigmatisiert?

Ich war dafür bekannt, dass ich in vielen Aspekten mit Ulbricht konform ging. Ich unterstützte Ulbricht in entscheidenden Punkten.

Hast du ihn auch auf die Zehen getreten?

Ich hab dir bereits gesagt, dass ich mit Ulbricht über alle Fragen unverblümt und offen diskutieren konnte.

Er nahm dir nichts übel?

Nein. Ich bin grob, aber er merkte, dass es mir immer um den Inhalt einer Sache ging.

Was war das Gröbste, was du Ulbricht gesagt hast?

Dass er seine Biographie etwas geschönt habe.

Spielst du auf die achtbändige Geschichte der Arbeiterbewegung an?

Nicht unmittelbar. Es kam hinterher eine Broschüre, die ihn vor dem Karl-Liebknecht-Haus zeigte. Darinnen waren retuschierte Bilder. Da war ich böse mit ihm. Ich bin mir nicht sicher, ob er das selbst veranlasst hatte.

Wie reagierte er auf deinen Unmutsbekundung?

Der Walter war da schwer einzuschätzen. Ulbricht verlor nie die Beherrschung. Ich hatte den Eindruck, dass er, wenn er sich ärgerte, sogar ruhiger wurde.

Galt das auch für den VIII. Parteitag? Er war noch zur Begrüßung erschienen. Dem Gesicht war die persönliche Säuernis deutlich anzumerken. Am nächsten Tag war er krank. Er verkraftete es wohl nicht, dass er nicht mehr die Hauptperson war.

Nein, so würde ich das nicht sagen. Walter war mit der Arbeit der proletarischen Partei so verbunden, dass er solche Dinge, die ihn schmerzten, wegzustecken vermochte. Mich hat das auch nicht umgeworfen. Ich bin durch die gleiche Schule wie Walter gegangen.

Wer galt noch als Ulbricht-Mann?

Praktisch alle waren auf Honeckers Seite.

Mittag war doch anfangs auf der Seite Ulbrichts?

Aber nicht mehr 1971.

Warum wurde Mittag 1973 aus dem Sekretariat genommen, ehe er 1976 wieder Sekretär für Wirtschaftsfragen wurde? Im Westen wurde von »Mittags-Pause« gesprochen.

Mittag hatte zum Parteiapparat immer ein schlechtes Verhältnis. Mit Nachdruck versuchte er, bestimmte Dinge durchzusetzen, die er für zweckmäßig hielt. Er ging mit vielen Vertretern des Parteiapparats unfair um. Als er 1973 in den Ministerrat wechselte, wurde im ZK gefeiert. Sie haben ihn verabschiedet, dass auch der letzte merkte: »Gott sei Dank, jetzt sind wir ihn los!«

Auf ihn folgte Werner Krolikowski[4]. Das war eine Fehlentscheidung vom Erich. Der Kroli konnte das nicht, wofür er berufen worden war.

Warum er? Weil er im Dezember 1970 auf der ZK-Tagung für Honecker gesprochen hatte?

Er sprach auch gegen mich. Er machte von Dresden aus Stimmung gegen Neumann. Es brauchte eine Zeit, bis ich merkte, was da ablief.

Krolikowski war der erste Bezirkssekretär, der die Honecker-Linie prononciert unterstützte.

Er unterstützte den Honecker demonstrativ.

Er riskierte auch etwas, denn Ulbricht besaß noch Macht. Sein Mut wurde in der Honecker-Zeit herausgestrichen.

Was heißt »mutig«? Im Dezember 1970 war Kritik an Ulbricht kein Problem mehr. Die Würfel waren schon gefallen. Was kritisierte er?

Die Strukturpolitik.

Das heißt, dass Krolikowski schon ferngesteuert war.

Das war kein Zufall, dass Krolikowski so auftrat?

Ganz bestimmt kein Zufall. Die Diskussionsreden wurden von Honeckers Apparat vorbereitet. Es gab wenige, die sprachen, wie sie dachten. Auch später lancierte Honecker die Reden von Bezirkssekretären, die er hören wollte.

Das eigentliche Sozialprogramm kam erst nach dem IX. Parteitag 1976. Aber schon 1971 haben Vertreter der Gewi-Akademie an der Humboldt-Universität erklärt, dass wir uns mehr leisteten, als wir uns vernünftigerweise leisten dürften. Also lag hier doch offenbar von Anfang an eine Verletzung der ökonomischen Möglichkeiten vor.

Das stimmt. Von der Diskussion unter den Gesellschaftswissenschaftlern weiß ich nichts. Ich weiß auch nicht, auf welches Material sich die Argumentation stützte. Ich bezweifele, dass die Gesellschaftswissenschaftler die statistischen Eckdaten dafür hatten. Ich meine die Aussage, dass die Politik des VIII. Parteitages ökonomisch nicht getragen werden könne. Ich bezweifele das. Anderen war nicht bekannt, welche disponiblen Reserven wir hatten. Die wussten nicht, welche Goldvorräte wir hatten, sie wussten nicht, über welche Valutareserven wir verfügten, sie kannten nicht die exakte Bilanz, die damals noch erkennbar war hinsichtlich der Einnahmen und Ausgaben im NSW. Das alles wussten sie nicht.

Im Tagebau Peres des Braunkohlenkombinates Borna. Händeschütteln mit Bandmaschinistin Susanne Adler, 23. August 1971

Und das Politbüro wusste das alles?

Nein, auch nicht.

Wer wusste es?

Zu der Zeit war das der Stoph. Mein Wissen habe ich mir auf Umwegen besorgen müssen.

Zu diesem Zweck musstest du konspirieren?

Was heißt »konspirieren«? In meiner Funktion als 1. Stellvertreter des Vorsitzenden des Ministerrates konnte ich mir die Daten legal und offiziell besorgen.

Die Daten wurden dir nicht automatisch vorgelegt ?

Nein. – Dass Investitionen umgruppiert und in den Verbrauch geschoben wurden, wusste einzig Schürer. Ich habe das erst 1972/73 bemerkt. Da sah ich auch die Bewegungen in der Valutabilanz und die Entwicklung der Schulden. Damals hatte Honecker schon rund zehn Millarden Westmark Kredite aufgenommen, ohne dass darüber im Politbüro gesprochen worden war. 1973 kam der sowjetische Botschafter Abrassimow zu mir und fragte: »Genosse Neumann, warum macht ihr so viele Schulden?« Ich antwortete: »Warum fragst du mich? Ich mache keine Schulden? Frage jene, die die Schulden machen.«

Abrassimow wusste offenkundig mehr als die meisten Politbüromitglieder.

Woher hatte er die Daten?

Du stellst aber Fragen. Was interessiert mich, wo der sowjetische Botschafter seine Informationen herhatte.

Bis 1971 war offensichtlich Honecker der wichtigste Informant für die Sowjets. Wer war es dann?

Weiß ich nicht.

Folgt man dem Buch »Tatort Politbüro«[5], könnte es Krolikowski gewesen sein.

Ich bezweifle ganz entschieden, was in dem Buch als Auslassungen von Krolikowski angeführt wird. Ich bezweifele das.

Hast du einen anderen Verdacht?

Verdacht habe ich keinen. Und wenn ich einen hätte, würde ich dir dazu nichts sagen. Stell nicht solche dämlichen Fragen. Damit kannst du bei Neumann nicht landen. Ich sage, was ich verantworten kann. Ich sage nicht, was ich weiß.

Wann stelltest du die Frage zu den Schulden im Politbüro?

Erstmals 1973. Ich erhielt ausweichende Antworten. Ich ging von sechs bis acht Prozent Zinsen aus. Honecker antwortete, dass die Zinsen nicht so hoch seien. Er sprach von drei bis vier Prozent. Die Zahl war so absurd niedrig, dass sie nicht stimmen konnte. Ich kannte die internationalen Trends bei Zinsen.

Indirekt bestätigte er mir damit die Kreditproblematik. Es blieb die Frage der Verschuldung auf der Tagesordnung. Damals war die Schuldsumme noch unter 15 Milliarden DM, um 1975 stieg sie darüber.

Die Aufnahme von Krediten, hieß es, eröffne neue Entwicklungsbedingungen.

Das war ein Trick. Aufgenommene Kredite sollten das ökonomische Potenzial widerspiegeln. Ich nehme 100.000 DM Kredit auf. Das erscheint in meiner Bilanz erst einmal als Einnahme. Es bleibt offen, woher die 100.000 kommen.

Wachstum als Resultat der Kreditaufnahme?

In gewisser Weise ja. Es gibt keine Volkswirtschaft, die ohne Kredite funktionieren kann. Kredite sind für die Kooperation notwendig. Die Frage der Bezahlung bleibt aber. Die NSW-Kredite stellten für uns eine zusätzliche Belastung dar. Sie waren nicht optimal.

Anmerkungen

1 Herbert Warnke (1902-1975), KPD 1923, Gewerkschaftsfunktionär in den 20er Jahren, 1932/33 Reichstagsabgeordneter, 1933 bis 1935 Sekretär der Roten Gewerkschaftsinternationale in Paris, 1939 bis 1943 in Schweden interniert. 1946 FDGB-Landesvorsitzender in Mecklenburg-Vorpommern, 1948 erster Bundesvorsitzender, seit 1949 Mitglied

des Politbüros. Er wurde 1949 Mitglied des Exekutivkomitees, 1953 einer der Vizepräsidenten und 1969 Mitglied des Büros des Generalrates des Weltgewerkschaftsbundes. Seit 1971 Mitglied des Staatsrates.

2 Rolf Berger (1921-1978), Werkzeugdreher, Wehrmacht, britische Gefangenschaft, KPD 1945. Seit 1948 hauptamtlicher FDGB-Funktionär, von 1961 bis 1971 Mitglied des Präsidiums und Sekretär des FDGB-Bundesvorstandes sowie Stellvertretender Bundesvorsitzender. Im Juni 1971 auf Beschluss des Sekretariats des ZK der SED »wegen ernster Mängel in seiner Leitungstätigkeit, insbesondere bei der Durchführung der Parteilinie in den Gewerkschaften sowie infolge starker Mängel in der Kollektivität der Arbeit« von allen Funktionen entbunden. Von 1971 bis 1975 Arbeit als Direktor in einem Betrieb des Metallurgiehandels in Berlin, ab 1976 wissenschaftlicher Mitarbeiter am Bezirksinstitut für Veterinärwesen in Frankfurt/Oder.

3 Werner Lamberz (1929-1978), SED 1947, 1952/53 Studium an der Komsomolhochschule in Moskau, danach bis 1963 Sekretär des Zentralrats, zwischen 1955 und 1959 FDJ-Vertreter beim Weltbund der demokratischen Jugend in Budapest, zuständig für internationale Verbindungen, Westarbeit und Studentenangelegenheiten. Von 1966 bis 1971 Leiter der Kommission für Agitation und Propaganda. Seit 1967 war er Mitglied des Zentralkomitees der SED und Abgeordneter der Volkskammer, 1970 wurde er Kandidat und 1976 Mitglied des Politbüros des ZK der SED. 1971 regelte er beim Sturz Walter Ulbrichts im Auftrag Erich Honeckers die Abstimmung mit der sowjetischen Parteiführung. Er galt als Honeckers künftiger Nachfolger. Mit Hubschrauber bei einer Dienstreise in Libyen abgestürzt.

4 Werner Krolikowski (*1928), SED 1946, als 1. Sekretär der SED-Kreisleitung Ribnitz-Damgarten im Dezember 1952 »wegen grober Verletzung des Parteistatuts« seiner Funktionen enthoben. Von 1953 bis 1958 2. bzw. 1. Sekretär der SED-Kreisleitung Greifswald, bis 1960 Sekretär für Agitation und Propaganda der SED-Bezirksleitung Rostock und bis 1973 1. Sekretär der SED-Bezirksleitung Dresden. ZK-Mitglied seit 1963, Politbüromitglied seit 1971. Von 1973 bis 1976 ZK-Sekretär und von 1976 bis 1989 Mitglied der Wirtschaftskommission und der Arbeitsgruppe Zahlungsbilanz und BRD beim Politbüro des ZK der SED. 1976 bis 1988 1. Stellvertretender Vorsitzender des Ministerrats, 1988, nach dem Tode von Werner Felfe, noch einmal ZK-Sekretär für Landwirtschaft. Am 3. Dezember 1989 aus der SED ausgeschlossen.

5 Peter Przybylski, Tatort Politbüro. Die Akte Honecker, 2 Bände, Rowohlt Berlin, 1991.

»Honecker formulierte gern blumig allgemeine Ziele«

1975 wurde ein Freundschafts- und Beistandsvertrag mit Moskau abgeschlossen. Honecker schuf sich neue Grundprogramme am Beginn seiner Herrschaft.

Das war nichts Neues, neu war: die weltweite Anerkennung der DDR, die Ablösung der Hallstein-Doktrin aus der Adenauer-Ära und in Bonn die sozial-liberale Koalition. Das alles waren Entwicklungen, die in den 60er Jahren begonnen hatten. Das alles hatte eine lange Vorbereitung hinter sich. Denk an das Vierseitige Abkommen über Berlin[1], was dem alles voranging. Das fing noch unter Ulbricht an. Ein Kernpunkt war, dass Ulbricht mit Brandt zu einer Einigung kommen wollte. Moskau wollte eine direkte Verständigung zwischen der DDR und der BRD verhindern. Moskau und Honecker hatten das erfolgreich verhindert.

Ulbricht hatte die Lage richtig eingeschätzt. Er wollte die Zusammenarbeit der beiden deutschen Staaten auf ein neues Niveau bringen.

Moskau trat auf die Bremsen, auch wegen der Pro-Brandt-Demonstration in Erfurt, und förderte den Honecker, damit Ulbricht nicht die Normalisierung zwischen der DDR und der BRD vorantriebe. Daran waren sie nicht interessiert.

Hinzu kam, dass die Probleme mit den USA noch nicht gelöst waren. Die Amerikaner führten noch immer Krieg in Vietnam.

Die Verhandlungsperiode zog sich bis 1973 hin. Dann kamen wir in die UNO. Das alles war nicht das Werk von Honecker. Der machte auf dem Gebiet der Außenpolitik die ersten Schwimmversuche. Er wurde jedesmal nervös, wenn er mit ausländischen Politikern und Diplomaten reden sollte.

Michael Kohl und Egon Bahr klärten komplizierteste Fragen. Kohl war ein sehr qualifizierter Mann. Seine Verhandlungsposition stimmte er mit links mit Berlin, mit rechts mit Moskau ab. Honecker gab nur noch den Senf dazu. Er erntete, was andere gesät hatten.

Hatte nicht Ulbricht bezüglich Westberlins falsche Vorstellungen? Blockierte er nicht das Vierseitige Abkommen?

So würde ich das nicht sagen. Worin lag die Schwierigkeit? Westberlin lag inmitten der DDR, es war natürlich ein Fremdkörper. Das war aufgrund der Abmachungen eben so. Das Berlinabkommen war ein Kompromiss. Jeder musste was geben.

Berlin war erstmals in der Nachkriegsgeschichte kein Krisenherd der Weltpolitik mehr. Die Probleme waren reguliert, so, wie sie nach Lage der Dinge reguliert werden konnten.

Natürlich. Wir waren mit der Freien Stadt Westberlin gescheitert, das ging nicht. Im Vierseitigen Abkommen wurde aber bestätigt, dass Westberlin kein Teil der Bundesrepublik ist und von Bonn aus nicht regiert werden darf.

Ist der Prozess der völkerrechtlichen Anerkennung im Politbüro besprochen worden? Warst du einbezogen?

Die Anerkennungswelle war enorm, das hat mich natürlich berührt. Bestätigt wurde dadurch die Grundlinie unserer Politik, dass die DDR ein Staat mit völkerrechtlichen Grundlagen ist. Der Alleinvertretungsanspruch der Bundesrepublik war gescheitert. Der Anspruch auf ein Deutschland in den Grenzen von 1937 war futsch, auch wenn noch immer die Landsmannschaften ihre »Heimat« zurückforderten.

Die Stetigkeit und Langfristigkeit von Ulbrichts Politik war erfolgreich, meinst du?

Die DDR war nicht der Nabel der Welt, wir waren eingebunden in die internationalen Prozesse. Nimm die Vorbereitung der Helsinki-Konferenz. Die Anfänge für die Konferenz über Sicherheit und Zusammenarbeit in Europa (KSZE) reichen bis zur Deklaration von Bukarest 1966 [2] zurück.

Warum ist nach Helsinki nicht konsequent über die Reisefrage entschieden worden. Ein Reisegesetz, das Gerechtigkeit gegenüber

Gespräch mit Kubas Vorsitzenden des Staatlichen Komitees für Preise und dem Botschafter der Karibikinsel. Neben Neumann Minister Walter Halbritter, 20. Dezember 1980

allen Bürgern gewährte, hätte bald nach 1975 kommen müssen. Die DDR hatte die Menschenrechtskonventionen der UNO unterzeichnet. Jetzt bestand eine Pflicht dazu, die Frage in geordneten Bahnen zu lösen. Es hätten Menschenverluste einkalkuliert werden müssen, wenn Reisemöglichkeiten eingeräumt wurden. Aber insgesamt wäre die Mauerkrise, die die Befindlichkeit vieler Bürger stark beeinträchtigte, überwunden oder gemildert worden.

Rede nicht so wie ein Westsender. Rede mit mir vernünftig. Du kannst mit mir nicht so reden, wie es die Wessis seit 1990 tun, indem sie behaupten, die DDR-Bürger seien 40 Jahre eingemauert gewesen.

Es waren 28 Jahre.

Nicht einmal 28 Jahre. 1973 hat die Sowjetunion den Visa-Zwang für DDR-Bürger aufgehoben. Ohne Visum konnte man auch in die sozialistischen Nachbarländer fahren.

Aber wenn man schon zweimal in Bulgarien und fünfmal in Polen war, wollte man halt auch mal in eine andere Richtung fahren.

Es geht nicht immer danach, was man *will*. Es geht danach, was man *kann*.

Hattet ihr Angst, dass zu viele Bürger abhauen würden?

Du willst mich schon wieder provozieren. Es ging nicht um Angst. Das Problem war das Geld. Wir brauchten Valuta für solche Reisen.

Bis Anfang der 70er Jahre wurde der Pass der DDR in Westdeutschland nicht akzeptiert. Wenn man in ein NATO-Land wollte, musste man beim Travel Board in Westberlin Zustimmung einholen. Auf achtzig Fragen musste schriftlich geantwortet werden.[3]

Dass das Travel Board die DDR-Bürger diskriminierte, stimmt.

So. Die Ausstattung der Reisenden blieb auch nach Schließung des Travel Board für uns eine nicht lösbare Verpflichtung. Die Vereinbarungen der Bahn besagten zum Beispiel, dass etwa bei einer Reise von Berlin nach Paris eine Hin- und Rückfahrkarte gelöst werden musste. Die DDR hatte den Bahnunternehmen jenseits unserer Grenze deren Beförderungsleistung in Valuta zu zahlen. Der DDR-Reisende bezahlte das Ticket natürlich in DDR-Mark, aber die Verrechnung erfolgte in Devisen. Das galt auch für den Luftverkehr.

Nun rechne das mal in der Verrechnungsbilanz hoch. Lass mal eine Million Bürger verreisen.

Ja, das war ein Problem. Seit 1965 fuhren die Rentner in die Bundesrepublik. Die mit der Bundesbahn zurückgelegten Strecken waren objektiv länger. Der Ausgleich kostete.

Das war eine enorme Belastung für uns. Nicht wenige fuhren 2. Klasse rüber und kamen 1. Klasse zurück. Die wenigsten wussten, dass wir dafür an die Bundesbahn zahlen mussten.

Wir hatten Probleme auch in Richtung Osteuropa. Es reisten dorthin mehr DDR-Bürger, als von dort in die DDR kamen. Und dann der Umtausch der Währungen. Die Finanz- und die Verkehrsminister machten die Verträge mit der ČSSR. Die Tschechen fragten: Wie viele Milliarden Kronen wollt ihr von uns haben? Natürlich gab es einen Überhang, es reisten mehr DDR-Bürger in die Hohe Tatra als Tschechen und Slowaken an die Ostsee. Für die Differenz forderte die andere Seite ganz bestimmte Warenlieferungen zum Ausgleich. Wir standen immer in einem Zuzahlungsverhältnis.

Nehmen wir die Rentnerreisen in die Bundesrepublik. Wir hatten eine Zeit ein Umrechnungsverhältnis einer D-Mark zu 2,30 Mark der DDR. Die Rentner erhielten vielleicht 50 DM mit, die genaue Zahl weiß ich nicht mehr. Ich selbst fuhr ja nie. Wir wussten, dass das nicht reichte, es war ein Taschengeld. Wir konnten aber nicht mehr geben, weil wir nicht mehr hatten. Schon dieser Betrag – über eine Million Rentner pro Jahr fuhren rüber – belastete uns gewaltig. Dafür mussten wir wertvolle Waren, oft unter Preis, an Westdeutschland verkaufen.

Die Kreditvergabe von Westdeutschland an uns war praktisch eine Menschenfalle, in die sie und der Honecker uns hineingeleitet haben. Das führte dazu, dass nicht nur die Schweinehälften nach Bayern gingen. Wir haben Textilien exportiert, deren Herstellungskosten über dem Verkaufserlös lagen. Wir steckten in einer Zwangslage.

War es dir und dem Politbüro klar, dass nach Helsinki in der Reisefrage etwas passieren musste?

Was heißt »musste«? So kann man nicht Politik machen. Du musst dich hinsetzen und rechnen und dich fragen: Geht es, oder geht es nicht? Helsinki bedeutete nicht automatisch, dass die Teilnehmerländer ihre Gesetze und Reisebestimmungen ändern mussten. Es ging um Prinzipien, die die Staaten nach ihrem Ermessen anwandten. Die Frage der Reisen, der sogenannte Korb III, wurde im Westen zur zentralen Frage der Schlussakte hochstilisiert. Sie behaupteten, es sei ein Menschenrecht. Auch das Grundgesetz gewährt das Reiserecht nur in den Grenzen der BRD. Es tangiert nicht den grenzüberschreitenden Verkehr.

Nun meine ich aber, dass die Mauer nicht für alle Zeiten zwei Drittel des Erdballs für die DDR-Bürger sperren konnte. Das konnte nicht sein. Es musste doch auch oben klar sein, dass man trotz Mauer zu moderateren Formen des Reiseverkehrs kommen musste. Ein Reisegesetz in Übereinstimmung mit den ökonomischen Gegebenheiten der DDR und mit fairen Bedingungen und Möglichkeiten für jeden Bürger hätte doch diese Mauerkrise abbauen können.

Kannst du mich nicht verstehen, oder willst du nicht?

Gedankenaustausch mit Jan Szydlak, Vizepremier Polens, 8. Dezember 1978

Die ökonomische Seite hast du dargestellt. Ich rede über die politische Seite. Es musste doch dem Politbüro klar sein, dass man dieses Problem in den Griff bekommen muss. Noch im Siebenjahrpan (1959-1965) war der Bau von fünf Urlauberschiffen vorgesehen. Es wurde keines davon gebaut. Die »Fritz Heckert« wurde als Fehlkonstruktion schnell zum Museum. Die »Völkerfreundschaft« fuhr noch. Aber sie fuhr für die Schweden und spielte Devisen für die DDR ein. Wenige Reisen kamen Parteiveteranen zugute. Wenn man mit dem Problem Mauerkrise zurechtkommen wollte, hätten Schiffe für DDR-Bürger gebaut werden müssen. Das eigentliche Problem wurde offenbar nicht erkannt.

Du sprichst so, als ob wir Blödiane gewesen wären. Ein Luxusdampfer hätte nach unserer Währung 300 bis 400 Millionen Mark gekostet. Unser Schiffbau war mit Lieferungen für die Sowjetunion ausgelastet. Damit bezahlten wir zu einem guten Teil die Rohstofflieferungen. Man kann keine Staatspolitik entwickeln, die sich nach Privat-Wünschen richtet. Das hat es noch nie gegeben. Das gibt es in dieser hoch gelobten und reichen Bundesrepublik auch nicht. Es wird rigoros gekürzt, wenn es die Staatsräson erfordert.

Du hebst die ökonomischen Fragen so hervor. Spielte da rein, dass ab 1974 mit dem rasanten Steigen der Rohstoffpreise auf dem Weltmarkt die Sowjetunion auf die für sie vorteilhaften Preise einschwenkte und unsere Lage noch schwieriger wurde?

Diese Preise machte der Westen. Die Sowjetunion musste darauf eingehen. Ihr blieb nichts weiter übrig.

Da wurde auch klar, dass es das sozialistische Weltwirtschaftssystem überhaupt nicht gab. Die Konsequenz war, dass die kleinen RGW-Länder mit einer Phasenverschiebung sowjetische Rohstoffe zu Weltmarktpreisen kauften und ihre Fertigprodukte zu RGW-Preisen an die UdSSR liefern mussten. Nationaleinkommen wurden zugunsten der Sowjetunion umverteilt. Es kann sein, dass diese 1974/75 erfolgende Zuspitzung die ökonomische Seite der Reiseproblematik komplizierter machte. Noch glaube ich, dass das Politbüro die Brisanz des Problems nicht erkannte.

Mit Ideologie und Psychologie beherrscht man nicht die Ökonomie. Wirtschaft und Markt haben eiserne Regeln.

Das Politbüro war so eine Art Superregierung. Nach 1975 war die DDR gemäß Menschenrechtskonventionen der UNO verpflichtet, die Reisefrage nach objektiven Kriterien zu regulieren. Das wurde versäumt.

Wir hatten doch Reisen. Sie sind gereist. Wolltest du auf den Sozialismus verzichten? Es gab keine Möglichkeit in der Richtung, die dir vorschwebt.

Du musst mich auch nicht zum Blödian erklären. Ich will es noch einmal versuchen. Mit einem Reisegesetz hätten gerechte Möglichkeiten geschaffen werden können in Übereinstimmung mit den ökonomischen Möglichkeiten und nicht mit dem Ziel, alle Bürger loszuwerden. Die Bürger wären schon froh gewesen, wenn sie vielleicht nur alle drei Jahre einmal in die Bundesrepublik hätten fahren können mit nur 100 oder 300 DM Reisemittelausstattung. Das hätte die DDR nicht umgebracht. Es hätte langfristig nicht zu dieser Krise geführt. Für manchen Bürger wäre dadurch sogar der Grund fürs Abhauen verschwunden.

Das sind Hypothesen. Mehr war ökonomisch nicht drin.

Hatte nicht eher Mielke die Befürchtung, dass zu viele DDR-Bürger als Westagenten angeworben werden könnten?

Das weiß ich nicht. Ulbricht hatte das richtig angefangen. Er ging davon aus, dass wir eine höhere Produktivität erreichen müssen, weil wir sonst unsere Existenzberechtigung verlieren. Ulbricht suchte nach Lösungen. Andere torpedierten diese richtige Politik.

Honecker brach die Reformen ab und er beschwor die Stagnation. Das war sehr konservativ.

Das war nicht Konservatismus. Das war ein systematischer Kurs zur Unterminierung der DDR. Das fing 1971 an und nahm ab Mitte der 70er Jahre deutlich zu.

Steckte dahinter eine Absicht?

Natürlich. Ich kann Honecker einschätzen. So dämlich war er nicht, dass er nicht bemerkte, wohin das führen musste. Ich konnte mir das ausrechnen, obwohl ich nur acht Jahre Volksschule habe.

Er war doch kein Agent.

Was heißt Agent? Er war erpressbar, und er verfolgte eine andere Orientierung. Er musste kein Agent sein.

Dann müsste er jetzt ein Bundesverdienstkreuz erhalten, weil er die DDR aufs Kreuz legte.

Er kriegt Rente. Die Privatkonten wurden freigegeben. Er braucht Geld, um seine Rechtsanwälte zu bezahlen. Er muss da drüben leben.

Klaus Feske[4] *erzählte, dass die Reise nach Chile mit einem Kredit bezahlt wurde, der nur zu einem Teil von Solidaritätsgeldern beglichen werden konnte.*

Er muss das wissen. Er ist ausgereist. Ich wiederhole, Honeckers Reise von Moskau nach Berlin und seine Gastrolle hier waren ein abgekartetes Spiel. Das ist meine Überzeugung. Das Spiel kriselte etwas. Sie mussten noch das Berliner Verfassungsgericht ins Spiel bringen. Die beschlossen es so.

Ich hab den IX. Parteitag der SED 1976 in Erinnerung als den Parteitag eines sinnlosen Jubelns, der Schönfärberei, eines unerträglich unkritischen Herangehens. Christa Wolf schrieb über diese Zeit, dass sie mit dem Rücken an der Wand stand und kaum noch in der Lage war, sich zu öffentlichen Angelegenheiten zu äußern. Erich Loest schrieb den Roman »Es geht seinen Gang«. Es war kein großes Kunstwerk. Aber Loest traf darin diese ganze Atmosphäre Mitte der 70er Jahre ausgezeichnet. Hast du das aus der Sicht im Politbüro ähnlich erlebt und gesehen?

»Schönfärberei« ist mir zu global. Das muss immer auf eine konkrete Frage bezogen werden. So erhältst du keine sachliche Einschätzung. Honecker war zu kurze Zeit an der Macht, um eigene Erfolge vorweisen zu können. Die hohen Zuwächse entstanden durch Kreditaufnahme.

1974 gab es Preiserhöhungen bei Erdöl und anderen Rohstoffen. Die 13. Tagung des ZK beschloss, dass sich die DDR darauf durch Intensivierung einstellt, d. h. durch den Übergang zur vorwiegend intensiv erweiterten Reproduktion, also einer qualitativ neuen Modernisierungswelle in der Industrie. Durch Produktivitätszuwachs sollten die Preiserhöhungen kompensiert werden. Du sagst aber, dass es in Wirklichkeit die Kreditzuwächse waren bzw. die wachsende Verschuldung, die die Wirtschaft wachsen ließen.

Es war die Verschuldung, die die entscheidende Rolle spielte. Honecker verlagerte ferner Mittel aus dem Investbereich in die Konsumtion. So konnte man das Leben der Menschen verbessern. Das war gar kein Problem. Wir haben das, was wir brauchten, um das Leben von morgen zu sichern, verfressen. Das lässt sich mit der Statistik genau nachweisen.

Nach dem IX. Parteitag gab es in der Bevölkerung eine beträchtliche Enttäuschung.

Was meinst du damit?

Die Bürger hatten sich daran gewöhnt, dass so ein Parteitag eine Art Weihnachtsfest war, wo man etwas geschenkt bekam, soziale Verbesserungen zum Beispiel. Vorbereitet worden waren zwei große Pakete: Das erste Paket war ein sozialpolitisches Programm und das zweite Paket beinhaltete die Bereinigung der Lohnpolitik.

Von den etwa 170 Lohngruppen in der DDR, die schon längst die Durchsetzung des Leistungsprinzips unmöglich machten, wollte man wegkommen, mehr Transparenz erreichen und vor allem mehr Leistungsgerechtigkeit. Da das Prinzip galt, dass keiner eine Verschlechterung seiner Einkünfte erfährt, hätte das natürlich zusätzlich Geld gekostet. Nur für ein Paket reichte das Geld. Der Parteitag entschied weder das eine noch das andere. Das führte zu der Enttäuschung. Dann wurde eine Woche nach dem Parteitag mitgeteilt, dass das Politbüro, der Ministerrat und der FDGB-Bundesvorstand das Sozialpolitische Programm beschlossen haben. Mich interessiert, welche Diskussionen es dazu im Politbüro gab.

Ich erinnere mich nicht.

Hat vielleicht Honecker ganz allein entschieden? Meines Erachtens war die gefällte Entscheidung falsch. Das Lohnpaket, das es ermöglicht hätte, das Leistungsprinzip besser anzuwenden, hätte die DDR eher vorangebracht.

Wenn wir einen Parteitag machten, konnte es nicht um Geschenke gehen. Ich bestreite deine Einschätzung. Wir haben Lohnkorrekturen durchgeführt. Aber die Details habe ich nicht mehr parat. Ich verstehe auch deine Frage nicht.

Smalltalk mit der Schlosserin Waltraud Sprenger im VEB Holztechnik Waren, 31. Mai 1978

Das ist wichtig, weil sich das Politbüro durch diese Enttäuschung zu einer Fehlentscheidung verleiten ließ. Es wollte sich beim Volk beliebt machen und präsentierte ein sozialpolitisches Programm, das – wie wir heute ganz genau wissen – langfristig von der Volkswirtschaft nicht getragen werden konnte.

Du bleibst in deiner Spur und suchst nach Fehlern. So kann man nicht analysieren. Das war der Parteitag nach der weltweiten Anerkennung der DDR ... Mich persönlich störte am IX. Parteitag, dass der Honecker den Bericht gab. Aber über den Plan bis 1980 sprach Horst Sindermann. Als Vorsitzender des Ministerrates war er eine Niete. Aber das sagte ich schon.

Nach dem Parteitag, 1977, kam der Mikroelektronik-Beschluss, ebenso die Kombinatebildung. Honecker sagte später einmal, dass es im Politbüro Gegner des Mikroelektronik-Beschlusses gab. Wen meinte er damit?

Es gab berechtigte Einwände, dass die Strategie nicht richtig sei. Die Amerikaner und die Japaner waren uneinholbar der Welt enteilt. Wie sollte die kleine DDR mit ihrer vergleichsweise dürftigen Basis dort nachziehen. Die Maschinen, die gebraucht und importiert wurden, waren alle sehr teuer. Die Ausschussquote war extrem hoch. Die Volkswirtschaft hätte zuerst aus der Anwendungstechnologie profitieren müssen, nicht aus der Chipproduktion.

Die Mikroelektronik entstand mit dem Aufkommen der integrierten Schaltkreise Mitte der 60er Jahre. Die DDR hatte 1963 erstmals im Investplan eine kleine Position »Elektronik«. Vorher lief das noch unter Elektrotechnik. Ulbricht hat Ende der 60er Jahre die Elektronik sehr gefördert. Im Rahmen der 3. Hochschulreform entstanden Sektionen Elektronik, z. B. an der Humboldt-Universität. Nach dem VIII. Parteitag wurde die Elektronik zurückgedreht. Die ersten Elektronik-Absolventen wurden in PGH vermittelt. Honeckers Start war zugleich ein Niedergang für die gerade begonnene Elektronik. Dann kam der Elektronik-Beschluss von 1977, nachdem schon wertvolle Jahre verschlafen worden waren.

Deswegen kam Kleiber[5] ins Politbüro. Der sollte die Elektronik vorantreiben. Aber er hatte zu wenig Fachkenntnisse. Er war Elektriker. Er brachte das nicht.

Dann wurde also ab 1977 in einem zweiten Anlauf mit hohem Investitionsaufwand die Mikrolektronik aus dem Boden gestampft. Das war ja wohl ein ziemliches Minus für die Volkswirtschaft der DDR.

Das Minus entstand dadurch, dass der Rücklauf nicht da war. Mikroelektronik braucht einen Umschlag. Wenn man nur Mikroelektronik produziert und rechnet mit dem Verkauf der Bauteile, so rentiert sich das nicht. Das kann kcin Land bezahlen. Der Aufwand für die Produktion der Mikroelektronik lohnt erst dann, wenn eine neue Stufe der Produktionskultur erreicht wird. Auf diesem Gebiet hatten wir Tempo verloren. Denke nur an das Halbleiterwerk in Frankfurt. Der Ausschuss war immer zu hoch. Mückenberger war zu der Zeit 1. Sekretär in der Bezirksleitung. Er unternahm alle Anstrengungen, um etwas zu verändern, auch das ZK half. Aber es war schwer. Zu einer richtigen Wende kam es nicht.

Spürte man bei Mückenberger[6] *noch, dass er der letzte im Politbüro war, der aus der SPD kam?*

Er machte keinen schlechten Eindruck. Er war ein sehr ruhiger Mann. Er war ehrlich. Honecker überforderte ihn, als er ihn zum Vorsitzenden der Zentralen Parteikontrollkommission machte. Das war falsch. Mückenberger kannte sich in diesen Fragen nicht aus.

Mückenberger war auch DSF-Vorsitzender. Mitarbeiter berichteten, dass er dogmatisch war.

In dieser Funktion blieb ihm nichts weiter übrig.

Als ehemaligem Sozialdemokraten hätte man ihm zutrauen können, dass er SPD-Feeling besaß. Stattdessen war er dogmatisch.

Manche Ex-Sozialdemokraten waren schon immer dogmatisch. Mückenberger war überzeugt von der Richtigkeit der Einheit der Arbeiterklasse. Besondere Qualitäten hatte er nicht. Wirtschaftsleitung konnte er nicht. DSF-Propaganda und andere Reden konnte er mit Stentor-Stimme halten. Er redete pathetisch. Das, was er begriff, machte er. Wenn er verklemmt war, dann merkte man ihm das an.

Er war im Politbüro. Welche Erinnerung hast du an ihn?

Er saß neben mir. Er diskutierte nur selten. Berichte der ZPKK handelte er mit Honecker ab. Das Politbüro erhielt in riesigen Abständen davon nur Bruchstücke über die ZPKK. Er war dem ZK rechenschaftspflichtig, nicht dem Politbüro. Hermann Matern, sein Vorgänger, und Mückenberger kann man nicht vergleichen. Hermann Matern bezog zu allen wichtigen Fragen Stellung. Mückenberger ließ viel an sich vorbeilaufen, ohne Stellung zu nehmen. Matern mischte sich ein. Man merkte die komplizierte Entwicklung, die er hinter sich hatte. Aber: Ob Kommunist oder Sozialdemokrat, das spielte in diesen Jahren, über die wir jetzt sprechen, überhaupt keine Rolle mehr. Schon in den 50er Jahren war das so.

Gerade in der Zeit, über die wir jetzt sprechen, kam ja mit dem Parteiprogramm von 1976 der Begriff des Kommunismus ins Spiel: »Vorbereitung des allmählichen Übergangs zum Aufbau der Grundlagen des Kommunismus«, hieß es da. Das kam wohl durch sowjetische Intervention ins Parteiprogramm von 1976. Es war ganz bestimmt falsch.

Ich weiß nichts davon, dass die gedrückt haben. Hager hatte das in der Hand. Er stimmte mehrfach mit den sowjetischen Genossen ab. Hager und Honecker brachten einen einheitlichen Duktus rein: »Wo ein Genosse ist, da ist die Partei.«

»Was der Parteitag beschloss, wird sein.« Das war Bibelsprache.

Das ganze Programm gefiel mir nicht. Ich konnte damit nicht viel anfangen. Honecker ging ganz anders an diese Dinge heran als Ulbricht. Ulbricht liebte es, Probleme zu benennen und Erfahrungen zu verallgemeinern. Bei Honecker erschienen in Stromlinienform geglättete Formulierungen ohne selbstkritische und kritische Analyse. In einer blumigen Sprache wurden allgemeine Ziele deklariert. Das war es, was mich an Honecker-Reden immer wieder verblüffte. Wenn ich das heute lese, bin ich aufs Neue schockiert.

Das war das äußere Erscheinungsbild. Ich erinnere mich, dass 1971/72 Bilder von Honecker noch schwarz-weiß oder einfarbig waren. Ab 1973 kamen solche merkwürdigen Bonbonfarben. Er zeigte sich so idyllisch wie auch sein Gesellschaftsbild war; harmonisierend, ganz schön kitschige Farben.

Er war sehr eitel. Er trug stets eine ausgesuchte Krawatte.

Es wurde von Lippmann berichtet, dass Honecker im weißen Lederanzug zur Jagd ging.

Weiß liebte er. Das waren wahrscheinlich die weißen Pelze, die die Sowjets für ihre Truppen hatten. Sein Interesse für Weiß habe ich in seinem Arbeitszimmer bestätigt bekommen. Der lange Arbeitstisch, der Schreibtisch und die Stühle waren alle mit weißem Leder bezogen.

Deine Bilanz von 1971 bis 1976?

Honecker gab in kurzer Zeit die bisherige Entwicklung der SED preis. In den Lehrplänen der Bezirksparteischulen und der Parteihochschule wurde die Zeit vor 1971 gestrichen. Die Geschichte der SED begann praktisch mit dem VIII. Parteitag. Darüber wurde nicht diskutiert.

Diese Zeit wurde schon bald als die erfolgreichste Etappe der DDR-Geschichte dargestellt. Und, wie gesagt, es begann die »Vorbereitung des allmählichen Übergangs zum Aufbau der Grundlagen des Kommunismus«.

Das war sehr subjektiv. Die Vereinigung von Kommunisten und Sozialdemokraten war *der* Erfolg. Ohne die Aktionseinheit der Arbeiterparteien kann es keinen Sozialismus geben.

Mit dem IX. Parteitag hieß es nur noch: »Wir Kommunisten«. Margot Honecker sprach von »kommunistischer Erziehung«. War das nicht Sektierertum?

Ja, sicher. So kann man das hinterher sagen. Als mildernden Umstand sollte man den Honeckers ihre Grundhaltung zugute halten. Er unterschrieb »Mit kommunistischem Gruß«. Darüber wurde nie diskutiert. Das wurde leise gemacht. Man merkte es gar nicht. Honecker radierte 25 Jahre der Parteigeschichte aus. Sie wurden bis auf einige Positionen nicht mehr gelehrt auf den Parteischulen.

Als er merkte, dass er überzogen hatte, war es zu spät. Er schickte den Dohlus zu Walters 5. Todestag mit einem Kranz an dessen Grab nach Friedrichsfelde. Es war eine leere Geste gegenüber Lotte Ulbricht.

Das reichte bis zu Lothar Berthold, der nicht mehr als Historiker arbeiten durfte. Er wurde Chef des Akademie-Verlags.

Das hing mit der achtbändigen Geschichte der Arbeiterbewegung zusammen.

Er wurde als führender Mann des Geschichtsbildes der Ulbricht-Ära angesehen, was er wohl auch war. Nichtsdestoweniger war er ein exzellenter Historiker. In der Honecker-Ära war er untragbar für das Institut für Marxismus-Leninismus.

So war Honecker. Und Hager machte bedingungslos mit. Frage den Hager, warum er den Berthold weggeschickt hat. Mir war eine Reihe dieser speziellen Fragen nicht bekannt.

Anmerkungen

1 Das Vierseitige Abkommen über Berlin vom 3. September 1971 war das erste Regierungsabkommen der Alliierten seit Beginn des Kalten Krieges. Es stand im Kontext der Verträge von Moskau und Warschau, die die Brandt-Scheel-Regierung 1970 geschlossen hatte. Diese bildeten die Basis für den Grundlagenvertrag zwischen der BRD und der DDR vom 21. Dezember 1972. Er war der Schlusspunkt der unter Ulbricht begonnenen Arbeit zur Normalisierung der Beziehungen der beiden deutschen Staaten.

2 Der Politisch Beratende Ausschuss, das höchste Gremium des Warschauer Vertrages, verabschiedete am Ende der Konferenz vom 4. bis 6. Juli 1966 in der rumänischen Hauptstadt die Bukarester Deklaration (»Deklaration für die Gewährleistung des Friedens und der Sicherheit in Europa«). Die Bundeszentrale für politische Bildung schrieb dazu in Heft 245: »Bestrebungen, den Kalten Krieg zu entspannen und die Zusammenarbeit zwischen Ost und West zu erweitern, gab es allerdings nicht nur bei den USA und der Sowjetunion, sondern auch bei ihren Verbündeten. Im Warschauer Pakt hatte diese Entwicklung unter anderem zur Bukarester Deklaration vom 6. Juli 1966 und zum Budapester Appell vom 17. März 1969 geführt, in denen ›Maßnahmen zur Festigung der Sicherheit in Europa‹ und die Einberufung einer europäischen Sicherheitskonferenz gefordert worden waren.«

3 Das *Combined Travel Board* der Alliierten Hohen Kommission (CTB) in Westberlin war ein Instrument des Kalten Krieges und diente der politischen Überprüfung von DDR-Bürgern. Das »alliierte Reiseamt« stellte

erst 1970 seine Tätigkeit ein. Die *Berliner Zeitung* schrieb am 27. März 1995: »Das Amt hatte die Befugnis, für DDR-Bürger bei Reisen in die NATO-Staaten die Reisedokumente zu genehmigen oder abzulehnen. Die drei Westmächte äußerten die Hoffnung, dass die DDR diesen Schritt honorieren werde, kündigten aber gleichzeitig an, dass das Reiseamt seine Tätigkeit sofort wieder aufnehmen werde, wenn die DDR ihrerseits im Berlin-Verkehr Beschränkungen einführe. In Ost-Berlin stieß die Suspendierung des Reiseamtes auf scharfe Kritik. Es wurde die völlige Abschaffung dieser Institution gefordert.«

4 Der Westberliner Klaus Feske war in den 90er Jahren Sprecher des Solidaritätskomitees für die Opfer der politischen Verfolgung in Deutschland. Er begleitete 1993 Erich Honecker nach Chile.

5 Günther Kleiber (*1931), SED 1950, TU Dresden, dann in der BL Leiter der Abteilung Elektronik, von 1966 bis 1971 stellvertretender Minister für Elektrotechnik und Elektronik und Staatssekretär für die Koordinierung und Nutzung der EDV beim Vorsitzenden des Ministerrates der DDR. Mitglied des ZK seit 1967 und Kandidat des Politbüros. 1971-1989 stellvertretender bzw. 1. Stellvertreter des Vorsitzenden des Ministerrates. 1984 Mitglied des Politbüros des ZK der SED. Von 1973 bis 1986 war Kleiber auch Minister für Allgemeinen Maschinen-, Landmaschinen- und Fahrzeugbau, danach ständiger Vertreter der DDR beim RGW. Am 3. Dezember 1989 aus der SED ausgeschlossen.

6 Erich Mückenberger (1910-1998), Schlosser, SPD 1927, 1935/36 KZ Sachsenburg, 1938 und 1942 verhaftet und verurteilt, Strafbataillon, britische Kriegsgefangenschaft. Von 1949 bis 1953 1. Sekretär der Landesleitung Thüringen bzw. der Bezirksleitung Erfurt. Mitglied des ZK seit 1950, des Politbüros seit 1958. Nach Studium in Moskau 1960/61 1. Sekretär der BL Frankfurt/Oder, ab 1971 Vorsitzender der ZPKK, seit 1978 auch Präsident der Gesellschaft für Deutsch-Sowjetische Freundschaft (DSF). Im Januar 1990 aus der SED ausgeschlossen.

»Honecker hätte die Führung der Partei abgegeben, um Staatsoberhaupt zu bleiben«

Bei der Bahn hattest du deinen größten Erfolg.

Wenn ich überhaupt einen Erfolg hatte in meinem Leben, dann war es die Elektrifizierung der Deutschen Reichsbahn, wofür ich die Verantwortung trug. Wir hielten den Plan und unterboten die Kosten.

Trotzdem gab es Ärger.

Die DDR gehörte zu den ersten Ländern, die die traditionellen Eichenschwellen durch Betonschwellen ersetzten. Zunächst experimentierten wir mit Kiefernholz. Davon hatten wir aber nicht genug. Wir wollten dann sowjetisches Holz nehmen, aber deren Lieferungen entsprachen nicht unseren Vorgaben. Die Bohlen mussten astlos sein. Also überlegten wir, die Schwellen aus Beton zu gießen. Auch dort musste experimentiert werden. Bei den ersten Proben setzten wir zuviel Stahl ein, wir brauchten geraume Zeit, ehe das Verhältnis von Beton und Stahl stimmte.

Dann lief die Produktion an. Es war alles in Ordnung, die Tests verliefen zufriedenstellend, wir begannen zu verlegen. Irgendwann erschöpften sich die genutzten Kiesreserven für die Betonherstellung, es wurden neue Gruben erschlossen und weiter produziert. Die Parameter waren scheinbar dieselben, zumindest hatten die technischen Untersuchungen nichts anderes ergeben. Nach fünf, sechs Jahren stellte sich heraus, dass es doch nicht an dem war. Die Schwellen rissen, der Stahl korrodierte. Wie die nun vorgenommene chemische Analyse zeigte, war der Kies für diesen Zweck nicht geeignet. Es gab einen Riesenkrach. Wir mussten die Schwellen auswechseln.[1]

Wie hoch schätzt du den Schaden?

An die sieben Milliarden.

Das war nicht das einzige Problem.

Es fehlte auch an Stahl. Auf der anderen Seite: Wir waren wohl auch die ersten in der Welt, die die Masten mit Hilfe von Hubschraubern setzten. Andere haben das später nachgemacht. Ich erinnere mich, als ich Anfang der 70er Jahre zur INTERFLUG[2] ging und sie bat, uns zu helfen. Man brauchte wegen des rollenden Verkehrs auf der Schiene eine spezielle Technik. Die Hubschrauber nahmen die Masten auf und flogen sie zu den vorbereiteten Fundamenten. Gegenüber dem früheren Verfahren mit dem Eisenbahnkran war das ein enormer Zeitgewinn. Der Kran blockierte zudem die Strecke.

Die Westdeutschen haben das Prinzip abgekupfert. Auch die Technologie, die wir beim Bau des Fernsehturms anwandten, diese Kletterbauweise, bei der in dem gegossenen Hohlkörper ein Stahlgerüst in die Höhe gezogen wurde, haben sie kopiert. Erst höhnten sie, das würde ein schiefer Turm, schiefer als der von Pisa. Wir haben den besser gebaut als sie.

Einige wollen ihn jetzt abreißen.

Das werden sie sich noch überlegen. Die Flachbauten am Fuß des Turms werden sie bestimmt abreißen, weil sie nicht begreifen, warum wir diese gezackten Betonvorsprünge gemacht haben. In ganz kalten Wintern können sich nämlich an der Kugel Eiszapfen bildeten. Damit diese, wenn sie zur Erde fallen, niemanden auf der Straße erschlagen, mussten wir faktisch unten so eine Art Schutz anbringen.

Hattest du mit der Planung zu tun?

In gewisser Weise. Wolfgang Junker [3], der Bauminister, kam wegen des Fernsehturms zu mir. Junker war ein feiner Kerl. Er arbeitete ehrlich. Er hielt sich leider zu lange an Mittags Kommandos. Ich versuchte, ihm seine Lage klar zu machen. Später räumte er mir gegenüber ein, dass das falsch gewesen war. Er kam in der »Wende« mit der Hexenjagdatmosphäre nicht klar und beging Selbstmord.

Im Baukombinat Köpenick legt der Tischler Neumann selbst Hand an, 12. Januar 1983

Spielten da nicht die Gelder, die an Honecker und Mittag für die Mitgliedschaft in der Bauakademie gezahlt worden waren, eine Rolle?

Daran hatte Junker keine Schuld. Junker war ein Mann, der etwas vom Fach verstand, der einen Standpunkt hatte und der schnell etwas umsetzen konnte.

Die 80er Jahre standen im Zeichen der ökonomischen »Wunderwaffen«, den Industrierobotern. Mittag schaltete in der Welt der Kombinate, wie er wollte. War da nicht viel Subjektivismus im Spiel?

Natürlich. Schau dir die Verpflichtungserklärungen der Kombinatsdirektoren an, zu denen Mittag sie zwang und diese abdrucken ließ. Da hieß es, dass die Pläne erfüllt und überfüllt würden. Auch die zuständigen Abteilungsleiter mussten mit unterschreiben. Wenn sie sich bei mir beklagten, habe ich sie gefragt: Warum unterschreibt ihr denn? Wenn der Mittag das von mir verlangt hätte, hätte ich ihn aus meinem Büro geworfen. Ganz einfach. Mit dem durfte man nicht diskutieren.

Schrecklich! Es war würdelos, wie der mit den Kombinaten umging. Da war auch nichts an Theorie und Überlegung drin. Er zeigte nur das vorgeschobene Kinn und berief sich auf die

Linie des jeweils letzten Parteitags. Er bewies, dass die Ökonomie, die er vor Augen hatte, nicht ging.

Mittag versuchte in den 60er Jahren in Schwarzheide eine Polyurethanfabrik aufzubauen. Die Produktion dieser Kunststoffe kam zunächst nicht in Gang, zumindest kamen nicht die Grundprodukte, die wir etwa für Exportgeschäfte brauchten. Ich schickte einen Mitarbeiter hin. Das Werk hatte viel Geld gekostet, mindestens eine Milliarde. Und die Lizenz kam von den Franzosen. Mittag versprach, dass die anderen Erzeugnisse auch noch produziert würden, und stellte Gartenmöbel her. Wir kauften teures Erdöl, und Mittag ließ daraus Möbel machen. Das war dreimal teurer als bei der sonst üblichen Produktion. So lief das bei ihm immer … Ich will den Franzosen nicht zu nahe treten, aber die hatten offensichtlich den Mittag gut geschmiert.

Einmal unterschrieb er in Japan einen Vertrag zur Umrüstung einer Gießerei in Leipzig. Er behauptete, dass es sich um eine hochproduktive Anlage handele, die er sich hatte aufschwatzen lassen. Aber das Ding funktionierte nicht, die Japaner mussten passen. Sie kriegten es nicht in Gang. Die Folge: zwei Jahre Ausfall bestimmer Gussstücke. Mittag sprach nicht darüber. Man musste ihm immer erst auf die Schliche kommen.

Kontrollierte ihn keiner?

Ich habe im Politbüro genau diese Frage gestellt: »Warum gibt es keine Berichte der Wirtschaftskommission?« Honecker guckte überrascht und antwortete: »Jede Vorlage der Wirtschaftskommission ist doch Ausdruck ihrer Arbeit.«

Das war alles? Woher diese Abhängigkeit?

Die Abhängigkeit war eine doppelte. Honecker war von Mittag abhängig, und Mittag war von Honecker abhängig. Honecker wusste, was Mittag macht.

Mittag machte es also möglich, dass Honecker immer wieder neue Sozialmaßnahmen verkünden konnte, diese »Einheit von Wirtschafts- und Sozialpolitik«. Mittag verdeckte, dass es eigentlich gegen eine vernünftige Wirtschaftspolitik ging.

Am deutlichsten sichtbar wurde das bei der Vorbereitung des X. Parteitags 1981. Es wurde eine große Kommission mit etwa einem halben Hundert Mitglieder zur Ausarbeitung der Direktive gebildet. Ich wurde seit Jahren zum ersten Mal wieder hinzugezogen. Mittag präsidierte. Schürer hielt einen Vortrag. Als Eckpunkte nannte er die 40-45000 Roboter, die im Planzeitraum zur Anwendung kommen sollten. Ich sah mir das an und fing an zu rechnen. Ich wusste, dass ein Industrieroboter etwa 150.000 Mark auf dem Weltmarkt kostete. Hinzu kamen Zu- und Abführungen, die noch einmal rund 50.000 kosteten.

Summa summarum würden uns die Industrieroboter mindestens acht Milliarden Valutamark kosten.

Das sagte ich noch in der Sitzung. Ich fragte den Georgi[4], den Minister für Werkzeugmaschinenbau, nach seinen Investitionsmitteln. Er hatte noch nicht einmal das Geld für die etwa 10.000 Roboter, die auf ihn entfielen. Ich fragte Schürer, ob er Georgi die fehlenden Investmittel geben werde. Schürer antwortete, dass sich Georgi darum selber kümmern müsse.

Die Investitionen reichten also für diese 40-45.000 Roboter nicht vorn und nicht hinten. Daraufhin wurde allen Kombinaten und wichtigen Betrieben die Verpflichtung übergeholfen, eine bestimmte Anzahl von Industrierobotern selbst herzustellen. Selbst der Minister für Verkehrswesen wurde angewiesen, dass die Eisenbahn soundso viele Roboter entwickeln solle. Daraufhin wurde ein Reichsbahnausbesserungswerk, ich glaube im Bezirk Suhl, eigens für diesen Zweck umgebaut.

Ich nahm das mit einem gewissen Hohn zur Kenntnis und fragte überall, wo ich hinkam: »Wie viele Roboter müsst ihr bauen? Wie macht ihr das?« Jeder musste eine Spezialabteilung für den Roboterbau schaffen, aber kaum einer hatte Ahnung. Die wussten bisweilen nicht einmal, was ein Industrieroboter ist und hielten bereits einen einfachen Automaten dafür. Achsen, Sensoren, Stellmotoren … Wir hatten in der DDR weder das eine noch das andere und sollten das Rad erneut erfinden.

Auf einer Sitzung des Politbüros fragte ich nach einer Weile: »Wie steht es mit dem Roboterbau?«

»Er läuft gut«, kam die Antwort.

»Was verstehen wir unter einem Industrieroboter?«, legte ich nach. Da wurden die Großgeräte aufgezählt.

Von wem? Von Mittag?

Von ihm, und auch der Schürer spielte mit. Ich fragte weiter: »Stimmt es, dass unter den Oberbegriff Roboter auch Automaten und Manipulatoren fallen?«

Sie räumten das ein. Mit anderen Worten: Sie hatten die Definition geändert, um auf ihre Zahlen zu kommen.

Ich kann das bestätigen. Ich war 1984 zu einer Industriegeschichtskonferenz in Jena. Im Anschluss besuchten wir das Weimarwerk, das Mähdrescher herstellte. Bei der Führung wurde erklärt: »Das sind Handhabungsmaschinen, die wir schon seit Anfang der 70er Jahre haben. Die sind seit kurzem Industrieroboter. Die Definition wurde verändert.« War das nicht Betrug?

Eine so komplizierte Aufgabe durfte so nicht realisiert werden. Hier wäre doch ein Höchstmaß an wissenschaftlicher und technischer Vorbereitung und Kapazität erforderlich gewesen. Dazu gehörte auch das Umfeld, insbesondere die mikroelektronische Steuer- und Messtechnik.

Du sagtest einmal, dass die DDR Anfang der 80er Jahre wie ein Wanderer vor einer Art Steilwand gestanden habe. Eine Kurskorrektur wäre erforderlich gewesen. Wahrscheinlich hätte der Kon-

In der Leiterplattenvorfertigung des Funkwerkes Köpenick, Gespräch im Wahlkreis, 2. Juni 1986

sum gedrosselt werden müssen, um die Akkumulation steigern zu können. Aber es kam zu Pseudolösungen. Einmal die Mikroelektronik, die wie eine Wunderwaffe offeriert wurde, und dann die Roboter. Ist das richtig so?

Im Prinzip hätte gesagt werden müssen. Na gut, wir bauen Roboter. Und in bestimmten Umfang stellen wir auch Chips selber her, weil es die CoCom-Liste gibt. Eine Vielzahl mikroelektronischer Bauelemente hätten wir dennoch auf dem Weltmarkt kaufen können. Das wäre billiger gekommen, als sie selbst herzustellen. Es war ein alter Streit, den ich mit Mittag hatte. Mittag redete vor 1970 von der planmäßigen und proportionalen Entwicklung der Volkswirtschaft. Später redete er noch von Proportionen. Dann ließ er auch die weg und sprach nur noch von *planmäßiger Entwicklung*. Ich habe gegen diesen subjektiven Umgang mit dem Problem polemisiert.

Du hast das Problem erkannt?

Die haben das gar nicht begriffen.

Der von Mittag prophezeite Zuwachs kam nicht. Also wurden erneut Kredite aufgenommen. Wurde im Politbüro über den von Strauß eingefädelten Milliardenkredit gesprochen?

Überhaupt nicht. Es wurde hinterher mitgeteilt, dass eine Milliarde da sei.

Warum galt Strauß, in der Propaganda bis dato ein Feind der DDR und des Sozialismus, plötzlich als Freund? Versuchte Honecker diesen jähen Gesinnungswechsel zu erklären?

Honecker sagte, um die finanzielle Beweglichkeit der DDR zu vergrößern, hätten wir einen Weg erschlossen, um zusätzliche Kredite zu kriegen. Den Strauß-Besuch im Juli 1983[5] stellte er als eine Aufwertung der DDR dar. Strauss sagte ja auch nichts über die Milliarden.

Mir stellte sich das so dar, als ob Strauß die DDR-Außenpolitik stützen wollte. Nach der Stationierung der NATO-Raketen in Westeuropa wollte Strauß die DDR bewegen, sich nicht den sowjetischen Intentionen in Richtung einer neuen Eiszeit zu beugen. Das war nach der Stationierung eine Art Trostpflaster.

Diese Raketenstationierung war ein grober Versuch der militärischen Erpressung.

War es nicht auch ein Reflex der USA auf die militärische Intervention der UdSSR in Afghanistan?

Die Sowjetunion handelte dort verkehrt. Als die Amis merkten, dass die Sowjets sich dort festgebissen hatten, setzten sie auf die Wirkung eines Zweifrontenkampfes. Sie mussten und wollten in Europa enormen Druck ausüben.

Helmut Schmidt ergriff die Initiative. Sie wussten um die schwache Flanke. Überschätze die internationale Bedeutung der DDR unter Honecker nicht, wir waren Ende der 70er, Anfang der 80er Jahre kein offensiver Faktor in Europa. Honecker war nicht unbedingt tapfer. Er gefiel sich in der Vorstellung, dass sich in seiner Person die besten antifaschistischen Traditionen des deutschen Volkes vereinten. Und da er aus dem Saargebiet kam, glaubte er, auch für die Westdeutschen akzeptabel zu sein. Ich weiß nicht, ob er nicht manchmal mit dem Gedanken spielte, einmal Landesvater von beiden Teilen Deutschlands zu werden.

Auszuschließen ist gar nichts.

Der hatte verrückte Ideen und riss alles an sich. Die Steuerung des politischen Einflusses auf Westdeutschland, die nahm er auch unter seine Kralle.

Aber war es nicht mutig von Honecker, mit dem Westen zu reden, als Moskau alle Verhandlungen abbrach? Er spielte mit seinem Schicksal, als er die Raketen – die der NATO und die der Sowjetunion-, welche in der DDR und der ČSSR stationiert wurden, »Treufelszeug« nannte, das verschwinden müsse?

Die Entspannungspolitik hätte weitergehen müssen. Honecker reagierte auf die Raketenstationierung nach meiner Auffassung falsch. Er brachte damit seine Abneigung gegen die eigenen Raketen zum Ausdruck und berief sich auf die menschliche Vernunft. Vernunft ist keine politische Kategorie. Die Sowjets sagten, sie machen keine Konzessionen, weil uns die NATO keinen Schritt entgegen käme. Und das hätte auch Honecker so halten müssen. Er aber wollte rüberfahren und den Eisbrecher spielen. Das war Honeckers Überheblichkeit. Das ist doch klar, dass Moskau da Nein sagte.

Hat er die Moskaureise im Sommer 1984 im Politbüro ausgewertet, als ihm der Staatsbesuch in Bonn untersagt worden war?

Nein. Auch später machte er das nicht.

1987 fuhr er dann doch, vor Gorbatschow, was ihm dieser übel nahm. Im August, kurz vor Honeckers Staatsvisite am Rhein, kam das SPD-SED-Papier zustande, was der SPD heute furchtbar peinlich ist. Wie schätzt du das Dokument ein?

Das Dokument ist schon peinlich für die SPD in Bezug auf die CDU. Aus der Sicht von Egon Bahr ist dieses Dokument schlüssig: Mauer öffnen, keine Konfrontation, die SED politisch und ideologisch kampfunfähig machen. Das ist gelungen. Zweimal wurde über das Dokument im Politbüro diskutiert. Axen machte die Hauptausführungen.

Diese These der Reformierbarkeit beider Systeme war eine prinzipienlose Geschichte. Bahr gab später deutlich zu verstehen, dass man Formulierungen zugestimmt habe, weil sie wussten, dass ihr Manövrierraum und ihre Potenzen größer waren als die der SED. Man habe gewusst, dass die gegen den Baum fahren werde. Damit traf er den Kern. Wenn Axen noch leben würde, dann müsste er dazu was sagen. Ich habe ihn damals gefragt: »Was hast du da unterschrieben?« Axen antwortete ausweichend und zuckte mit den Schultern. Mir schien, dass auch er Bauchschmerzen hatte. Zumindest merkte er, dass da inakzeptable Formulierungen standen. Honecker sprach dem Papier eine große historische Bedeutung zu, weil seit 40 oder 50 Jahren erstmals Sozialdemokraten und Kommunisten ein gemeinsames Papier unterschrieben hätten. Aber die ganze kommunistische und sozialistische Bewegung bezog dazu keine Stellung.

Die Sowjets gingen auf Distanz.

Die reagierten nicht einmal.

Immerhin im Westen wurde Honecker 1987 hofiert.

Er fuhr zu Kohl 1987 ohne eine Konzeption. Dabei hatte er selber 1971 festgelegt, dass alle politischen Reisen von Führungskadern nach Westdeutschland nicht ohne Konzeption und ohne anschließenden Bericht erfolgen durften. Er selbst legte für seine Reise weder ein Konzept im Politbüro vor noch gab er anschließend exakt Auskunft darüber, was er in der Bundesrepublik besprochen hatte.

Auf dem anschließenden Dezember-Plenum des ZK berichtete Joachim Herrmann. Über den Staatsbesuch im September referierte er nur eine kurze Passage, in der er Honecker in den höchsten Tönen lobte. Auf die Substanz der Gespräche und die Ergebnisse ging er nicht ein.

Nach meiner Überzeugung hatte sich Honecker schon vom Osten ab- und an den Westen angekoppelt. Seine Reise nach Westdeutschland war ein Indiz dafür, dass er sich dem Kommando der Westdeutschen bereits unterordnete.

Wirklich?

Ganz klar. Die Westdeutschen hatten soviel Fingerspitzengefühl, dass sie ihm nicht die Emaille abkratzten. Man hatte einen ideologischen Burgfrieden geschlossen, warum wohl wollten sie alle mit ihm sprechen. In Berlin und in Bonn.

Keiner forderte im Politbüro Rechenschaft von ihm?

Ich fragte ihn. Ich wollte Einschätzungen. Er antwortete mit allgemeinen Worten, die ich dir nicht auf Band spreche. Es waren idiotische Einschätzungen, auch über sozialdemokratische Politiker. Mir waren sie nicht sympathisch, ich hatte meine Auffassungen, aber durchaus differenziert. Ich war jedenfalls sehr erstaunt darüber, wie Honeckers Einschätzungen waren.

Gorbatschow gestattete ihm anfänglich die Reise nach Bonn nicht. War es ihm dann egal?

Nein. Der Gorbatschow hatte keine Möglichkeit, sie zu verhindern. Das weiß ich deshalb, weil auch ich gegen Honeckers Reise war. Sie zu verhindern ging aber nur mit Gorbatschow. Also …

Im Dezember 1981 war Helmut Schmidt in der DDR. In Güstrow war der ganze Marktplatz abgesperrt, was ein ziemlicher Blödsinn war. Schmidt ist ein kluger Mann. Honecker fiel auf ihn rein.

Wenn ich deine Andeutungen und Vermutungen richtig verstehe, hat Honecker durch seine Politik in den 80er Jahren die deutsche Einheit vorbereitet?

Wenn ich alles zusammen nehme, hat er gewusst, was er macht. Die Reise nach Bonn war Teil dieser Strategie, die sicher auch anderen bekannt war. Ich staune, wenn ich jetzt höre, welche Aufträge Schalck[6] hatte. Von solchen Aufträgen wusste ich nichts. Schalck saugt sich das bestimmt nicht aus den Fingern.

Das ist ein sachlicher Typ … Die Sowjetunion fiel als ökonomische Hauptstütze der DDR aus, weil deren Wirtschaft zerrüttet war. Die DDR brauchte zur Existenzsicherung einen anderen Partner. Das konnte nach Lage der Dinge nur die Bundesrepublik sein. Schwebte ihm eine konföderative Lösung vor?

Dazu mache ich aus Prinzip keine Aussage.

Ist es absurd, so zu denken.

Ich habe so nie gedacht. Wie Honecker dachte, weiß ich. Er hat – ich formuliere es vorsichtig – alle Möglichkeiten erwogen, die es ihm gestattet hätten, an der Spitze zu bleiben. Er hätte selbst die Parteiführung abgegeben, wenn er Staatsratsvorsitzender geblieben wäre.

Äußerte er sich über solche Pläne?

Nein. Ich hatte jedoch Ohren zu hören und Augen zu sehen, welche Maßnahmen er traf.

Anmerkungen

1 Auch die Deutsche Bahn AG hatte offenkundig Probleme in dieser Richtung. Im Frühjahr 2009 mussten rund eine Viertelmillion Schwellen auf der Strecke Hamburg-Berlin ausgewechselt werden. In den an die Öffentlichkeit gegebenen Informationen verschwieg man den Grund, es hieß unter dem Stichwort »Die Ursache« gleichermaßen nichtssagend wie vieldeutig: »Alle Betonschwellen werden regelmäßig begutachtet und bei Mängeln ausgewechselt. Bei Routine-Inspektionen haben wir festgestellt, dass einige Schwellen bestimmter Chargen Schäden aufweisen, die bereits weit vor Ablauf der vom Hersteller zugesicherten Mindest-Lebensdauer aufgetreten sind. Ursache ist ein Produk-

tionsfehler. Betroffen sind weniger als ein Prozent aller Schwellen im Streckennetz der Deutschen Bahn AG.«

2 Bei der INTERFLUG wurde am 1. Januar 1970 der Bereich Spezialflug gebildet. 1961 hatte man bereits die ersten Kranflugeinsätze mit der Mi-4 probiert, ab 1967 kamen drei turbinengetriebene Hubschrauber Mi-8 hinzu. Ab 1973 war die Deutsche Reichsbahn zum Hauptauftraggeber geworden.

3 Wolfgang Junker (1929-1990), SED 1949, Ingenieurstudium, Bauleiter an der Stalinallee, Betriebsdirektor, ab 1961 Stellvertretender, ab 1963 Minister für Bauwesen bis 1989. Seit 1971 ZK-Mitglied. Im Januar und Februar 1990 wegen des Verdachtes auf Amtsmissbrauch in Untersuchungshaft. Am 9. April 1990 beging er Suizid.

4 Rudi Georgi (*1927), SPD 1945, Industriekaufmann, 1963-1965 Generaldirektor VVB Eisen, Bleche, Metallwaren, von 1966 bis 1989 Minister für Werkzeug- und Verarbeitungsmaschinenbau. seit 1976 ZK-Mitglied.

5 Bayerns Ministerpräsident und CSU-Chef Franz Josef Strauß traf am 24. Juli 1983 völlig überraschend mit Honecker in Schloss Hubertusstock am Werbellinsee zusammen. Die Reise von Strauß wurde als privat deklariert und als Teil seiner Fahrt nach Polen und in die ČSSR.

6 Alexander Schalck-Golodkowski (*1932), SED 1955, Feinmechanikerlehre, ab 1952 im Außenhandel tätig. 1. Sekretär der SED-Kreisleitung im Ministerium für Außenhandel 1962-1966. Danach verantwortlich für den Bereich Kommerzielle Koordinierung (KoKo), seit 1967 auch Offizier im besonderen Einsatz (OibE) des MfS, am Ende zumindest dem Gehalt nach im Range eines Generalleutnants. Von 1967 bis 1975 war Schalck-Golodkowski einer der stellvertretenden Minister für Außenhandel und im Anschluss daran bis 1989 Staatssekretär im Ministerium für Außenhandel. 1981 nahm er an den wichtigen Verhandlungen zwischen Bundeskanzler Helmut Schmidt und Erich Honecker am Werbellinsee teil. In der Folge führte er 1983 die Verhandlungen mit Franz-Josef Strauß über den Milliardenkredit. Seit 1986 ZK-Mitglied. Schalck flüchtete am 3. Dezember 1989 in die BRD, er lebt am Tegernsee in Bayern.

»Der politische Betrug am Sozialismus begann 1971«

Im Januar 1988, am Rande der Liebknecht-Luxemburg-Demonstration, kam es zu dieser Protestaktion. Wurde darüber im Politbüro diskutiert?

Nein. Ich erfuhr darüber nur aus der Westpresse. Nicht mal Mielke informierte die Mitglieder des Politbüros. Wenn 150.000 demonstrieren und davon meckern 20, was ist da dabei? Zu meiner Zeit als Parteisekretär in Berlin brauchte ich kein MfS, um die Ordnung zu sichern. Mit solchen Leuten sprachen wir damals und forderten sie auf: »Ihr habt 'ne falsche Losung. Räumt euer Zeug weg!«

Auf die Provokation durfte man nicht so reagieren, wie es geschehen ist. Es gibt einen alten Grundsatz: Auf Sperlinge schießt man nicht mit Kanonen.

Hatte am überzogenen Vorgehen Schabowski eine Aktie?

Natürlich! Der war scharf. Er hat das scharfe Vorgehen gefördert. Der Mann hatte keine Ahnung, wie man eine Parteiorganisation leitet. Er war Honeckers Landvogt. Honecker hat ihn vom *Neuen Deutschland* weggenommen und zum Bezirkssekretär gemacht, er hat ihn aufgeblasen wie einen Luftballon. Der Schabowski setzte sich als der große Macher in Szene. Der war er aber nicht. Er war ein Schleimer.

Honecker führte Schabowski nach Absetzung von Konrad Naumann in sein neues Amt ein und hielt eine kurze Rede. Dann wurde gefragt, ob sich ein Mitglied der SED-Bezirksleitung äußern möchte. Es gab einige harmlose Bemerkungen. Schließlich meldete sich Schabowski selbst zu Wort und begann: »Nach den bedeutungsvollen inhaltsreichen Ausführungen unseres Genossen Generalsekretärs …« Arschleckerei von A bis Z.

Habt ihr diese Personalie nicht im Politbüro beschlossen?

Als Honecker im Politbüro den Vorschlag machte, Schabowski einzusetzen, wusste jeder, dass der Vorschlag schon von den ZK-Sekretären längst abgesegnet war.

Dazu sagen junge Leute: »Das ist Stalinismus.«

Mir passte Schabowski schon als Chefredakteur des *ND* nicht. Er lief mit jeder Nummer erst zum Herrmann und beide gingen dann zu Honecker. Es kam keine Nummer heraus, die Honecker nicht abgezeichnet hatte, speziell die erste Seite. Wo hat es denn so etwas früher gegeben?

Bei Walter Ulbricht war das nicht so?

Ulbricht hat so etwas nie gemacht.

Hat Schabowski die besondere Pressehörigkeit eingeführt?

Nicht eingeführt. Die Hauptrolle dabei spielte Joachim Herrmann, der hatte zu wenig Zivilcourage. Er beugte sich dem Diktat Honeckers. Das ist die Tragödie. Ich habe darüber mit Herrmann wiederholt gesprochen. Auf mich hörte er in bestimmtem Maße. Er war sehr krank, vielleicht hat die Krankheit schon eine Rolle gespielt.

1989 gab es den Versuch einer ideologischen Offensive: »Sozialismus in den Farben der DDR«. Damit verbunden die Drohung, »Meckerer« in der SED auszuschließen.

Das war eine idiotische Formulierung. »Sozialismus in den Farben der DDR« hatte Honecker von George Marchais geklaut. Der FKP-Chef hatte Mitte der 70er Jahre, als Reaktion auf den Eurokommunismus, die Losung vom »Sozialismus in den Farben Frankreichs« aufgebracht.

Es war der Versuch, gegen Glasnost und Perestroika eine eigene Linie durchzusetzen. De facto wurde damit ein ideologischer Zweifrontenkrieg eröffnet: gegen den Westen und gegen Gorbatschow.

Ich habe die Honecker-Losung nicht verstanden. Deshalb schaltete ich auf Durchgang.

Merkwürdig daran war, dass der FKP-Slogan seinerzeit in der DDR als Revisionismus scharf abgelehnt wurde. Die Betonung der nationalen Besonderheiten sei eine Vernachlässigung der »Gesetzmäßigkeiten der sozialistischen Revolution und des sozialistischen Aufbaus«.

Du bringst mich jetzt auf einen Gedanken...

War das die Rückerinnerung an Anton Ackermanns Konzept vom besonderen deutschen Weg zum Sozialismus?

Unwahrscheinlich. Da überschätzt du Honecker intellektuell. Der konnte dem Ackermann nicht das Wasser reichen.

Gab es dagegen Opposition im Politbüro?

Darüber wurde überhaupt nicht gesprochen. Es erschien in Reden ohne vorherige Diskussion. Das war eine Ad-hoc-Formulierung von irgendjemandem oder von Honecker selbst, die auf jeden Fall dem Honecker gefiel. Da fehlte jeder fundierte Ansatz. Die ganze Veränderung, die Honecker seit 1971 vollzog, war im Wesen eine Abkehr von der Verfassung von 1968.

Die Preisgabe der nationalen Frage war das Entscheidende. Sie war falsch. Das war ein Verrat an unseren Prinzipien.

Das war auch ein Bruch mit Ulbrichts Konzept.

Ulbricht sprach vom sozialistischen Staat deutscher Nation. Das war richtig. Honecker machte daraus den sozialistischen deutschen Nationalstaat. In der DDR sah er eine eigenständige Nation entstehen. In seinen Begründungen stellte er falsche Bezüge zum »Kommunistischen Manifest« her.

Wir hatten einen Zustand, dass die DDR zwar als selbständiger Staat existierte, aber nur ein Viertel des deutschen Volkes einbezog. Dass wir das Recht hatten, einen Staat zu bilden, war unstreitig. Aber wir waren deshalb keine eigenständige Nation.

Die Preisgabe der deutschen Frage bedeutete, mit Westdeutschland einen Burgfrieden herzustellen. Den Westdeutschen wurde dabei die Initiative überlassen. Wenn du noch weiter gehst, dann begann der Verrat an den Prinzipien der Stärkung des Sozialismus in dem Moment, als Ulbrichts Konzeption zum wissenschaftlich-technischen Fortschritt Ende der 60er Jahre abgebrochen wurde. Wenn zwei deutsche Staaten existieren, dann kann man – noch dazu, wo wir der kleinere Staat waren – eine attraktive Perspektive nur dann für alle werden, wenn man der erkennbar bessere Staat ist. Und »besser« misst sich nicht an der Qualität oder Zahl der Autos, Fernseher und anderer Konsumgüter, sondern an der Lebensqualität. Bildung, Arbeit, medizinische Versorgung, Kultur, Mieten, Verteilung des Nationaleinkommens …

Honecker aber führte die erweiterte gesellschaftliche Reproduktion ad absurdum, weil er die Akkumulation mit aller Gewalt herunterfuhr. Er selbst nahm damit seiner sozialistischen deutschen Nation die Argumente, nämlich ihre Leistungsfähigkeit. Das Nationaleinkommen wurde verfressen und darüber hinaus Schulden gemacht. Der politische Betrug am Sozialismus, so klar sehe ich das heute, begann 1971.

Das war doch eine Politik nach dem Prinzip »Nach uns die Sintflut«. Hoffte Honecker noch auf ein Wunder?

Was du meinst, verstehe ich. »Nach uns die Sintflut« – solche Sätze habe ich nie gehört, sie hätten eine sachliche Bewertung vorausgesetzt. Honecker war zu einer Analyse nicht in der Lage. Das, was Hager 1989 über die wissenschaftlichen Institute an Analysen angefordert hatte, war so umfangreich, dass es keiner lesen konnte. Er gab uns eine geballte Ladung von über 100 Studien und sagte nicht mal »Muh!« dazu.

Anfang 1989 ließ Honecker ein Interview mit der Jungen Welt *veröffentlichen. Es war mit einem Honecker in jungen Jahren illustriert. Spürte Honecker, dass sein Ansehen sank?*

Honecker war fast allergisch in dieser Hinsicht. Wenn ihm eine junge FDJlerin einen Blumenstrauß überreichte und links und rechts ein Küsschen gab, fühlte er sich. Er nahm das als kollektive Zuneigung. Die Untersuchungen des Zentralinstituts für Jugendforschung in Leipzig machten jedoch sichtbar, dass Honeckers Akzeptanz nachließ.

Das Nationale Jugendfestival Pfingsten 1989 sah mir damals so aus, als ob es nur darum ging, Honeckers Image aufzupolieren.

Da kannst du Recht haben. Meine Aversion gegen Honeckers Methoden begann schon am 11. Oktober 1949, als die

Jugend der DDR ihren Präsidenten grüßte. Warum? Weil die Arbeiterbewegung keine Fackelzüge machte. Das hatte bei uns keine Tradition. Honecker als FDJ-Vorsitzender veranlasste, dass die FDJler mit Fackeln an Pieck vorbeizogen. Ich habe 1949 dagegen gemeckert. Bruno Baum sagte: »Fackeln haben wir doch genug. Das Material ist nicht so teuer. Lass sie doch mit Fackeln laufen.«

Ich erklärte, dass das nicht unsere Art sei. Fackelzüge gab es vor 1933 bei der Sozialistischen Arbeiterjugend und beim Reichsbanner, vor allem aber die Nazis liebten solche Umzüge. Die Kommunisten haben das nicht gemacht. Honecker war aber ganz verrückt danach.

Spielte 1949 eine Rolle, dass in der FDJ auch ehemalige HJ-Mitglieder waren, die Fackelzüge vielleicht gut fanden.

Glaube ich nicht. Wozu musste die Jugend mit Fackeln laufen?

Gegen das Jugendfestival 1989 gab es Aversionen, an den Universitäten große Debatten. Viele spürten, dass hier etwas nicht passt. Die Jugend sollte für einen Mann, der abgewirtschaftet hatte, instrumentalisiert werden.

Er war der Mann, der sich gern feiern ließ. Als Honecker 1. Sekretär wurde, begründete er das Prinzip, dass keine Demonstration unter fünf Stunden zu dauern hatte. Und fünf Stunden musste man auf der Tribüne bleiben. Ich hab mich nicht daran gehalten. Wilhelm, Otto oder Walter gingen zwischendurch auch mal einen Kaffee oder Tee trinken, dann nahmen sie wieder ihren Platz ein. Honecker bestand darauf, dass sich niemand vom Platz rührte. Das wurde für fast alle zu einem Problem.

Darüber wurde im Politbüro nicht diskutiert?

Nie. Es wurde halt gemacht.

Im Mai 1989 fanden die Kommunalwahlen statt. Wurde im Politbüro Kurs auf eine Wahlfälschung genommen?

Honecker hatte erklärt: »Es darf zum 40. Jahrestag keine schlechteren Wahlergebnisse geben als bei früheren Wahlen.«

Das war das Stichwort! Aufgrund der Deformierung von Teilen des Apparates geschah das, was wir heute wissen.

Honecker wollte auch, dass 1990, auf dem XII. Parteitag der SED, die alte Mannschaft noch einmal antritt.

Diese Fragen will ich nicht vor deinem Mikrofon diskutieren. Nur soviel: Wenn ich mir etwas zugute halte, dann das: Ich habe seinen Plan zerschlagen. Der Ausverkauf der DDR mit Honecker an der Spitze durfte nicht weitergehen.

Die Tätigkeit des Schalck-Untersuchungsauschusses des Bundestages hat dazu geführt, dass die CDU die Akten sperren ließ. 1988 habe es zwischen Schalck und Schäuble Verhandlungen gegeben, wie man zu einer konföderativen Lösung kommen könnte.

Solche Gespräche fanden ohne Wissen und Genehmigung durch das Politbüro statt.

Aber Honecker muss doch davon gewusst haben?

Der hat sie initiiert. Über die Details will ich mit dir nicht sprechen, weil da viel Spekulatives dabei ist. Aber eins sage ich dir: Honecker hat über Jahrzehnte mit Konsequenz auf dieses Ziel hingearbeitet. Alles, was er vorhatte mit der DDR, war Teil eines abgekarteten Spiels. Das ist meine Überzeugung.

1988/89 bemerkte Honecker, dass er die DDR nicht mehr halten könne. Verständlich also, unter diesen Umständen, mit einer gewissen Rest-Stärkeposition, über eine konföderative Lösung zu reden. Angesichts des Umgangs mit Ostdeutschland und den Ostdeutschen seit 1990 wäre das die bessere Lösung gewesen.

Er hat offensichtlich solche Dinge eingeleitet. Wie er das machte, das war ein Verbrechen. Er hätte darüber im Politbüro sprechen müssen. Er hätte sagen müssen: »Genossen, die Lage ist sehr ernst. Wir müssen gemeinsam überlegen, wie wir da herauskommen.« Dann wäre Zeit gewesen, etwas zu unternehmen. Aber er hat die Dinge gegen den Baum fahren lassen. Wenn man es recht bedenkt, dann war die Linie, den Krenz im Sommer 1989 wegzunehmen und den Mittag gewissermaßen in die Funktion eines Generalsekretärs zu befördern, nur konsequent. Warum den Mittag? Nun sage ich es doch. Die Überlegung lautete: Honecker bleibt Staatsratsvorsitzender und Vorsitzender des Nationalen Verteidigungsrates, und Mittag wird Generalsekretär. Das war ein Staatsstreich von oben.

Honecker hat daran gedacht, die DDR zu übergeben?

Das war seine Absicht.

Ich könnte es noch begreifen, wenn er im Gegenzug die Rechte der DDR-Bürger gesichert hätte.

Der hatte schon vorher alles verkauft.

Ungarn hörte etwa im Februar 1989 auf, ein sozialistisches Land zu sein. Die USAP spaltete sich und führte nicht mehr. Die ungarische Regierung baute die Grenzanlagen zu Österreich ab, Moskau billigte das. Massenfluchten und Botschaftsbesetzungen folgten. Es gab keine offensive Reaktion auf die radikal veränderte Lage. Nichts passierte. War das schon Absicht?

Das musst du nicht mich fragen. Darüber ist im Politbüro nicht gesprochen worden. Zumindest war ich nicht dabei. Die Ungarn kriegten einige hundert Millionen DM aus Bonn.

Was die machten, ist klar. Warum passierte bei uns nichts?

Der Honecker wird darüber mit Mielke gesprochen haben.

Es kamen die Ereignisse in Peking. Die chinesischen Filme wurden von unserem Fernsehen mehrfach ausgestrahlt. Das sollte ja eine Botschaft sein. Gab es eine ernsthafte Überlegung, in der DDR eine »chinesische Lösung« vorzusehen.

Dafür habe ich keinen Anhaltspunkt. Keiner dachte an eine solche Lösung.

Dann muss man annehmen, dass wohl Einschüchterung die Absicht war. Die Filme wurden von Honecker oder Herrmann ins Fernsehen dirigiert. Es kam ja auch noch zu dieser Erklärung der Volkskammer. Du warst doch in der Volkskammer.

Die Erklärung kam vom Präsidium der Volkskammer.

Was dachtest du über diese Erklärung? Warum hast du nicht dagegen gestimmt?

Komm mir nicht damit. Ich habe nicht genau überschaut, was ablief.

Genau aus diesem Grunde hättest du da nicht mitstimmen dürfen. Die Erklärung war eine Einmischung zugunsten der chinesischen Führung und gegen die Demokratiebewegung.

In solchen Fällen tritt man als Partei geschlossen auf. In einer Vorberatung hätte man etwas sagen können. Die war nicht. Hier sollten keine endgültigen Urteile festgemacht werden. Was da auf dem Platz des himmlischen Friedens wirklich ablief, wußten wir nicht im Detail. Wir kannten nur die Berichte der Westreporter.

Es gab diese chinesischen Filme, die suggerierten, dass die Anhänger der Demokratiebewegung die Armee angegriffen hätten, was wohl doch den tatsächlichen Ablauf auf den Kopf stellte.

Das waren Auseinandersetzungen wie zu unserem 40. Jahrestag. Es war Ausdruck unserer Unfähigkeit, den Ablauf nicht so zu gewährleisten, wie sich das gehörte.

Vorher tagte noch der Politisch Beratende Ausschuss in Bukarest, und Honeckers Krankheit erreichte ein akutes Stadium. Er wurde operiert. Eine richtige Vertretung für ihn gab es sichtbar nicht. Laut Zeitungsmeldungen schickte Honecker noch Telegramme, auch ein Interview mit einer polnischen Zeitung erschien unter seinem Namen, das er unmöglich kennen konnte. Alle wussten, dass er auf der Intensivstation lag. Es wurde suggeriert, er agiere noch. Zu wichtigen Fragen kamen gar keine Mitteilungen, oder ADN teilte etwas mit. Das war die Zeit der Sprachlosigkeit. Die Führung sagte über Wochen nichts zu den brennenden Fragen im Lande. Von Schabowski ist übermittelt, dass Hager dagegen war, eine Stellungnahme des Politbüros zur Lage zu veröffentlichen. Erinnerst du dich daran? Dieses Verhalten der Führung erschütterte das Vertrauen auch derer, die die DDR aktiv trugen.

Du redest von »Sprachlosigkeit«. Ich sagte schon einmal: Es war Absicht, *nicht* zu reagieren.

Mittag wollte die DDR übergeben?

Mittag wollte nicht reagieren. Als ich aus dem Urlaub kam, habe ich gefragt, warum nicht Stellung bezogen werde. Man antwortete mir, dass die ausgearbeitete Stellungnahme von Mittag abgeschmettert worden sei. Mittag hinterging auch Honecker, keine Frage. Aber in grundsätzlichen Fragen hielt er sich an Honecker.

Obwohl die Krise weit vorgeschritten war, wurde mit Pomp der 40. Jahrestag gefeiert. Das war doch geradezu Wahnsinn.

Honecker hat gesagt: »Ich stell mir vor, dass wir zum 40. Jahrestag so eine Art Bilanz der DDR ziehen.« Daraufhin entgegnete ich im Politbüro: »Na, Erich, das heißt auch Soll und Haben. Du kannst nicht bloß über eine Seite der Bilanz sprechen, sondern du musst das Ganze nehmen.« Er guckte mich groß an. Kein anderer sagte was. Ich war dann auch still.

Seine Rede auf der Festveranstaltung war keine Bilanz. Es war auch keine Prognose. Er hatte erkennbar kein Konzept.

Er sagte nur noch, dass die Mauer in 50 oder 100 Jahren stehen werde. Und dass den Sozialismus in seinem Lauf weder Ochs noch Esel aufhalten würden.

Das waren Sprüche in Reden vom Februar und vom August 1989. War das schon Ausdruck von Alterung?

Sicher. Er zeigte schon gewisse Verfallserscheinungen. Jeder, der ihn näher kannte, wusste, dass Honecker eine höllische Angst um sich selbst hatte. Ihm war bewusst geworden, dass ihn eine ernste Krankheit gepackt hatte, und der Gedanke an sein physisches Ende bedrängte und bedrückte ihn. Die Krankheit beherrschte ihn.

Dennoch bleibe ich dabei: Die Preisgabe der DDR war die Folge ihrer politisch-moralischen Zersetzung, die Honecker gefördert hatte. Ich muss das so sagen. Er hat sie gefördert und verstärkt und Leute unterstützt, die diese negative Entwicklung ebenfalls vorantrieben. Einer von diesen war Schabowski.

Sindermann sagte nach der »Wende«, dass Honecker seinen Genesungsurlaub verlängerte, weil er schmollte. Es gefiel ihm nicht, dass die Bürger ihn nicht mehr so bejubelten wie früher.

Das kann ich nicht bestätigen. Sindermann war zum Schluss

selbst senil. Nimm das nicht so wörtlich, was er sagte. Ich würde aus dem Gesundheitszustand bei Honecker keine mildernden Umstände für seine politische Handlungsfähigkeit ableiten. Ein Generalsekretär muss wissen, was er sagt und was er macht. Wenn er Staatsoberhaupt ist, kann ich ihm nicht § 51 zubilligen. Das geht nicht.

Für mich war Honecker der Führer unserer Partei. Also kann es keine mildernden Umstände geben. Er musste zur gegebenen Zeit entfernt werden. Der Termin war schon um Jahre, wenn nicht gar Jahrzehnte überschritten.

So hart bist du?

Ja. Der IX. Parteitag 1976 war die letzte Möglichkeit für eine Kurskorrektur. Niemand im Politbüro war dazu bereit. Die Bezirkssekretäre, das gesamte ZK haben akzeptiert, was Honecker machte. Er hat diese Chance genutzt.

Du hast im September 1989 den Antrag auf Ablösung von Mittag gestellt. Jene Gruppe, die später auf Absetzung Honeckers drängte, hat dich dennoch nicht in ihr Handeln einbezogen. Warum hielten sie dich raus?

Ich war kein Mann der Fraktionsbildung. Das gibt es bei mir nicht.

Ich will meine Verantwortung nicht abwälzen. Doch ich bleibe dabei: Es war ein Riesenfehler, der von den Sowjets gemacht wurde, den Honecker nach oben zu ziehen und ihn zu stützen. Das war ein Riesenfehler, ein Riesenfehler.

Wen hätten sie denn nehmen sollen?

Weiß ich nicht. Man hätte bei der Auswahl nicht im Kreis des Politbüros bleiben müssen.

Ich stimme dir zu: Die Veränderungen im Oktober 1989 kamen zu spät. Du wolltest Mittag ablösen, und alle kriegten einen Schreck. Warum hast du diesen Vorstoß unternommen?

Ich wollte das Politbüro zum Handeln zwingen.

Was sagte Mittag.

Nichts. Kein Wort

Und Honecker?

Nichts. Drei Politbüromitglieder sprachen dagegen. Damit war der Fall erledigt.

Egon Krenz bestätigte mir, dass du im Politbüro ab und zu mit der Faust auf den Tisch geschlagen hast. Er sagte auch, dass du als erster im September 1989 Veränderungen im Politbüro gefordert hast. Mit deiner Forderung nach Absetzung Mittags hättest du Krenz und Schabowski überrascht, weil du damit ihren Plan etwas gestört hast. Sie hatten vor, Honecker zu stürzen. Du etwa nicht?

Ich fang doch nicht mit Honecker an. Mittag musste zuerst weg. Die »Revolutionäre« hatten zu diesem Zeitpunkt nach meiner Überzeugung noch keine ernsten Absichten. Als ich diesen Vorschlag machte, Mittag abzulösen – im ganzen Politbüro war klar, dass der ein schiefer Mann ist –, da haben sie ihn verteidigt.

Vielleicht weil sie glaubten, dass du den Mittag aus persönlichen Gründen abschießen wolltest, etwa weil er dir Verantwortungsbereiche streitig gemacht hatte?

Nein. Das spielte überhaupt keine Rolle bei mir. Ich griff den Mittag an, weil er die Partei belogen und betrogen hatte. Der erste, der darauf reagiert hat, war Kurt Hager. Er sagte: »Wenn du Günter Mittag rauswerfen willst, dann musst du uns alle rauswerfen.« Ich antwortete ihm: »Das ist deine Angelegenheit.« Das war doch das Schlimme.

Sie blockten dich regelrecht ab.

Schabowski war gegen meinen Vorschlag. Den Dritten nenne ich nicht. Die Mehrheit des Politbüros war von Anfang an gegen mich. Der Grund? Mein Verhältnis zu Ulbricht.

Du warst also der Ulbricht-Mann im Politbüro?

So schrieb Mittag in seinem Buch: Ulbricht-Neumann und Honecker-Stoph. Das war die Ausgangskonstellation in den 60er Jahren.

Spätestens mit der Maueröffnung am 9. November 1989 war alles endgültig klar.

Ich habe einen sowjetischen Genossen gefragt, welche Rolle sie in jener Nacht gespielt haben. Keine, sagte er. Es war für sie eine Überraschung. Und nun sage ich: Schabowski machte nichts, was nicht mit den Sowjets abgestimmt war. Was er an jenem Abend machte, hat er entweder aus Idiotie getan oder als ferngesteuerter, hochintelligenter Mann. Der ist kein Dummkopf.

Von wem ferngesteuert?

Das weiß ich nicht.

Moskau, der KGB?

Das wäre nicht ohne Kotschemassow gegangen. Der aber wusste von nichts. Mit dem hatte ich nämlich hinterher gesprochen. Das hätte kein Russe verantwortet. Dafür waren die sowjetischen Gesetze zu hart. Wer das veranlasst hätte und es wäre rausgekommen, der wäre über den Jordan gegangen. Solche Vollmachten hatte auch der KGB nicht. Hier stand doch die Armee mit 500.000 Mann. Das wäre ein Spiel mit dem Feuer gewesen …

Die Mauer aufzumachen, lag einzig im Interesse des Westens, nicht in unserem Interesse. Warum nicht? Weil wir dazu nur unter bestimmten Konditionen bereit gewesen wären, wir hätten etwas für die DDR herausgeholt. Modrow hat das später vergeblich versucht. Uns war jeder Verhandlungstrumpf genommen.

Nach der Maueröffnung half keine Stabilisierungsstrategie mehr. Modrow hätte noch so gute Programme haben können.

Erinnere dich an den Sturm auf den Komplex der Staatssicherheit in der Normannen-/Ruschestraße am 15. Januar 1990. Das war organisiert. Das Ding war von innen aufgemacht worden. Modrow machte das einzig Richtige, indem er hinging und besänftigend auf die Menge einwirkte.

»Ostdeutsche Probleme sind Probleme Deutschlands«

Jetzt sitzt du hier in einer bescheidenen Wohnung mit den Möbeln aus der Frühzeit der DDR, nimmst Anteil am politischen Leben. Wie stellst du dir vor, dass es in Deutschland weitergeht?

Politisch geht es weiter, weil die Gesellschaft existiert. Gesellschaftliche Probleme sind politische Probleme. Die Gesellschaft besteht aus Klassen. Mit der staatlichen Vereinigung sind die Grundprobleme nicht gelöst. Die Klassengegensätze in Deutschland werden sich außerordentlich verschärfen. Die Gegensätze werden sich in irgendeiner Form regeln. Wie, das weiß ich nicht. Ich bin kein Prophet. Die Differenzen nehmen zu. Menschen empören sich, die die politisch-soziale Ausgrenzung nicht verstehen und die man auch nicht rechtfertigen kann. Mit Einheit und Einigung hat das alles nichts zu tun. Meine Meinung ist, dass mit der Herstellung der staatlichen Einheit nach Artikel 23 GG und dem Anschluss der DDR die nationale Frage nicht gelöst wurde.

Was denkst du über das Projekt einer Ostpartei? Müsste nicht eine solche Partei gegründet werden?

Das wäre verkehrt. Die Probleme, die die Ostdeutschen jetzt betreffen, sind Probleme der ganzen deutschen Gesellschaft. Daraus eine Spezifik der Ossis zu machen, wäre falsch.

Aber die Ostdeutschen wurden durch den Einigungsvertrag rechtlich nicht gleichgestellt.

Das ist eine Frage des Kampfes um die Demokratie und die demokratische Realität. Das lässt sich durch eine Ostpartei nicht lösen. Die Lage im Osten Deutschlands ist nur eine negative Vorstufe dessen, was in Westdeutschland ist. Was sich hier darbietet, ist die Quintessenz einer jahrzehntelangen verkehrten Politik, die das bürgerliche Deutschland praktiziert hat.

Was war verkehrt?

Verkehrt waren der Kalte Krieg und alles, was damit zusammenhing. Verkehrt war …

Den Kalten Krieg machten die Westdeutschen nicht allein …

Habe ich auch nicht gesagt. Sie trugen den Kalten Krieg in Richtung DDR. Allein haben sie den nicht gemacht. Es hätte auch einen anderen Weg gegeben. Im Kalten Krieg wurden enorme Mittel für die Rüstung verausgabt. Diese Billionen gingen in den Rauch. Sie sind nicht zurückzuholen. Die Bonner Regierung verstand es, durch ihre Schaufensterpolitik und durch eine Festungsökonomik den Bürgern etwas vorzumachen. Die alten Vorzugsbedingungen gelten nicht mehr. Jetzt muss korrigiert werden. Sie haben nicht den Mut zu sagen, dass sie nicht rechtzeitig einen Konsens fanden mit den realsozialistischen Ländern, um die komplizierten Probleme Europas und der Welt auf friedlichem Wege zu lösen. Sie entschlossen sich zum Crash-Kurs. Herauskommen ist, dass sie nun selber in der Tinte sitzen und nicht wissen, was sie machen sollen. Sie kommen nicht heraus.

Ist in der Perspektive ein sozialistisches Deutschland möglich?

So denke ich jetzt nicht. Ich möchte auch nicht über Perspektiven sprechen. Ich sage dazu nur, als sich die Herstellung der deutschen Einheit 1990 vollzog, nachdem 1989 bei uns diese komische »Wende« war, da hatten die Bürger der DDR Illusionen und der Westen hatte auch seine Illusionen. Nutznießer der Einheit sind die Superreichen und das Kapital und nicht die einfachen Menschen im Osten und im Westen. Das Volkseigentum wurde zerschlagen. Daraus wird monopolisiertes Privateigentum. Es werden die Fragen des gesellschaftlichen Lebens nicht gelöst.

Soll ich mir den Kopf darüber zerbrechen, wie lange das noch gehen wird? Ich schaue zurück: Noch nicht einmal drei Jahre sind seit 1990 vergangen, und was blieb von ihren Versprechungen? Nichts. Ihre Amigos mussten weg. Die Ostminister wurden abgeschossen.

Du musst dich jetzt im hohen Alter von 83 Jahren deiner Haut erwehren. Wo greift man dich heute an? Was ist das Problem?

Mit miesen Argumenten will man mir heute den Status eines antifaschistischen Widerstandskämpfers nehmen. Mein Prozess vor dem 2. Senat des Volksgerichtshofes war vor 52 Jahren. Damals wurde ich wegen Vorbereitung zum Hochverrat verurteilt. Nach 52 Jahren wird mir durch das Gesetz der Bundesrepublik die daraus resultierende Rente genommen. Die zuständige staatliche Kommission macht haltlose Vorwürfe über meine Rolle in der DDR, eine Zeit, die sie gar nichts angeht, weil die DDR ein souveräner Staat war. Ich habe in der DDR nichts getan, was gegen deren Gesetze verstieß. Theoretisch müsste ich durch den Einigungsvertrag geschützt sein.

Wurde dir in einer Anhörung Gelegenheit zur Stellungnahme gegeben?

Nein. Die Kommission hat eine Vorzugsstellung. Sie kann ohne Rechenschaftspflicht wirken. Ich habe mir ihr Statut besorgt. Darin kommt eine eindeutige Verletzung des Rechtsstaatsprinzips zum Ausdruck. Die Kommission der Bundesrepublik besteht aus Vertretern der Ministerien für Arbeit und Sozialfürsorge, Finanzen, Inneres, Verteidigung und Justiz. Der Leiter der Kommission wurde von diesen fünf Ministerien benannt. Der Vorsitzende hat eine solche Sonderstellung, dass er in den verstrichenen drei Jahren noch nicht einmal in der Lage war, eine anständige Anschuldigung vorzulegen. Bisher basiert alles auf Konstruktionen, Annahmen und Verleumdungen.

Immerhin hast du trotz Kürzung noch eine ganz gute Rente. Honecker erhält nur 804 DM.

Das, was er der DDR angetan hat, würde ich nicht mit Rente belohnen.

Du würdest ihm keine Rente geben?

Ich würde ihn vor ein Gericht stellen.

Da war er ja.

Ich würde ihn vor ein Gericht von uns stellen.

Wie ist das mit deinen anderen Politbürokollegen?

Sie haben allen die Anerkennung als Antifaschist aberkannt, auch dem ehemaligen Sozialdemokraten Mückenberger. Die Kommission hat die kommunistischen Widerstandskämpfer aufs Korn genommen. Es geht um eine ultrareaktionäre Entwicklung in Deutschland.

*

Reichlich ein Jahr nach meinen Gesprächen besuche ich Alfred Neumann, um ihm zum 85. Geburtstag zu gratulieren. Vor dem Hauseingang spielen Kinder. Sie fragen mich, ob ich den Freund von Erich Honecker besuchen wolle. Ich bejahe, wohl wissend, dass meine Antwort nicht stimmt. Neumann war nicht Honeckers Freund.

In Neumanns Zimmer liegen juristische Bücher herum. Er zeigt mir die Anklageschrift aus Moabit, die etwa 400 Seiten füllen einen Ordner. Er weist auf einige Stellen. Ohne schlüssigen Beweis wird er für die Minen an der »innerdeutschen« Grenze verantwortlich gemacht, weil er Mitglied des Nationalen Verteidigungsrates der DDR war.

Neumann ist in Kampfstimmung. Er besteht darauf, dass er kerngesund sei. Und ist wild entschlossen, den Richtern ins Gesicht zu sagen, dass sie »kalte Krieger« seien.

Mai 1989, im 80. Lebensjahr

Das Verfahren gegen Alfred Neumann (1993-1999)

Von Friedrich Wolff

Es war am 13. Dezember 1993, als mich Alfred Neumann mit seiner Verteidigung beauftragte. Der Politiker war mir damals nicht näher bekannt. Aufgefallen war er mir lediglich, weil er, wenn er bei Demonstrationen auf der Tribüne stand, alle anderen um Haupteslänge überragte. Das Gericht hatte ihm bereits als Pflichtverteidiger Michael Nitzschke aus Westberlin beigeordnet, und ich beantragte, als zweiter Pflichtverteidiger bestellt zu werden. Das Gericht entsprach meinem Antrag.

Neumann war aus mir nicht ersichtlichen Gründen als Mitglied des Nationalen Verteidigungsrates und nicht als Mitglied des Politbüros zusammen mit Alois Pisnik am 1. September 1993 angeklagt worden. Die Anklage glich der gegen Erich Honecker wie ein Ei dem anderen. Die Schwierigkeit der Anklage kann also kein Grund für ihre späte Erhebung gewesen sein. Der Zeitpunkt der Anklage war vielleicht zurückgestellt, bis die Staatsanwaltschaft sicher sein konnte, dass Heinz Keßler und andere verurteilt werden würden, wie es tatsächlich fünfzehn Tage später geschah. Eine andere Möglichkeit war, dass der Staatsanwaltschaft das Personal mangelte. Sei es wie es wolle, es war so.

Das Verfahren gegen Alfred Neumann beschäftigte mich etwa sechs Jahre, die Staatsanwaltschaft sieben Jahre. Während die Mühlen der Justiz gegen »Keßler u. a.« wie gegen »Krenz u. a.« unentwegt mahlten, ereignete sich im Verfahren gegen meinen neuen Mandanten vorerst so gut wie nichts. Zuständig war nach der Anklageerhebung die Schwurgerichtskammer, erst unter dem Vorsitzenden Richter Dr. Dietrich, später unter Luther. Beide waren jedoch mit Haftsachen überlastet, wie sie sagten. So vergingen Jahre.

Allerdings holte die Kammer 1994 ein psychiatrisches Gutachten ein, das sie 1997 wegen des Zeitablaufs aktualisieren ließ. Beide Gutachten attestierten dem Angeklagten Verhandlungsfähigkeit. Danach erging am 15. November 1994 der Eröffnungsbeschluss. Das war für fast drei Jahre alles. Ich dachte mir später, Luther mochte sich an dem politischen Strafverfahren nicht die Finger schmutzig machen. Vielleicht irrte ich mich, aber der Eindruck blieb in der folgenden Zeit bei mir bestehen.

In jener Zeit des Verfahrensstillstands war ich jedoch nicht ohne Beschäftigung. »Ali«, wie Alfred Neumann allgemein in der SED genannt worden war, suchte mich in der Regel wöchentlich einmal auf, um mit mir den Prozess vorzubereiten. Er blieb anfangs häufig länger als eine Stunde, später nur genau eine Stunde, das war wohl die Zeit, die er gesundheitlich ohne Unterbrechung für ein Gespräch aufwenden konnte. Ich sprach gern mit ihm, er imponierte mir.

Für eine Prozessvorbereitung brachten unsere Unterhaltungen allerdings kaum etwas. Das Verhältnis zwischen Anwalt und Mandant war jedoch in politischen Prozessen ein besonderes. Mehr als sonst war hier der Verteidiger nicht nur rational arbeitender Rechtsanwalt, er war (im Rahmen des Gesetzes) ein Kampfgefährte mit allen sich daraus ergebenden Konsequenzen. Neben dem üblichen Ziel des Anwalts, Strafe zu vermeiden oder wenigstens zu mildern, stand hier die Aufgabe, das politische Profil des Mandanten zu wahren.

Wir sprachen darum nicht nur über den bevorstehenden Prozess, sondern fast ebenso häufig und lange auch über Politik und Neumanns Lebenslauf. [...] Er hatte ein beeindruckendes Leben hinter sich und war sich dessen bewusst.

Während ich alles versuchte, um »Ali« vor dem Prozess zu bewahren, wollte Neumann den Prozess – er wollte es »denen« geben. Ich versuchte, ihn umzustimmen, aber das gelang mir erst, als er selbst fühlte, dass er gesundheitlich der Hauptverhandlung nicht mehr gewachsen sein würde.

In meinem Tagebuch habe ich immer wieder Bruchstücke aus unseren Gesprächen festgehalten. Es fing 1995 an.

»Donnerstag, 12.1., übliche Büroarbeit. Anderthalb Stunden Gespräch mit Ali Neumann. Die Zeitungen sind jetzt voll mit Nachrichten über die Anklage gegen sieben Politbüromitglieder. Interessiert Ali natürlich auch. Er glaubt nicht, dass sie dem Prozess politisch gewachsen sind. Das glaubt er nur von sich.« Für so abwegig, wie das hier klingen mag, hielt ich sein Urteil nicht. Ich war in dieser Beziehung auch skeptisch. Mich irritierte bereits die Tatsache, dass sich alle Angeklagten nur von Westanwälten verteidigen ließen. Sicher, diese hatten die größeren Kenntnisse des bundesdeutschen Rechts, waren auch mit der Mentalität der Richter vertrauter, aber der Honecker-Prozess hatte mir bestätigt: ein Ostverteidiger hatte auch seine Aufgabe, jedenfalls wenn der Angeklagte einen politischen Prozess führen wollte.

1996 notierte ich: »Gestern, Donnerstag (25.4.) kam unangemeldet Ali Neumann. Seine Interviews mit Siegfried Prokop sollen als Buch erscheinen. Ich soll das verhindern.«

Neumann hatte mit Siegfried Prokop Gespräche über seine politischen Ansichten und Erfahrungen geführt. Der Historiker hatte sie auf Tonband aufgezeichnet. Es war dasselbe wie bei den Unterhaltungen Honeckers mit Andert und Herzberg. Die alten, isolierten Politiker suchten vertraute Gesprächspartner, und diese suchten Stoff für Publikationen. Das war für Beschuldigte, die keine Aussagen machen wollten, ungünstig. Ich konnte übrigens nicht verhindern, dass Prokops Buch unter dem Titel »Poltergeist im Politbüro« bei einem kleinen

Urlaub in der Hohen Tatra, Juli 1965

ostdeutschen Verlag erschien, den es schon bald nicht mehr gab. Auf einen Prozess hatte es mein Mandant nicht ankommen lassen wollen. Er scheute das finanzielle Risiko. Meine Mandanten hatten eben kein Konto in Liechtenstein.

Am Ende des Jahres 1996 gab es eine gewisse Bewegung. Das Gericht ordnete am 5. Dezember 1996 eine Nachuntersuchung des Angeklagten auf seine Verhandlungsfähigkeit an. Dies war schon am 2. Juni 1994 angeordnet worden und die Kammer wollte nunmehr Auskunft darüber, ob das damalige Gutachten »durch Zeitablauf ergänzungsbedürftig geworden« sei. Dieses Gutachten wurde am 17. Juni 1997 erstattet.

Es kam zu dem Ergebnis, »dass die altersbedingten Einschränkungen in der Leistungsfähigkeit in diskretem Maße – sicherlich auch im Zusammenhang mit den körperlichen Altersbeschwerden – zugenommen haben«. Daraus folgerte der Gutachter: »Aufgrund des klinischen Eindrucks ist davon auszugehen, dass dem Probanden zweimal eine wöchentliche Verhandlungszeit von eineinhalb Stunden zuzumuten sind.«

Darauf beschränkte das Landgericht am 15. September die Hauptverhandlung auf vier Fälle und trennte die weiteren angeklagten 26 Fälle »zu gesonderter Entscheidung ab«.

Unsere Gespräche gingen 1997 weiter.

»Mittwoch (1.10.) war wieder Ali Neumann bei mir. Ich habe, nachdem er mir eine Stunde einen Vortrag gehalten, dann aber gesagt hatte, eigentlich wolle er etwas von mir hören, ihm erklärt, er rede an der Sache vorbei und laufe Gefahr, sich lächerlich zu machen. Er müsse akzeptieren, dass die Grenzsicherung sich nach innen richtete und die Bürger am Abhauen hindern sollte. Er hört sich das an und bedenkt das auch. Er möchte den Prozess und sagt, dass das Verfahren ihm hilft, nicht geistig zu veröden. Es ist eine Aufgabe für ihn, mit der er sich beschäftigt.«

Am 11. September kündigte das Gericht an, »dass die Hauptverhandlung im November 1998 beginnen muss«. Es wurde folglich ernst. Die Formulierung, die Hauptverhandlung müsse beginnen, gab allerdings erneut zu Vermutungen über die Haltung des Gerichts Anlass.

Ich stellte darauf den Antrag, »den Angeklagten durch einen Internisten (Kardiologen) auf seine Verhandlungsfähigkeit begutachten zu lassen«. Dabei bezog ich mich auf die Aussage des Psychiaters, dass die Herz-Kreislaufstörungen sich verschlechtert haben und Wasserstau in beiden Beinen und eine perniziöse Anämie aufgetreten sei, die bereits zu Sehstörungen geführt hätte.

Die Kammer beauftragte daraufhin einen Kardiologen mit der Erstattung eines entsprechenden Gutachtens. Dieser erklärte am 15. Dezember 1998: »Herr Neumann ist durch Herzrhythmusstörungen und Herzschwäche, verbunden mit Wasseransammlungen in den Beinen, sowie degenerative Knochen- und Gelenkserkrankung deutlich beeinträchtigt. Seine Herzerkrankung ist medikamentös und durch einen Herzschrittmacher behandelt. Herr Neumann kann daher nicht einer ganztägigen Verhandlung, wohl aber anderthalb Stunden pro Tag dreimal in der Woche dem Verfahren folgen. Während dieser Zeit wird er in der Lage sein, die Bedeutung der Vorbringungen und den Gang der Verhandlung zu erkennen und nahtlos zu verfolgen, so dass er in der Lage ist, seinen Standpunkt sachgerecht zu vertreten und sich ggf. auch gegen Vorwürfe und Anschuldigungen zu verteidigen.«

Das befriedigte mich nicht.

Unter Bezugnahme auf eine Entscheidung des BGH schrieb ich dem Gericht, »Die Tatsache, dass der Angeklagte 89 Jahre alt ist, dass ihm mehrfacher Todschlag vorgeworfen wird und er die Sach- und Rechtslage völlig anders beurteilt als dies in der Anklageschrift und in dem Eröffnungsbeschluss geschieht, lässt eine Hauptverhandlung erwarten, die mit erheblichen Spannungen zwischen allen Beteiligten verbunden sein wird. Derartige Spannungen müssen fast zwangsläufig zu erheblichen Erregungszuständen (nicht nur bei dem Angeklagten) führen. Wie sich derartige Erregungszustände auf die Gesundheit eines 89-Jährigen mit den in dem Gutachten festgestellten Diagnosen, insbesondere Herzrhythmustörung (absolute Arrhythmie) und Herzleistungsstörung auswirken, wäre die eigentliche von dem Gutachter zu beantwortende Frage gewesen.«

Das Gericht bat daraufhin den Gutachter um eine neue Einschätzung auch darüber, »ob durch die Einwirkungen und Belastungen einer ggf. längerfristigen Hauptverhandlung für Herrn Neumann lebensbedrohende oder gesundheitsgefährdende Krisen hervorgerufen werde können oder gar zu erwarten sind, die eine sofortige ärztliche Intervention erforderlich machten«. Der Gutachter antwortete darauf – wie mir schien, etwas unwillig. »Es ist bekannt, dass Herzrhythmusstörungen im Zustand seelischer und körperlicher Belastung zur besonderen Gefahr werden können. Das Risiko ist allerdings nicht so groß, dass daraus eine Verhandlungsunfähigkeit abgeleitet werden muss.«

Ich nahm dazu am 5. März 1999 Stellung und erklärte, der Sachverständige »verkennt die rechtlichen Kriterien der Verhandlungsunfähigkeit. Dies ist dem Sachverständigen nicht vorzuwerfen, doch kann seiner Schlussfolgerung, die er als Mediziner für ein juristisches Problem trifft, nicht gefolgt werden. Ich beantrage aus den vorgenannten Gründen, das Verfahren gegen den Angeklagten einzustellen«.

Mit Beschluss vom 7. Mai 1999 stellte die Schwurgerichtskammer das Verfahren schließlich ein.

Die Staatsanwaltschaft legte kein Rechtsmittel ein.

»Ali« Neumann war jetzt auch einverstanden, dass der Prozess so endete. Als er mich besuchte, konnte ich unter dem 16. Juni notieren: »Er erklärte, er sei sehr zufrieden, wir hätten das bestmögliche Ergebnis erreicht.«

Alfred Neumann starb am 4. Januar 2001. Er war für mich das, was ich unter einem aufrechten Kommunisten verstehe. In einem Kondolenzbrief an seinen Sohn schrieb ich: »Sehr geehrter Herr Neumann, mit tiefer Trauer habe ich durch Ihren Anruf vom Tod Ihres Vaters erfahren. Ich glaube nicht, dass ich einen mutigeren und aufrichtigeren Mandanten gehabt habe als ihn. Seine Haltung hat mir immer großen Respekt eingeflößt, und die vielen Gespräche, die wir hatten und die weit über den Rahmen des für seine Verteidigung Notwendigen hinausgingen, werden mir immer in Erinnerung bleiben.

Die Tatsache, dass er im Gedächtnis vieler als das Vorbild eines Arbeiterfunktionärs fortleben wird, mag Ihnen ein Trost sein.«

Aus: »Verlorene Prozesse. Meine Verteidigungen in politischen Verfahren«, © Verlag Das Neue Berlin/edition ost, Berlin 2009.

»Neumann trat mir als ein väterlicher Freund entgegen«

Von Edgar Most

Während meiner Zeit im Kollegium der Staatsbank wurde ich einige Male vom Stellvertretenden Ministerpräsidenten Alfred Neumann zu Vier-Augen-Gesprächen ins Ministerratsgebäude eingeladen. Unter den Mitgliedern des Politbüros zählte »Ali« Neumann zu den ganz Alten. Er war für das Verkehrswesen zuständig. Wusste er an irgendeiner Stelle nicht weiter, bat er mich um Rat.

Meine Chefs erteilten Order: »Sag dem ja nicht zu viel!«

Da mir »Ali« Neumann jedoch wie ein väterlicher Freund entgegentrat, beschloss ich, offen mit ihm zu reden – und diese Offenheit gereichte mir nie zum Nachteil. Das war keineswegs selbstverständlich.

Zu unseren für den Ernstfall getroffenen Maßnahmen gehörte die Einlagerung von sogenanntem Militärgeld in besonderen Depots. Stalin hatte gesagt, jeder Soldat müsse Geld in der Tasche haben, auch wenn es nichts wert ist. Er müsse schließlich an etwas glauben. Und der Mensch glaubt eben vor allem an Geld.

So ließ er die Soldaten der Roten Armee mit Geld ausstatten. Seine Erkenntnis wurde nach dem Krieg von den Staaten des Warschauer Vertrags übernommen. Demzufolge lagerten wir in den Tresoren der Staatsbank Militärgeld für die NVA und ihre »Bruderarmeen« ein. Die Depots befanden sich in Berlin und Leipzig. Wir waren – bedingt durch die geografische Lage – nun mal der Brückenkopf.

Im jetzigen Außenministerium, der einstigen Direktion der Reichsbank des Dritten Reichs und späterem ZK-Gebäude, befinden sich unter der Erde auf zwei Etagen Tresore. Dort unten kann man mit dem Auto herumfahren, so groß sind die

Räumlichkeiten. Sie können im Bedarfsfall mit dem Wasser der Spree geflutet werden. Dort lagerte das Berliner Militärgeld. Die Bevölkerung bekam es nie zu Gesicht.

Eines Nachts, das werde ich nie vergessen, hieß es bei einer Übung: »Das Leipziger Militärgeld-Depot ist ausgebombt, das dort eingelagerte Geld steht uns nicht mehr zur Verfügung.«

Neben den Militärs aus Strausberg, die unser Handeln minutiös verfolgten, schaute uns auch das Politbüro auf die Finger. Für uns war Alfred Neumann zuständig. In jener Nacht erteilte mir »Ali«, nachdem uns jene Botschaft erreicht hatte, den Befehl: »Wir brauchen sofort Lösungen. Wie können wir das Depot in Leipzig ersetzen? Mit welchem Geld rüsten wir die bereits anrückenden Armeen des Warschauer Vertrags aus? Chef Operativ, ich erwarte deine Lösungen!«

Da saß ich nun – alle anderen schliefen – und zermarterte mir das Hirn: Woher sollte ich neues Militärgeld nehmen?

Schließlich fiel mir ein, dass wir in unseren Tresoranlagen auch Schalck-Golodkowskis Forumschecks liegen hatten. Seit 1979 waren alle DDR-Bürger per Gesetz verpflichtet, jegliche Art frei konvertierbarer Währungen in Forumschecks umzutauschen. Sie waren in jener Nacht meine Rettung. »In allen Bankfilialen sämtliche Forumschecks requirieren, aus ihnen machen wir Militärgeld«, befahl ich.

So probten wir für den Ernstfall. Notfalls hätten wir das Bankgeschäft unter extremen Bedingungen weitergeführt – auch ohne EDV. Die Leute mussten die Handbuchführung beherrschen.

Nach der Wende erfuhr ich in Gesprächen mit hochrangigen Funktionären aus der Bundesrepublik, dass es ähnliche Übungen auch im Westen gegeben hatte.

Aus: »Fünfzig Jahre im Auftrag des Kapitals. Gibt es einen dritten Weg?«, © Verlag Das Neue Berlin, Berlin 2009.

Biografische Daten

1909 Am 15. Dezember geboren in Berlin-Schöneberg, Besuch der Volksschule und Tischlerlehre, Mitarbeit in der Sportgemeinschaft »Fichte«
1929 Mitglied der KPD
1930 Mitglied der Landesleitung der Kampfgemeinschaft für Rote Sporteinheit
1933 Widerstand gegen das NS-Regime
1934 Emigration nach Dänemark und in die UdSSR
1934 Sportlehrer in Moskau (bis 1947)
1938 Mitglied der Internationalen Brigaden in Spanien
1939 Internierung in Frankreich
1941 Auslieferung an Deutschland
1942 Verurteilung zu acht Jahren Zuchthaus
1942 Zuchthaus Brandenburg
1945 Zwangsrekrutierung in die Brigade Dirlewanger, Flucht bei erstem Kampfeinsatz bei Horno
1945 Sowjetische Kriegsgefangenschaft (bis 1947)
1947 Rückkehr in die sowjetische Zone
1947 hauptamtliche Tätigkeit in der SED, u. a. Kreissekretär in Neukölln
1951 Stellvertretender Oberbürgermeister von Berlin (bis 1953)
1953 1. Sekretär der SED-Bezirksleitung von Berlin (bis 1957)
1954 Mitglied des ZK der SED, Kandidat des Politbüros, Abgeordneter der Volkskammer
1957 Sekretär des ZK der SED (bis 1961)
1958 Mitglied des Politbüros
1961 Vorsitzender des Volkswirtschaftsrates (bis zu dessen Auflösung 1965)
1962 Mitglied des Präsidiums des Ministerrates
1965 Minister für Materialwirtschaft und stellvertretender Vorsitzender des Ministerrates (bis 1968)
1968 1. Stellvertreter des Ministerpräsidenten (bis 1989)
1989 Im November Rücktritt von allen Partei- und Staatsfunktionen
1990 Im Januar Ausschluss aus der SED-PDS
2001 Am 4. Januar verstorben und beigesetzt in der Gedenkstätte der Sozialisten in Berlin-Friedrichsfelde

Personenregister

M

N

O

P

R

S

T

U

V

W

Z